머신러닝포키즈와 함께하는

인공지능교육

Artificial Intelligence Education with Machine Learning for Kids

이재호 · 김홍래 · 박남제 · 박선주 · 성영훈
이광호 · 이용배 · 전우천 · 조정희 · 한규정 · 한정혜

지음

머신러닝포키즈와 함께하는

인공지능교육

인 쇄 : 2021년 8월 2일 초판 1쇄
발 행 : 2021년 8월 10일 초판 1쇄

저 자 : 이재호, 김홍래, 박남제, 박선주, 성영훈
이광호, 이용배, 전우천, 조정희, 한규정, 한정혜

발행인 : 송 준
발행처 : 도서출판 홍릉
주 소 : 01093 서울시 강북구 인수봉로 50길 10
등 록 : 1976년 10월 21일 제5-66호

전 화 : 02-999-2274~5
팩 스 : 02-905-6729
e-mail : hongpub@hongpub.co.kr
http://www.hongpub.co.kr
ISBN : 979-11-5600-875-0(93000)

정 가 : 25,000원

저자소개

이재호 경인교육대학교 컴퓨터교육과 교수

이재호 교수는 1989년부터 1996년까지 한국전자통신연구원(ETRI)의 선임연구원으로 재직하였으며, 1996년부터 경인교육대학교 컴퓨터교육과에 재직 중이다. 2004년 국내 최초로 현직교사 및 예비교사를 대상으로 하는 전국 교육대학 원격교육연수지원센터의 설립을 주도한 후 초대 센터장을 역임하였으며, 2020년부터는 국내 정보교육 분야에서 최고의 권위를 자랑하는 사단법인 한국정보교육학회 회장으로 활동 중이다. 현재는 소프트웨어 및 인공지능(AI) 기반의 융합형 교육 프로그램, 실생활과 연계된 SW/AI 코딩 교육 프로그램, 발명특허 교육 프로그램 등에 대한 연구와 콘텐츠를 개발 중이다. 대표적인 저서로는 '생활 속 ICT의 발견', '생활 속 SW 코딩의 발견 ①, ②', '컴퓨터랑 코딩해', '이재호교수와 함께하는 사고력 코딩' 등이 있다.

김홍래 춘천교육대학교 컴퓨터교육과 교수

김홍래 교수는 현재 춘천교육대학교 교수로 재직 중이며, 21세기 초등교원 양성을 위한 TPACK 프로그램을 운영하였으며, 교육학, 교과, 컴퓨팅의 융합을 통한 교원의 역량 강화를 위한 실천적 교육 활동을 수행하였다. 특히, 정보화 정책, 학교 교육. 지역 사회와의 네트워크를 통한 정보교육의 확산을 위한 프로그램 개발에 힘쓰고 있다. 강원지역 저소득층의 SW교육 확산을 위한 'SW미래채움사업단'을 운영하고 있으며 'Edutech' 대학원을 통하여 지역사회의 발전을 위한 활동을 수행하고 있다.

박남제 제주대학교 초등컴퓨터교육전공 교수

박남제 교수는 2003년부터 2008년까지 한국전자통신연구원(ETRI)의 선임연구원으로 재직하였으며, 미국 UCLA대학교, ASU대학교에서 연구활동 후, 2010년부터 제주대학교 교육대학 초등컴퓨터교육학과, 대학원 융합정보보안학과에 재직 중이다. 국제학술논문, 국내외 기술표준, 특허 등 다수의 연구실적이 있으며, 교육부의 과학기술사회(STS)연구센터, 창의교육거점센터, 사이버보안인재교육원 등 다양한 유관기관을 설립하고, 연구사업 활동 등을 주도적으로 수행하고 있다. 현재는 최신 정보보호기술 연구 및 인공지능과 데이터 공학을 위한 각종 미래 교육 콘텐츠를 제작 보급하면서, 제주지역에서 국내 최초로 초등학생 대상으로 사이버보안교육, 해킹캠프 등 교육 봉사, 강연 활동을 통해 다양한 공헌 활동을 실천하고 있다.

박선주 광주교육대학교 컴퓨터교육과 교수

박선주 교수는 현재 광주교육대학교 교수로 재직 중이며, 교육부 교육과정심의회 ICT와 정보분야 위원이었으며 광주광역시 정보화위원, 한국정보교육학회 부회장으로 활동 중이다. SW 및 AI 교육, 데이터 분석과 앱개발 분야에 관심을 갖고 연구하고 있으며, 교육 봉사, 강연 등을 통해 정보 나눔 활동을 실행하고 있다.

성영훈 진주교육대학교 컴퓨터교육과 교수

성영훈 교수는 2011년부터 2015년까지 한국교육학술정보원(KERIS) 연구원으로 재직하였고 2015년부터 현재 진주교육대학교 교수로 재직 중이다. 소프트웨어교육과 관련된 다수의 연구논문을 발표하였으며 컴퓨팅을 활용한 음악 등 융합분야에도 많은 관심을 가지고 있다.

이광호 한국교원대학교 초등교육과 교수

현재 한국교원대학교 교수로 재직 중이며, 뇌 기반 교육연구소 소장, 한국수학교육학회 총무이사, Brain, Digital, & Learning 학술지 부편집장이다.
뇌 · AI, 디지털기반 교육 및 데이터 사이언스 분야에 관심을 갖고 연구하고 있으며, 코이카 및 유네스코를 통한 개발도상국 교육 분야 지원 사업 및 활동을 실행하고 있다.

이용배 전주교육대학교 컴퓨터교육과 교수

이용배 교수는 2000년부터 3년 동안 정보검색과 관련된 벤처회사에서 직접 소프트웨어를 개발하며 기술이사로 근무를 했었다. 2003년부터 전주교육대학교에서 학생들에게 프로그래밍을 지도하고 있으며 현재는 알고리즘을 쉽게 학습할 수 있는 방법에 대해 연구하고 있다.

전우천 서울교육대학교 컴퓨터교육과 교수

전우천 교수는 1998년 이후 서울교육대학교 컴퓨터교육과 교수로 재직하고 있다. 2001년 이후로 서울교육대학교 과학영재교육원 정보영재반 교수로서 활동중이며 또한 2019년 이후 서울교육대학교 소프트웨어영재교육원 강의교수로 활동중이다. 한국정보화진흥원의 정보통신윤리전문강사로 활동했으며 또한 한국정보교육학회 총무이사를 역임했다. 주요 관심사는 정보통신윤리, 정보영재교육, 인공지능 리터러시 등이다.

조정희 부산교육대학교 컴퓨터교육과 교수

현재 부산교육대학교 교수로 재직중이며, 2001년부터 2003년까지 LG전자 차세대단말연구소에서 주임연구원으로 재직하였고, 2005년부터 2019년까지 한국전자통신연구원에서 책임연구원으로 재직하면서 국가 R&D 발전에 기여하였다.

한규정 공주교육대학교 컴퓨터교육과 교수

한규정 교수는 중앙대 컴퓨터공학과 공학박사 (소프트웨어 엔지니어링 전공), 1992년부터 현재 공주교육대학교 컴퓨터교육과 교수로 재직중, 미국 플로리다 주립대 교수설계과 연구교수, 샌버나디노 캘리포니아 주립대 수학및 과학과 교환교수, (사)한국정보교육학회 회장 역임, 현재 국제 청소년로봇연맹 회장, 관심분야는 동기기반 SW교육, 피지컬 컴퓨팅 교육, 인공지능융합교육이며 저서로는 '인공지능 메이커 길라잡이 대장장이 스마트보드(공저)', '코딩 대장장이 보드(공저), 'C언어로 구성한 자료구조(단독)' 등이 있다.

한정혜 청주교육대학교 컴퓨터교육과 교수

한정혜 교수는 행정자치부 국가전문행정연수원 교수를 거쳐 청주교육대학교 컴퓨터교육과 교수 및 인공지능로봇연구소장으로 재직중이다. 2011년에는 LG연암재단 후원을 받아 스탠포드 대학교에서 방문연구하였으며, 2015년부터 3년간 IEEE/ACM Human Robot Interaction 국제회의 공동 의장을 역임했다. 2018년에는 산호세주립대에서 인공지능과 실리콘밸리 인재양성을 연구하였다. 주요 연구분야는 교육용 로봇, 인공지능 리터러시, 인공지능로봇윤리 에이전트 등이다.

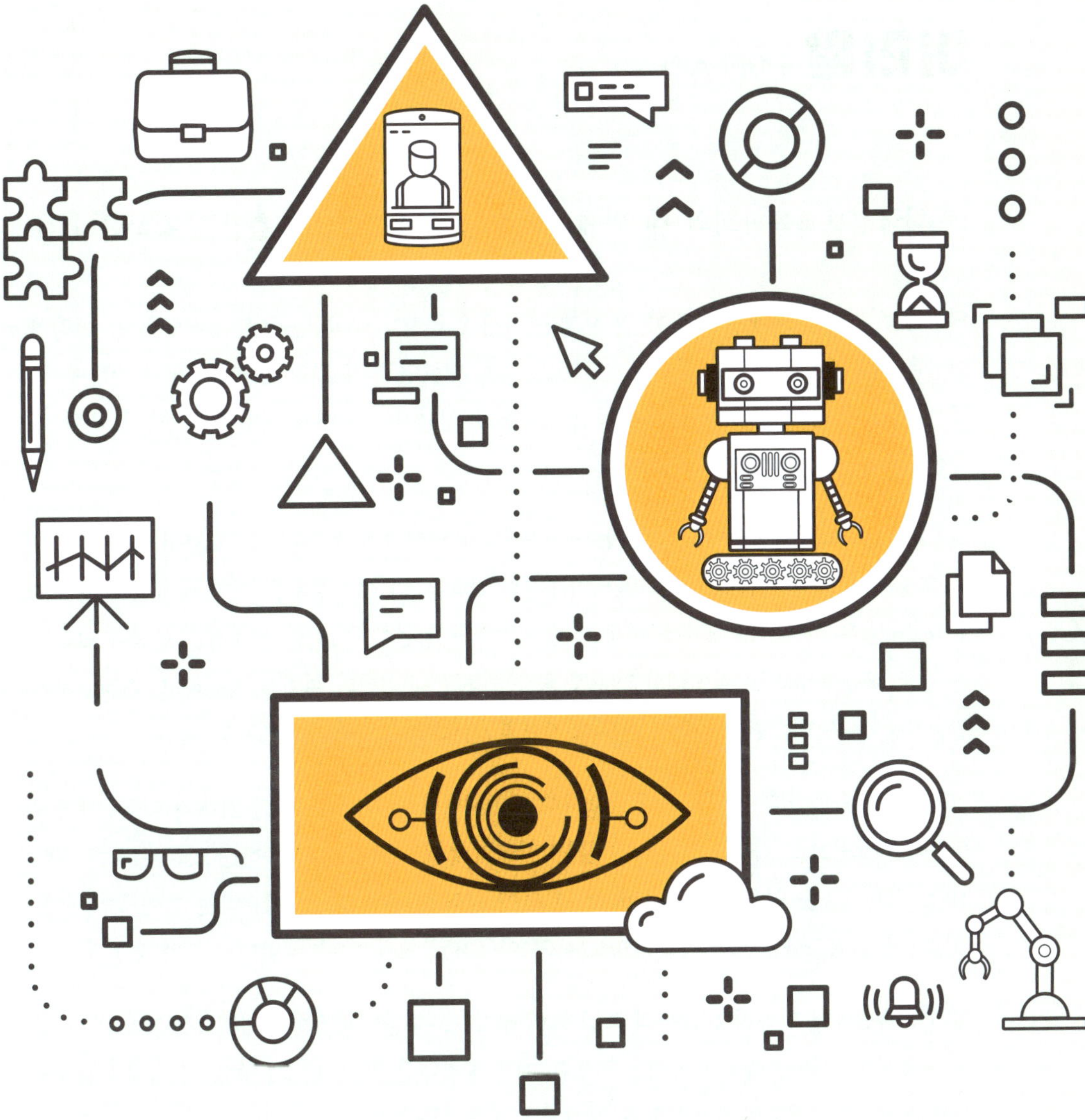

머신러닝포키즈와 함께하는

인공지능교육

Artificial Intelligence Education with Machine Learning for Kids

이재호 · 김홍래 · 박남제 · 박선주 · 성영훈
이광호 · 이용배 · 전우천 · 조정희 · 한규정 · 한정혜 지음

도서출판 홍릉

머리말 PREFACE

(사)한국정보교육학회의 네 번째 인공지능 교육 전문서 출간을 축하합니다!

인공지능 시대의 도래로 인하여 전 세계는 현재 인공지능 교육 열풍에 휩싸여 있다. 이러한 현상은 대한민국도 예외는 아니다. 2019년 12월 대한민국 정부가 '인공지능 국가 전략'을 발표한 이후, 교육부와 과학기술정보통신부 주도로 인공지능 시대의 혁신인재 양성을 위한 다양한 정책들을 발표하고 있다.

인공지능 시대의 혁신인재를 성공적으로 양성하기 위해서는 초중등학교 교사의 인공지능 교육 역량이 갖추어져야 한다. 그러나 인공지능 교육은 최근에 주목을 받기 시작한 내용으로 현직교사들은 인공지능 교육을 제대로 받을 기회가 없었다. 이러한 문제점을 인식한 교육부는 전국 교육대학교 및 사범대학교에 '인공지능 융합 대학원'의 설립을 지원하고, 현직교사가 인공지능 교육 대학원에 입학하면 파격적으로 지원하는 정책을 시행하고 있다.

인공지능 교육이 향후 몇 년 동안 유행하다 사라져버릴 것인가? 아니면 21세기 미래인재에게 필수적인 교육으로 자리 잡게 될 것인가? 미래의 일을 정확하게 예측하는 것은 어려운 것이지만, 전문가들은 인공지능 교육이 몇 년 만에 사라져버릴 내용은 아니라는 데에 동의한다. 그렇다면 현직교사는 물론이고 예비교사의 인공지능 교육 역량 계발에도 집중해야 한다.

이러한 측면에서 인공지능 교육의 핵심을 이해하고 초중등학생에게 효과적으로 교육할 수 있는 인공지능 교육 교재를 개발하는 작업은 매우 중차대한 작업이다. 1996년 설립된 (사)한국정보교육학회는 대한민국 정보교육 분야의 발전을 선도하였다. 인공지능 교육은 정보교육의 한 영역이기에, (사)한국정보교육학회가 인공지능 교육도 선도해야 할 사명이 있는 것이다.

이상과 같은 이유로 (사)한국정보교육학회는 AI 교육의 방향성과 지향점을 설정한다는 측면에서 인공지능 교육 전문서 집필 작업을 진행해 왔다. 최고의 전문가집단으로서 인공지능 교재 개발에 대한 책임을 회피하지 않고, 꾸준하게 산출물을 발표한 것이다. 본 서는 (사)한국정보교육학회 소속 교수님들의 주도로 개발된 네 번째 인공지능 교육 도서이다. 본 서에서는 인공지능 개념에 대한 균형을 잡고, 미래세대의 인공지능 역량 계발에 실질적인 도움을 줄 수 있는 인공지능 교육 플랫폼을 응용한 풍부한 사례를 수록하였다. (사)한국정보교육학회의 네 번째 집필 결과물이 대한민국 인공지능 교육의 방향성과 지향점 설정에 지침서 역할을 할 수 있을 것으로 기대한다.

바쁜 일정에도 흔쾌히 집필 작업에 참여해주신 (사)한국정보교육학회 회원 여러분들에게 감사드리며, 『머신러닝포키즈와 함께하는 인공지능 교육』의 편집 및 출판 작업을 지원하셔서 오늘 귀한 결과물이 탄생할 수 있도록 지원해주신 도서출판홍릉의 대표이사님과 직원 여러분들에게도 감사의 말씀을 드린다.

2021년 8월

(사)한국정보교육학회 회장 **이재호**

차례 CONTENTS

CHAPTER 01 인공지능 교육

1.1 인공지능 교육의 태동 ········· 2
1.2 인공지능 교육의 필요성 ········· 5
1.3 AI 교육이 가져올 미래 ········· 8
1.4 AI 교육의 분류 ········· 10
1.5 AI 교육 플랫폼의 시대 ········· 15
1.6 AI 교육 플랫폼 ········· 17
1.7 AI 교육 플랫폼의 분류 ········· 21
1.8 요약 ········· 25
1.9 연습문제/실습 ········· 27
참고문헌 ········· 28

CHAPTER 02 AI교육을 위한 교수·학습 전략

2.1 개요 ········· 30
2.2 인공지능 교육의 필요성과 과제 ········· 30
2.3 사고력 향상을 위한 도구로서의 인공지능 ········· 34
2.4 AI 교육을 위한 접근 방향 ········· 41
2.5 구성주의적 관점의 AI 교수·학습 전략 ········· 45
2.6 요약 ········· 56
2.7 결론 ········· 57
2.8 연습문제 ········· 58
참고문헌 ········· 59

CHAPTER 03

AI 교수 · 학습의 지원 도구

3.1 개요 ··· 62
3.2 인공지능 온라인 강좌 사이트 및 체험 도구 ··· 63
3.3 인공지능 원리 교육 실습 도구 ··· 79
3.4 교육용 인공지능 프로그래밍 언어 ··· 90
3.5 요약 ··· 99
3.6 결론 ··· 104
3.7 연습문제/실습 ··· 105
참고문헌 ··· 106

CHAPTER 04

AI 윤리 교육

4.1 개요 ··· 108
4.2 세계의 AI윤리 동향 및 이슈들 ··· 110
4.3 AI 윤리교육 ··· 118
4.4 AI 윤리교육 사례 ··· 129
4.5 결론 ··· 138
4.6 요약 ··· 139
4.7 연습문제/실습 ··· 140
참고문헌 ··· 144

CHAPTER 05

머신러닝포키즈 사용 준비하기

5.1 개요 ··· 148
5.2 머신러닝포키즈 가입 및 IBM Cloud 활용 ··· 148
5.3 결론 ··· 165
5.4 요약 ··· 165
5.5 연습문제/실습 ··· 166
참고문헌 ··· 166

차례 CONTENTS

CHAPTER 06

은행 챗봇에게 물어보세요

6.1 프로젝트 소개 ······ 168
6.2 데이터 준비 ······ 181
6.3 모델 학습 ······ 186
6.4 AI 프로그래밍 ······ 188
6.5 응용 심화문제 ······ 193
참고문헌 ······ 194

CHAPTER 07

AI 영양사 프로젝트

7.1 프로젝트 소개 ······ 196
7.2 데이터 준비 ······ 196
7.3 모델 학습 ······ 199
7.4 AI 프로그래밍 ······ 205
7.5 응용 심화문제 ······ 215
참고문헌 ······ 218

CHAPTER 08

재활용 쓰레기 분리수거기를 만들어요!

8.1 프로젝트 소개 ······ 220
8.2 데이터 준비 ······ 220
8.3 모델 학습 ······ 225
8.4 AI 프로그래밍 ······ 227
8.5 응용 심화문제 ······ 236

CHAPTER 09

소리로 게임을 작동해봐요!

9.1 프로젝트 소개 ······ 238
9.2 데이터 준비 ······ 238
9.3 모델 학습 ······ 242
9.4 AI 프로그래밍 ······ 244
9.5 응용 심화문제 ······ 250
참고문헌 ······ 260

CHAPTER 10

가상현실 속 물체 인식기

10.1 프로젝트 소개 ······ 262
10.2 데이터 준비 ······ 271
10.3 모델 학습 ······ 273
10.4 AI 프로그래밍 ······ 274
10.5 응용 심화문제 ······ 278
참고문헌 ······ 282

CHAPTER 11

파이썬을 활용한 머신러닝 프로젝트

11.1 프로젝트 소개 ······ 284
11.2 데이터 준비 ······ 284
11.3 모델 학습 ······ 302
11.4 AI 프로그래밍 ······ 304
11.5 응용 심화문제 ······ 309
참고문헌 ······ 310

CHAPTER 01

인공지능 교육

이재호 / 경인교육대학교

학습목표

1. 국내 인공지능 교육의 태동 과정을 이해할 수 있다.
2. 인공지능 교육의 필요성을 이해할 수 있다.
3. 인공지능이 가져올 미래를 예측할 수 있다.
4. 인공지능 교육의 지향점을 이해할 수 있다.
5. 인공지능 교육을 분류하고, 특성을 이해할 수 있다.
6. 인공지능 융합교육의 특성을 이해하고, 소프트웨어 교육과의 관계를 설정할 수 있다.
7. 인공지능 교육 플랫폼을 분류하고, 특성을 이해할 수 있다.
8. 인공지능 교육의 특징을 이해하고, 교육 현장에서 실천할 수 있다.
9. 인공지능 도입으로 예상되는 교육 분야의 변화를 이해하고 능동적으로 대처할 수 있다.

1.1 인공지능 교육의 태동

(1) 지능정보화기본법

4차 산업혁명의 거대한 문명사적 변화에 직면한 시대를 대비하기 위해 국가·사회 전반의 준비가 필요하다. 이와 같은 상황에 따라 인공지능[AI : Artificial Intelligence]의 중요성을 인지한 대한민국 정부는 2019년 12월 17일 범부처 주관으로 'IT 강국을 넘어 AI 강국으로'라는 슬로건으로 'AI 국가전략'을 발표하였다. 'AI 국가전략'의 주요 내용 중 하나는 '교육'이고, 교육을 포함한 다양한 분야에서 AI를 적극적으로 활용하기 위한 분야별 맞춤 교육을 준비한다고 발표하였다. 특히, 초3부터 고2 학생을 대상으로 차세대 'SW 교육 표준모델'을 제안함으로써 SW 교육의 일부 영역으로 도입하여 지식 체계를 제시하였으나, 구체적이고 체계적인 교육 커리큘럼 등은 아직 부족한 상황이다. 또한, 2020년 5월 '국가정보화기본법'이 '지능정보화기본법'으로 개정됨으로써, 25년 동안 우리나라 정보화의 법적 기반이 되었던 '국가정보화기본법'을 AI 시대의 기본법으로 탈바꿈시켰다. 결과적으로 우리나라가 AI 강국으로 도약할 수 있는 발판이 마련되었다.

표 1.1 지능정보화기본법(2020)[1]

개정안 주요 내용
• 범국가적인 대응 기본체계 마련을 위한 지능정보사회 종합계획을 수립함
• 전문인력 양성, 표준화 추진 등 지능정보기술 고도화 시책을 비롯해, 데이터 유통 활성화, 전문기업 육성 등 데이터 시책을 규정함
• 인공지능 등 지능정보기술 분야의 민간 전문가를 교수 요원으로 유치할 수 있도록 대학교원·연구원 등의 휴직이나 겸임·겸직을 허용하는 특례 규정을 포함시킴
• 국가 차원의 인공지능 윤리 준칙 마련, 기술안전성을 확보하기 위한 보호조치에 관한 근거, 일자리·교육·복지 등 대책 마련 등을 규정하여, 새로운 기술의 활용·확산에 따른 역기능을 방지하고 사회변화에 대응하기 위한 시책까지 담고 있음

정보통신기획평가원은 2020년과 2021년 정보통신기술[ICT : Information and Communication Technology] 10대 이슈를 다음과 같이 발표하였다. 2020년 'AI 활용의 보편화 가속'에서 2021년에는 'AI+X에서 X+AI로의 전환'을 AI 관련 최신 이슈로 선정함으로써, 각 분야에서 AI를 도입하고 활용하는 사례가 늘어날 것으로 전망하였다. 이에 교육 분야에서의 AI 도입과 관련된 논의도 활발하게 진행될 것이다.

1) KDI 경제정보센터(2020), 인공지능 시대를 대비한 기본법제 마련.

(2) 2020년 교육부 업무계획

교육부는 2020년 3월 2일 '국민이 체감하는 교육혁신, 미래를 주도하는 인재양성'이라는 슬로건으로 업무계획을 발표하였다. 업무계획에는 학교환경 조성 및 교육 방법, 내용 혁신과 함께, 지역 발전을 선도하고 산업 수요에 맞는 인재양성 내용이 포함되었다. 2020년 교육부의 업무계획 중 핵심은 AI 교육으로 볼 수 있으며, 이를 위한 AI 교육 종합방안의 수립을 모색하였다.

표 1.2 AI 교육 종합방안[2)]

AI 교육 종합방안 수립('20. 下)
• AI 교육의 비전 및 전략을 제시하고, 전 국민의 AI 기본소양 함양, AI 기술개발 인력 및 분야별 전문인력 등 양성방안을 모색함 • 빅데이터, AI 등 에듀테크(Edu-Tech)를 활용한 교수・학습 혁신을 추진함

초・중・고 AI 교육기반 조성을 위하여 모든 학생이 AI 활용능력을 계발할 수 있도록 교육기회를 제공하고, AI의 기본원리를 이해하고 실생활에 활용할 수 있는 능력을 함양하고, 체계적인 AI 교육을 위한 초・중 고 단계별 내용 기준(안)을 마련하였다.

표 1.3 AI 교육 기준(안)

분류	내용
기본방향	(초) 놀이・체험 중심 (중・고) 원리 이해를 통한 실생활 적용 중심
주요내용	AI 개념・원리의 이해・체험, 사회 현상의 공감・분석을 통한 문제 발굴, 데이터・통계를 활용한 창의적 문제 해결, 사회적 영향(윤리 포함) 등

(3) 제1차 정보교육 종합계획

이러한 추세에 발맞추어 교육부는 2020년 5월 '제1차 정보교육 종합계획'을 수립함으로써 체계적인 AI 교육을 위한 중장기적 계획을 수립하고, 차세대 AI 교육기반 조성을 위한 AI 교육의 내용과 범위 기준 마련을 통해 미래 사회가 요구하는 역량을 갖춘 미래 인재 양성 계획을 발표하였다[3)]. 또한, 2022 개정 교육과정을 통해 본격적인 AI 교과의 도입 계획을 예고하였다. 그러나 선도국 대비 AI 인재가 절대적으로 부족한 현재 우리나라의 상황에서, SW・AI를

2) 교육부(2020. 3.), 2020년 업무계획.

3) 한국과학창의재단(2020. 8.), 2015 개정 교육과정에 따른 인공지능 기초 과목 시안 개발 연구.

중심으로 한 다양한 교육 프로그램을 확충하고 재능 있는 인재를 키울 수 있는 토양을 만들어야 한다는 공감대가 형성되고 있다.

비 전

지능정보사회의 소양을 갖추고 세계를 선도하는 인재 양성

목 표

모두의 AI 역량을 기르는 정보 교육

교육과정 체계화	미래형 교육 인프라 구축	국가 AI인재 양성

제1차 정보교육 종합계획

세부 목표	추진 전략		주요 내용
1 미래역량 교육강화	1	미래 핵심 역량을 갖춘 인재 육성	① 기본 역량과 소질·적성을 키우는 교육과정 체계화 ② 세계를 선도하는 국가 AI 인재 양성 ③ 정보·AI 교육 우수 모델 발굴·확산
	2	전문적 역량을 갖춘 교원 양성	① 현직 교사의 정보·AI교육 역량 강화 ② 예비 교원(교·사대)의 정보·AI교육 역량 강화
2 차세대 교육기반 조성	1	미래형 정보교육 환경 구축	① 창의 융합형 정보교육 공간 혁신 ② 미래형 정보교육 인프라 구축
	2	첨단 정보교육 도구 활용	① 모두를 위한 AI교육 플랫폼 개발 ② 다양한 정보·AI교육 콘텐츠 보급
	3	체계적 정보교육 기반 구축	① 미래 세대 정보·AI교육 기반 마련 ② 체계적 정보·AI교육을 위한 제도 정비 ③ 창의융합형 교수·학습 및 평가 방법 혁신
3 생태계 및 문화 조성	1	모두가 참여하는 정보교육 생태계 조성	① 정보 격차 해소 및 학습자 맞춤형·개인화 교육 강화 ② 부처·학계·민간 거버넌스 구축 ③ 국내·외 정보교육 네트워크 구축
	2	모두가 누리는 올바른 정보 문화 조성	① 긍정적 인식 확산을 위한 홍보 및 프로그램 운영 ② 모든 세대를 위한 정보 소양 함양 기반 마련

그림 1.1 제1차 정보교육 종합계획 개요[4)]

4) 교육부(2020). 제1차 정보교육 종합계획

1.2 인공지능 교육의 필요성5)

(1) AI는 교육 분야에서도 필요한가?

교육은 전통적으로 보수적인 분야다. 이러한 이유로 인하여 최신 기술을 받아들이고 현장에 적용하는 것이 교육 분야에서는 타 분야에 비하여 더디게 진행되어 온 것도 사실이다. 2018년 McKinsey Global Group에서 발표한 자료에 따르면, 교육 분야는 AI 선도 그룹frontier sectors과는 거리가 먼 느린 수용자slow adopters 그룹에 속하는 것으로 조사되었다. 그렇다고 교육 분야에서 AI의 역할이 없다는 것은 아니다. 오히려 AI가 교육 분야에 적용될 경우 개인별 맞춤형 교육의 시행으로 교육의 불평등을 해소할 수 있을 것이다.

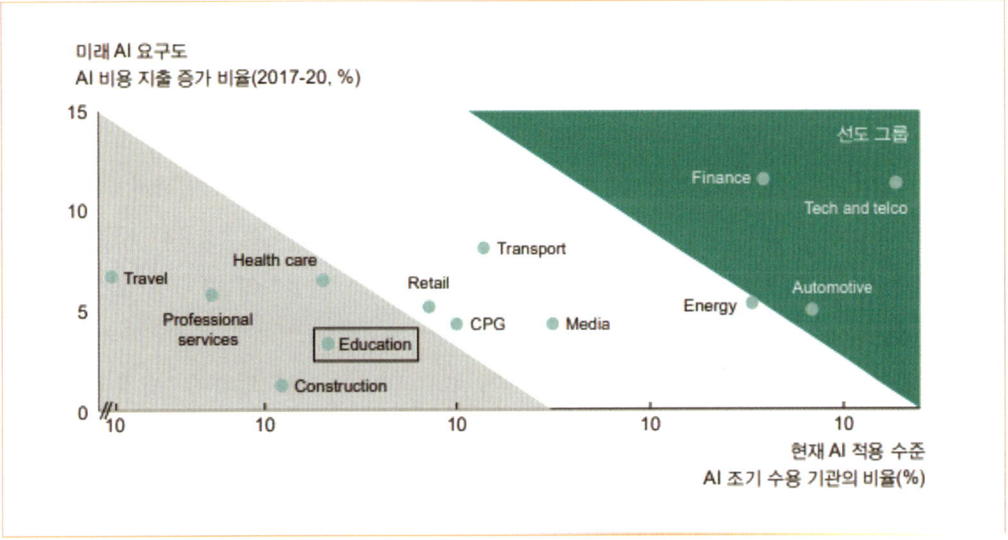

그림 1.2　주요 분야별 AI 도입 현황과 전망

(2) AI 교육은 해야 하는가?

AI 교육은 해야 하는가? 물론이다. 특히 미래 세대들에게 AI 교육은 필수적으로 시행해야 한다. 현재 시점에서 미래 사회는 AI가 주도하는 사회라는 것에 이견을 가지는 사람들은 없다. AI 역사상 세 번째 'AI 황금기'가 진행되고 있는 현재의 시기는 지난 두 번의 'AI 황금기'와는 차원이 다른 기회를 맞이하고 있다. 딥러닝deep learning의 개발과 이를 통한 다양한 성공 사례들의 발굴은 이미 여러 분야에서 AI 시대의 가능성을 확인시켜 주었다. AI 교육 역시 최근

5) 『이재호 외(2020). 인공지능 교육개론. 도서출판홍릉』의 내용을 기반으로 수정 및 보완하였음

까지 한 번도 경험해보지 못한 것이고, 시행해 보지 못한 교육이다. 이러한 이유로 인하여 AI 교육은 무엇이고 어떤 내용을 교육할 것인가부터 확인하고 철저히 준비한 후에 시행할 필요가 있다.

(3) AI 역량 vs. AI 리터러시

AI 교육을 시행하는 이유 중 하나는 미래 사회의 핵심 역량을 계발하는 것이고, 이는 학생들의 'AI 역량competencies'을 계발하기 위한 것이기도 하다. 그리고 'AI 역량'은 'AI 리터러시 literacy'와 혼용되어 사용되기도 하며, '리터러시'는 '소양'이라는 의미로 사용된다. '역량'과 '소양'은 같은 것처럼 생각할 수 있으나, 엄격히 따진다면 같지 않다. 그렇다고 둘 사이의 차이를 구분한다는 것은 쉽지 않은 일이다. 그러나 일반적으로 '역량'은 '핵심 역량' 또는 '필수 역량'이라는 의미로 사용되는 경우가 많고, '소양'은 특정 영역에서 필요로 하는 기본적인 능력을 의미하는 경우가 많다.

리터러시는 '문해력'을 의미하며, 사전적으로는 '문자화된 기록물을 통해 지식과 정보를 획득하고 이해할 수 있는 능력'이라고 정의한다. 고전적인 측면의 리터러시는 읽기Reading, 쓰기wRiting, 셈하기aRithmetic 능력을 가리키는 '3R'로 대변되었다. 기술 발전으로 인하여 리터러시의 개념도 계속 확장되었다. 예를 들어, 컴퓨터의 개발과 보급으로 인하여 '컴퓨터 소양'을 의미하는 '컴퓨터 리터러시'가 등장하였고, ICT의 급속한 발전으로 인하여 'ICT 소양'을 의미하는 'ICT 리터러시'가 등장하였으며, 최근에는 '컴퓨팅 사고력CT : Computational Thinking'의 계발 중심인 '소프트웨어 코딩 리터러시'도 등장하였다. AI 시대의 도래로 인하여 'AI 리터러시'에 대한 논의도 시작 중이다. 그러나 AI 리터러시에 대해서는 아직 정확한 정의와 전문가들 간의 합의 사항은 존재하지 않는다. 이러한 상황임에도 불구하고 AI 리터리시에 대한 아주 원론적이면서 기반이 되어야 할 역량을 몇 가지 정리하면 다음과 같다.

① AI 역량'이건 'AI 리터러시'이건 중요한 것은 '사고력'이라는 것을 명심해야 한다. 이러한 이유로 인하여 'CT'의 중요성은 감소하기보다는 더욱 커질 것이다.

② 성공적인 AI 서비스가 시행되기 위해서는 충분한 데이터의 확보와 이를 이용한 학습이 선행되어야 한다. 이러한 측면에서 '데이터'에 대한 이해가 선행되어야 한다. AI를 활용하기 위해서는 어떤 데이터가 필요하고, 필요한 데이터는 어떤 방법으로 확보할 수 있으며, 확보한 데이터는 어떤 방법으로 분석할 수 있고, 분석 결과에 숨어있는 내용hidden pattern을 찾고, 그 의미는 무엇인가를 확인할 수 있는 역량이 필요할 것이다. 일부 전문가들은 이러한 역량을 '데이터 역량'이라고 한다. 이러한 측면에서 엔트리 플랫폼에서는 '데이터 과학Data Science' 블록을 제공하고 있으며, 이를 활용한 교육 사례를 제공하고

있다. 데이터의 확보뿐만이 아니라 AI 교육을 시행하면서 발생하는 데이터의 수집과 관리 작업도 필요한 상황이다. 이와 같은 상황에 따라 과학기술정보통신부 주도로 'AI 교육 플랫폼' 개발을 위한 사업을 다음과 같이 진행하고 있다. 2020년에 AI 교육 플랫폼 개발을 위한 기초연구를 시행하였고, 2021년에는 기초연구에 기반한 정보화전략계획ISP : Information Strategic Planning을 수립한 후에, 2022년부터 본격적인 AI 교육 플랫폼 개발을 시작하려고 진행 중이다.

③ AI 교육을 받는 모든 학생이 AI 전문가 또는 AI 개발자가 되어야 하는 것은 아니다. 이러한 기조는 SW 교육과 일맥상통一脈相通한다. 이와 같은 이유로 인하여 SW 교육에서는 '사고력' 계발에 집중하였다. 좀 더 거슬러 올라가면 ICT 교육의 시대에는 이와는 반대로 'ICT 활용 교육'에 치중하여 실패를 경험한 것이 좋은 학습 효과로 작용하기도 하였다. 그러나 AI 교육의 시대는 AI 서비스를 활용할 수 있는 역량도 중요할 것이다. 주어진 문제를 해결하기 위하여 어떤 AI 서비스 또는 AI 도구를 이용할 것인지를 결정하고, 자신이 직접 AI 서비스 또는 도구에 접근하여 활용하는 역량도 중요한 것이다.

전문직 영역에서의 AI 시스템 도입 사례[6)]

미국의 대형 로펌인 베이커 앤드 호스테들러(Baker & Hostetler)는 이미 수년 전부터 AI 시스템을 도입하여 운영 중이다. 베이커 앤드 호스테들러는 고급 호텔의 로비를 연상케 하는 접수대 끝에 판례집과 논문이 즐비한 도서실을 운영 중이나, AI 시스템의 도입으로 도서실에서 자료를 찾고 연구하는 변호사를 찾아보기 힘들게 되었다. 베이커 앤드 호스테들러에 입사한 젊은 변호사는 소송에 필요한 자료를 정리하고 분석하기 위하여 사례집과 논문들이 산더미처럼 쌓여있는 도서실을 이용하였으나, 현재는 AI 시스템이 이러한 일을 하고 있다. AI가 더 잘할 수 있는 일을 AI에게 시키기 시작한 것이다. 미국에는 두 종류의 변호사가 있다. 법정에서 상대측과 다투며 변론하는 변호사와 조사를 담당하며 증거물을 전문적으로 분석하는 변호사다. 조사를 담당하며 증거물을 전문적으로 분석하는 변호사에게는 AI 시스템을 이용하고, AI가 분석한 내용을 해석할 수 있는 능력을 갖추어야 한다. 베이커 앤드 호스테들러의 사례를 참고하면서 AI가 잘하는 일과 인간이 잘하는 일을 나누어 일하면서, 인간과 AI가 상생(相生)하는 방법을 찾아야 하며, AI 교육도 이러한 방향으로 진행되어야 할 것이다.

6) 『일본경제신문사 지음, 서라미 옮김(2019). AI 2045 인공지능 미래보고서. AI와 인간이 공존하는 세상의 시작. 반니』의 내용을 기반으로 재구성하였음

1.3 AI 교육이 가져올 미래[7]

AI 시스템의 도입이 교육의 미래에 미칠 영향은 무엇인가? AI 시스템의 도입으로 교육 분야 관련자들은 혜택을 받을 것인가? 아니면 오히려 피해를 볼 것인가? 교육 분야와 긴밀한 관련이 있다고 생각되는 학습자, 교수자, 행정가, 학부모 등 모두가 AI 시스템의 영향을 받을 수 있을 것이며, 예상되는 변화 사례[미래 모습]들을 정리하면 다음과 같다.

(1) 학습자들의 미래

첫 번째, 학습자들은 교육 분야에서 AI가 도입됨으로써 무엇을 할 수 있고, 무엇을 기대하며, 무엇이 좋아지는가? 이러한 질문에 대한 답변을 한마디로 요약하자면 다음과 같다. 학습자들은 이전과는 차별화되는 고품질의 교육 서비스를 AI 시스템으로부터 받을 것이다. 학습자에게 제공 가능한 고품질의 교육 서비스 사례를 정리하면 다음과 같다.

1) 맞춤형 교육 제공

AI 시스템의 도움을 받으면 학습자의 특성과 수준에 적합한 1:1 맞춤형 교육을 받을 수 있다. 학습자가 이용하는 다양한 AI 교육 서비스[플랫폼]에서 생성되는 학습활동 데이터는 빅데이터로 구축되어 학습자들의 다양한 특성[성향]을 분석할 수 있게 한다. 예를 들면, AI 교육 서비스 플랫폼을 이용하는 학습자의 접속 시간, 접속 장소, 활동 시간, 활동 기록, 스마트 패드 이용 필적, 안면 인식 시스템의 아이트래킹, 음성인식 시스템의 음량과 음색 등과 같은 모든 데이터는 학습자의 성향을 분석하는 데 이용 가능하며, 이를 통하여 AI 시스템으로부터 추천된 제안 사항 등은 학습자의 시행착오를 줄여주는 정보로 활용될 수 있다. 결과적으로 교육 분야에 AI 시스템을 도입함으로써 미래에는 전반적인 학습자의 성취도를 높여주게 될 것이다.

2) 실감형 학습 경험 제공

AI 시스템의 도움을 받으면 전통적인 교육에서는 상상할 수 없었던 학습 경험을 제공할 수 있다. 즉, AI 시스템의 도움으로 학습 경험이 확장된다는 것이다. 예를 들어, AI 기술과 증강현실[AR : Augmented Reality], 가상현실[VR : Virtual Reality], 혼합현실[MR : Mixed Reality], 확장현실[VR : eXtended Reality] 등이 연결될 경우 현실감과 몰입감이 최고조에 달하는 교육의 시행이 가능해질 것이다. 이것은 그동안 시공간의 제약을 극복할 수 있는 기술로 대우받던 것과는 차원이 다르다. AI 기술

7) 『이재호 외(2020). 인공지능 교육개론. 도서출판홍릉』의 내용을 기반으로 수정 및 보완하였음

과 첨단 기술과의 결합은 비단 AR/VR/MR 기술과의 결합만은 아니다. AI는 기존 첨단 기술은 물론이고, 앞으로 출현할 첨단 기술에 이르기까지 모든 기술과의 결합으로 학습 경험을 확장할 수 있다. 학습 경험의 확장 역시 개인별 맞춤식으로 제공할 수 있다. 전통적인 교육 현장에서 경험할 수 없었거나, 경험할 수는 있었으나 그 효과가 미비했던 것에 이르기까지 AI 기술은 교육과 접목됨으로써 학습자에게는 신세계를 경험할 수 있게 하는 원천이 될 것이다. 이상과 같이 교육 분야에 기술이 접목되는 현상의 일체를 에듀테크[EduTech]라 한다. 에듀테크는 미래 교육의 중심에서 그 역할을 하게 될 것이며, 에듀테크의 중심에는 AI 기술이 자리하게 될 것이다.

3) 사고력 계발 중심의 교육 제공

궁극적으로 AI 교육은 학생들의 '사고력' 향상에도 도움을 줄 수 있고, 그렇게 되어야만 한다. '사고력 계발'이 AI 교육의 핵심 목표인 것이다. 전문가들은 SW 교육의 핵심 목표가 미래 세대들에게 CT를 계발시키는 것이라는 내용에 동의한다. AI 교육도 예외일 수는 없다. 사람들은 'SW 중심사회'에서 핵심 역할을 하는 사고력은 CT라는 것에 동의하였다. 그렇다면 AI 시대의 사고력은 무엇인가? AI도 SW라는 사실에 기반한다면 크게 달라질 것도 없다. CT는 AI 시대를 넘어 그 이후의 사회에서도 미래 세대들의 필수 역량일 것이다. 결과적으로 미래 세대들은 AI 교육을 통하여 미래 핵심 역량 중 하나로 인식되는 CT를 계발할 수 있을 것이다.

(2) 교수자들의 미래

두 번째, AI 시스템이 교육 분야에 도입될 경우 교수자들은 무엇을 할 수 있고, 무엇을 기대하며, 무엇이 좋아지는가? AI 시스템의 도입으로 인한 교수자들에게 미칠 변화를 정리하면 다음과 같다.

1) 교수자들의 역할

혹시 교수자들은 AI로부터 일자리를 빼앗길 수도 있는가? 전통적으로 교수자들이 수행했던 여러 가지 일들은 AI가 대행할 것이 틀림없다. 가장 확실하고 빨리 대체될 일들로 예상할 수 있는 분야는 단순하고 반복적으로 이루어지는 일들일 것이다. 예를 들면, AI는 학생들의 평가를 위한 선다형이나 단답형 시험 채점을 넘어서서, 학생들의 작문을 평가하고 코멘트해주는 경지에 이를 것이다. 그러나 이러한 일들을 예상할 수 있기에 우리는 인간 교수자만이 할 수 있는 일들, 아니 더 잘할 수 있는 일들을 찾아야 하고 대비해야 한다. 전통적인 교수자의 역할은 변할 것이고 변해야 한다. 결과적으로 교육 분야에 AI 시스템을 도입함으로써 교수자들은 교육의 질을 개선해 나갈 수 있는 역할을 찾아야 할 것이다.

2) AI 시스템과의 공존

AI 시스템의 도입으로 인간 교수자는 AI와의 협업을 강화해 나갈 것이다. AI 시스템이 분석하는 빅데이터 중에는 학습자와 관련된 것만 있는 것은 아니다. 교수자의 활동과 관련되는 데이터도 분석 대상이 될 수 있다. AI 시스템이 교수자의 활동을 분석한 내용을 제공하면, 교수자는 빅데이터 분석에 기반한 자신의 강점과 단점을 확인할 수 있게 될 것이다. 결과적으로 교수자는 AI 시스템의 도움을 받아 자신의 강점을 살리고 단점을 보완함으로써 더 좋은 교수 설계와 교수 활동을 할 수 있게 될 것이다.

3) 단순 행정 업무의 경감

학교 현장에서 처리하는 교수자의 업무 중에는 교육 본연의 내용과는 거리가 있는 행정 업무의 비중도 무시할 수 없을 정도로 많은 것이 사실이다. AI 시스템의 도입으로 교수자들이 수행하던 행정 업무에도 많은 변화가 있을 것이다. 단순하고 반복적인 행정 업무들은 AI 시스템이 처리하는 자동화가 진행될 것이고, 이를 통한 교수자들의 행정 업무는 줄어들 것이다. 특히, 학생과 학부모들을 대상으로 하는 상담 중 인간 교수자의 개입 없이도 진행될 수 있는 것들은 학습자의 특성을 분석한 정보를 기반으로 지능형 챗봇이 수행할 수 있을 것이다.

1.4 AI 교육의 분류[8)]

전통적인 관점에서 AI 교육을 분류하면 AI 개념교육, AI 활용교육, AI 개발교육 등으로 구분할 수 있다. AI 교육에 대한 관점을 확장하면, 최근 AI 교육의 관심과 열기가 커지고 있는 상황에서 주목받고 있는 AI 융합교육도 AI 교육의 분류로 포함할 수 있을 것이다.

(1) AI 개념교육

AI 교육의 첫 번째 유형은 AI 개념교육이다. 이 유형의 교육에서는 AI의 역사, 기본 개념, 핵심 이론, AI 사회의 특성, AI 시대의 직업, AI 시민 교육 등을 시행함으로써, 학습자들에게 AI 시대를 능동적으로 살아갈 수 있는 역량을 배양하도록 교육하는 것이다. 이러한 AI 개념

8) 『이재호 외(2020). 인공지능 교육개론. 도서출판홍릉』의 내용을 기반으로 수정 및 보완하였음

교육을 진행하면서 미래 세대 학생들은 자신들의 진로를 스스로 고민하고 개척할 수 있으며, AI 시대에 미래 시민에게 필요한 윤리 의식 등도 배양할 수 있어야 한다.

(2) AI 활용교육

AI 교육의 두 번째 유형은 AI 활용 교육이다. AI 시대는 다양한 AI 서비스를 자유자재로 이용할 수 있는 사람과 그렇지 못한 사람 간의 크나큰 격차가 발생할 것으로 예상한다. 다르게 이야기하자면 AI 서비스를 자유자재로 이용할 수 있다면 개인의 경쟁력은 크게 향상될 수 있다는 것이다. 이러한 현상은 단순한 일에서부터 전문적인 작업을 하는 모든 사람에게까지 해당할 것이다. AI 교육의 필요성에 대하여 설명하면서 미국 변호사의 경우를 설명한 [전문직 영역에서의 AI 도입 사례]에서도 확인할 수 있었다.

그렇다면 AI 서비스를 자유자재로 이용한다는 것은 무엇을 의미하는 것일까? 세상에 존재하는 수많은 AI 서비스와 앞으로 출현할 모든 AI 서비스까지 자유자재로 이용해야 한다는 것일까? AI 활용교육 측면에서도 의문점은 많다. AI 서비스를 자유자재로 이용하기 위해서는 어떤 훈련을 해야 하고, 역량을 갖추어야 하는 것일까?

결과적으로 AI 활용교육 측면에서도 패러다임 전환이 필요하다. 일반적으로 '활용교육'이라 하면, '따라하기식' 교육을 의미한다. 학습자들은 교수자 또는 교재에서 지시하는 대로 따라서 하다 보면 주어진 문제를 해결하게 되는 것이다. 학습자들은 문제는 해결하였으니 되었다는 착각에 빠질 수 있다. 그러면서 문제 해결이 별로 어렵지 않다는 착각도 함께할 수 있다. 이러한 과정을 반복하다 보면 문제의 본질은 이해하지 못한 채 AI 서비스를 구동하고 화면에 나타난 버튼만을 누르는 기능인으로 전락할 수 있는 것이다.

AI 활용교육의 핵심은 학습자들이 문제의 본질을 이해하고 이를 해결하기 위해서 이용해야 되는 AI 서비스[도구]를 스스로 결정하고 이용하는 역량을 키워주는 것이다. 더 나아가 AI 서비스의 결과물을 해석하고 그 속에 숨어있는 의미를 찾아내는 역량도 함께 계발되어야 할 것이다.

(3) AI 개발교육

AI 교육의 세 번째 유형은 AI 개발교육이다. AI 시대 AI 개발자를 양성하는 과업이야말로 국가의 경쟁력을 좌우할 중차대한 일이다. 이를 위해서는 기초 학문에 대한 교육이 필수적으로 진행되어야 한다. 이뿐만 아니라 AI 개발자의 경쟁력은 '사고력'에서 좌우된다는 것을 잊어서는 안 된다. 기초 학문으로 다져진 SW 코딩 개발자는 'AI 개발자'로서 성공적인 성취를 할 수 있을 것이다. AI 개발교육이 성공하기 위해서는 탄탄한 SW 코딩 교육의 기초위에서 시행될 때 가능할 것이다. AI를 개발하는 것은 SW 코딩의 과정이기 때문이다.

(4) AI 융합교육

다양한 융합교육의 정의 중에서 합리적으로 생각되는 정의 하나를 소개하면 다음과 같다. "융합교육은 두 개 이상의 교과[학문]의 지식, 테크닉, 도구, 연구방법, 통찰력, 관점을 활용하여, 개인 혹은 집단으로, 현상을 더 깊이 이해하거나 새로운 연관성을 찾아 문제를 해결하거나 창의적인 산출물을 만들어내는 교육이다[9]". 또한, 대한민국 교육과학기술부가 제시한 융합인재교육[STEAM : Science, Technology, Engineering, Arts, and Mathematics]의 학습 준거[틀]는 **그림 1.3**과 같다. 융합교육을 통하여 학생들은 다양한 체험을 하고, 융합된 분야의 흥미와 동기를 부여받는다.

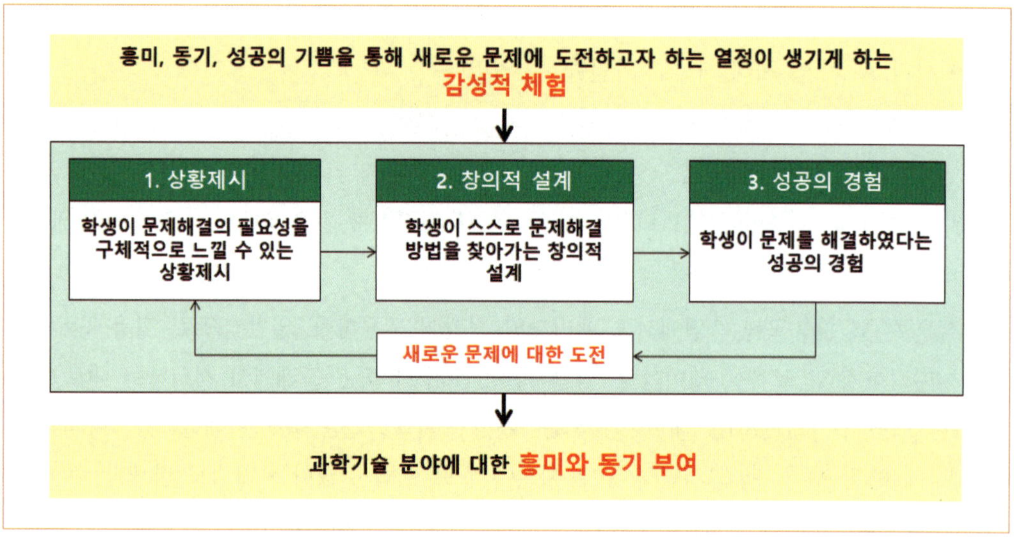

그림 1.3 융합인재교육(STEAM) 학습 준거(틀)

AI 융합을 논할 때 《AI + X》와 《X + AI》로 구분한다. 《AI + X》는 AI를 중심으로 다양한 교과 또는 영역이 융합되는 것이며, 《X + AI》는 각 교과 또는 영역에서 문제 해결이나 효율성 추구의 목적으로 AI를 활용하는 것이다. 이와 같은 융합교육의 정의와 학습 준거[틀]을 참고하고 AI 융합의 사례 등을 고려할 때, AI 융합교육은 AI를 기반 또는 중심교과로 타 교과와의 융합이 이루어지는 형태인 《AI + X》로 정의하기도 하며, 《X + AI》로 정의하기도 한다. 2020년 11월 대한민국 관계부처 합동으로 발표한 『인공지능시대 교육정책방향과 핵심과제 : 대한민국 미래 교육이 나아가야 할 길』에서 "AI와 소통하고 AI를 활용할 줄 아는 것은 미래의 교육"이라고 정의하고, "프로그래밍에 대한 관심이 점차 높아지고, AI를 필요에 따라 적재적소에 활용(AI + X)할 줄 아는 능력이 중요"하다고 설명하였다[10]. 결과적으로 21세기 4차

9) 김주아 외(2016). 융합교육을 통한 영재교육의 질 제고 방안. KEDI.

산업혁명 시대의 진정한 의미의 AI 융합교육은 《AI + X》로 정의하고 있다.

정보교육 분야에서는 학교 현장에서 AI 융합교육이 성공적으로 정착하고, 교육적인 효과를 기대하기 위해서는 《AI + X》의 형식 중에서도 "컴퓨팅 사고력CT : Computational Thinking기반의 SW 코딩과 연계된 AI 융합교육이 되어야 함을 강조하고 있다, 이뿐만이 아니라 AI 융합교육 분야에서 성공 사례best practice로 언급되는 대부분의 사례는 CT기반의 SW코딩이 연계된 것이다. 이상의 내용을 요약한 것이 **그림 1.4**다.

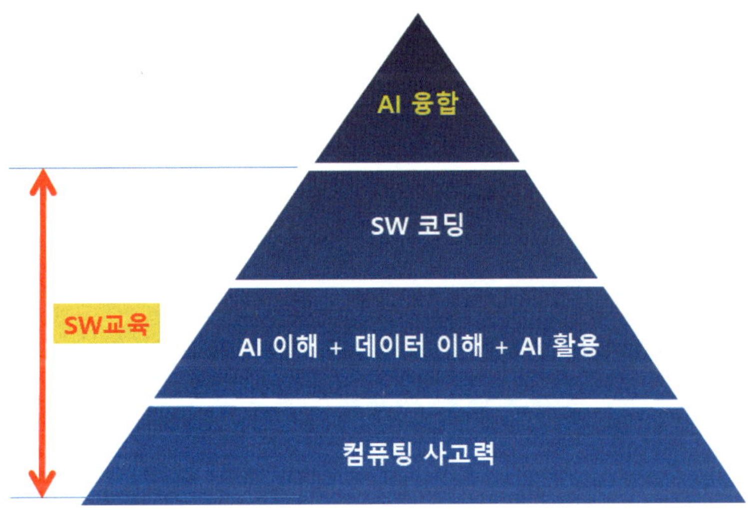

그림 1.4 CT기반의 SW코딩과 연계된 AI 융합교육

가까운 미래에는 "누구나 SW코딩을 할 수 있는 시대"에서 "누구나 SW코딩을 해야 하는 시대"로 전이될 것이다. 변호사, 의사, 회계사, 투자 분석가, 기자, 교사와 같은 전문직 종사자들은 물론이고, 레스토랑에서 홀 서빙을 담당하는 아르바이트 직원도 간단한 SW코딩을 해야 할 것이고, 자동차 정비소에서 근무하는 정비기사도 SW코딩은 필수적인 업무가 될 것이다. 이와 같이 누구나 SW코딩을 해야 하는 시대를 살아가야 하는 미래 세대들의 경쟁력을 좌우할 핵심적인 역량은 무엇일까? 그것은 아마도 '생각하는 힘사고력'일 것이다. SW코딩 작업 과정에서 꼭 필요한 것은 '생각을 하는 것사고하는 것'이다. 그렇기 때문에 SW코딩은 미래 세대들의 '생각하는 힘CT'을 키워 줄 수 있는 좋을 방법 중 하나로 인식되고 있다[11].

10) 관계부처 합동(2020). 인공지능시대 교육정책방향과 핵심과제 : 대한민국의 미래 교육이 나아가야 할 길.

11) 이재호 외(2020). 스크래치 3.0 퀘스트 이재호교수의 사고력 코딩. 도서출판홍릉.

초중등학교에서 효과적으로 시행할 수 있는 CT기반의 SW코딩과 연계된 AI융합교육의 사례를 소개하면 다음과 같다. 첫 번째로 학생들이 해야 하는 것은 현실 세계의 문제를 인식하고 정의하는 것이다. 학생들이 "마스크를 쓴 사람과 쓰지 않은 사람을 구분할 수 있는 시스템을 개발"하는 과제를 설정하였다면, 두 번째 단계는 머신러닝을 활용하여 학습모델을 만드는 것이다. 이를 위하여 학생들은 마스크를 쓴 사람의 이미지와 마스크를 쓰지 않은 사람의 이미지를 머신러닝 도구에 입력하면서 학습모델을 만들어 간다. 이 과정에서 학생들은 학습을 위한 데이터가 많으면 많을수록 학습모델의 성능이 좋아지고, 입력하는 데이터의 품질이 좋으면 좋을수록 성능이 좋아진다는 것으로 깨달을 수 있다. 세 번째 단계에서 머신러닝 도구로 만들어진 학습모델을 간단한 명령어 블록 형태로 이용하여 SW코딩을 하게 된다. 이를 통하여 마스크를 쓴 사람 이미지와 쓰지 않은 사람 이미지를 구분하고 대응할 수 있는 SW 프로그램을 만들게 된다. 여기에서 한 단계 더 발전시킨다면 다양한 센서, 카메라, 모터, 스티로폼 등으로 구성된 메이킹 교구를 이용하여 실물 시스템을 만들어 볼 수 있다. 이 또한 SW코딩의 연장선상에서 이루어지는 것이다. 최종적으로는 실제 사람들을 대상으로 마스크를 쓴 사람에게는 스티로폼으로 만든 차단기를 열어주고, 마스크를 쓰지 않은 사람에게는 "마스크를 쓰세요."라는 경고 멘트를 하고 차단기를 열어주지 않는 실물 시스템을 완성할 수 있을 것이다.

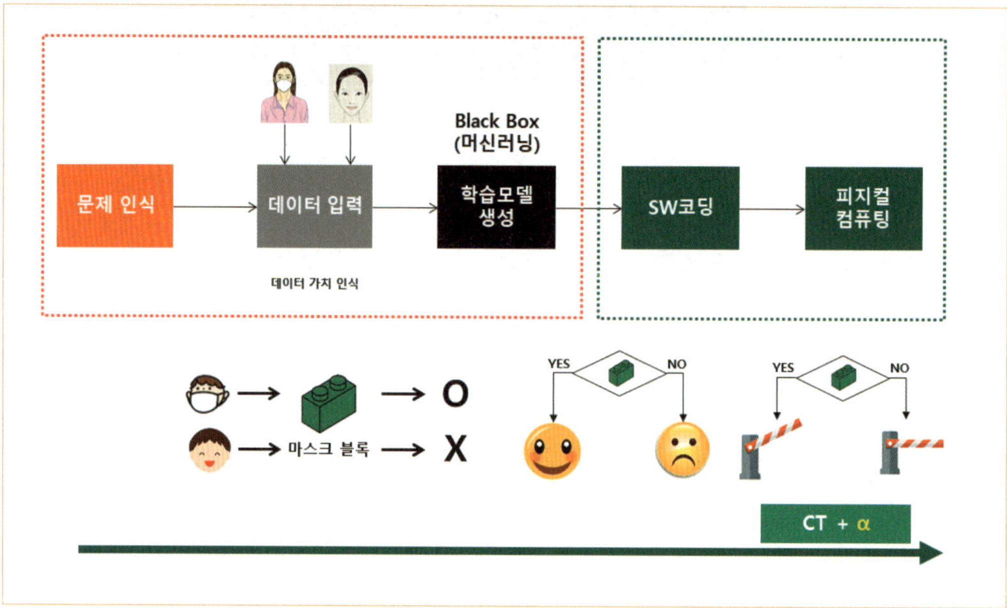

그림 1.5 CT기반의 SW코딩과 연계된 AI 융합교육 사례

이상에서 설명한 것과 같이 AI 교육을 네 가지로 분류한 것이 **그림 1.6**이다.

그림 1.6 AI 교육의 분류

1.5 AI 교육 플랫폼의 시대

최근 들어 자주 듣게 되는 용어 중 하나가 '플랫폼[platform]'이며, 그동안 우리에게 익숙했던 플랫폼은 '기차역 플랫폼'이었다. 기차역의 플랫폼은 기차를 이용하는 승객들이 편리하게 타고 내릴 수 있도록 평단하게 만들어 놓은 공간[토대]을 의미한다. 즉, 기차를 타려는 탑승객과 여에서 하차하려는 승객이 만나는 공간이며, 기타를 타고 떠나는 가족이나 친구를 배웅하는 공간이 플랫폼이다. 이것이 기차가 대표적인 장거리 여행 수단이었던 시절에 기차역 플랫폼에는 여러 가지 추억이 서려 있었던 이유이기도 하다.

온라인 공간에서의 플랫폼은 공급자와 소비자가 만나고 사용자와 사용자가 만나는 장소를 의미한다. 온라인 플랫폼에서 사람들이 만나면서 다양한 일을 할 수 있게 되었고, 다양한 일들이 발생하게 되었다. 대한민국 국민 메신저[messenger]로 등극한 카카오톡은 대표적인 소셜 네트워크 서비스[SNS : Social Network Service] 플랫폼이며, 얼마 전 미국 뉴욕증시에 상장한 쿠팡도 대표적인 전자상거래 플랫폼이고, 유튜브YouTube는 세계 최대의 동영상 플랫폼이다. 대한민국 대표 검색엔진인 네이버는 2020년 '사용자가 주도하는 기술 플랫폼 원년'을 선언하기도 하였다.

그렇다면 사람들이 온라인 플랫폼의 중요성을 인식하게 된 계기는 무엇인가? 그것은 사람들이 데이터의 중요성을 인식하게 되면서부터다. 플랫폼이 중요한 데이터를 손쉽게 수집할 수 있는 주요한 장치이기 때문이다. 그래서 사람들은 플랫폼을 고기잡이를 위해서 강가에 설치해 놓은 '통발'에 비유하기도 한다. 온라인 플랫폼이 오픈하면 관련 데이터를 자동으로 수집할 수 있다는 것이다.

그러면 데이터의 중요성을 인식하게 된 계기는 무엇인가? 첫 번째 계기는 초고속 네트워크의 발전으로 사물인터넷IoT : Internet of Things 시대가 도래함과 동시에 개인용 디바이스예, 스마트 디바이스의 보급 확대로 인하여 SNS가 대중화되면서 엄청난 양의 빅데이터 수집이 시작되면서부터다. 두 번째 계기는 수집된 데이터를 효과적으로 분석할 수 있는 하드웨어 환경이 조성되기 시작하면서부터다. 빅데이터 상에서 사람들이 미처 발견하지 못한 숨어있는 패턴hidden pattern을 찾아내기 위해서는 엄청난 컴퓨팅 자원의 지원이 필요하다. 하드웨어의 눈부신 발전은 빅데이터를 분석할 수 있는 컴퓨팅 자원을 제공하기에 충분한 상황이 되었다. 세 번째 계기는 소프트웨어 환경이 성숙단계에 진입하게 된 것이다. 대표적인 AI 기술 중 하나인 머신러닝기계학습, Machine Learning 기술의 급속한 발전이 가져온 결과라고 할 수 있다. 머신러닝 기술은 다양한 분야에 적용되어 그 위력을 발휘하게 되었다. 다만 머신러닝이 제 역할을 다하기 위해서는 관련 분야의 데이터가 제공되어야 한다. 제공되는 데이터의 양은 많으면 많을수록 머신러닝으로 개발된 인공지능은 똑똑하게 진화한다. 머신러닝이 학습하기 위해서는 양질의 데이터가 필요한 것이다. 그래서 데이터를 21세기 석유라고 하며, 데이터를 이용하여 머신러닝 학습에 적용되는 AI 알고리즘은 '정유 기술'이라고 할 수 있다. 이상과 같은 개념은 2017년도 조선비즈에서는 다음과 같이 설명하였다. 영국의 최고 경제지 이코노미스트는 "데이터가 과거 원유처럼 성장과 변화의 주역이 됐다"고 평가했다. 원유를 정제해 석유와 아스팔트부터 화학·의학품까지 다양한 제품을 만들 듯, 앞으로 기업들은 빅데이터를 활용해 무궁무진한 서비스를 내놓을 수 있다는 의미로 해석할 수 있다[12].

AI 플랫폼 기술의 발전은 보수적인 교육 분야의 변화에 큰 역할을 하기 시작했다. 플랫폼의 영향력은 교육 분야도 예외가 될 수 없었다. 이제는 AI 교육 플랫폼의 시대라고 해도 과언이 아니다. 즉, AI 교육을 효과적으로 시행할 수 있는 최적의 방법론을 AI 교육 플랫폼이 제공하게 되었다.

12) 송기영(2017). [금융 빅데이터 전쟁] ① '21세기 석유, 빅데이터'...선진국은 국가산업으로 육성. 조선비즈 (https://biz.chosun.com/ 2021년 3월 29일 검색).

데이터 분석을 통한 인력 배치 사례[13]

스포츠 분야에서 데이터를 수집하고 분석함으로써 성공한 사례는 많이 있다. 그중에서 일반인들에게도 가장 널리 알려진 분야는 '야구'다. 그래서 '데이터 야구'라는 용어도 있다. 데이터 분석을 활용한 인재 배치에 맨 처음 불을 당긴 것은 미국 메이저리그였다. 오클랜드 애슬레틱스는 2000년대 초, 과거에 치러진 야구 경기에 관한 수많은 데이터를 분석한 뒤 승률을 높일 요소를 갖춘 선수만 모아 팀을 구성했고, 강팀으로 다시 태어났다. 이 이야기는 '머니볼'이라는 영화로도 제작돼 인기를 얻었으며, 이후 기업에서 응용하려는 움직임이 확산되었다.

1.6 AI 교육 플랫폼

AI 교육의 효과적인 시행 방법은 무엇일까? AI 교육이 주목받기 이전의 SW 코딩 교육 시행 형태를 확인하면 쉽게 이해할 수 있다. SW 코딩 교육이 성공적으로 시행될 수 있었던 원인 중 하나는 SW 코딩 교육 플랫폼이 큰 역할을 했다는 것은 사실이다. Code.org, 스크래치, 엔트리 등은 SW 코딩 교육이 성공적으로 진행될 수 있도록 지원한 대표적인 SW 코딩 교육 플랫폼이다. AI 교육도 예외일 수는 없다. AI 교육 플랫폼을 활용할 경우 학생들의 활동 데이터의 수집이 가능하고, 추후 이를 가공할 경우 지능적인 교육 서비스 제공이 가능할 것이기 때문이다. 이상과 같은 이유로 현재는 다양한 종류의 AI 교육 플랫폼이 운영 중이다. 2021년 3월을 기준으로 가장 많이 활용되고 있는 AI 교육 플랫폼을 선별하여 그 특징을 분석한 것이 다음 **표 1.4**와 같다.

13) 일본경제신문사 지음, 서라미 옮김(2019). 『AI 2045 인공지능 미래보고서. AI와 인간이 공존하는 세상의 시작. 반니』의 내용을 기반으로 재구성하였음

표 1.4 국내외 AI 교육 플랫폼

AI 교육 플랫폼	특징
Machine Learning for Kids	• AI 교육 전용 플랫폼 • 기본적으로는 무료로 이용 가능한 AI 교육 플랫폼으로 IBM Watson을 기반으로 운영되며, 주요 타켓층은 6세부터 성인까지를 아우르고 있음 • 학교와 비영리 학생 코딩 그룹에서는 여러 학생의 교실 계정을 한 번에 생성하는 것도 지원하나, 무료로 생성할 수 있는 Watson API 키에는 사용 제한이 있기 때문에, 한도를 늘리기 위해서는 결제가 필요함 • 숫자나 음성을 인식하는 머신러닝 프로젝트에는 API 키가 필요하지 않으나, 텍스트 및 이미지를 인식하는 프로젝트는 API 키가 필요함 • 게임과 대화형 프로젝트를 통해 학생들에게 간단한 머신러닝 프로젝트를 소개하는 활동을 만들 수 있음 • Machine Learning for Kids 플랫폼과 스크래치, 앱인벤터, 파이썬 등의 언어와의 연동이 가능함 • 강사용 IBM 클라우드 계정, 인터넷 접속이 가능한 컴퓨터(2~3명이 공유 가능)를 준비해야 함 ① IBM Cloud에서 계정 만들기 ② 머신러닝 모델을 학습하는데 필요한 Watson 클라우드 서비스용 API 키 만들기 ③ 아이들을 위한 머신러닝에 API 키 입력하기 • 제공 사이트 주소 https://www.ibm.org/activities/machine-learning-for-kids
Teachable Machine	• AI 교육 전용 플랫폼 • Google이 제공하는 AI 교육 플랫폼으로, 전 연령층에 대한 AI 교육 도구뿐만 아니라 언어 장애가 있는 사람들의 의사소통 능력을 향상시키는 등의 다양한 용도로 사용이 가능함 • 이미지, 사운드, 포즈 등을 검사해 다양한 방식의 머신러닝을 할 수 있는 기능을 제공함 • 이미지 기능 : 파일이나 웹캠을 사용해 이미지를 분류하는 모델을 생성할 수 있음 • 오디오 기능 : 짧은 소리 샘플을 녹음해서 오디오를 분류하는 모델을 생성할 수 있음(WAV, MP3 제공 가능) • 행동(Poses) : 웹캠에서 파일, 눈에 띄는 포즈를 사용해 신체의 위치를 분류하는 모델을 학습할 수 있음 • 이미지 모으기(Gather) : 이미지 데이터 업로드(Image Upload). 학습(Train), 내보내기(Export) 기능을 통해, 다양한 모델 학습이 가능함 • Teachable Machine에서 생성한 학습 모델을 Google의 개발 환경인 텐서플로(Tensorflow)에서 사용이 가능하도록 연동할 수 있기 때문에, 실제 AI 개발자들의 활용이 가능한 플랫폼임 • 제공 사이트 주소 https://teachablemachine.withgoogle.com/

표 1.4 계속

AI 교육 플랫폼	특징
Entry	• AI 블록과 데이터 과학 블록이 추가된 코딩 교육 플랫폼 • 네이버 커넥트재단에서 제공하는 AI 교육 플랫폼으로 현직 교사와의 협업을 통하여 국내 교육 현장에 적합한 개발을 진행 중임 • 자체적인 AI 코딩 블록을 제공함으로써 엔트리 내에서 AI 학습 모델 생성과 이를 이용한 코딩 실습이 가능함. 결과적으로 유사한 블록 언어인 스크래치와는 달리 Machine Learning for Kids와 Teachable Machine과 같은 AI 교육 플랫폼과의 연동이 불필요함 • 음성인식은 네이버 클로바를 이용 중이며, 번역은 파파고를 이용하고 있음 • 학습하기 : 엔트리를 학습할 수 있는 콘텐츠가 제시되며, 게임을 하듯이 주어진 미션을 프로그래밍으로 해결하고 영상을 시청하며 소프트웨어 제작 원리를 학습할 수 있음 • 만들기 : Scratch와 같은 블록형 프로그래밍 언어를 사용하여 쉽게 창작물을 만들 수 있으며, '엔트리파이선' 모드를 사용하여 텍스트 언어의 구조와 문법을 자연스럽게 익힐 수 있음(2021년 3월 현재 엔트리파이선은 AI 기능을 제공하지 않음) • 공유하기 : 엔트리를 통해 제작한 작품을 다른 사람과 공유할 수 있으며 협업을 통한 공동 창작 기능도 제공함 • 학급기능 : 강의 기능과 학급 관리 기능을 제공해, 작품 공유와 과제 제시, 결과물 등을 확인하여 수업에 사용하기 좋게 구성되어 있음 • 제공 사이트 주소 https://playentry.org
Scratch	• AI 교육 전용 플랫폼과 연동해야 하는 코딩 교육 플랫폼 • Machine Learning for Kids 플랫폼이 스크래치와의 연동 기능을 제공함으로써, Machine Learning for Kids 플랫폼에서 생성한 학습 모델을 스크래치를 활용한 코딩이 가능함 • MIT 스크래치 팀(MIT Media Lap, Lifelong Kindergarten Group)이 개발하고 운영 중이며, 150개 이상의 나라에서 60개 이상의 언어로 제공되는 세계 최대의 코딩 교육 플랫폼임 • 주요 타겟층은 8~16세이고, 만 5세부터 7세까지의 아동에게는 스크래치의 단순화 버전인 Scratch Jr.을 제공하고 있으며, 스크래치 앱을 제공함 • 스크래치로 구현한 단순한 AI 프로그램 예제를 AI 스튜디오에 업로드해 놓음으로써 학생들의 AI 개념교육을 지원함. 즉, 학생들은 AI 스튜디오에 업로드된 샘플 프로그램을 보고 AI 개념을 이해하고 학습할 수 있음 • 제공 사이트 주소 https://scratch.mit.edu

표 1.4 계속

AI 교육 플랫폼	특징
AppInventor	• AI 교육 전용 플랫폼과 연동해야 하는 코딩 교육 플랫폼 • Machine Learning for Kids 플랫폼이 앱인벤터와의 연동 기능을 제공함으로써, Machine Learning for Kids 플랫폼에서 생성한 학습 모델을 앱인벤터를 활용한 코딩이 가능함 • 직관적이고 시각적인 프로그래밍 환경으로 모든 사람이 스마트폰과 태블릿에서 작동하는 앱을 구축할 수 있도록 기능을 제공함 • 스크래치와 비슷한 그래픽 인터페이스를 사용하며, 사용자들이 블록을 드래그 앤 드롭하여 안드로이드 장치에서 실행할 응용 프로그램을 만들 수 있음 • 제공 사이트 주소 http://ai2.appinventor.mit.edu/
code.org	• AI 개념교육 콘텐츠를 제공하는 코딩 교육 플랫폼 • 코딩 교육의 중요성이 인식되기 시작한 2013년 1월에 조직된 비영리단체인 Code.org는 전 세계 63개국의 언어로 제공되고 있는 세계 최대 규모의 SW 코딩 교육 플랫폼임 • 2021년 3월 기준으로 1억 3천만 개 이상의 다양한 프로젝트가 현재까지 제작되었으며, 기초적인 블록코딩 도구와 그림그리기, 앱 제작, 게임 제작 등을 함께 제공함 • AI 개념교육과 관련된 콘텐츠는 AI ocean(https://code.org/oceans) 코너에서 제공하고 있으나, 2021년 3월 기준으로 타 AI 교육 플랫폼에 비하여 제공하는 콘텐츠의 양은 제한적임 • 제공 사이트 주소 https://code.org/
mBlock	• AI 전용 하드웨어와 연동하는 피지컬 컴퓨팅 기반의 코딩 교육 플랫폼 • 중국의 코딩 교육 교구 기업인 메이크블록이 파이썬, 로봇 프로그래밍, AI, 데이터 과학 등을 학습하여 STEAM 교육을 시행할 수 있도록 개발함 • mBlock 전용 AI 카메라와 연동함으로써 AI 교육 기회를 제공함 • 제공 사이트 주소 https://mblock.makeblock.com/

성공적인 AI 교육의 시행을 위해서는 AI 교육 플랫폼의 역할이 중요해짐에 따라, 2020년도에는 대한민국 과학기술정보통신부 주도로 한국형 AI 교육 플랫폼 개발을 추진하였다. 이를 위하여 사단법인 정보과학교육연합회 소속 학회의 연구진들이 한국형 AI 교육 플랫폼 개발을 위한 사전 연구를 시행하였으며, AI 교육 플랫폼의 개발 방향을 다음과 같이 정의하였다. AI 교육 플랫폼은 기존의 교육 플랫폼의 기능에 AI 교육을 위한 데이터, 학습모델, 프로그래밍 도구를 추가적인 기능으로 개발한다. 교육 플랫폼의 기본 기능인 사용자 관리, 학습 관리,

강좌 저작 및 관리, 상호작용 도구 등의 도구를 개발한다. 데이터는 직접 데이터를 입력, 공공/오픈데이터API, 외부 센서 등을 통해 데이터를 수집하고, 분석하여 학습에 활용할 수 있도록 개발한다. 학습모델은 기존의 학습된 모델을 사용하거나 새롭게 모델을 생성할 수 있도록 프로그래밍 도구와 연계하고, 컴퓨팅 자원을 할당한다. 프로그래밍 도구는 논 코딩, 블록형, 텍스트형 등으로 개발하고, 수집된 데이터와 학습한 모델과 연계하여 웹, 앱 등의 서비스를 제작할 수 있도록 개발한다. AI 서비스를 개발하는 프로젝트를 관리하고 교육에 활용할 수 있도록 공유도구를 개발한다.[14)]

1.7 AI 교육 플랫폼의 분류

최근 AI 교육 분야에서 활발히 활용되고 있는 AI 교육 플랫폼의 특성을 분석하여, AI 교육 플랫폼을 분류한 내용은 다음과 같다.

(1) AI 교육 전용 플랫폼

AI 교육 전용 플랫폼이란 AI 교육 관련 관심과 열기가 증가하면서 AI 교육만을 위하여 등장한 플랫폼이다. AI 교육 전용 플랫폼에는 머신러닝 엔진이 장착되었기 때문에 학생들은 AI 교육 전용 플랫폼을 이용하면서 머신러닝을 자연스럽게 경험할 수 있다. 대표적인 AI 교육 전용 플랫폼은 IBM Waston 기반의 Machine Learning for Kids와 Google 기반의 Teachable Machine 등이다. 학습자들은 AI 교육 전용 플랫폼을 이용하여 AI 학습 모델을 생성할 수 있고, 생성한 AI 학습 모델을 활용하면서 AI의 기본 개념과 효과 등을 경험할 수 있다. 그러나 학습자들이 직접 생성한 AI 학습 모델을 이용하여 SW 코딩을 하기 위해서는 SW 코딩 교육 플랫폼과의 연동이 필요하다. 결과적으로 Machine Learning for Kids의 경우 스크래치, 앱인벤터, 파이썬 등의 코딩 플랫폼과의 연동을 지원함으로써, 학습자가 Machine Learning for Kids로 생성한 학습 모델을 활용하여 SW 코딩을 할 수 있다.

(2) AI 블록이 추가된 코딩 교육 플랫폼

AI 블록이 추가된 코딩 교육 플랫폼이란 최초 SW 코딩 교육 플랫폼으로 시작하였으나, AI 교육 관련 관심과 열기가 증가하면서 AI 블록을 추가한 플랫폼이다. 대표적인 사례는 엔트리

14) 김수환 외(2021). 인공지능 교육 플랫폼 개발을 위한 기능 및 서비스 분석. 컴퓨터교육학회 논문지 24(2). 25-37.

플랫폼이 있다. 엔트리 플랫폼은 블록 코딩기반의 SW 코딩 교육 플랫폼으로 시작하였으나, AI 교육이 가능한 블록을 엔트리 플랫폼에 포함함으로써, SW 코딩기반의 AI 교육이 가능하게 되었다. 이러한 시도가 가능했던 이유 중 하나는 엔트리 플랫폼을 개발하고 운영하는 커넥트재단이 네이버의 교육 관련 사회공헌 프로젝트로 운영되는 기관인 관계로 네이버의 AI 플랫폼을 활용할 수 있었기 때문이다. 즉, 네이버의 AI 플랫폼인 클로버와 번역 관련 플랫폼인 파파고 플랫폼과의 연동으로 가능했다. 이뿐만 아니라 AI 교육의 성패를 가름한다고 할 수 있는 데이터 과학과 관련된 블록을 함께 지원함으로써 진정한 의미의 AI 교육을 완성할 수 있게 되었다. 진정한 의미로 SW 코딩 교육과 AI 교육의 원스톱one-stop 교육이 가능한 플랫폼이다.

미래를 이끌어갈 AI 역량을 갖춘 인재를 양성하기 위해서는 학교 현장에서 AI 교육이 내실 있게 이루어져야 한다. 질 좋은 AI 교육을 시행하기 위해서는 AI 교육 플랫폼의 역할이 중요하기에, 이재호와 이승훈2020은 초등학생을 대상으로 하는 AI 교육 플랫폼에 대한 전문가 인식을 조사하였다. 교수·학습관리, 교육용 콘텐츠, 접근성, AI 교육 플랫폼의 성능, 초등학생의 수준 적합도 등의 5가지 기준을 바탕으로 Machine Learning for Kids, Teachable Machine, AI Oceanscode.org, 엔트리, 지니 블록, 앱인밴터, Elice, mBlock 등의 8가지 플랫폼에 대하여 인식 조사를 시행하였다. 인식조사는 총 103명의 교육 관련 전문가들을 대상으로 실시하였으며, 조사결과 엔트리가 초등 AI 교육에 가장 적합한 플랫폼으로 선정되었다. 전문가들이 엔트리를 선정한 이유는 양질의 교육용 콘텐츠를 제공하고, 접근성이 편리하며, 교수·학습 관리가 가능하고, 초등학생들의 수준에 적합한 AI 교육 플랫폼이라고 판단한 것으로 분석된다.[15)]

(3) AI 교육 전용 플랫폼과 연동하는 SW 코딩 교육 플랫폼

AI 교육 전용 플랫폼을 활용하면 AI를 활용한 학습모델을 생성하고 이를 활용한 교육을 시행할 수는 있으나, SW 코딩과의 연계를 위해서는 SW 코딩 교육 플랫폼을 이용해야만 한다. 역으로 이야기하자면 SW 코딩 교육 플랫폼은 AI 교육 플랫폼과의 연동이 필요한 것이다. SW 코딩 교육 플랫폼 중에서 AI 교육 전용 플랫폼과 연동할 수 있는 대표적인 사례는 스크래치와 앱인벤터 등이 있다. 이러한 의미에서 SW 코딩 교육 플랫폼은 SW 코딩기반의 AI 교육을 지원하는 것이다. 스크래치는 세계에서 가장 영향력 있는 SW 코딩 교육 플랫폼답게 AI 교육의 중요성이 인식되기 시작한 시점부터 'AI 스튜디오' 코너를 개설하고 스크래치로 구현한 AI 프로젝트들을 전시하고 있다. 전 세계 학습자들이 만들고 게시한 AI 사례 프로젝트를

15) 이재호, 이승훈(2020). 초등 AI 교육 플랫폼에 대한 전문가 인식조사 연구. 정보교육학회논문지 24권 5호. 483-494.

보면서 AI에 대한 기본 개념을 읽힐 수 있다는 측면에서 스크래치는 'AI 개념교육' 콘텐츠를 제공한다고 볼 수도 있다.

(4) AI 개념교육 콘텐츠 제공 중심의 SW 코딩 교육 플랫폼

AI 교육을 지원한다는 측면에서 'AI 개념교육' 콘텐츠 제공을 중심으로 운영 중인 플랫폼도 있다. 대표적인 해외 사례 플랫폼이 미국의 비영리기관이 운영 중인 SW 코딩 교육 플랫폼 중 하나인 'code.org'다. 'code.org'의 'AI oceans' 코너에는 AI 개념을 익힐 수 있는 콘텐츠들이 탑재되어 있다. 국내 사례의 경우에는 커넥트재단이 운영 중인 '소프트웨어야 놀자 http://www.platsw.or.kr' 플랫폼이 있다. '소프트웨어야 놀자' 플랫폼의 인공지능 코너에서는 AI와 관련된 다양한 콘텐츠를 지속적으로 업데이트하고 있다. 결론적으로 'AI 개념교육' 콘텐츠를 제공하고 있다고 볼 수 있다.

(5) AI 전용 하드웨어와 연동하는 피지컬 컴퓨팅 교육 플랫폼

SW 코딩기반의 피지컬 컴퓨팅 교육은 학생들에게 교구를 활용한 메이킹 활동을 지원한다. SW 코딩기반의 메이킹 활동을 통하여 학생들은 실패를 경험할 수 있고, 이를 통해서 실패를 두려워하지 않는 도전정신을 키워나갈 수 있다. 그런 측면에서 AI 교육과의 연동은 필수적이라고 할 수 있다. 피지컬 컴퓨팅 분야에 AI 학습모델을 적용할 경우 실제 생활환경에서 경험할 수 있는 다양한 교육 사례를 발굴할 수 있고, 이를 학생들에게 적용할 경우 매우 효과적일

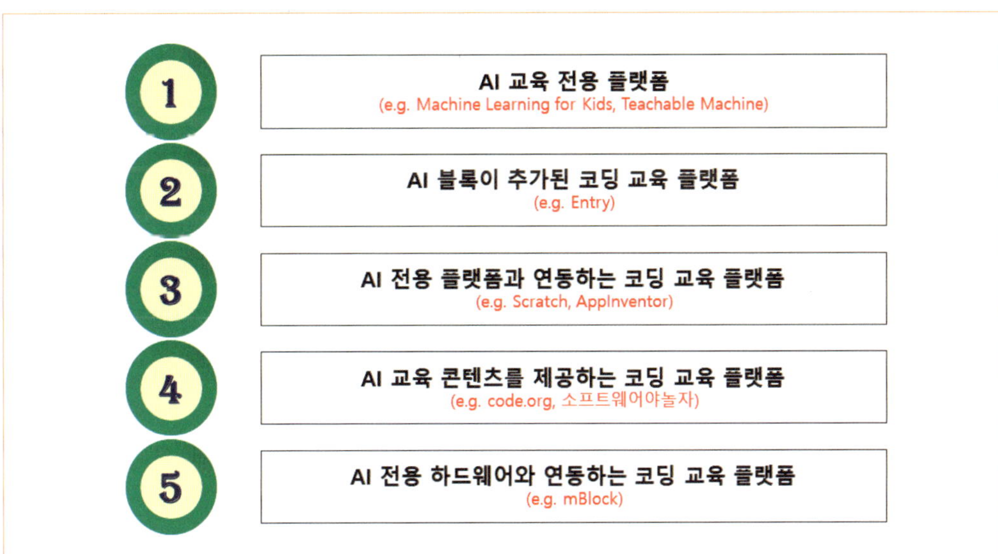

그림 1.7 AI 교육 플랫폼 분류

것으로 기대한다. 2021년 현재 다양한 SW 코딩기반 교구 판매 기업에서는 이를 지원하기 위한 플랫폼 개발에 노력 중이고, 최근에는 중국의 SW 코딩 교육 교구 기업인 메이크블록이 mBlock 전용 AI 카메라와 연동함으로써 AI 교육 기회를 제공하고 있다.

그림 1.7과 같은 AI 교육 플랫폼의 분류 기준에 따라 'SW 교육'과 'AI 교육' 측면을 x, y축으로 배정한 후에 현재의 AI 교육 플랫폼을 4개 면으로 구분하여 포지셔닝positioning한 것이 **그림 1.8**이다. 결과적으로 SW 코딩 교육 플랫폼으로 시작된 엔트리 플랫폼이 AI 플랫폼과의 연동 서비스를 제공함으로써, 현재로서는 SW 코딩기반의 AI 교육을 시행하기에 가정 적합한 AI 교육 플랫폼이라고 할 수 있다.

그림 1.8 AI 교육 플랫폼의 포지셔닝

1.8 요약

- 4차 산업혁명의 거대한 문명사적 변화에 직면한 시대를 대비하기 위해 국가·사회 전반의 준비가 필요하다. 이와 같은 상황에 따라 인공지능AI : Artificial Intelligence의 중요성을 인지한 대한민국 정부는 2019년 12월 17일 범부처 주관으로 'IT 강국을 넘어 AI 강국으로'라는 슬로건으로 'AI 국가전략'을 발표하였다.
- 교육부는 2020년 5월 '제1차 정보교육 종합계획'을 수립함으로써 체계적인 AI 교육을 위한 중장기적 계획을 수립하고, 차세대 AI 교육기반 조성을 위한 AI 교육의 내용과 범위 기준 마련을 통해 미래 사회가 요구하는 역량을 갖춘 미래 인재 양성 계획을 발표하였다.
- 성공적인 AI 서비스가 시행되기 위해서는 충분한 데이터의 확보와 이를 이용한 학습이 선행되어야 한다. 이러한 측면에서 '데이터'에 대한 이해가 선행되어야 한다. AI를 활용하기 위해서는 어떤 데이터가 필요하고, 필요한 데이터는 어떤 방법으로 확보할 수 있으며, 확보한 데이터는 어떤 방법으로 분석할 수 있고, 분석 결과에 숨어있는 내용hidden pattern을 찾고 그 의미는 무엇인가를 확인할 수 있는 역량이 필요할 것이다.
- AI 융합을 논할 때 《AI + X》와 《X + AI》로 구분한다. 《AI + X》는 AI를 중심으로 다양한 교과 또는 영역이 융합되는 것이며, 《X + AI》는 각 교과 또는 영역에서 문제 해결이나 효율성 추구의 목적으로 AI를 활용하는 것이다. 이와 같은 융합교육의 정의와 학습 준거틀을 참고하고 AI 융합의 사례 등을 고려할 때, AI 융합교육은 AI를 기반 또는 중심교과로 타 교과와의 융합이 이루어지는 형태인 《AI + X》로 정의하기도 하며, 《X + AI》로 정의하기도 한다.
- 정보교육 분야에서는 학교 현장에서 AI 융합교육이 성공적으로 정착하고, 교육적인 효과를 기대하기 위해서는 《AI + X》의 형식 중에서도 "컴퓨팅 사고력CT : Computational Thinking기반의 SW코딩과 연계된 AI 융합교육이 되어야 함을 강조하고 있다, 이뿐만이 아니라 AI 융합교육 분야에서 성공 사례best practice로 언급되는 대부분의 사례는 CT기반의 SW코딩이 연계된 것이다.
- AI 교육 전용 플랫폼이란 AI 교육 관련 관심과 열기가 증가하면서 AI 교육만을 위하여 등장한 플랫폼이다. AI 교육 전용 플랫폼에는 머신러닝 엔진이 장착되었기 때문에 학생들은 AI 교육 전용 플랫폼을 이용하면서 머신러닝을 자연스럽게 경험할 수 있다. 대표적인 AI 교육 전용 플랫폼은 IBM Waston 기반의 Machine Learning for Kids와 Google 기반의 Teachable Machine 등이다.

- AI 블록이 추가된 코딩 교육 플랫폼이란 최초 SW 코딩 교육 플랫폼으로 시작하였으나, AI 교육 관련 관심과 열기가 증가하면서 AI 블록을 추가한 플랫폼이다. 대표적인 사례는 엔트리 플랫폼이 있다. 엔트리 플랫폼은 블록 코딩기반의 SW 코딩 교육 플랫폼으로 시작하였으나, AI 교육이 가능한 블록을 엔트리 플랫폼에 포함함으로써, SW 코딩기반의 AI 교육이 가능하게 되었다.
- AI 교육 전용 플랫폼을 활용하면 AI를 활용한 학습모델을 생성하고 이를 활용한 교육을 시행할 수는 있으나, SW 코딩과의 연계를 위해서는 SW 코딩 교육 플랫폼을 이용해야만 한다. 역으로 이야기하자면 SW 코딩 교육 플랫폼은 AI 교육 플랫폼과의 연동이 필요한 것이다. SW 코딩 교육 플랫폼 중에서 AI 교육 전용 플랫폼과 연동할 수 있는 대표적인 사례는 스크래치와 앱인벤터 등이 있다.
- AI 교육을 지원한다는 측면에서 'AI 개념교육' 콘텐츠 제공을 중심으로 운영 중인 플랫폼도 있다. 대표적인 해외 사례 플랫폼이 미국의 비영리기관이 운영 중인 SW 코딩 교육 플랫폼 중 하나인 'code.org'다. 'code.org'의 'AI oceans' 코너에는 AI 개념을 익힐 수 있는 콘텐츠들이 탑재되어 있다. 국내 사례의 경우에는 커넥트재단이 운영 중인 '소프트웨어야 놀자 http://www.platsw.or.kr' 플랫폼이 있다.
- SW 코딩기반의 피지컬 컴퓨팅 교육은 학생들에게 교구를 활용한 메이킹 활동을 지원한다. SW 코딩기반의 메이킹 활동을 통하여 학생들은 실패를 경험할 수 있고, 이를 통해서 실패를 두려워하지 않는 도전정신을 키워나갈 수 있다. 그런 측면에서 AI 교육과의 연동은 필수적이라고 할 수 있다. 피지컬 컴퓨팅 분야에 AI 학습모델을 적용할 경우 실제 생활환경에서 경험할 수 있는 다양한 교육 사례를 발굴할 수 있고, 이를 학생들에게 적용할 경우 매우 효과적일 것으로 기대한다.

1.9 연습문제/실습

01 시대적인 환경과 기술의 발전에 따라 변화해 온 리터러시의 개념과 의미를 정리해봅시다.

02 AI 시대에 미래 인재들이 갖추어야 할 AI 역량에 대한 자신만의 생각을 정리해봅시다.

03 AI의 도입에 따른 교육 분야의 변화를 분석하고, 학습자와 교수자의 입장에서 미래를 예측해봅시다.

04 AI 교육을 분류하고 유형별 특성과 목표를 정리해봅시다.

05 성공적인 AI 융합교육의 시행을 위한 조건을 정의하고, 방법론을 구체화해 봅시다.

06 AI 융합교육과 SW교육과의 관계를 정의해봅시다.

07 《AI + X》와 《X + AI》와의 차이점을 구별해봅시다.

08 AI 교육 플랫폼의 시대가 도래한 계기를 정리해봅시다.

09 AI 교육 플랫폼을 분류하고 유형별 특성을 정리해봅시다.

10 CT기반 SW코딩과 연계된 AI 융합교육 주제를 발굴하고 구체화해 봅시다.

참고문헌

관계부처 합동(2020). 인공지능시대 교육정책방향과 핵심과제 : 대한민국의 미래 교육이 나아가야 할 길.

교육부(2020a), 2020년 업무계획.

교육부(2020b). 제1차 정보교육 종합계획.

교육부 공식 블로그(2014). 융합인재교육 학습 준거(틀).

김주아, 이희현, 이미경, 서의수, 조혜민, 서정연(2016). 융합교육을 통한 영재교육의 질 제고 방안. KEDI.

김수환, 김갑수, 김성훈, 김영식, 김재현, 김종범, 김한일, 김현배, 김현철, 김홍래, 박다솜, 박선주, 박천수, 손원성, 송석리, 심재권, 이재호, 이정서, 전수진, 전우천, 전용주, 정웅열, 서정연(2021). 인공지능 교육 플랫폼 개발을 위한 기능 및 서비스 분석. 컴퓨터교육학회 논문지 24(2). 25-37.

일본경제신문사 지음, 서라미 옮김(2019). AI 2045 인공지능 미래보고서. AI와 인간이 공존하는 세상의 시작. 반니.

이재호(2021a). 인공지능 교육의 지행점 : 활용에서 사고력으로. AI 교과교육 강화를 위한 충청 AI 융합교육 포럼. 2021년 3월 26일.

이재호(2021b). 미래인재 양성을 위한 초등정보교육의 방향 설정. 우리 아이들의 미래를 위한 AI 융합교육 웨비나. 2021년 5월 3일.

이재호(2021c). 미래인재 양성을 위한 정보교육 발전 방안. 함께 만들어 가는 과학·수학·정보 교육의 미래 포럼. 2021년 5월 11일.

이재호, 구덕회, 김현재, 김홍래, 박선주, 배영권, 손원성(2020). Teaching AI : 인공지능 학습을 위한 뉴 프론티어의 탐구. 도서출판홍릉.

이재호, 김현배, 박남제, 박선주, 배영권, 성영훈, 안성훈, 이용배, 전우천, 한규정, 한정혜(2020). 인공지능 교육개론. 도서출판홍릉.

이재호, 이승훈(2020). 초등 AI 교육 플랫폼에 대한 전문가 인식조사 연구. 정보교육학회논문지 24권 5호. 483-494.

이재호, 장준형, 김태훈, 백승욱(2020). 스크래치 3.0 퀘스트 이재호교수의 사고력 코딩. 도서출판홍릉.

송기영(2017). [금융 빅데이터 전쟁]① '21세기 석유, 빅데이터'...선진국은 국가산업으로 육성. 조선비즈(https://biz.chosun.com/ 2021년 3월 29일 검색).

한국과학창의재단(2020), 2015 개정 교육과정에 따른 인공지능 기초 과목 시안 개발 연구.

KDI 경제정보센터(2020), 인공지능 시대를 대비한 기본법제 마련.

CHAPTER

02

AI교육을 위한 교수 · 학습 전략

김홍래 / 춘천교육대학교

학습목표

1. 인공지능 교육의 필요성은 설명할 수 있다.
2. 인공지능의 교육적 가능성을 설명할 수 있다.
3. 사고력 향상을 위한 도구로서의 인공지능의 교육적 가치를 설명할 수 있다.
4. 인공지능의 교실에서의 활용을 위한 접근 방안을 설명할 수 있다.
5. 구성주의적 관점의 인공지능 교육을 위한 교수-학습 전략을 설계할 수 있다.
6. 인공지능 교육을 위한 수업 모형을 이해하고 학습자 중심의 수업을 설계할 수 있다.

2.1 개요

2장은 인공지능 교육에 관심을 가지고 있는 교사 및 예비교사를 위하여 어떻게 가르칠 것인가에 관하여 논의한다. 무엇보다 인공지능 교육의 필요성과 교육적 가능성을 기술하였다. 학교 교실에서 인공지능을 가르치거나 활용하고자 하는 교사들이 마주하게 될 세 가지 관점을 제시하였다. 특히, 해외에서의 인공지능의 교육적 접근 및 활용 사례를 제시하여 교실 및 교육 체제에 어떻게 응용되는지를 설명하였다. 교실에서 인공지능을 가르치기 위한 접근 방향을 사례를 들어 제시하였으며, 특히 새로운 개념으로써 '튜티(Tutee)적 접근'에 대하여 설명하였다. 마지막으로 인공지능을 교실에서 가르치기 위한 실제적인 수업 모델을 사례를 들어 설명하였다.

2.2 인공지능 교육의 필요성과 과제

인공지능과 기계 학습은 이미 우리의 일상생활에 깊숙이 스며들어 영향을 미치고 있다. 예를 들면, 인터넷 쇼핑몰에서 물건을 구매하기 위하여 검색을 하기 시작하면 시스템은 데이터를 분석[머신 러닝]하여 구매할 상품[인공 지능]을 제시하기 때문에 다른 구매자가 구매한 유사한 상품이 표시된다. 이와 같은 인공지능은 컴퓨터의 성능이 우수하고 정확한 결정을 필요로 하는 금융 서비스 영역에서부터 무인 차량에 이르기까지 그 영향이 미치는 범위는 매우 넓다. 반면, 교육, 의료와 같은 영역에서는 인공지능이 사람을 대체하기 보다는 업무의 효율을 높이는데 협력적인 도구로 활용되고 있는 것을 쉽게 발견할 수 있다.

인공지능으로 인한 사회의 변화는 초·중등학교에서 AI 교육에 대한 필요성과 가능성에 대한 많은 담론을 생성하고 있다. 현재 중요한 담론은 인공지능이 미래 사회를 혁신적으로 변화시킬 것이라는 예상과 그에 합당한 학생 역량을 길러야 한다는 사회적 요구를 교실에서 어떻게 구현할 것인가이다. 인공지능은 교사가 학습장애가 있는 학생을 감지하고 조기에 해결할 수 있도록 도울 수 있다. 교육용 소프트웨어를 통해 교사는 교육을 강화하고 학습과정을 맞춤화하고 채점을 도울 수 있다. 동시에 인공지능은 교육 행정에서 업무 처리의 효율화, 학습 내용 전달, 통제 및 평가 등을 강화하는데 도움이 된다. 다음은 인공지능의 교육적 장점을 제시한 것이다.

첫째, 시간과 공간을 넘어서는 학습. 최근 정보기술은 시간과 장소에 관계없이 원하는 학습 콘텐츠에 접속할 수 있도록 지원하고 있다. 학생들은 스마트폰이나 태블릿 등과 같은 학습용 기기를 활용하여 자연스럽게 학습할 수 있다. AI 기반의 응용 프로그램은 가정과 학교에서 끊김없이 학습을 할 수 있도록 돕는다. 플랫폼을 통하여 제공되는 학습은 학생들을 실시간 또는 비실시간 모드에서 피드백을 제공할 수도 있다.

둘째, 학생들의 요구를 반영한 다양한 선택권 제공. 교육용 AI 플랫폼은 학생들의 지식 수준, 흥미에 따라 적합한 내용을 제공한다. 교육부는 수학・영어 인공지능 학습지원시스템 '똑똑 수학탐험대', 'AI 펭톡'을 서비스하고 있다. '똑똑 수학탐험대'는 초등 1-2학년 수학 학습에 대한 데이터를 기반으로 인공지능 기술을 적용해 개별 맞춤형 학습을 지원할 수 있도록 구축된 시스템으로 구체적 조작, 수감각, 수학 문제풀이를 놀이로 즐길 수 있도록 한다. 'AI 펭톡'은 초등 교과서의 필수 어휘와 필수 문장을 기반으로 초등 3-6학년 학생들이 학교 교실 뿐만 아니라, 자기주도 학습에서도 활용할 수 있는 서비스이다. 이러한 시스템은 학습자들의 수준을 미리 분석하고 적절한 작업과 교육과정을 제공한다.

셋째, 실시간 학생 진도 모니터링 및 분석. 교사는 AI도구를 사용하여 학생의 진행 상황을 실시간으로 모니터링하고 분석할 수 있다. 인공지능은 반복적이거나 추가적인 설명이 필요한 영역에서 교사의 권고를 대신한다. 이 경우, 인공지능은 학생들이 어려움을 겪는 주제에 대한 분석이 이루어진다. 이와 같은 경우, 인공지능 플랫폼은 학생들의 학습 상황을 추적하고 즉각적인 피드백을 제공하는 가상 멘토를 제공하기도 한다. 예를 들면, LG CNS는 AI 영어교육 서비스 'AI 튜터'를 무상 제공한다. AI튜터는 수 십 만개의 영어 문장을 학습한 AI와 함께 스마트폰으로 영어 회화 공부가 가능한 비대면 외국어 학습 서비스다. AI가 사용자의 답변 시간, 문법, 발음 등을 분석해 영어 실력을 판별하고 대화를 이어간다. 사용자가 답변을 주저하거나 틀린 답변을 할 경우 AI가 힌트를 제시한다.[1)]

넷째, 시간 절약 및 효율성 향상. 일반적으로 AI가 하는 일은 교사와 학생들이 매일 처리해야 하는 반복적인 작업을 처리하는 것이다. 인공지능이 처리해야 하는 반복적인 작업은 단순한 출력처리에서부터 작문 과제를 대신 처리하는 것까지 가능하다. 인공지능이 단순하고 반복적인 일을 처리함으로써 교사는 학생과 더욱 중요한 과제에 집중할 수 있게 된다.

다섯째, 개별화된 학습 경험. AI 기반의 교육 서비스를 통하여 학교는 학생들을 위한 맞춤형 학습 경험을 제공할 수 있을 것이다. 학생 데이터에서 AI는 학습자의 학습 속도와 요구 사항을 분석할 수 있다. 분석 결과를 활용하여 학교는 학생의 강점과 약점을 바탕으로 학습 향상

1) LG CNS, AI 영어교육 서비스 'AI튜터'무상 제공.
url : https://biz.chosun.com/site/data/html_dir/2020/07/28/2020072801460.html

을 위한 학습 과정을 개인화할 수 있게 될 것이다. 현재, 우리나라의 도시에 위치한 학교는 교사 1인당 학급당 학생수가 25명이 넘어 학생 개개인의 요구를 교사가 모두 충족시킬 수 없다. AI기반 기술을 활용하면 학생의 요구에 합당한 의사결정과 서비스가 가능해질 것이다.

여섯째, 학습자 중심 평가. 현재 정규 교육에서의 평가는 교육과정의 시간 흐름을 바탕으로 학생들을 측정한다. 지능, 창의성 및 생산성을 측정하는 제도화된 방식으로 시간과 방법 등이 표준화되어 있다. 학생들은 제도화된 평가 시스템에 맞추어 능력을 평가 받는다. 개인의 학습 속도와 흥미, 성과 등과 같은 능력을 고려하지 않는다. 일부 학생들은 배움에 있어 남보다 더딜 뿐이지만 우수한 문제해결 능력을 가지고 있을 수 있다. 다른 학생들은 학교 교육에서 원하는 답은 아니지만 창의적인 대안을 제시할 수도 있을 것이다. 충분한 시간과 동기가 주어지면 누구나 자신의 의지로 문제를 해결해내는 성취감을 얻을 수 있을 것이다. 인공지능 플랫폼은 시간 통제와 표준화된 평가로부터 벗어나 개인의 학습 능력을 측정할 수 있는 방법을 제공할 수 있을 것이다.

일곱째, 편리한 학생-교사 상호작용. AI 교육 플랫폼에서 학습자들은 교사나 동료 학습자들과 충분한 상호작용을 할 수 없는 경우도 있다. 어떤 학생들은 수업에 적극적으로 발표에 참여하지 못할 수도 있다. 학생 수가 많은 온라인 수업에서 교사와의 직접적인 의사소통이 원활하지 않을 경우, 온라인을 통한 상호작용은 그 대안이 될 수 있다. 이와 같은 학습자들의 상호작용에 대한 요구를 AI 튜터, AI챗봇 등이 교사를 대신하여 일을 처리할 수 있을 것이다. 특정 상황에서 빈번하게 많이 일어나는 질문이나, 여러 학생들의 동일한 질문에 대하여 AI는 충실한 답변이 가능할 것이다.

여덟째, 글로벌 학습 지원. 인공지능은 전 세계를 하나로 연결하여 지식을 공유할 수 있는 풍부한 기회를 제공할 수 있다. 인공지능 플랫폼을 이용하여 학생들은 다양한 학습 과정에 참여할 수 있으며 세계의 학생들과 의사소통을 할 수 있게 될 것이다. 세계의 학생들과 의사소통을 위해서는 인공지능 번역 프로그램을 이용할 수 있을 것이고 인공지능 튜터가 제공하는 대화형 학습과 조언을 받을 수 있게 될 것이다. 마이크로소프트의 Presentation translator과 같은 프로그램은 실시간 모드에서 자동으로 자막을 생성해 주는 AI기반 솔루션이다. 음성 인식을 사용하여 모국어로 듣거나 읽게 될 수 있다.

이와 같은 목표를 달성하기 위하여 교육에서 인공지능의 중요한 목표 중 하나는 학습 상태, 선호도 또는 개인적 특성에 따라 개별 학생을 위한 맞춤형 학습 시스템을 제공하는 것이다. 학생의 학습 상태 또는 행동을 분석하여 개별 학습자를 위한 상세한 도움이나 조언을 제공할 수 있는 인공지능 시스템을 상상할 수 있을 것이다. 경험이 풍부한 교사의 지식과 지능을 인공지능의 의사결정에 통합하여 시스템이 지능적인 교사 역할을 수행할 수 있도록 하는 것이다. 이와 같은 인공지능은 학교에서의 학생간의 격차에 따른 교사의 역할을 대신하거나 보조할 수 있게 됨으로써 모든 학생들이 학습에서 소외되지 않도록 도울 수 있을 것이다. 1980년대 초, 연구자들에 의하여 지능형 튜터링 시스템ITS : Intelligent Tutoring System이 논의되었으며, 최근에는 이를 적응형 학습 시스템Adaptive Learning System이라 한다. 이 시스템은 각 학습자의 상태에 따라 사용자 인터페이스, 학습 콘텐츠 또는 학습 경로와 같은 학습 시스템의 여러 가능한 측면을 조정하여 개별 학생의 학습을 촉진한다는 목표를 가지고 있다. 아래 **그림 2.1**는 적응형 학습 시스템의 구성 요소와 관계를 나타낸 것이다.[2]

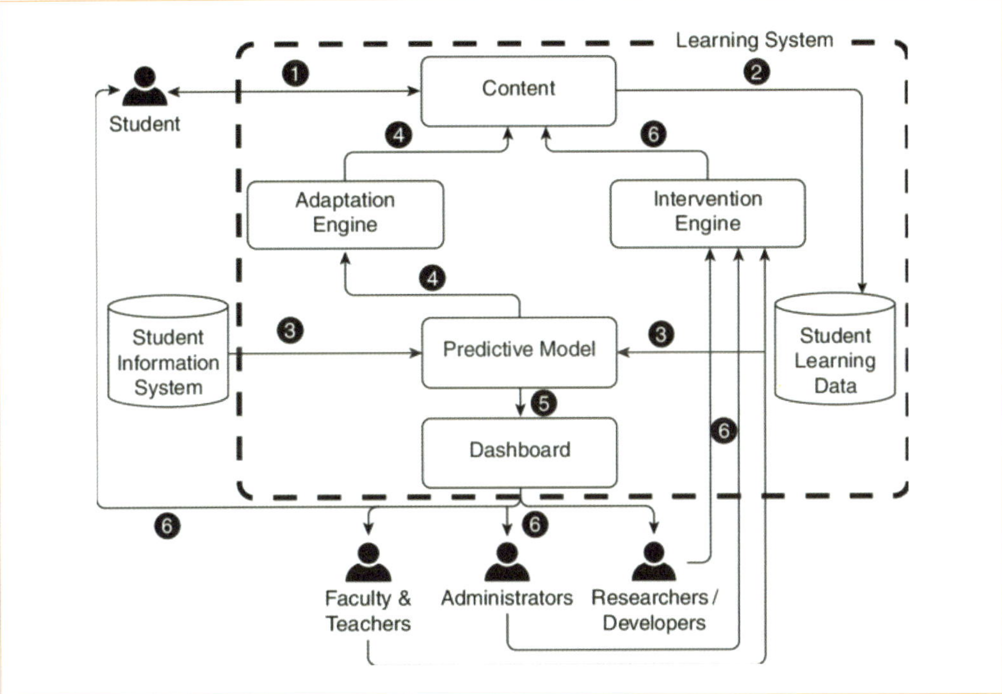

그림 2.1 적응형 학습시스템의 구성 요소

2) Alexsander Mdans(2018). Learning to Save the Future : Rethinking Education and Work in an Era of Digital Capitalism. Routledge : New York and London.

2.3 사고력 향상을 위한 도구로서의 인공지능

(1) LOGO와 인공지능

최근 인공지능 교육에 대한 많은 담론들은 1980년대 개인용 컴퓨터가 등장했을 때, 이를 학교 교육에 어떻게 적용하면 좋을 것인가라는 논의와 매우 유사하다. 컴퓨터라는 새로운 기계가 발명되었으니 이를 이해하고 배워야 한다는 것[Learning about computer], 컴퓨터를 기존의 교과를 가르치기 위한 도구로서 사용해야 한다는 것[Learning through computer], 그리고 컴퓨터를 학생들의 사고력을 증진하기 위한 도구로 사용해야 한다는 것[Learning with computer]과 같은 관점들을 제시하였다. 현재 우리의 학교 교육은 위의 세 가지 관점을 대부분 받아들여 왔으나 그 중요성은 시대적 요구에 따라 변화하였다. 초기에는 컴퓨터에 관하여 학습하는 소양적 관점으로, 그 다음은 컴퓨터 기술의 발달로 따라 교과 수업을 위한 도구적 관점으로 그리고 최근에는 컴퓨터를 인지 발달을 위한 컴퓨팅 사고력 관점으로 그 중요성이 변화하여 왔다.

학교에서 컴퓨터를 가르치고자 했던 관점과 마찬가지로 AI를 가르쳐야 하는 교사의 관점에서는 교육의 목적과 내용에 따라 인공지능에 관한 교육[Learning about AI], 인공지능을 활용한 교육[Learning through AI], 그리고 사고력 증진을 위한 교육[Learning with AI]으로 구분할 수 있을 것이다. 실제로 학교에서의 인공지능은 위의 세 가지 형식을 대부분 수용하게 될 것으로 생각한다. 우선 학교에서 인공지능 교육에 대한 접근 방식은 크게 AI 원리에 대한 이해를 높이기 위한 것으로 출발하겠지만 정부의 정책과 민간에서의 접근은 인공지능을 교과와의 융합을 위한 도구로 접근하고 있다.

컴퓨터가 처음 세상에 등장했을 때와 마찬가지로 학교에서 인공지능에 대한 접근은 교사가 인공지능을 어떻게 바라보는가에 따라 매우 달라질 것이다. 1980년대에 시모어 페퍼트[Seymour Papert]는 컴퓨터를 사고의 도구로 인식하고 프로그래밍 언어인 'LOGO'를 학습의 핵심에 두고자 하였다. 단순히 LOGO언어 자체를 배우는 것이 목적이 아니라 LOGO를 통하여 사고력을 증진하고자 하였다. 그러나 LOGO는 프로그래밍을 통하여 학교에서의 다양한 교육과정에 융합될 가능성이 많았음에도 불구하고 사고의 도구로서 확장되기보다는 워드프로세서, 스프레드시트와 같은 도구에 그 자리를 내어주고 말았다. 학교에서의 컴퓨터는 전통적인 교육 환경에서 학습을 보다 더 효율적으로 도와주는 도구 이상의 가치를 가질 수 없었다. 다행스러운 것은 세계의 대부분의 국가들이 학교에서 컴퓨터의 도구적 관점을 극복하고 사고력 향상을 위한 컴퓨터과학 교육으로 그 중심이 이동하였다는 점이다.

현재, 인공지능은 지금 우리가 매일 마주하고 있는 기술들의 한 가운데에 자리하고 있다. 동시에 인공지능 교육은 30여 년 전 LOGO가 마주했던 유사한 상황에 놓여 있다. 그 당시 프로그래밍이 어렵다고 생각했던 많은 교육자들은 LOGO로 코딩을 하기 보다는 워드프로세서와 같은 도구를 선택하였다. 다만, 지금은 그 당시와 많은 다른 점이 있다. 무엇보다 학생들이 인공지능을 프로그래밍할 수 있는 방법과 도구가 매우 다양하다는 것이다. 심지어 프로그래밍을 하지 않고 인공지능을 문제해결의 도구로 활용할 수도 있게 되었다. 학생들은 전문가와 같은 방식으로 자신들의 앞에 놓인 문제를 인공지능을 이용하여 해결할 수 있는 학습 환경을 경험할 수 있게 되었다. 그러므로 코딩을 통한 창의적 경험이 미래의 역량을 기를 수 있다는 점에서 인공지능 교육은 소프트웨어 교육과 맥을 같이 한다는 점이다. 인공지능 교육이 미래에 필수적인 학생 역량을 증진할 것이라는 점에 의심의 여지가 없다.

(2) 하이터치, 하이테크를 결합한 AI 융합교육

2016년 세계 경제포럼은 오늘날 초등학교에 입학하는 어린이의 65%가 현재 존재하지 않는 직업에서 일하게 될 것이라고 예상하였다. 산업사회를 위한 교육 시스템은 인공지능이 가져올 새로운 세상에 뒤떨어진 것이다. 이와 같은 전통적인 교육 방식이 21세기 적절한 학습 기회와 폭 넓은 기술을 제공하지 못한다면 우리의 청소년들은 새로운 세상에 뒤쳐질 수 밖에 없을 것이다.

같은 모양의 교실에서 동일한 교육과정과 교과서로 국가가 정한 내용을 전달하는 것에 초점을 맞춘 교육은 인공지능으로 인하여 새로운 국면을 맞게 되었다. 4차 산업혁명으로 일컬어지는 기술의 발전은 인공지능을 비롯한 디지털 기술들이 사람들이 온라인에서 남긴 흔적들을 데이터로 수집하여 최적의 솔루션을 계산하고 빅데이터와 클라우드 컴퓨팅을 결합하여 물리적인 공간에 새로운 서비스를 제공함으로써 전통적인 서비스 시장은 파괴적인 변화를 맞고 있는 것이다. 오늘날의 교육 시스템은 새로운 사회와 개인과 국가가 필요로 하는 학생을 기르기에는 한계에 직면하고 있다. 인공지능이 가져올 학습의 개별화, 수준별 교육은 모든 교사들에게 새로운 도전이 될 수 밖에 없을 것이다. 이제 새로운 접근 방식을 고민하여야 한다.

하이터치High Touch 하이테크High Tech 학습은 새로운 시대가 요구하는 인재를 양성하기 위한 접근 방법이라고 할 수 있다. 인공지능과 같은 새로운 도구는 모든 학생들이 개별화된 방식으로 교육에 참여할 수 있도록 도울 수 있다. 인공지능은 교실에서 한 명의 교사가 일방적으로 제공하는 표준화된 수업을 개별화할 수 있는 가능성을 가지고 있다. 인공지능 적응형 학습 알고리즘AI Adaptive Learning Algorithm은 최근 몇 년 동안 놀라운 속도록 발전하고 있다. 학생들의 사전 지식을 고려하여 적절한 교재와 학습 과정을 추천할 수 있다. 학생들은 인공지능 도구를 이용하여 자신의 속도에 따라 다양한 교과의 콘텐츠를 학습할 수 있다. 인공지능은 각 학생들의 학습 진행 상황을 분석할 수 있으므로 인공지능 알고리즘을 이용하여 각 학생에게 다양한 학습 경로를 제공할 수 있다. 다음 **그림 2.2**는 Mindspark라는 개인화된 기술 지원 교육을 성공적으로 통합한 사례를 보여준다. 최근 평가에 따르면 "소프트웨어의 핵심 기능은 시험 문제 및 학생 응답의 광범위한 항목에 대한 데이터베이스를 사용하여 모든 학생의 초기 학습 수준을 벤치마킹하고 각 학생의 진도와 수준에 맞게 자료를 동적으로 개인화할 수 있다"고 한다.

인공지능을 활용한 적응형 학습의 성공 사례는 애리조나 주립 대학[ASU]에서 찾을 수 있다. ASU의 대수학 수업은 100명의 학생들이 컴퓨터를 활용하고 교수와 5명의 조교가 개인화된 조력을 제공한다. 약 65,000명의 학생들이 12개의 기본 과정에서 적응형 학습 시스템을 이용하고 있으며 매우 성공적인 성과를 나타내고 있다고 보고하였다. 대학 대수학 과목에 Assessment and learning in Knowledge Spaces[ALEKS]라는 적응형 알고리즘을 도입한 결과, 2015년 57%였던 대학 대수학에서 C이상을 취득한 학생의 비율이 2019년 현재 최대 79%라고 한다[Inside Higher ED, 2019].

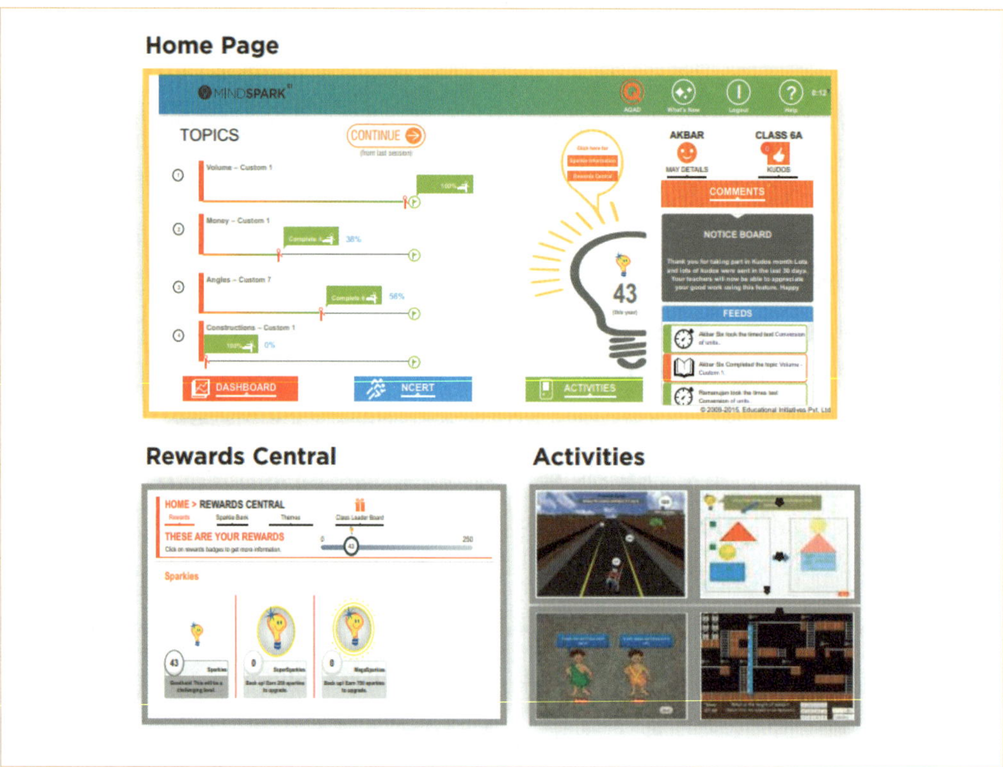

그림 2.2 MINDSPARK의 학생 학습 화면

적응형 학습 플랫폼은 학습 자원이 제한된 상황에서 학생들에게 적절한 수준과 속도로 학습할 수 있도록 경제적인 방법을 제공한다. 무엇보다도 이러한 플랫폼의 가능성은 많은 학생들에게 기초적인 학습 내용을 제공해야 하는 교사의 부담을 줄이는 반면 교사가 프로젝트, 토론, PBL등과 같이 학생들과의 상호작용이 풍부한 "하이터치High Touch"학습에 집중할 수 있는 시간을 확보할 수 있도록 한다. 교사의 풍부한 경험을 바탕으로 복잡한 문제해결과 같은 고차원 기술과 팀워크와 같은 사회적인 의사소통 기술을 기를 수 있다. 교사와 학생의 풍부한 상호작용으로서 "하이터치"는 인공지능이 제공할 수 없는 인간적인 특정을 극대화하는 것이며 "하이테크"는 교사의 개입없이 기술만으로도 필요한 내용을 학습할 수 있도록 지원하는 방식이다. 블룸의 택사노미를 기반으로 한 **그림 2.3**의 다이어그램은 학생들이 하이터치 하이테크 학습을 통해 어떻게 학습할 수 있는지를 보여준다. 우선 AI 및 모바일 기술High Tech과 상호 작용하여 학습 콘텐츠를 기억하고 이해한 다음 적용, 분석 활동과 학생들이 이해하는 것을 평가하고 마지막으로 교사와의 상호작용High Touch을 통해 창조적인 경험을 학습할 수 있다 Ju-Ho Lee & liesbet Steer, 2019.

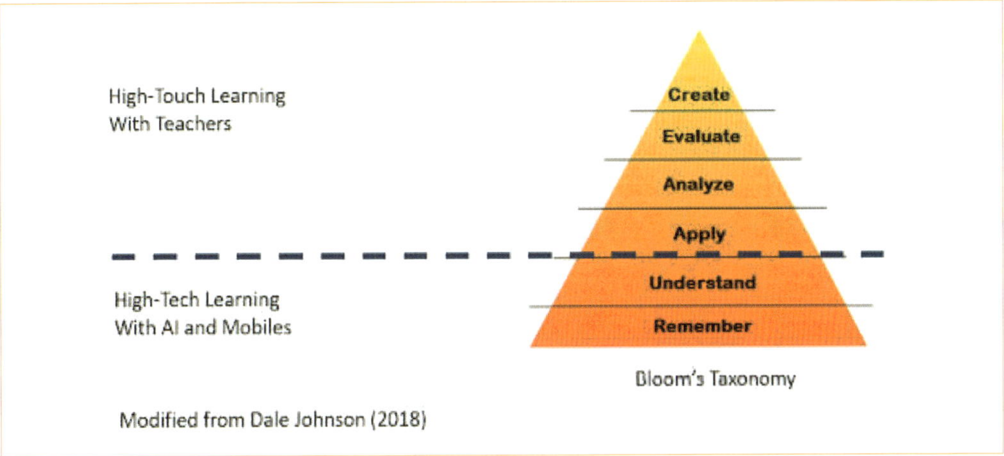

그림 2.3 블룸의 택사노미에 적용된 AI 학습 접근 방법

이 모델은 학생들이 능력을 갖춘 학습자, 지식 구성자, 혁신적인 디자이너로서의 학습 주도권을 가지기 위해서는 기본적인 학습은 인공지능의 도움을 받을 수 있을 것이다. 인공지능은 기억력이 뛰어나므로 사실적 지식의 습득이나 이해를 위한 학습을 꾸준히 제공할 수 있을 것이다. 저차적 수준의 지식은 인공지능의 도움을 통하여 습득하고 인간적인 고차적 기술은 교사와 학생들 간의 상호작용을 통하여 습득하고자 하는 것이다.

(3) 인공지능과 융합교육

인공지능 교육이 소프트웨어교육의 범주에서 이루어진다면, 소프트웨어교육이 지향하는 교육적 가치를 반영하여야 한다. 예를 들면, 인공지능을 활용한 컴퓨팅 사고력, 비판적 사고력, 문제 해결력 등을 기르기 위한 내재적 가치를 추구할 수 있어야 한다. 초・중등학교에서의 인공지능을 활용한 '프로그래밍' 의 경험을 통하여 컴퓨터 과학에 대한 이해를 높이기 위한 도구로 활용할 수 있을 것이다. 한편, 학교 교육과정과의 융합을 통한 인공지능의 다양한 활용 방안을 탐구하고 적용함으로써 더욱 진보한 융합교육을 추구할 수 있을 것이다. 이와 같은 접근은 기존의 STEAM교육과 인공지능을 결합함으로써 "AI + STEAM"의 형태로 교육과정에 융합될 수 있을 것이다. 이를 가능하게 하는 인공지능 도구가 모든 학생들에게 주어진다면 미래의 교육은 학생들에게 새로운 경험을 제공할 수 있게 될 것이다.

인공지능은 학교 교육과정을 지원하는 에듀테크 기업들에는 필수적인 기술이 되어 가고 있다. 최근 우리나라 에듀테크 기업들은 기존의 교육 서비스에 인공지능 기술을 접목한 새로운 콘텐츠를 개발하여 제공하고 있다. 코로나19로 인한 대면 수업의 어려움을 극복하기 위한 방안으로 학생들에게 즉각적인 피드백을 제공할 수 있는 기능을 제공한다. '비상교육 와이즈캠프'는 선생님과 AI의 초밀착 관리로 전 과목 홈스쿨링이 가능한 콘텐츠를 제공한다. AI학습 솔루션으로 'AI 몰리' 서비스는 수업 중 어린이들의 시선 데이터를 저장, 시선 추적 기술로 학습 시 집중하지 않는 경우 집중을 유도하고 스트레칭을 권하기도 한다[3].

아이스크림에듀는 'AI홈런' 서비스를 제공한다. 학생들은 고도화된 AI 튜터가 내장되어 있는 학습기를 활용해 학교 교육과정에 맞춰 예・복습을 할 수 있고 또한 개인별 학습 일정 및 수준에 따라 추가적인 학습도 할 수 있다. 학부모들은 AI가 분석한 맞춤형 생활기록부로 학생들의 학습 진행 상황을 확인하고, 부족한 학습과 고쳐야할 습관이 무엇인지 파악할 수 있다고 한다. 이와 같은 인공지능 학습 서비스는 도시와 농촌간의 교육 격차를 줄이는 수단으로 활용되고 있다.[4]

뤼이드[Riiid]는 학습자의 문제 풀이 데이터와 이를 AI로 분석하는 핵심 기술로 '산타토익'서비스를 제공하는 에듀테크 기업이다. 모바일 앱으로 제공하는 이 서비스에 뤼이드의 학습 AI 기술인 알인사이드[R.Inside]를 적용했다. 먼저 AI 모델이 수억 건의 문제풀이 데이터를 학습하고 이를 기반으로 사용자가 문제를 풀면, 아직 풀지 않은 문제에 대한 정오답을 예측한다. 그리

3) 아시아경제(2021.05.14.). "선생님과 AI의 초밀착 관리로 전 과목 홈스쿨링 가능한 '와이즈 캠프'. https://cm.asiae.co.kr/article/2021051209125369911

4) 에듀동아(2021.05.14.). 아이스크림에듀, 제주도 AI활용 스마트 학습 시범 사업 MOU체결. http://m.edu.donga.com/news/view.php?at_no=20210514100632960382

고 지식추적Knowledge Tracing을 통해서 예상 점수를 제공하는데 이를 점수 예측Score Prediction이라고 한다. 문제마다 이탈률 예측Session Drop-out Prediction을 할 수 있으며 이를 토대로 사용자가 흥미를 잃지 않고 계속 학습을 이어갈 방법을 제안한다. 또 다른 핵심 기능은 추천Recommender으로 사용자 데이터를 토대로 "이 문제를 풀고 배워야, 목표점수를 달성할 수 있다"며 콘텐츠를 제안하는 기능을 제공한다. 이와 같은 서비스가 유로로 제공되고 있으며, 인공지능 기술을 교육적 가능성을 확인할 수 있는 제품이다.5)

시애틀에 기반을 둔 Enlearn은 기계 학습을 사용하여 각 학생의 학습 곡선을 가속화하는 개인화된 커리큘럼을 만드는 적응형 학습 플랫폼을 개발하였다. Enlearn은 그들의 제품이 학습 프로세스를 수백 개의 작고 보이지 않는 구성 요소로 한 번에 분할 한 다음 학생의 효율성을 정확히 방해하는 요소를 분석한다. 그런 다음 실제 교사와 같은 프로그램은 새로운 자료를 공부하기 전에 학생이 약점을 개선하도록 도와준다. 예를 들어, 복잡한 연구 분석에 온라인 통계 숙제 또는 지원을 제공한다. 이 프로그램은 University of Washington Center for Game Science에서 개발한 기술을 사용한다. 이는 중학교 1학년 대수학에서 학습의 효율성을 단 1시간 30분만에 평균 93% 향상시킬 수 있다고 한다.

University of Georgia는 AI 알고리즘을 기반으로 구축 된 챗봇을 사용하여 대학 지원자에게 등록, 커리큘럼, 재정 문제에 대한 정보를 제공한다. Carnegie Learning의 MATHiaU는 인공지능을 사용하여 수학 능력이 떨어지는 학생들을 지원하고 교사가 학습 과정을 학생의 필요에 맞게 조정할 수 있도록 돕는다.

교육 분야에서 인공지능이 활용되는 기타 사례를 제시하면 다음과 같다. 교육부는 인공지능 시대 교육정책 방향과 핵심과제에 **표 2.1**과 같은 사례를 제시하였다.6)

5) 중앙일보(2021.05.08.). [폴인인사이트] 글로벌 AI 100대 기업 뽑힌 한국 스타트업 "교육판 통째 바꾸고 싶다"

6) 교육부(2020.11). 인공지능 시대 교육정책방향과 핵심과제. 대한민국의 미래교육이 나아가야 할 길. 관계부처 합동.

표 2.1 인공지능의 교육적 활용 사례

분야		사례
맞춤형 학습		• 중국의 AI 기반 맞춤형교육 시스템인 Yixue는 학습 및 평가자료를 지식 점수로 나누어 학생의 성취도를 분석 • 맞춤형 학습계획과 개인지도 1:1 제공
		• 美스탠포드대 SMILE은 질문·학습 프로그램으로 학생이 만든 질문을 AI가 5등급으로 분류 및 평가 • 장기간(1 년 이상) 학습 시 비판적 사고능력 향상
학습 경험 확장		• 핀란드 초등학교에서 23개 언어를 지원하는 Elias AI robot를 외국어학습 보조로 활용 • 로봇보조 언어학습은 학습불안을 낮추고, 긍 정 적 학습태도를 배양(Alemi , 2015)
취약 계층 지원	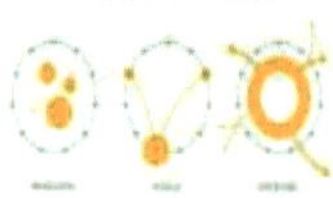	• UIA(美대학혁신연맹)은 예측분석을 통해 저소득층 학생의 중도 탈락 위기에 조기대응 • 4년 만에 저소득층 학생 졸업생 증가
		• Kiwi(USC대 개발)는 자폐스펙트럼장애 학생의 수학 학습을 돕는 로봇으로, 성취 분석과 행동관찰로 학습 상황 파악 • 수학 학습능력뿐만 아니라 사회성도 향상
업무자동화 효율화		• PEG writing은 빅데이터 기반 에세이 자동 첨삭 시스템으로, 대규모 인원의 작문 과제를 효과적으로 관리 가능 • 美 학교 1,000여교, 도서관 3,000여곳에서 활용
		• 美조지아대의 AI 조교인 Jill Watson은 10,000 40% 여개의 수업 질문 중 약 즉시 답변 • 학기를 거치며 축적된 데이터로 지속개선 • 학부 대학원 온라인 강좌에서 활동

2.4 AI 교육을 위한 접근 방향

(1) 리터러시로의 인공지능

1990년대, 전문가의 전유물이었던 개인용 컴퓨터가 현대에는 스마트폰으로 진화하였다. 초기의 기술은 전문가를 위한 것으로 개발될 수도 있으나 최근의 기술은 누구나 사용할 수 있는 기술로 발전하였으며, 일상의 문제를 해결하는 도구가 되었다. 인공지능도 마찬가지로 컴퓨터과학이나 상업적 목적이 아니라 근래에는 누구나 이용할 수 있는 편리한 도구가 되고 있다. 학생들은 인공지능을 통하여 새로운 방식으로 사고하는 법을 배워야 한다. 인공지능을 다루는 것은 전문가의 영역이라고 생각할 수도 있으나 현재에는 초등학생들도 이용할 수 있는 기술이 되었으므로 이를 가까이 접하고 활용할 수 있는 기회를 제공하여야 한다. 문자와 코딩이 사고를 표현하기 위한 기호, 도구 및 산출물에서 동일한 결과를 나타내는 것처럼 인공지능과의 상호작용을 통하여 문제를 해결할 수 있는 능력이 필수가 될 것이다. 또한 인공지능에 관한 공공의 논의에 비판적으로 참여할 수 있는 지식과 기능을 배울 수 있어야 한다. 플랫폼과 도구를 통하여 인공지능에 대한 이해 및 인공지능이 사회에서 활용되는 다양한 사례를 경험할 수 있는 기회를 주어야 한다.

AI 리터러시는 학생들의 비판적 사고 능력을 향상시키고 AI를 활용하는 방법을 가르쳐 학생들이 안목을 높이는 교육, 직업 및 진로 탐색을 할 수 있도록 한다. 그 내용으로는 AI가 무엇인지, 오늘날 우리가 어떻게 AI를 사용하고 있는지, 윤리적 AI와 관련된 딥 페이크, 진로지도 정보, 그리고 **그림 2.4**와 같이 세계인들이 지속적으로 해결해야 할 지속가능발전 목표 17개를 해결하는 데 도움을 줌으로써 AI가 올바른 세상을 위해 어떻게 사용되고 있는지를 학습할 수 있도록 하여야 한다.

출처 : 지속가능발전가능포털

그림 2.4 SDGs(지속가능발전목표)

(2) 융합교육을 위한 도구로서의 인공지능

사람들이 영어, 독일어, 중국어 등을 학습하는 이유는 언어 자체를 이해하기 위함이 아니라 그 언어를 통하여 자신의 생각을 표현하고 의사소통하며 타 문화를 이해하기 위함일 것이다. 이와 같은 관점에서 프로그래밍을 배우는 이유와 인공지능을 활용하는 방법을 배우는 이유는 크게 다르지 않을 것이다. 프로그래밍이나 인공지능은 컴퓨터과학 자체에 관한 연구보다 타학문과의 융합을 통하여 지속적으로 발전해왔다. STEAM이 컴퓨터와 다양한 교과를 융합함으로써 창의적 경험을 제공하기 위한 접근 방식이었다면, 인공지능 교육도 마찬가지로 타학문과의 융합을 통하여 발전할 수 있는 융합교육이어야 한다. 생활 주변에서 발생하는 데이터를 통하여 어떻게 수집하고 해석해야 하는지를 인공지능에게 지시할 수 있어야 한다. 인공지능을 다양한 영역과 융합하여 자신의 생각을 표현할 수 있어야 한다. 인공지능에 대한 지식과 기술을 바탕으로 자신의 관심 영역과의 융합을 통하여 새로운 가치를 창조할 수 있는 양질의 경험을 가져야 한다.

인공지능의 교육적 활용의 가장 큰 범주로서 학교에서의 학습을 지원하는 지능형 개인 과외 시스템, 적응형 시스템, 개인화 시스템, 추천 시스템 등이 있다. 인공지능을 활용하여 전통적인 지식 습득 향상을 지원하는 것은 이미 상용화되었으며 어학, 수학, 과학, 의학 등 다양한 분야에 적용되고 있다. 최근의 인공지능은 적응형/개인화/추천/평가 시스템이 결합되어 학생들이 과제를 수행하는 과정에 실시간으로 피드백을 제공하고 각 과제에 대하여 교사에게 데이터를 제공하는 기능을 포함하고 있다.

교육부는 시간 제약 등으로 개별화 수업 및 수준별로 충분한 연습 기회를 가질 수 없는 학생들을 위하여 **표 2.2**와 같이 AI 기반의 국어, 수학, 영어 관련 솔루션을 개발하여 서비스하고 있다.

표 2.2 교육부 AI 기반 수학, 영어, 국어 솔루션

AI활용 '똑똑수학탐험대'	AI 초등 영어 말하기	한글 또박또박
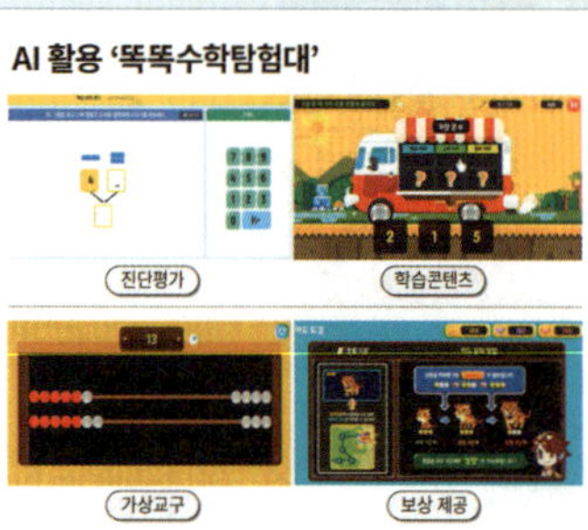		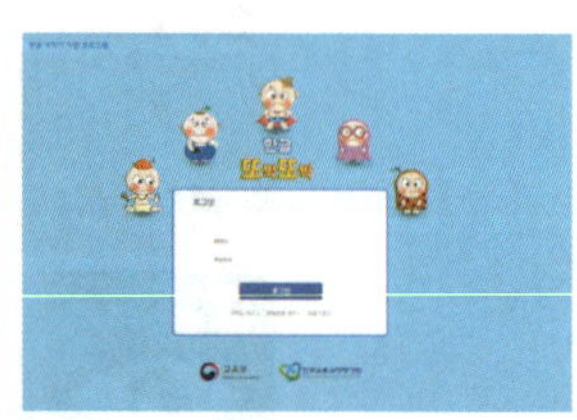

(3) 튜티로써의 인공지능 학습

대부분의 인공지능은 학습자의 학습을 돕기 위한 방식으로 개발되고 서비스되고 있어서 학습자들이 직접 인공지능을 조작하거나 문제해결의 도구로 활용할 기회를 제공하지 않는다. 이와 같은 접근법과 달리 “가장 잘 배우는 사람은 가르치는 사람이다”라는 말처럼 학습자들이 컴퓨터에게 무엇인가를 가르치는 과정에서 학습의 효율성을 극대화할 수 있는 방법이 튜티로써의 컴퓨터의 역할이다. 튜티Tutee로서의 교육은 인간의 명령을 실행하는 학습자Students로서 또는 대리인Agents으로서의 인공지능의 역할을 의미한다. 학습자가 문제해결의 주체가 되어 인공지능을 프로그래밍 하는 방식이다. 인공지능을 자신의 문제를 해결하기 위한 대리인으로서 이용할 수 있는 방법을 통하여 학습을 하게 된다. 인공지능이 다른 사람들의 문제를 해결하도록 고안하는 과정은 학생들의 고차원적 사고 능력과 지식 수준을 증진하는 매우 훌륭한 접근 방식이다. 다양한 AI 모델과 기술은 인간과의 상호작용을 통해서 지식과 경험을 학습할 수 있게 된다. AI모델과 방법에 대한 학습은 향후 지능형 튜티 개발에 도움이 될 수 있을 것이다. 가장 대표적인 사례로서 마이크로소프트의 Tay와 같은 챗봇은 대중과의 대화를 통하여 인종 및 성차별 같은 주제에 대하여 부적절한 댓글을 달았다. Tay는 편향된 의견을 모방함으로써 부적절한 표현을 생성하였으며 결국 서비스는 종료되었다. 만약 Tay가 이상적인 인공지능 모듈을 내장하고 있었다면 사람들은 챗봇과의 상호작용하고 관련 예제를 제공하여 올바르게 “가르칠” 수도 있을 것이다. 인공지능이 튜티로서의 역할을 수행할 때, 학습자는 가르침을 통한 학습의 기회를 얻게 된다. 가르치고자 하는 과업에 대한 정확하고 명확한 이해로부터 올바른 명령을 내릴 수 있기 때문이다. 따라서 우리를 둘러싸고 있는 세계에서 인공지능의 역할에 대한 깊은 이해를 통하여 학생들의 주변에서 인공지능이 어디에 어떤 목적으로 이용되고 있는지를 이해하고 이를 바르게 가르치고 상호작용할 수 있는 역량이 필요하다.

(4) 사고의 표현을 위한 구성주의적 학습 도구

30여 년 전, Seymour Papert는 어린이들이 ‘LOGO’언어를 통하여 자신의 생각을 표현할 수 있는 능력을 발달시키기 위하여 노력하였다. 페퍼트의 표현을 빌리면, 프로그래밍 언어는 학생들의 생각을 표현하기 위한 놀이터Playground가 될 수 있음에도, 교사들이 전통적인 방식으로 프로그래밍을 가르칠 경우 담장에 둘러싸인 울타리Playpen안에 있게 될 것이라고 경고하였다. 학생들이 인공지능과 프로그래밍을 통하여 자신의 생각을 표현할 수 있는 기회를 가져야 한다. 인공지능과 관련된 내용을 가르치는 것이 아니라 학생들이 양질의 경험을 할 수 있도록 장을 열어주어야 할 것이다. 페퍼트1980는 컴퓨터 프로그래밍은 어린이들이 활동을 통한 학습을 할 수 있으며 자신들이 하고 있는 일이 무엇인지에 관하여 생각할 수 있도록 가르치는데 유용한 매우 강력한 자원이라고 주장한다. 컴퓨터 프로그래밍을 통하여 학습된 이러한 체계적 사고systematic thinking와 문제해결 기능problem-solving skill은 삶의 많은 분야에 어떻게 응용할 수 있는지 발견할 수 있게 될 것이라고 한다. 이와 같은 관점을 이어받는다면, 인공지능에 대한 지식과 프로그램의 학습자, 이용자, 생산자로서의 역할을 수행하여야 한다.

인공지능을 구성주의 및 학생 중심 학습의 관점에서 도구로 제공하는 것은 매우 중요하다. 구성주의적 관점에서 학습자는 인공지능을 활용하여 효율적, 효과적인 방법으로 데이터를 수집하고 분석하는데 도움이 될 수 있으며, 단순한 작업이 아닌 추론 및 예측과 같은 고차적 수준의 사고 학습을 도울 수 있다. 어떤 인공지능은 똑똑하게 데이터를 분석하고 표시하여 학습자가 심도 깊게 사고하고 데이터에 내포된 가치를 발견하도록 도울 수 있다. 전통적인 마인드맵 도구는 수동적인 방식으로 개념간의 관계를 연결하여 학습자가 지식을 구성하는데 도움이 된다. 반면 지능형 마인드맵은 학습자에게 조언이나 힌트를 제공할 수 있을 뿐 아니라 개념 매핑 과정 중에 생성된 마인드맵을 평가할 수도 있을 것이다. 최근 AI에서 인기 있는 분야인 지식 그래프는 AI 모델을 기반으로 한 방대한 양의 연결된 데이터에서 다양한 요소간의 관계를 구성할 수 있도록 한다. 다음 **그림 2.5**는 교육 목적을 위한 지식 그래프로써 학습 도구를 위한 기대되는 분야가 될 수 있을 것이다.

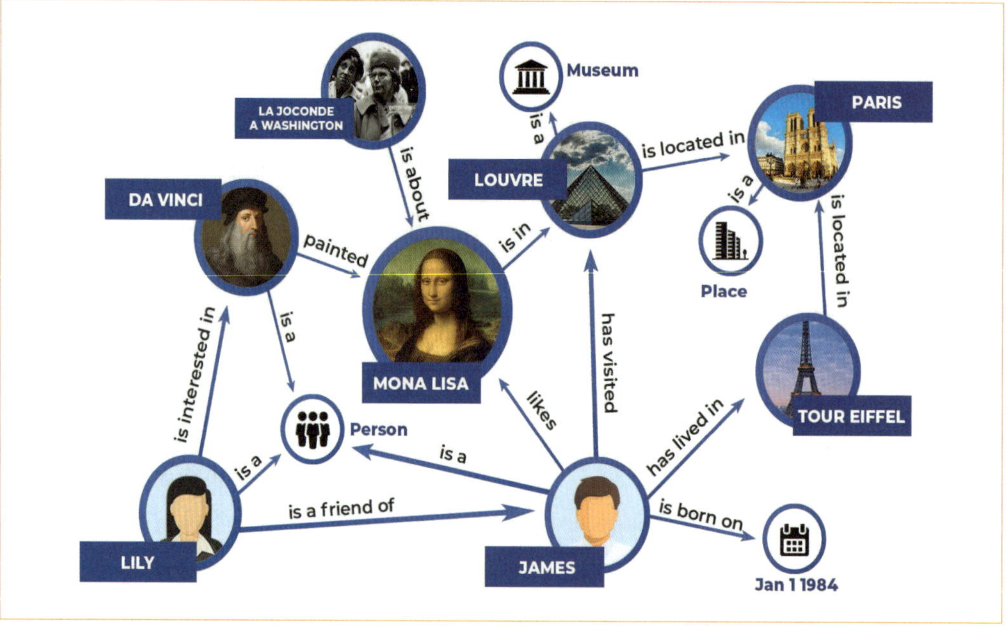

출처 : https://yashuseth.blog/

그림 2.5 자연어 처리를 통한 지식 그래프 생성 모델의 예

(5) 로봇이나 피지컬 도구를 활용한 인공지능 교육

스크래치와 엔트리 등과 같은 블록 프로그래밍은 추상화된 객체고양이나 엔트리 봇를 화면에 구체화하며 코딩은 추상적 객체를 구체적 객체로 전환하는 과정이라고 할 수 있다. 로봇이나 피지컬 컴퓨팅을 위한 도구들은 학생들이 손으로 만질 수 있는 것으로서 직접적인 체험을 제공할 수 있다. 화면 속의 객체가 실제의 공간에서 움직이는 구체적 실체로 나타나게 되는 것이다. 인공지능이 탑재된 로봇은 학생들과의 상호작용을 통하여 그 의미를 실제적으로 드러낼 것이다. 피지컬 컴퓨팅이나 로봇, 스마트토이 등과 AI의 결합은 학교 교육에서의 실제적 경험을 더욱 풍성하게 할 뿐만 아니라 관련 Edutech 기업들과의 상생을 도모할 수 있는 방법이기도 하다. 학생들은 인공지능 로봇과 함께 영화 속의 장면을 재현할 수도 있을 것이다. 많은 기업들이 인공지능 교육에 참여할 수 있는 기회를 가질 수 있으며 학교는 이를 통하여 더욱 새롭고 흥미로운 경험을 제공할 수 있을 것이다. 전국의 지방자치단체에 설치 중인 메이커 스페이스를 활용하여 인공지능 교육이 실제적인 메이커 활동과 연계할 수 있도록 하여야 한다. 지역사회의 메이커 센터가 '인공지능교육 플랫폼'을 이용하여 그 성과를 나타낼 수 있도록 협력하는 방안을 검토할 필요가 있다. 정부가 2018년부터 조성한 메이커 스페이스는 전국에 걸쳐 총 120개이며, 2020년에도 64곳에 추가되었다고 한다. 인공지능과 다양한 피지컬 도구들이 연결되는 창의적 경험을 학생들에게 제공하여야 한다.

2.5 구성주의적 관점의 AI 교수 · 학습 전략

(1) 구성주의적 코딩 교육 접근 방식을 인공지능 영역으로 확산

인공지능을 어떻게 가르칠 것인가에 대한 탐구를 위하여 참고할 만한 것은 코딩을 어떻게 가르칠 것인가에 대한 접근법을 검토하는 것이다. 코딩 교육을 학생들의 가장 핵심적인 학습 경험으로 설계하기 위한 접근법은 국가별, 학자별 연구를 통하여 제시되었다. 2014년 영국에서의 "computing"을 시작으로 코딩 교육을 위한 접근 방식에 대한 국가별, 기관별, 연구자별 다양한 논의가 있었다. 다음 **표 2.3**은 코딩 교육을 위한 프레임워크와 그 접근 방식을 제시한 것이다.

코딩 교육 프레임워크와 접근법에는 코딩을 가르치기 위한 다양한 방법들을 제시하고 있다. 여기에 제시된 접근법은 대부분 학습자 중심의 문제해결 활동을 그 핵심으로 한다. 이것의 이론적 근거는 구성주의라고 볼 수 있다. 코드를 가르치려고 하지 않았던 것처럼, 인공지능을 직접 가르치는 것보다 경험하도록 하는 것이 핵심이 될 것이다. 프로그래밍 교육에서 가장 중요한 요소는 학습의 실제성[Authenticity in learning]이다. 마찬가지로 인공지능 교육도 학생들이 실제적 경험을 할 수 있는 학습 환경을 제공하여야 한다. 핵심적인 요소를 몇 가지 제시하면 다음과 같다. 첫째, 학습의 실제성[authenticity in learning]이다. 학생들은 인공지능 전문가와 동일한 경험을 플랫폼에서 할 수 있어야 한다. 둘째, 개인적 실제성[Personal authenticity]이다. 학생 개개인의 삶과 흥미, 도전과 관련된 경험을 할 수 있어야 한다. 셋째, 실제적 관중[authentic audiences]이다. 선생님뿐만 아니라 학생들 간에 의미 있는 학습 결과물을 제작할 수 있도록 한다. 넷째, 현실 세계를 위한 설계[designing for real-world audiences]이다. 온라인을 통한 진지한 반응, 의미 있는 평가 등을 경험할 수 있는 환경을 제공할 필요가 있다. 단순히 인공지능을 조작하기 위한 코드나 방법, 도구를 가르치기보다 인공지능을 실제로 문제해결에 활용할 수 있는 경험을 제공하여야 한다. 예를 들면, "초등학교 저학년 읽기 학습을 위한 인공지능"의 활용, "동화 속으로 들어간 인공지능", "인공지능을 활용한 디지털 스토리텔링", '인공지능을 활용한 교육용 게임 만들기" 등과 같은 보다 실제적이고 흥미로운 학습 환경이 제공되어야 한다[김홍래, 2021].

표 2.3 컴퓨팅 사고력 접근법

접근 모형	Barefoot	Connected Code	A Framework for K–12 CSE	Positive Technological Development	creative computing
저자	Computing at school	Kafai &Burke	acm & code.org csteaxher.org	Marina Umaschi Bers	HGSE
발표연도	2014	2014	2016	2017	2017
접근방법	Tinkering experimenting & Playing	From Code to Application	Fostering an Inclusive culture	Communication	Creating
	Creating designing &making	From Tools to communities	Creating computational artifacts	Collaboration	Personalizing
	Debugging finding &fixing errors	From Scratch to Remix	Collaborating around computing	Community Building	Sharing
	Persevering keeping going	From Screen to Tangible	Testing and Refining Computational Artifacts	Content Creation	Reflecting

표 2.3 계속

접근 모형	Barefoot	Connected Code	A Framework for K-12 CSE	Positive Technological Development	creative computing
접근방법	Collaborating working together		Recognizing and defining Computational Problems	Creativity	
			Communicating about computing	Choice of Conduct	
			Developing and Using Abstractions		

위의 **표 2.3**의 코딩 교육을 위한 접근 방법을 인공지능 교육을 위한 접근 전략으로 적극 검토할 필요가 있다. 인공지능 교육을 위한 접근 방법으로서 차용할 수 있는 것을 제시하면 다음과 같다.

첫째, 만들기[making]이다. 코딩교육에서도 응용 프로그램을 개발하는 경험을 제공한 것과 마찬가지로 실제적인 인공지능을 응용한 프로그램을 개발하는 것이다. 인공지능의 인식 모델을 이용하여 실제적으로 삶의 영역에서 활용할 수 있는 응용 프로그램을 개발해 보는 경험을 하는 것이다. 예를 들면 자신의 얼굴을 인식하거나 등록된 얼굴을 인식하는 활동을 통하여 '얼굴인식 출입문'과 같은 사례를 경험할 수 있을 것이다. 인공지능을 조작하기 위한 코드를 가르치는 것을 지양하고 다양한 분야의 활용 사례를 직접 개발하는 경험을 제공하는 것이다. 응용 프로그램을 개발하는 과정에서 컴퓨팅 사고력의 하위 요소들을 경험하게 함으로써 코딩을 통한 인공지능 프로그래밍에 대한 이해를 증진하도록 하여야 한다.

둘째, 팅커링[tinkering]의 기회를 제공하여야 한다. 팅커링은 학습자의 개인적인 관심과 경험 그리고 다양한 학습 성과 사이에 연결 지점을 형성한다. 팅커링은 학생들이 무엇을 어떻게 해야 할 지 정확히 모르는 상태에서 직관, 상상, 호기심 등에 따라 학습할 때 일어난다. 이는 놀이와 학습을 통합한 활동으로 질문, 탐색, 반복을 통한 발견의 즐거움을 통한 학습을 말한다[김혜정, 서희전, 2020]. 터클과 페퍼트는 학습 환경에서 다양한 '앎의 방식'에 대하여 플래너[Planner]와 브리꼴레르[Bricoleurs]로 구분하였다. 플래너는 코딩할 때 전통적이고 논리적인 하향식[Top-down] 모델을 사용하는 사람을 말한다. 반면 브리꼴레르는 구체적이고 개인적인 접근을 사용하며 자신만의 프로젝트를 상향식[bottom up]으로 만드는 사람을 말한다. 학교에서의 코딩 활동이 교사가 주도하는 방식으로 이루어지면 학생들은 '플래너'의 역할에 집중하게 되어 매 시간마다 동일한 프로젝트가 만들어질 것이다. 반면 브리꼴레르와 같이 되기 위해서는 교사가 학생들에게 실험을 하고 위기를 감수하고, 자신들의 아이디어를 가지고 놀 수 있도록 허용해 주어야 한다. 인공지능의 원리나 응용을 위한 과정에 학습자들이 주도적으로 탐구할 수 있는 기회를 충분히 보장하여야 한다.

셋째, 협력과 공유collaboration & sharing이다. 구성주의에서 협력과 공유는 필수적이다. 코딩은 협력과 공유를 반드시 필요로 하는 탐구 중심의 활동이다. 컴퓨터과학은 서로 알고 있는 것을 공유하고 다른 사람에게 해결방법을 설명하면서 학습하는 것이다. 온라인을 통한 협력과 공유는 웹 2.0의 철학을 반영한다. 스크래치와 엔트리, Hour of Code 등과 같은 교육 플랫폼은 학습 과정 및 결과의 공개, 공유와 참여가 가능한 웹 2.0 플랫폼이자 학생들의 놀이터이다. 학생들은 인공지능 코딩을 학습하기 위하여 플랫폼에 접속하는 것이 아니라 놀기 위하여 접속한다. 플랫폼은 프로그래밍 할 수 있는 도구를 제공하고 공동 관심사를 가진 학생들이 함께 프로젝트를 수행할 수 있도록 지원한다. 전통적인 교실에서 교사가 학생에게 교과를 가르치듯이 코딩을 가르치는 것을 지양하여야 한다. 개인적인 문제 해결을 위한 프로그래밍은 학교와 온라인 커뮤니티로 확대되도록 하여야 한다.

넷째, 실체적 객체tangible objects의 활용이다. 구성주의의 혁신적인 접근 방법으로서 손으로 만질 수 있는 장난감, 로봇, 피지컬 컴퓨팅 재료 등을 실체적 객체라고 한다. 로봇이나 피지컬 컴퓨팅을 위한 도구들은 화면 속의 객체가 실제의 공간에서 움직이는 구체물로 나타난 것이다. 실체적 객체를 활용한 코딩 교육을 피지컬 컴퓨팅이라고 한다. 피지컬 컴퓨팅은 두뇌와 신체적 활동을 디지털 및 물리적 재료를 통합함으로써 어린이들이 단순히 지식을 소비하는 사람이 아니라 적극적으로 지식을 만드는 사람으로 성장시킨다. 인공지능 교육을 위한 로봇이나 교구 등이 개발되어 제공되므로 이를 활용한 AI 교육이 가능할 것이다.

다섯째, 스캐폴딩scaffolding과 학습의 주도성agency이다. 스캐폴딩은 학습자들이 스스로 도달하기 어려운 목표를 타인의 도움을 통하여 성취하도록 도와주는 학습 전략이다. 이것은 학습자가 점차 독립적으로 학습을 진행하는 것이 가능해짐에 따라 점진적으로 감소하여 소거된다. 스캐폴딩은 '채널링과 집중Channeling and focusing', '모델링modeling'의 접근 방식을 취한다. 채널링은 학생들의 과제에 대한 자유도를 낮추는 것을 말하고 집중은 특정 기능에 대한 학습자의 관심을 집중시키는 것이다. 모델링은 과제에 대한 더욱 발전된 해결책을 얻기 위하여 전문가의 능력을 배우는 것이다[Moran Tsur, 2017]. 학습자 주도성을 지원하는 것은 사회적 구성주의의 중요한 가치이다. 코딩 교육에서 누가 학습의 주도권을 가질 것인가의 문제는 매우 중요하다. 코딩 교육에서 'Hour of Code'와 같이 퀴즈 형태의 프로그램은 여전히 주도권이 컴퓨터에 있다. 반면 스크래치와 엔트리 등과 같은 학습 환경은 학생들이 스스로 학습 과정을 결정할 수 있는 권한을 부여한다. 페퍼트는 어린이들의 생각 표현 능력 향상을 위하여 학습자의 주도성을 '놀이터[Playground]'와 '울타리[Playpen]'로 비유하였다. 프로그래밍 언어는 학생들의 생각을 표현하기 위한 '놀이터'가 될 수 있음에도, 교사들이 전통적인 방식으로 프로그래밍을 가르칠 경우 담장에 둘러싸인 '울타리'안에 있게 될 것이라고 하였다. 구성주의적 관점에서 '운동장'의 비유는 학생들이 AI 코딩을 통하여 자신의 생각을 표현하고 학습하며 자신들이 하고 있는 일에 대한 메타학습을 가능하게 하는 환경을 의미한다.

(3) 프로젝트 학습과 AI 플랫폼을 활용한 교육

Zimmerman[2018]은 인공지능 학습을 위한 교수·학습 전략으로서 프로젝트 기반 학습, 디자인 사고, 스토리텔링뿐만 아니라 STEAM과 같은 접근 방법을 권고한다. 기존의 전통적인 학습자 중심의 수업 모형이나 접근 방법을 AI교육과 접목할 수 있음을 제시한다. 학생들은 학습의 주체로서 인간적 측면[호기심, 창의성, 관계 만들기]을 어떻게 적용되는지를 보여주는 것이 중요함을 강조한다. 기계적인 활동은 인공지능이 더욱 잘하므로 인간적인 측면을 강조하고 그와 관련된 경험을 보여주어야 한다고 권고한다.

인공지능을 교실에 도입하는 교사는 프로젝트 학습, STEAM, 디자인 사고, 스토리텔링 등과 같은 활동을 수행함으로써 학생들이 새로운 기술과 효과적으로 상호작용할 수 있는 경험을 설계할 수 있다. 인공지능 기술을 활용하는 것은 기존의 학습 도구와는 차이가 있으나 학습자가 인공지능을 프로그래밍하는 주체로서 활동하도록 책임을 부여하는 것은 학습자 중심의 수업과 그리 다른 것은 아니다. 따라서 인공지능의 주인으로서 학생들이 역할을 할 수 있는 경험을 제공하는 것은 학습자 중심의 교수·학습 모형과 융합될 수 있는 가능성이 충분하다.

인공지능을 교실에 도입한다는 것은 단순 암기, 융통성 없는 수업, 표준화된 평가, 기계적 기술, 사실적 지식 등의 습득 등과 같은 기계가 잘할 수 있는 것을 가르치는 것을 경계하여야 한다. 인공지능과 인간의 상호작용은 기존의 워드프로세싱, 미디어 프리젠테이션, 프로그래밍 언어를 가르치는 것보다 고려해야 할 요소가 더욱 많다. 인공지능 교육을 위한 교육과정을 구성하거나 인공지능을 도구로 활용하여 가르치는 일들이 교사와 학생 모두에게 생소한 것일 수 밖에 없다. 그럼에도 불구하고 인공지능의 교육에 대한 영향력은 더욱 확대될 것이므로 이를 잘 이해하고 사용할 수 있는 방법을 끊이없이 탐구해야 할 것이다.

손원성[2020]은 프로젝트 학습과 AI 플랫폼을 활용한 교수·학습 사례를 소개하였다[7]. 인공지능

7) 손원성(2020). 인공지능(AI) 교육 플랫폼을 활용한 SW교육 수업안 개발 : 초등학교 고학년을 중심으로. 정보교육학회논문지, Vol. 224, No. 5, pp.453-462.

기반 SW교육 프레임워크는 컴퓨팅 사고력Computational Thinking의 기반 위에서 인공지능 리터러시 literacy를 함양하는 것을 목표로 학습자 중심의 프로젝트 수업을 구성하여 실생활의 맥락이나 다른 교과와 융합 가능한 요소를 포함하였다. 이를 활용하여 분리수거 도우미 인공지능 만들기라는 주제로 6차시 분량의 프로젝트 기반 수업으로 실과, 사회, 창의적 체험활동을 활용한 SW교육 수업안을 제시하였다. 이 프로젝트 수업에는 'AI Oceans', '엔트리'와 같은 플랫폼을 활용하였다.

프로젝트 학습은 교사가 강의하고 학생들은 수동적으로 받아들이는, 전형적인 수업 방식에서 벗어나 학생이 주도하여 학습활동을 해 나가는 개념으로서, 학생과 교사, 더 넓게 보아 학교 전체와 학부모, 지역 사회까지 모든 관련된 사람들은 프로젝트 학습에 직/간접적으로 참여하여 서로 협조할 수 있다. 프로젝트 학습에서 공부란 목표로 삼은 주제에 대해 다양한 방면으로 또한 자율적으로 탐구하는 것이다.

인공지능 교육 플랫폼을 활용한 소프트웨어 교육 수업안을 구성할 때에는 현행 교육과정에 제시되어 있는 과목별 성취기준을 활용하였다. 이는 소프트웨어 교육 수업에 대한 시수 확보의 근거가 될 뿐만 아니라 타 교과와의 융합 수업의 기초가 된다. 초등학교 실과나 정보 관련 과목을 우선 활용하되 추가적인 시수 확보를 위하여 타교과의 융합 가능한 주제의 성취기준과 창의적 체험활동 중 자율 활동 영역을 활용할 수 있다.

이 사례에서 제시한 수업은 총 6차시로 구성되었으며 사회, 실과, 창의적 체험활동을 포함하였다. 그 내용을 차시별로 정리하면 다음 **표 2.4**와 같다.

표 2.4 분리수거 인공지능 학습 모델 설계 및 적용 사례

교과	교수학습 활동
사회(1)	프로젝트 수업의 목표와 학생들이 해야 할 수행과제 등을 사전에 제시하여 학생들이 목표의식을 가지고 본 프로젝트 수업에 푹 빠져서 몰입할 수 있도록 한다.
실과(2)	AI Oceans를 활용하여 학습 활동을 수행. 기초적인 인공지능 학습에 대한 내용이 나오므로 주요 지점마다 학생들에게 적절한 설명을 덧붙이면 활동이 더 풍부해 질 수 있다. 그리고 AI Oceans를 탐구하는 활동 중 학습을 시키는 부분이 있는데 이 부분은 자신이 어느 정도 학습이 되었다고 판단되는 시점에서 학습을 멈추어야 다음 단계로 넘어갈 수 있기 때문에 해당 부분에서 학생들에게 적절한 안내가 필요하다.
실과(3)	분리수거 도우미 인공지능을 구상하게 되는데, 이미 만들어져 있는 국내(수퍼빈) 및 해외(캐나다 오스카)의 실제 사례를 가져와서 학생들과 어떤 인공지능이 적용되어 있을지 이야기 해본다. 그리고 더 나아가 학생들만의 분리수거 도우미 인공지능을 구상할 수 있도록 한다. 이때 학급 여건 및 지도교사의 의도에 따라 모둠에서 협력 활동으로 할 수 있고 개별 활동으로도 할 수 있다.

표 2.4 계속

교과	교수학습 활동
실과(4–5)	3차시에서 구상한 분리수거 도우미 인공지능 모델과 이를 활용한 프로그램을 코딩한다. 엔트리를 이용하여 이미지 지도학습을 통한 인공지능 모델을 생성한다. 이를 위하여 학습에 필요한 이미지를 분류해 놓아야 한다. 이 이미지는 웹 검색을 통하여 수집할 수 있다. 종류별로 다양한 이미지가 수집될 수 있도록 안내하여야 한다. 인공지능 모델의 성능이 만족할만한 수준이 되면, 엔트리에서 블록 코딩으로 간단한 분리 수거 도우미 프로그램을 작성하도록 한다.
창의적 체험(6)	학생들이 그 동안의 활동 결과로 만들어 낸 분리수거 도우미 인공지능을 시연하고 프로그램에 대하여 발표하는 시간으로 활용한다. 다른 학생들이 만든 프로그램에 대하여 서로 궁금한 점, 잘한 점, 아쉬운 점 등을 자유롭게 이야기하며 동료 평가가 될 수 있도록 하고 지도 교사는 큰 틀에서 이상이 없다면 인공지능 모델을 활용한 프로그램을 만들어 낸 것에 대하여 학생들 모두에게 격려를 해 준다.

(4) 사례 1 : 인공지능 이해를 위한 학습 모형

목적으로서의 인공지능 학습 활동은 교육의 내재적 가치를 추구한다. 내재적 가치는 인공지능을 가르치는 당위성과의 일관성을 필요로 한다. 인공지능을 가르치는 당위성을 확보하였다면, 그 목적을 성취하는 방법도 마찬가지로 타당성을 갖추어야 한다. 따라서 인공지능에 관한 학습 활동이 학습자들에게는 의미 있는 지적 경험, 내면의 기쁨을 통한 성장을 추구한다. 이러한 가치는 학생들이 학습의 중심이 되는 구체적인 경험과 활동을 통하여 확인되고 인식되는 것이라 할 수 있다. 그러므로 인공지능에 대한 학습 활동은 지능정보사회에서의 핵심 역량과 그 맥이 닿아 있다. 따라서 인공지능에 대한 단순한 지식을 습득하는 것이 아니라 실제적인 학습 활동을 통하여 자신의 경험을 축적함으로써 가치가 체득되는 과정이 되어야 한다. 인공지능을 가르치기 위한 교수·학습 모델로서 김갑수 외[2019][8]는 초등학생들에게 인공지능 개념을 학습하게 하고 실제 컴퓨터 프로그램을 해보는 학습 모형을 개발하여 실제로 인공지능을 이해할 수 있는 프로그램을 개발하는 사례를 제시하였다. 일반적인 코딩 수업 설계와 달리, 인공지능 교육은 단순한 지식의 전달이 아니라 문제를 인식하고 모델을 설정하고 실제로 적용하는 실제적 경험이 제공되어야 한다.

① 문제 이해 단계

학생들이 어떤 문제를 해결할 때에 인공지능 프로그램으로 해결할 수 있는지 또는 인공지

8) 김갑수 외(2017). 초등학생의 인공지능 교육을 위한 교수학습 모델 개발 및 적용. 한국정보교육학회 논문지, Vol.21, No1, pp.137-147.

능 프로그램이 아닌 것으로 해결 할 수 있는지를 잘 이해해야 한다. 그래서 주어진 문제를 인공지능 프로그램 가능한지를 검토하는 단계가 매우 중요하다. 특히, 지도 학습supervised learinng을 통하여 해결할 수 있는 문제를 이해하는 것이 중요하다.

② 데이터 준비하기

개와 고양이를 판별하는 프로그램을 만들고자 할 때에는 개와 고양이의 그림을 많이 준비해야 한다. 이 준비된 데이터가 훈련 데이터가 될 수 있다. 준비하는 데이터의 유형들은 데이터유형, 데이터 길이, 데이터 범위, 데이터 포맷 등이 있을 수 있다. 이 단계에서는 (1) 학습을 위해 필요한 데이터가 어떤 형태인지를 배우고, (2) 학습/테스트 데이터가 각각 '특징'과 '정답(label)'으로 이루어진다는 것을 인식하고, (3) 학습 데이터와 테스트 데이터의 차이가 무엇인지를 학습한다.

③ 인공지능 모델 결정하기

위의 데이터를 이용하여 인공지능을 학습하기 위해서는 학습에 사용할 모델을 정하고 그 모델을 어떻게 구현할 것인지를 결정해야 한다. 인공지능의 '지능'을 만들기 위해서는 컴퓨터의 학습이 필요한데, 머신러닝은 인간처럼 신경망을 통한 학습을 모방하도록 만들어진 모델을 의미한다. 최근에는 프로그래밍을 하지 않아도 이용할 수 있는 신경망 모델을 생성할 수 있는 플랫폼들이 다양하게 제공되므로 이를 활용할 수 있다. 이 모델은 새로운 데이터를 입력으로 하여 지금까지 학습한 내용을 바탕으로 판단을 하게 되는 것이다. 이러한 플랫폼으로는 Teachable Machine, Machine Learning for Kids 등이 있다.

④ 인공지능 프로그래밍하기

인공지능의 프로그래밍을 위하여 모방하기, 변형하기, 창작하기, 도전하기 등과 같은 단계별 방법을 제안한다. 1단계 모방하기는 다른 사람들이 수행했던 과정이나 코드 등을 그대로 따라서 만들어 가는 과정이다. 인공지능의 학습 모델을 이해하기 위하여 우수 사례나 자신의 난이도에 합당한 모델을 모방하는 것이다. 2단계는 변형하기이다. 변형하기는 머신러닝 모델에 제공하는 데이터셋을 확장하거나 바꾸어보는 것이다. 3단계는 창작하기이다. 창작하기는 문제를 해결하기 위하여 직접 프로그래밍을 하는 과정이다. 엔트리와 같은 블록코딩으로 이미지를 분류하거나 글자를 분류하는 등을 프로그래밍할 수 있을 것이다. 4단계는 도전하기이다. 도전하기는 자유롭게 자신이 만들고 싶은 프로그램을 정하고 학습하는 단계이다. 앞에서 학습한 내용을 바탕으로 이를 확장하는 것이다. 예를 들면, '개 또는 고양이가 주어졌을 때, 어떤 동물인지 분류하는 프로그램'을 만들도록 장려한다.

⑤ 보고서 작성하기

보고서 작성하기 단계는 자신의 학습한 과정을 요약 정리하여 발표할 수 있도록 준비한다. 학습하기 위하여 어떤 데이터가 사용되었는지, 특징과 정답의 차이는 무엇인지, 학습 데이터와 테스트 데이터의 차이는 무엇인지 등을 정리할 수 있을 것이다. 이 단계에서 작성된 보고서는 학생들 간의 발표와 공유할 수 있는 기회를 제공하여 상호 피드백할 수 있도록 하는 것도 필요할 것이다.

(5) 사례 2 : 플랫폼을 활용한 인공지능 교수 · 학습 모형

유인환 외[2020]는 인공지능 학습을 위한 플랫폼을 이용한 교수·학습 모형을 제안하였다[9]. 학습자의 미래 역량을 기르기 위하여 인공지능 자체에 대한 직접적인 교육을 최소화는 대신 머신러닝 플랫폼을 활용하여 문제를 해결하는 경험을 통하여 역량을 기르는 것이 바람직하다는 관점을 제안한다. 인공지능 학습 플랫폼을 이용한 교수·학습 모형을 제시하면 **표 2.5**와 같다.

표 2.5 머신러닝 교수·학습 모형의 단계

단계	교수 · 학습 활동
문제인식 및 분석	실생활의 문제 중 머신러닝을 활용하여 해결할 수 있는 문제를 인식
데이터수집	문제를 해결하기 위하여 필요한 자료가 텍스트, 이미지, 숫자인지 분석 후 수집
데이터 가공 및 선별	수집한 데이터를 처리할 수 있도록 수치화, 도식화, 라벨링 후 필요한 데이터를 선별
머신러닝모델 훈련 및 평가	선별한 데이터를 바탕으로 머신러닝 모델 훈련 및 모델 정확도 평가
ML 프로그래밍	머신러닝 모델을 활용한 프로그래밍
적용 및 해결	문제 상황에 제작한 프로그램을 적용하여 문제를 해결
공유 및 환류	프로그램을 공유 및 피드백을 통한 프로그램 개선

위의 모형을 적용한 사례로써 '인공지능 챗봇 만들기'를 주제로 한 학습 활동을 설명하면 다음과 같다.

9) 유인환 외(2020). 머신러닝 플랫폼을 활용한 소프트웨어 교수-학습 모형 개발. 한국정보교육학회 논문지 24(1), pp.49-57.

① 문제 인식 및 분석

현재의 인공지능이 적용된 다양한 챗봇 플랫폼을 체험한 후, 앞으로 달라질 수 있는 미래의 애니메이션의 모습을 이야기하며 인공지능 챗봇을 활용한 애니메이션 제작의 필요성에 대하여 이야기한다. 일방적인 스토리의 흐름이 아닌 인공지능 챗봇 프로그램으로 학습자와의 상호작용을 통하여 스토리가 달라지는 반응형 애니메이션 제작에 대한 문제를 파악한다.

② 데이터 수집

애니메이션의 특정 상황에서 사람이 입력할 수 있는 데이터에는 어떤 형식이 있는지 서로 의논하여 파악하여 정하고 필요한 데이터를 수집하는 활동을 한다. 애니메이션이 인식할 수 있는 다양한 데이터의 형태 중 텍스트 자료형을 통한 머신러닝 학습 방법을 선택하였다. 또한 애니메이션의 진행 중 애니메이션의 등장인물이 물음에 따라 학습자가 대답을 하면 이를 인식할 수 있도록 레이블을 질문에 따라 구분하였다. 이 과정을 거치면 학습자들은 필요한 레이블을 만들고 그에 따라 학습자가 대답할 수 있는 텍스트 데이터를 생각하여 표현한다.

③ 데이터 가공 및 선별

앞 단계에서 만든 레이블과 학습 데이터를 실제 Machine Learning for Kids 플랫폼의 '훈련' 에 입력한다. 이 과정에서 학습자는 머신러닝 모델을 만들기 위하여 수기로 작성한 텍스트 데이터를 컴퓨터가 인식할 수 있는 텍스트 자료형으로 가공을 하고, 각 레이블에서 필요한 학습 데이터만을 선별하여 훈련시키는 과정을 진행한다.

④ 머신러닝 모델 훈련 및 평가

머신러닝 모델의 훈련 및 평가를 위하여 이전 단계에서 입력한 데이터를 활용한다. 이렇게 만들어진 머신러닝 모델은 평가를 통하여 정확하게 작동하는지 확인하고 그렇지 않을 경우 학생들은 오작동의 원인을 분석하고 잘못된 데이터는 삭제하거나 부족한 데이터를 추가 입력하여 머신러닝 모델의 신뢰도를 높이도록 한다.

⑤ 머신러닝 프로그래밍

머신러닝 프로그래밍 단계에서는 'Machine Learning for Kids' 플랫폼의 '만들기'에서 다양한 프로그래밍 언어를 사용하여 실제 작동하는 인공지능 프로그램을 만드는 단계이다. Machine Learning for Kids가 제공하는 언어는 '스크래치2', '스크래치3', '파이썬', '앱 인벤터' 등이 있는데 학습자의 수준을 고려하여 선택할 수 있다. 스크래치의 경우, 간단한 애니메이션을 만든 후, 이야기의 분기가 일어나는 부분에서 챗봇 머신러닝 모델 블록을 사용하여 이야기가 달라지도록 할 수 있다.

⑥ 적용 및 해결

적용 및 해결 단계에서는 애니메이션의 스토리 중 중요한 선택이 있는 곳을 설정하여 애니메이션을 보는 사람이 주인공이 되어 프로그램이 질문을 하면 대답을 하도록 한다. 애니메이션 프로그램은 사람의 대답이 어떤 선택에 가까운지 판단하고 그 판단한 대답에 따라 이야기의 방향이 달라진다. 바로 이 과정에서 인공지능이 사용되는데, 인공지능은 이야기의 중요한 선택이 있는 부분에서 사람이 할 수 있는 가능한 대답의 유형을 학습함으로써 상호작용이 되는 애니메이션 만들 수 있다.

⑦ 공유 및 환류

팀이 완성한 애니메이션 감상활동을 하고 캠프 참가자간의 작품 공유를 통해 서로의 결과물에 대하여 상호 피드백을 교류한다. 그 피드백에 따라 작품 내용을 수정하거나 작동 오류를 개선하는 활동을 한다.

2.6 요약

본 장에서는 인공지능을 학교에서 가르치는 교사들과 공유하기를 바라는 교수·학습 배경 지식과 실제적인 적용 방안을 제시하였다. 첫째, 인공지능을 바라보는 교사의 인식을 1980년대 시모어 페퍼트가 LOGO를 발표했을 때와 비교하여 인공지능을 이해하고 프로그래밍할 수 있는 능력이 중요한 이유를 언급하였다. 둘째, 인공지능은 우리 사회의 모든 영역에서 활용되고 있으므로 학교에서의 융합적 접근은 매우 중요하다. 인공지능이 학교의 다양한 교과와 융합하여 문제를 해결할 수 있는 경험이 필요함을 강조하였다. 셋째, 인공지능 교육을 위한 접근 방향을 리터러시, 사고의 표현을 위한 구성주의적 학습 도구, 튜티로써의 인공지능, 융합 교육 도구, 로봇이나 피지컬 도구를 활용한 인공지능 교육 방안을 제시하였다.

교사들은 이제 교실에 들어온 인공지능을 어떻게 가르칠 것인지 이해하고 적용할 수 있는 능력을 갖추어야 한다. 인공지능을 가르치는 교사들은 다음과 같은 사항을 인식할 필요가 있다. 첫째, 인공지능을 가르쳐야 하는 이유에 대한 신념을 가져야 한다. 둘째, 인공지능의 동작 원리를 이해하고 이를 활용할 수 있는 능력을 갖추어야 한다. 셋째, 인공지능은 우리들의 삶 속에 사회문화적 특성을 반영한 모습으로 존재한다는 점을 이해하여야 한다. 인공지능은 지금 우리가 매일 마주하고 있는 기술들의 한 가운데에 자리하고 있음에도 불구하고 이에 대하여 충분한 준비를 하지 못한다면, 학교에서의 인공지능 교육이 30년 전과 같은 방식으로 흐를 수도 있을 것이라는 것을 경계하여야 한다.

인공지능 교육을 위한 구성주의적 전략은 인공지능이 어떻게 동작하는가를 이해하기 위한 방법으로서도 의미가 있을 뿐만 아니라 실생활의 문제를 해결하는 경험을 제공한다는 점에서도 가치가 있다. 학생들은 머신러닝 프로그래밍을 위하여 모델을 설계하여야 할 뿐만 아니라 데이터를 입력하고 실제로 동작하는 과정을 모두 경험하게 된다. 특히, 인공지능이 일상의 문제를 해결할 수 있다고 할 때, 어떤 것이 인공지능으로 해결 가능한 것인지를 이해하는 것은 무엇보다 중요한 학습 활동이라고 할 수 있다. 본 교재를 통하여 학생들이 인공지능을 경험할 수 있는 다양한 사례들이 개발되고 공유될 수 있기를 기대한다.

2.7 결론

인공지능은 지금 우리가 매일 마주하고 있는 기술들의 한 가운데에 자리하고 있음에도 불구하고 학교에서의 교육이 30년전과 같은 방식으로 흐를 수도 있음을 경계하여야 한다. 인공지능 교육은 교실에서 학습을 위한 도구로서 그 영역이 점차 확대될 것이며, 교육 체제나 정책적 의사 결정을 위한 도구로서도 그 역할이 더욱 커질 것이다. 교실에서 인공지능 교육을 위한 인공지능의 가능성, 인공지능의 접근 방향과 구성주의적 교수학습 전략을 깊이 이해하는 것은 매우 중요하다. 이를 바탕으로 인공지능을 수업에 적용할 수 있는 수업 모형을 이해하고 실제적인 수업을 설계할 수 있는 역량을 갖추어야 한다. 특히 인공지능이 학생들의 사고력 향상을 위한 도구로서의 역할에 교육자들의 관심을 촉구한다. 최종적으로 인공지능의 교육적 가능성이 매우 높지만 교사와 학생의 상호작용을 어떻게 확장할 것인지에 대한 지속적인 연구가 필요하다.

2.8 연습문제

01 교실에서 인공지능 교육을 위한 다양한 접근 방식을 자유롭게 토론하고 정리하여 봅시다.

02 학교 현장에서 인공지능 교육이 어떻게 이루어지고 있는지를 조사하고 그 내용을 동료들과 공유하여 봅시다.

03 인공지능에 대한 이해를 높이기 위한 교수·학습 모형을 선택하고 수업을 설계하여 봅시다.

04 프로젝트학습, 문제 중심 학습, 디자인 사고 학습 등의 이론을 바탕으로 인공지능 교육을 위한 수업을 설계하여 봅시다.

05 인공지능 도구를 타 교과에 적용하기 위한 방안을 제안하고 실제적인 수업 계획을 작성하여 봅시다.

참고문헌

김갑수, 박영기(2017). 초등학생의 인공지능 교육을 우한 교수학습 모델 개발 및 적용. 한국정보교육학회 논문지, Vol.21, No1, pp.137-147.

김홍래(2021). 코딩 교육에서 사회적 구성의 의미에 관한 고찰. 정보교육학회논문지. Vol.25, no.1, pp. 217-226.

박대륜, 안중민, 장준혁, 유원진, 김우열, 배영권, 유인환(2020). 머신러닝 플랫폼을 활용한 소프트웨어 교수-학습 모형 개발. 한국정보교육학회 논문지 24(1), pp.49-57.

손원성(2020). 인공지능(AI) 교육 플랫폼을 활용한 SW교육 수업안 개발 : 초등학교 고학년을 중심으로. 정보교육학회논문지, Vol. 224, NNo. 5, pp.453-462.

이재호, 구덕회, 김현배, 김홍래, 박선주, 배영권, 손원성(2020). Teaching AI, 인공지능 학습을 위한 뉴 프런티더의 탐구. 홍릉출판사. 원저 : Michelle Zimmerman(2018). Teaching AI. ISTE.

Johnson, Dale P.(2018), Adoptive + Active Model : A New Approach to General Education, Arizona State University.

Ju-Ho Lee & liesbet Steer(2019.1.8.). Combining High-Tech and High-Touch to Personalize Learning for Every Child. The education World Forum.

Inside Higher ED.(2019). Smart ALEKS. url : https://www.insidehighered.com/digital-learning/article/2019/10/23/arizona-state-sees-some-early-adaptive-courseware-success

Kim, Hye Jeong, Suh, Hee Jeon(2020). A Study on the Principles of Makerspace Design for Early Childhood Education : Focusing on PTD and Affordance. The Korea Society for Children's Media, Vol.19(1). pp.203-230.

CHAPTER 03

AI 교수 · 학습의 지원 도구

박남제 / 제주대학교

학습목표

1. 인공지능 교수 · 학습 지원 도구를 교수 · 학습의 목적에 맞게 활용할 수 있다.
2. 인공지능 교수 · 학습 지원 도구의 유형을 구분하고 유형별 특징을 말할 수 있다.
3. 인공지능 학습을 위하여 온라인 강좌 사이트와 학습 도구를 체험해볼 수 있다.
4. 인공지능 원리 교육 도구를 사용하여 실습 교육에 활용할 수 있다.
5. 교육용 프로그래밍 언어와 인공지능 개발용 프로그래밍 언어를 구별할 수 있다.

3.1 개요

4차 산업혁명 시대의 가장 중요한 핵심 키워드로 불리는 인공지능을 가르치고 배우기 위해서는 풍부하고 다양한 종류의 학습 도구와 콘텐츠를 목적에 맞게 활용하여 학습하는 것이 중요할 것이다. 본 교재에서는 인공지능 교수·학습 지원 도구를 인공지능 온라인 강좌 사이트 및 체험 도구, 인공지능 원리 교육 실습 도구, 교육용 인공지능 프로그래밍 언어로 분류하였다. 유형별 분류에 따라 다양한 학습 도구 및 교육 플랫폼을 소개하고자 한다.

그림 3.1 인공지능 교육을 위한 교수·학습 지원 도구의 유형

3.2 인공지능 온라인 강좌 사이트 및 체험 도구

인공지능에 대한 관심이 증폭되면서 인공지능을 배우려는 사람들이 더욱 많아지고 있다. 비단 기술계 및 산업계 종사자뿐만 아니라 어린 학생들까지 인공지능에 대한 지식을 기초 소양으로 가지기 위한 움직임이 전 세계적으로 일어나고 있다. 우리는 코로나-19의 영향과 기술의 발전 덕분에 스마트폰이나 PC만 있다면 인공지능 학습이 언제든, 어디서든 가능한 시대에 살고 있다. 이번 장에서는 인공지능 온라인 강좌 사이트와 인공지능을 체험해볼 수 있는 다양한 도구를 소개한다.

(1) 인공지능 온라인 강좌 사이트

인공지능을 배워보고 싶다면 온라인 강좌 사이트에서 시작해보는 것을 추천한다. 단편적인 지식 습득도 가능하며, 체계적인 커리큘럼으로 높은 수준의 학습도 가능하다. 본인의 요구도에 따라 선택할 수 있는 다양한 온라인 강좌 콘텐츠가 있다.

아워오브코드 https://hourofcode.com/kr/learn

코드닷오알지가 주관하는 '일주일에 1시간 코딩하기' 슬로건 아래 시작된 컴퓨터 프로그래밍 코딩 교육 플랫폼이다. 45개 이상의 언어로 180여 개 국가에서 진행되고 있으며 다양한 환경에서 학습할 수 있도록 교실의 정보화 여부, 연관 교과, 활동 형태, 시간, 프로그래밍 언어, 학년 등을 구분하여 선택하면 적절한 튜토리얼을 추천해준다.

초등학교 1학년 교육과정			
1	디버깅 : 점이 없는 버그	8	레이와 BB-8로 프로그래밍
2	끈기 : 스티비와 빅 프로젝트	9	루프 · 내 루피 로봇 친구
3	실시간 알고리즘 : 씨앗 심기	10	수집가 내 루프
4	드래그와 드롭으로 시퀀싱	11	아티스트 내 루프
5	디지털 시민의식 : 내 디지털 발자국	12	이벤트 : 빅 이벤트
6	프로그래밍 : 내 로봇친구	13	플레이 랩 내 이벤트
7	미로 내 프로그래밍		

출처 : https://hourofcode.com/kr/learn

그림 3.2 아워오브코드의 초등학교 1학년 교육과정과 콘텐츠

이솦 X 인공지능

https://www.ebssw.kr/site/cstmrcnter/cstmrNoticeDetailView.do?bbsId=BBSID_9950& bbscttSn=24270

'이솦'은 한국교육방송공사에서 개발한 EBS 소프트웨어 교육 플랫폼이다. 이솦에서는 학습자의 컴퓨팅 사고력 함양을 목적으로 다양한 소프트웨어 학습 서비스와 함께 소프트웨어 실습, 멘토링, 협업 서비스, 교수 학습 자료 등을 제공하고 있다. 본 사이트에서는 인공지능 학습 시리즈로 일반인을 위하여 20차시로 구성된 '생활 속에서 찾아보는 인공지능 이야기'를 비롯하여 초·중등학생 대상 인공지능 애플리케이션 개발, 기계학습, 인공지능 수학, 블록 코딩 등 실습을 중심으로 진행되는 이솦 강좌 또한 제공하고 있다.

생활 속에서 찾아보는 인공지능 이야기			
1	인공지능 이야기 소개	11	비지도학습
2	인공지능의 개념	12	강화학습1
3	인공지능 응용 사례	13	강화학습2
4	인공지능의 또다른 응용 사례	14	신경망과 심층 학습
5	탐색	15	합성곱 신경망
6	지식 표현	16	순환 신경망
7	컴퓨터 비전 시스템	17	생성적 적대 신경망
8	지능적 대리인	18	Expl인공지능nable 인공지능[X인공지능]
9	기계 학습	19	인공지능과 윤리
10	지도학습	20	What We Have Learned

출처 : https://www.ebssw.kr/

그림 3.3 이솦 X 인공지능의 교육과정과 콘텐츠

소프트웨어야 놀자 https://www.playsw.or.kr/artificial

네이버 커넥트재단과 네이버는 2013년부터 다양한 지역의 학생들을 대상으로 컴퓨터를 활용한 문제 해결 능력 및 논리적 사고력 향상을 위하여 실시해 온 소프트웨어 교육 프로그램이다. 해당 사이트에서는 네이버에서 개발한 소프트웨어 교육 플랫폼인 '엔트리'를 활용한 시청각 교육자료를 제공하고 있다. 또한, 2020년 7월부터 'Play with 인공지능, Play with DATA'라는 주제를 가지고 관련 학습자료를 다양하게 게시하여 인공지능기술과 데이터 활용 교육 체험이 가능하다. 특히 교사 원격 연수 프로그램을 제공하여 교사들의 인공지능 교육 역량 향상에 도움을 주고 있다.

교사 원격 연수 프로그램	
1	인공지능이란 무엇인가?
2	생활 속 인공지능
3	데이터의 중요성과 인공지능
4	인공지능과 다양한 기술 이야기
5	인공지능과 학습 – 지도학습, 비지도학습
6	인공지능으로 변화하는 직업

초등학생 대상 프로그램	
1	선생님은 인공지능로봇
2	인공지능과 학습 방법
3	머신러닝
4	지도학습과 비지도학습
5	강화학습
6	소리와 음성데이터

출처 : https://www.playsw.or.kr/artificial

그림 3.4 소프트웨어야 놀자의 교육과정과 콘텐츠

공부하자.com 인공지능교육

https://sites.google.com/ssem.re.kr/csit/%EC%9D%B8%EA%B3%B5%EC%A7%80%EB%8A%A5ai%EA%B5%90%EC%9C%A1?authuser=0

공부하자.com은 충남교육청 소속 전문적 학습공동체인 충남소프트웨어 ICT교육연구회와 초등컴퓨팅교사협회에서 주관하는 무료 교육 영상 플랫폼이다. 공부하자.com의 인공지능 교육 프로그램은 교사를 대상으로 제작되었다. 게시된 인공지능 교육 영상은 인공지능 개념, 윤리, 활용, 미래 사회 변화 등의 총론을 시작으로 코드닷오알지, 구글, 머신러닝포키즈, 스크래치, 엠블록 등 인공지능 체험 교육 플랫폼을 활용하여 실습해볼 수 있도록 가이드 영상을 다양하게 제공한다. 영상은 주요 대상이 교사이나 학생들도 수강할 수 있도록 쉽게 제작되었으니 모두 이용 가능하다.

인공지능 교육 프로그램 일부	
1	인공지능(인공지능)? 교사가 생각하는... 총론 1
2	인공지능(인공지능)? 교사가 생각하는... 총론 2
3	인공지능(인공지능)활용 교육 체험하기 (이미지인식) 1
4	인공지능(인공지능)활용 교육 체험하기 (이미지인식) 2
5	인공지능(인공지능)활용 교육 체험(이미지인식) 할 수 있는 웹사이트 이용방법
6	인공지능(인공지능)활용 교육 체험하기 (이미지인식) 3

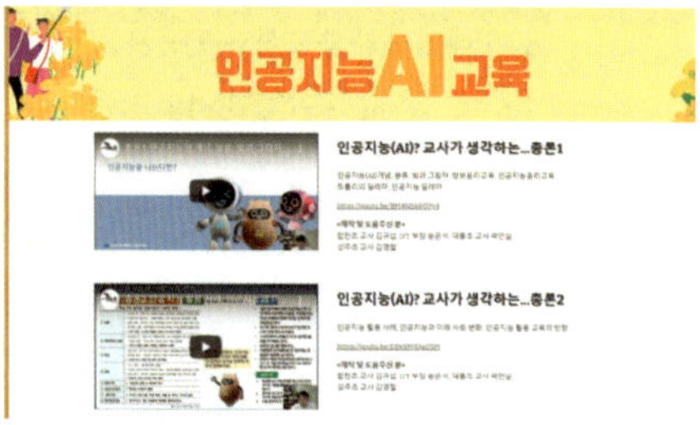

출처 : https://sites.google.com/ssem.re.kr/csit

그림 3.5 공부하자.com의 인공지능 교육과정과 학습 콘텐츠

AI Online Course for Kids

https://thestempedia.com/shop/online-courses/artificial--intelligence-for-kids/

AI Online Course for kids는 인도의 STEM 교육 스타트업 회사인 STEMpedia의 인공지능 교육 영상이다. 교육의 대상 연령은 7~9세, 10세 이상이며, 블록 코딩을 활용하여 인공지능과 게임을 주제로 흥미롭게 수업할 수 있으며, 프로그래밍 기초를 애니메이션과 이야기들로 학습할 수 있도록 구성되어 있다. 수업을 모두 이수하면 온라인 수료증을 수령할 수 있다. 특이한 점은 일방형 강의 영상뿐 아니라 쌍방형 수업이 가능하다는 점이다. 모든 교

육 프로그램에는 라이브 튜터링 세션이 포함되어 있어 교사의 피드백을 빠르고 정확하게 받아볼 수 있다는 점이 장점이다.

인공지능 교육 프로그램 과정 분류	
7~9세	인공지능과 게임
	프로그래밍 소개
10세 이상	어린이를 위한 인공지능
	프로그래밍 소개

출처 : https://thestempedia.com/shop/online-courses/artificial-intelligence-for-kids/

그림 3.6 인공지능 Online Course for kids 인공지능 교육과정 분류와 학습 콘텐츠

ReadyAI https://edu.readyai.org/

ReadyAI는 모든 학생들이 인공지능으로 세상을 더 나은 세상으로 만들 수 있게 도와줄 수 있도록 설립된 회사로 인공지능 학습이 재미있고 창의적이며 협업을 이끌고 모두를 위한 것이 될 수 있어야 한다고 믿는다. 이에 자가 학습 강좌, 컴퓨터 없이 학습할 수 있는 언플러그드 강좌, ReadyAI의 인공지능 학습 키트를 활용하는 인공지능 및 머신러닝 강좌를 제공하고 있다. 강좌마다 강의 수행 정도를 학습자가 쉽게 파악할 수 있게 시각화하여 본인의 학습을 손쉽게 확인할 수 있다.

자가 학습 강좌	
1	인공지능+ME
2	코즈모와 코드랩과 함께하는 인공지능 수업
3	코즈모와 칼립소와 함께하는 인공지능 수업
4	신경망
5	티처블 머신
6	MIT 인공지능 윤리
7	음성 인식

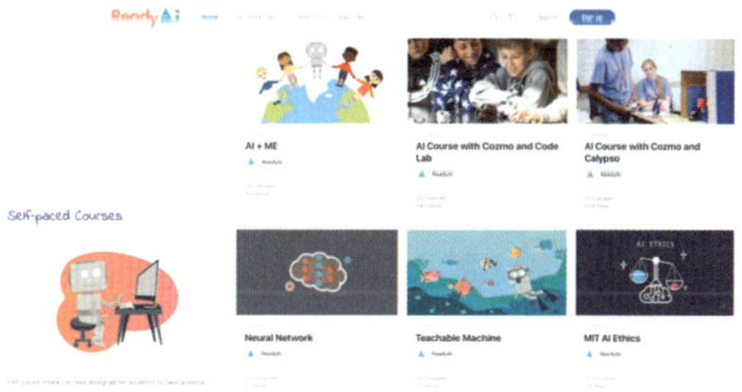

출처 : https://edu.readyai.org/

그림 3.7 ReadyAI 교육과정 분류와 학습 콘텐츠

Elements of AI https://www.elementsofAI.com/

헬싱키 대학교와 소프트웨어 회사인 Reaktor는 사람들이 인공지능에 의해 위협을 받는 것이 아닌 권한을 누릴 수 있도록 돕는 목표를 가지고 함께 협력하였다. 그들은 함께 다양한 배경을 가진 사람들에게 인공지능의 기초를 가르치기 위하여 Elements of AI를 구축하였다. Elements of AI에 따르면, 170개국의 60만 명 이상의 전 세계 학생들이 해당 웹사이트를 통해 인공지능을 학습하였으며, 여성 학습자가 적은 컴퓨터과학 교육과정 중 여성 참가자가 약 40%의 비율을 차지하고 있다고 한다.

Introduction to AI	
1	인공지능은 무엇인가?
2	인공지능과 문제 해결
3	실제 생활 인공지능
4	머신러닝
5	신경망
6	시사점

출처 : https://www.elementsofAI.com/

그림 3.8 Elements of AI의 교육과정과 학습 콘텐츠

원더코드 www.wondercode.kr

코넬대 교수진과 공동 개발한 코딩 커리큘럼, 체험형 챌린지, STEM 기반의 코딩교육, 오픈랩 형태의 학습환경이다. 원더코드는 체험형 챌린지 기반의 커리큘럼과 직접 개발한 코딩교육 플랫폼을 통해 학생들이 자기주도적으로 학습할 수 있는 교육환경을 제공한다. 또한, 코딩교육을 통해 변화하는 시대를 살아가는데 필요한 컴퓨팅 사고력 뿐만 아니라 과학, 기술, 공학, 수학을 아우르는 융합적 사고력 신장을 목표로 한다. 학생들은 로봇을 프로그래밍하는 과정에서 세계 주요 소프트웨어 회사들에서 사용하는 프로그래밍 언어인 파이썬Python을 접하게 된다.

출처 : www.wondercode.kr

그림 3.9 원더코드의 교육과정

생활코딩 https://opentutorials.org/course/1

생활코딩은 일반인에게 프로그래밍을 교육하는 비영리 교육 프로젝트이다. 본 기관에서는 온라인과 오프라인 수업 모두를 지원하며, 온라인으로 주로 강의를 진행한다. 생활코딩에서는 프로그래밍의 기본적 요소인 웹, 데이터베이스, 언어, 클라이언트 등으로 세분화하여 수업이 진행된다.

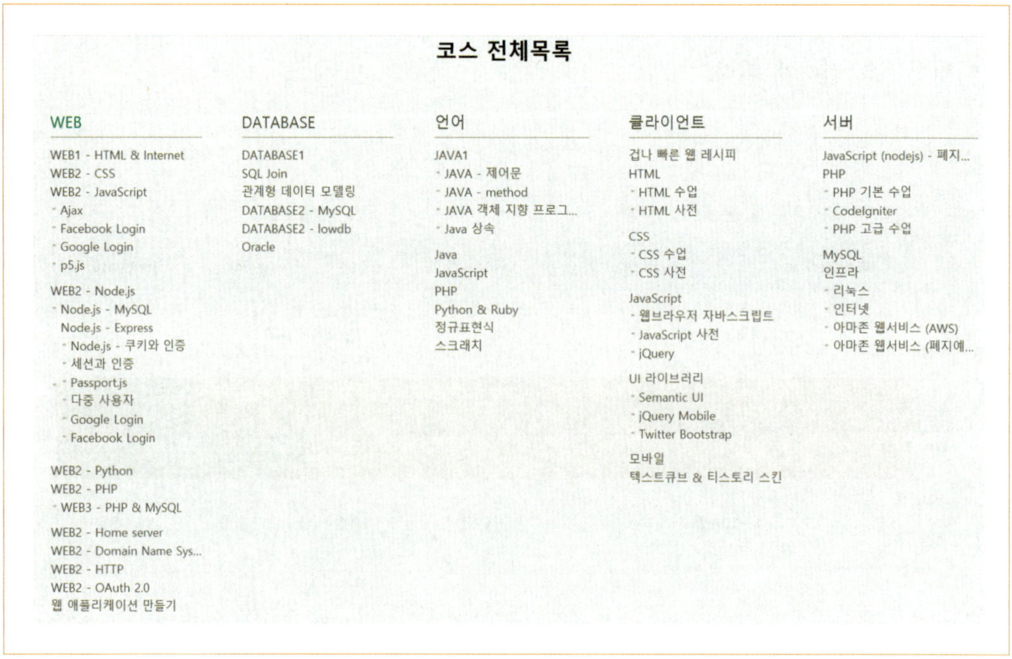

출처 : https://opentutorials.org/course/1

그림 3.10 생활코딩의 교육과정 목록

(2) 인공지능 체험형 학습 도구

인공지능은 거의 모든 분야에서 활용할 수 있고 인공지능을 적용할 수 있어 그 가치가 매우 높게 평가되며 4차 산업혁명 시대의 필수 기술로 자리 잡고 있다. 이렇게 예술 및 산업 등 여러 분야에서 활용되는 인공지능을 미리 체험해보고 코딩을 몰라도 인공지능 모델을 개발할 수 있는 체험 도구들이 온라인에 다양하게 마련되어있다. 아래에서는 인공지능을 활용한 그림 그리기 도구, 자동 답변 시스템인 대화형 도구, 음악을 조율하고 생성하는 소리 체험 도구로 나누어 다양한 인공지능 체험 도구를 만나본다.

인공지능 드로잉형 체험 도구

• 퀵, 드로우! https://quickdraw.withgoogle.com/

퀵, 드로우는 머신러닝을 통해 임의의 이미지가 무엇인지 맞히는 과정을 학습해 볼 수 있다. 웹페이지로 들어가면 제시된 단어에 따라 20초 안에 학습자가 직접 그림을 그리고, 이를 인공지능이 맞히는 게임을 진행한다. 게임을 통해 자연스럽게 인공지능이 이미지를 인식하는 과정을 학습하고 인공지능이 학습자가 그린 이미지를 어떤 그림을 통해 인식했는지 보여준다. 단순한 인터페이스로 조작이 쉽다는 장점이 있다.

출처 : https://quickdraw.withgoogle.com/

그림 3.11 퀵, 드로우! 웹페이지

• 오토드로우 https://www.autodraw.com/

그림을 못 그리는 사람도 이제는 인공지능이 알아서 멋지게 그려준다면 얼마나 편할까? 오토드로우를 이용하면 이를 실현할 수 있다. 오토드로우는 그 이름처럼 자동으로 그림을 그려주는 도구로 원하는 사용자가 그림을 대충 그리면 비슷한 그림을 제시해준다. 머신러닝을 통해 이미지를 학습하고 예측하는 과정을 체험해볼 수 있다.

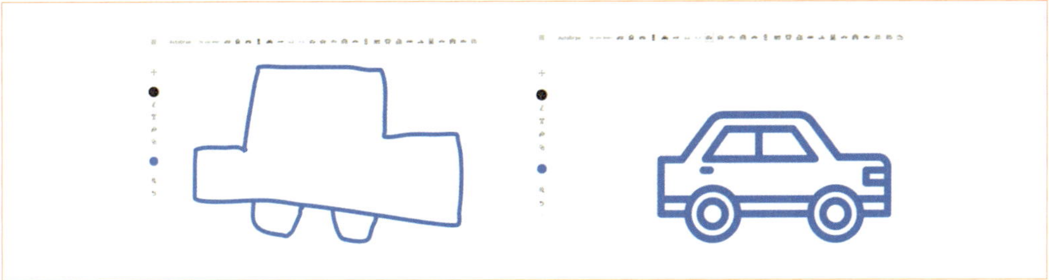

출처 : https://www.autodraw.com/

그림 3.12 오토드로우 이미지 변환 예시

• 인공지능 드로우https://ai-draw.tokyo/en/

인공지능 드로우는 인공지능이 사진을 인식하여 그림으로 만들어주는 도구이다. 사진 속 요소를 추출하여 사진을 인식하기 위한 특정 패턴을 알아낸 다음, 이를 분석하여 그림의 형태로 이미지를 조작한다. 인공지능 드로우는 사진을 인식하고 펜으로 그린 그림의 형태로 변환한다. 이는 얇은 펜으로 그려진 화풍을 학습하여 인식된 패턴에 적용하여 나타낸 것이다. 펜과 캔버스의 색은 변경할 수 있다.

출처 : https://ai-draw.tokyo/en/

그림 3.13 인공지능 드로우 이미지 변환 예시

• 스케치 RNN 데모https://magenta.tensorflow.org/assets/sketch_rnn_demo/index.html

RNN[Recurrent Neural Network]은 순환 신경망이라 하며, 순차적 데이터를 사용하는 일종의 인공 신경망이다. 이는 이전 입력에서 정보를 가져와 현재의 입출력에 영향을 미치기 때문에 사람이 기억하는 방식과 유사하다고 볼 수 있다. 스케치 RNN 데모는 주어진 단어에 대해 사용자가 선이나 도형을 그릴 때마다 실시간으로 이후에 어떤 선이나 도형으로 주어진 단어에 대한 이미지를 구현할지 미리 예측하여 보여준다.

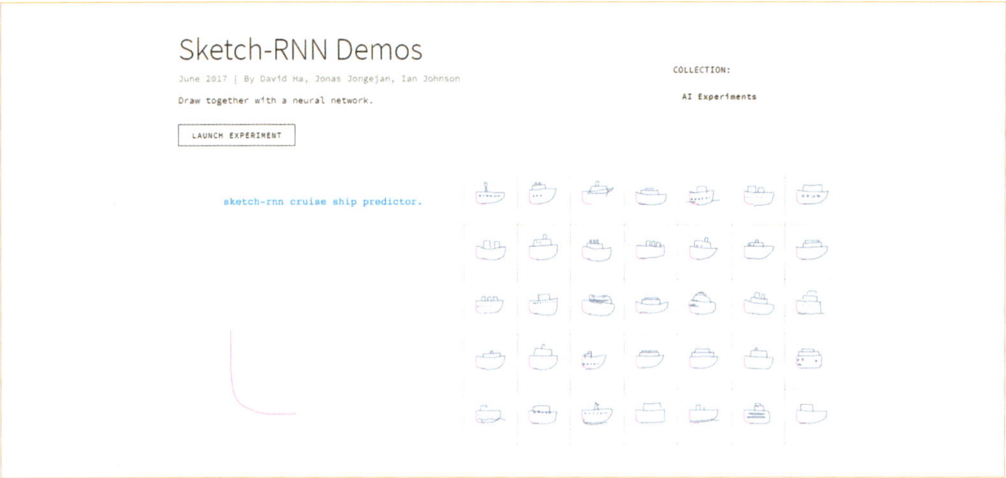

출처 : https://magenta.tensorflow.org/assets/sketch_rnn_demo/index.html

그림 3.14 스케치 RNN 데모의 배(ship) 그림 예시

인공지능 챗봇형 체험 도구

• 다이얼로그플로우 https://dialogflow.cloud.google.com/

다이얼로그 플로우는 인공지능을 활용하여 보이스 애플리케이션이나 챗봇과 같은 자동 응답 시스템을 위하여 설계된 자연어 이해 도구이다. 다이얼로그플로우는 구글의 머신 러닝 기술을 활용하기 때문에 다양한 나라의 언어를 지원한다는 장점이 있다. 또한 기존 챗봇 플랫폼들의 코딩을 이용한 제작 방식을 지양하고 대화 그대로를 문장으로 입력하여 챗봇 제작이 가능하기 때문에 손쉽게 챗봇을 체험해볼 수 있다.

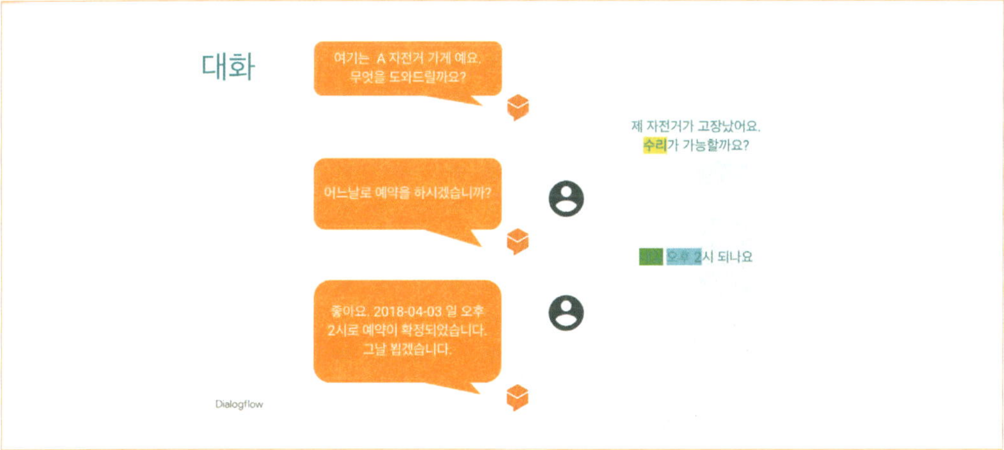

출처 : https://dialogflow.cloud.google.com/

그림 3.15 다이얼로그플로우 챗봇 제작 예시

• 챗퓨엘https://chatfuel.com/

챗퓨엘은 페이스북, 인스타그램 등의 SNS 메신저 및 아디다스, 리바이스 등의 기업에서 사용하고 있는 노코드no-code 챗봇 플랫폼이다. 챗퓨엘은 3분 안에 간단하게 제작할 수 있는 메신저 챗봇으로 유명하다. 특히 페이스북의 머신러닝 기술을 사용하여 키워드 기반의 스크립트 작업을 완료하는 규칙 기반의 챗봇보다 더 자연스럽고 효율적으로 대화할 수 있다.

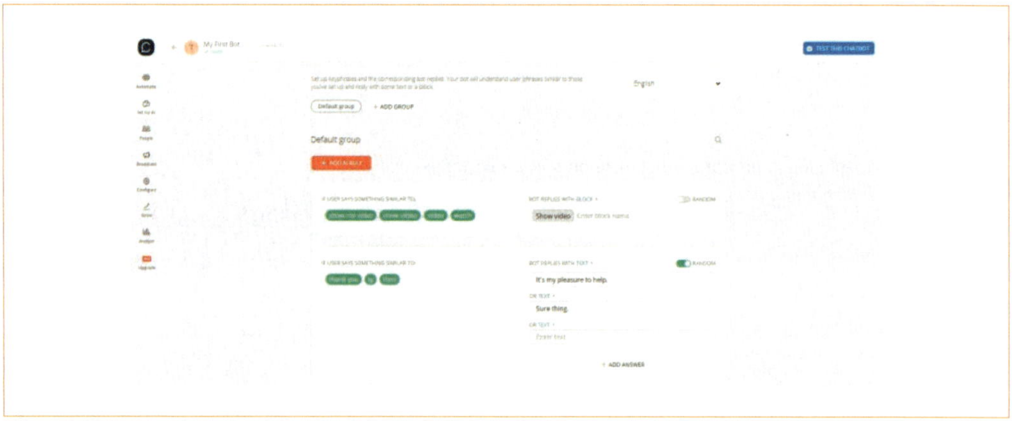

출처 : https://chatfuel.com/

그림 3.16 챗퓨엘 챗봇 제작 화면

• 플로우 XOhttps://flowxo.com/

플로우 XO도 코딩이 필요 없는 챗봇 제작 플랫폼이다. 여기에서는 워크 플로우를 드래그 앤드롭 편집기를 사용하여 구축하고 이를 연결하는 방식으로 구축한다. 이 챗봇 플랫폼을 활용하면 HTTP API를 사용하여 외부 시스템과 챗봇을 연결할 수 있는 방법을 이해할 수 있고, 조건을 활용하여 알고리즘을 짜고 분류를 하며 컴퓨팅 사고력을 증진할 수 있다.

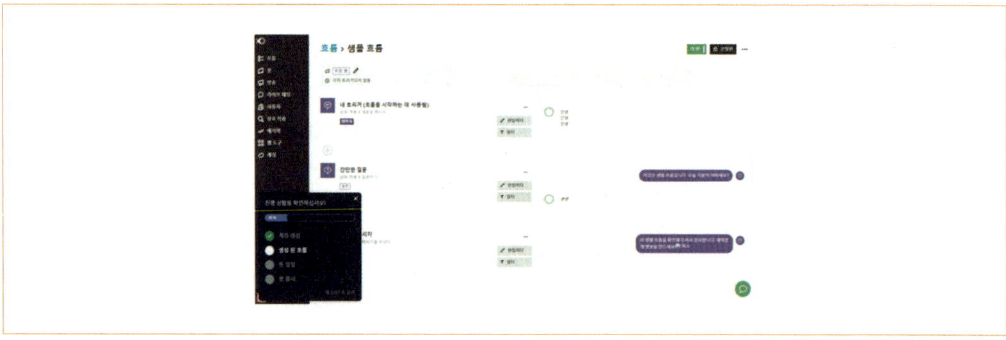

출처 : https://flowxo.com/

그림 3.17 플로우 XO 챗봇 제작 화면

- TARShttps://hellotars.com/

TARS는 다양한 챗봇 템플릿과 사용 사례를 제공하여 여러 분야에서 활용되는 챗봇을 쉽게 구현하고 체험해볼 수 있도록 한다. 또한 비즈니스 전반의 효율성을 높이기 위해 제작되었으므로 챗봇은 물론 챗봇을 기반으로 데이터 및 시각화된 차트도 받아볼 수 있다. 이를 통해 인공지능을 효과적으로 비즈니스에 적용할 수 있는 방향성을 제시하고 있다.

출처 : https://hellotars.com/

그림 3.18 TARS 챗봇 템플릿

인공지능 소리형 체험 도구

- 미젠타 스튜디오https://magenta.tensorflow.org/studio

마젠타 스튜디오는 오픈 소스 모델을 기반으로 구축된 음악 창작 도구 모음이다. 여기에서는 음악 생성을 위해 최첨단 머신러닝 기술을 사용한다. 코드 대신 데이터에서 알고리즘을 구축하는 머신러닝 기술을 연구하고 오픈 소스를 구현하여 사용자가 쉽게 활용하여 음악을 만들 수 있도록 한다. 멜로디, 비트 등을 연주하거나 미리 만들어진 소스를 가져와서 새로운 형식의 음악을 창작할 수 있다.

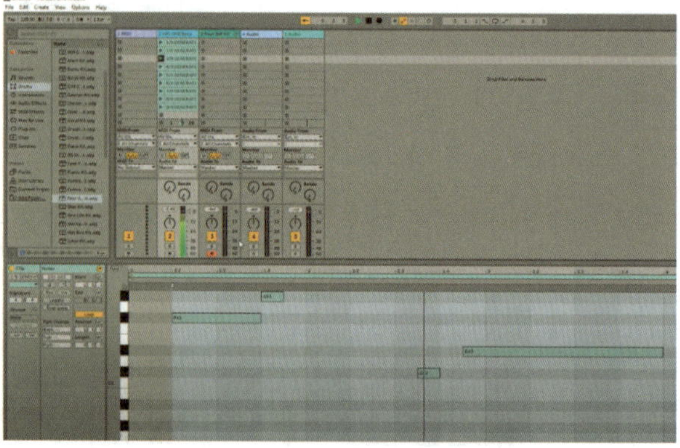

출처 : https://magenta.tensorflow.org/studio

그림 3.19 마젠타 스튜디오 실행 화면

- 인공지능 듀엣https://experiments.withgoogle.com/ai/ai-duet/view/

인공지능 듀엣은 그 이름과 같이 인공지능과 사람이 피아노로 협주하는 도구이다. 이는 딥러닝 기술을 활용하여 인간이 키보드와 연결된 피아노를 통해 몇 마디를 연주하면 인공지능이 이를 훈련하여 멜로디와 리듬의 패턴을 읽고 이에 맞는 피아노 연주를 들려준다. 간단한 인터페이스 조작이 특징이며, 쉽게 인공지능을 체험해볼 수 있고, 프로 음악가들에게도 손쉽게 활용될 수 있다.

출처 : https://youtu.be/0ZE1bfPtvZo

그림 3.20 인공지능 듀엣 사용 예시

- 리젬블 인공지능https://www.resemble.ai/

리젬블 인공지능은 음성이 필요한 어느 곳에서나 음성 콘텐츠를 제작할 수 있도록 도와주는 음성 솔루션 업체이다. 구현 사례로 음성을 사용하는 대화형 인공지능과 영화나 애니메이션, 광고 등의 음성 삽입 등을 들 수 있다. 현재는 6개의 언어를 사용할 수 있고, 사용자가 영어로 말하면 사용자의 음성으로 다른 언어로 변환하여 들려주기도 한다.

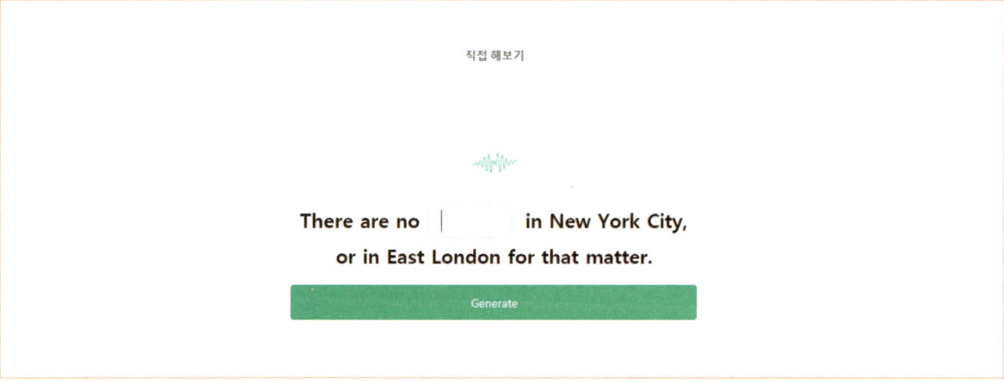

출처 : https://www.resemble.ai/

그림 3.21 리젬블 인공지능 사용 예시

- 멜로바이트 인공지능https://melobytes.com/en/

멜로바이트를 사용하면 인공지능을 사용한 음성 서비스를 다양하게 누릴 수 있다. 예를 들면, 텍스트를 음성이나 노래로 변환해주거나, 이미지나 비디오를 음악으로 구현할 수 있다. 또한, 본인의 사진과 멜로디, 가사를 업로드하면 이미지에 맞는 새로운 노래를 만들어주기도 한다.

출처 : https://melobytes.com/en/

그림 3.22 멜로바이트 기능

(3) 기타 인공지능 온라인 강좌 사이트 및 체험 도구

위에서 소개한 인공지능을 학습할 수 있는 온라인 강좌 사이트 및 체험 도구 외에도 전 세계적으로 셀 수 없는 온라인 강좌나 학습 도구들이 쏟아지고 있다. 이 중, 몇 가지를 더 소개하고 본 장을 마무리한다.

표 3.1 기타 인공지능 온라인 강좌 사이트 및 체험 도구

젯슨을 활용한 인공지능 기초 교육과정	NVIDIA DEEP LEARNING INSTITUTE	https://developer.nvidia.com/embedded/learn/jetson-ai-certification-programs 엔비디아의 젯슨 나노 2GB 개발자 키트를 활용한 핸즈온 방식의 인공지능 교육
MIT AI Education		https://aieducation.mit.edu/#about 인공지능 시대 필요한 인공지능 리터러시 함양을 위하여 다양한 연구 프로젝트 기반의 수업 자료 제공
AI for All Open Learning		https://ai-4-all.org/open-learning/ 인공지능과 예술, 의학 등 다양한 분야와의 융합 교육
Coding, Robotics & AI courses for kids		https://www.robogenius.com/intr/ 학생들의 창의력과 문제해결력 증진을 위한 학년별 인공지능교육 과정
Junior Adventure in AI	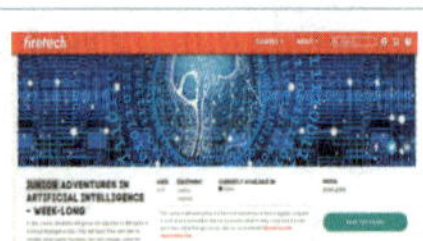	https://www.firetechcamp.com/course/junior-adventures-in-artificial-intelligence-a-i-remote-classes/ 9~12세 어린이를 위한 체험형 온라인 인공지능 강좌
AI for kids		https://codevidhya.com/ai-for-kids/ 자바스크립트, 머신러닝 등을 학습하고 인공지능 게임을 제작할 수 있는 어린이 대상 흥미 위주 강좌
Machine Learning for Kids and Beginners		https://www.udemy.com/course/machine-learning-for-kids-and-beginners/ 어린이, 초보자, 부모 및 교사를 위한 머신러닝 교육. 얼굴인식, 자연어 처리 등 학습 가능

3.3 인공지능 원리 교육 실습 도구

3.2장에서 인공지능 온라인 강좌와 체험 도구를 통해 인공지능에 대한 기초 지식을 학습했다면, 이번에는 인공지능이 어떤 원리로 작동하는지 인공지능 기능을 직접 사용해보고 모델을 제작해보는 실습 위주의 학습 도구를 소개하고자 한다. 이재호, 이승훈[2020]에 따르면, 인공지능 교육은 책과 일반적인 강의 보다 자기 생각을 프로젝트로 구현하고, 실습 환경과 다양한 학습 도구 및 공유할 수 있는 환경이 중요하다고 강조한다[1]. 이에 머신러닝 원리, 인공지능 프로그래밍 개발 학습, 인공지능 로봇 활용 학습 도구, 인공지능 교육 실습 키트로 나누어 다양한 실습 도구를 알아본다.

(1) 머신러닝 원리 학습 도구

머신러닝은 분석 모델 구축을 자동화하며, 신경망, 통계, 연구, 물리학 등의 방법을 사용하여 데이터에서 통찰력을 찾는 기술이다. 인공지능은 인간의 능력을 모방하는 광범위한 과학이며, 머신러닝은 기계가 학습하는 방법을 훈련하는 인공지능의 하위 집합이다. 이에 따라 머신러닝 원리를 학습하며 인공지능이 구현되는 원리를 이해할 수 있다.

티처블 머신https://teachablemachine.withgoogle.com/

티처블 머신은 코딩 없이 프로젝트를 위한 머신러닝 모델을 빠르고 쉽게 제작할 수 있는 웹 도구이다. 이미지, 소리 및 동작을 인식하도록 컴퓨터를 훈련시켜 사이트, 앱 등을 위해 모델을 내보낸다. 티처블 머신은 아두이노와 연결하여 다양한 DIY[Do It Yourself] 실험을 할 수도 있으며, 언어 장애인을 위하여 표정을 이용하여 의사소통을 가능하게 하는 등의 선한 프로젝트를 지향한다.

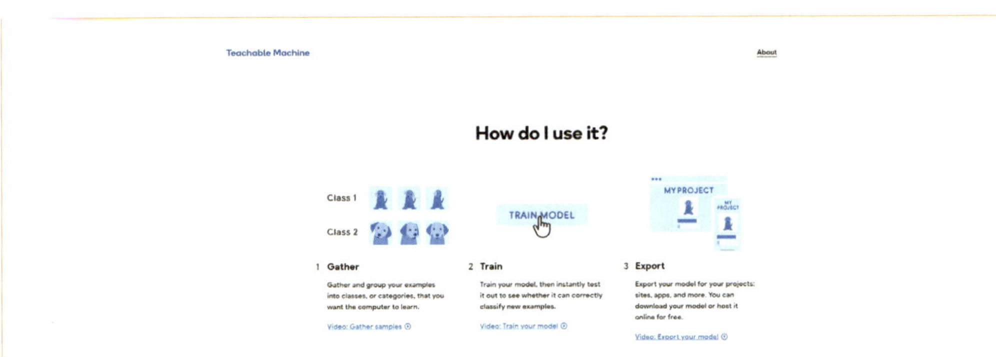

출처 : https://teachablemachine.withgoogle.com/

그림 3.23 티처블 머신 사용법

머신러닝포키즈https://machinelearningforkids.co.uk/

머신러닝포키즈는 머신러닝을 훈련시키고 만드는 체험 과정을 통하여 어린이를 대상으로 머신러닝을 소개하는 인공지능 학습 도구이다. 머신러닝포키즈는 문자, 숫자, 그림, 소리를 분류하는 머신러닝 모델을 만들 수 있도록 환경을 제공하며 스크래치, 앱 인벤터, 파이썬과 연동되어 학습자의 편의를 도모하였다. 또한, 다양한 프로젝트를 수준별로 제공하며, 학습자가 쉽게 따라할 수 있도록 스크린샷과 설명이 있다.

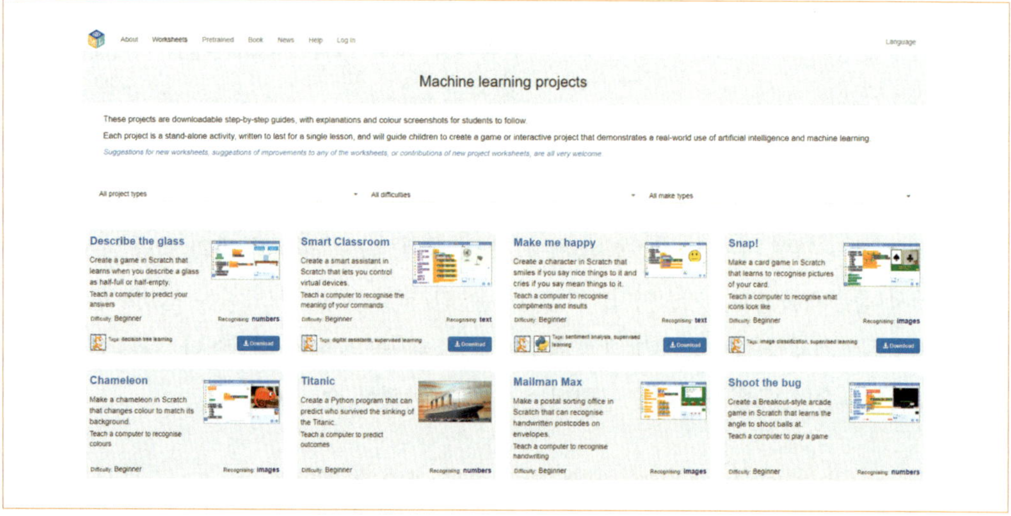

출처 : https://machinelearningforkids.co.uk/

그림 3.24 머신러닝포키즈의 머신러닝 프로젝트

애저 머신러닝 스튜디오https://ml.azure.com/

애저 머신러닝 스튜디오는 클라우드 규모로 예측 분석 솔루션을 빌드, 테스트 및 배포하는 데 사용할 수 있는 머신러닝 도구로 기계학습 모델을 교육하고 배포하며 관리할 수 있다. 이 스튜디오에서는 인공지능 및 머신러닝을 사용하여 사용자의 요구에 맞춰 연결된 플랫폼 환경을 구축해준다. 마이크로소프트에서는 애저 머신러닝 스튜디오를 사용하기 위한 자습서를 무료로 제공하고 있어 손쉽게 이해하고 사용할 수 있다.

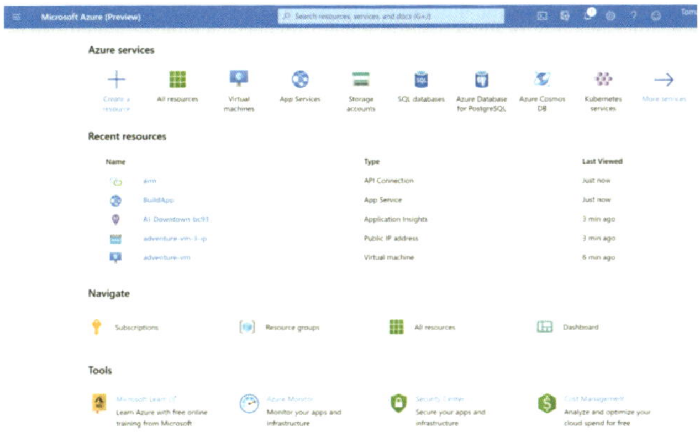

출처 : ttps://azure.microsoft.com/en-us/free/?ref=portal

그림 3.25 애저 머신러닝 스튜디오 사용 화면

코그니메이츠http://cognimates.me/home/

Cognimates는 부모와 자녀가 창의적인 프로그래밍 활동에 참여하여 게임을 만들고 로봇을 프로그래밍하고 자체 인공지능 모델을 훈련시키는 방법을 배우는 플랫폼이다. 일부 활동은 학습자가 학습 수준을 높이고 더 나은 협업을 돕는 구체화 된 지능형 에이전트에 의해 중재된다. 코그니메이츠의 코드랩을 활용하여 음성인식, 감정분석, 시각적 패턴 감지, 로봇 조정 등을 체험해볼 수 있다.

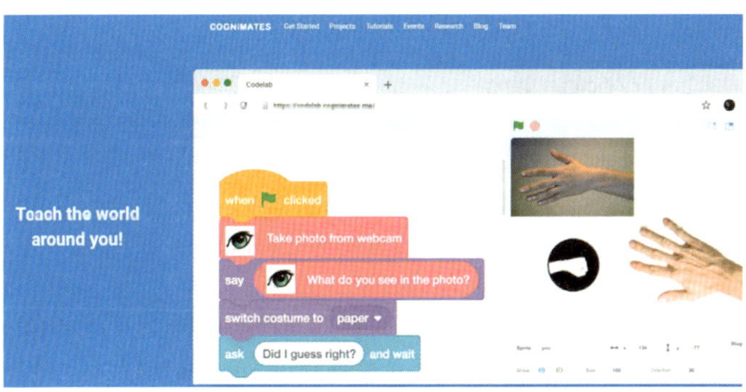

출처 : http://cognimates.me/home/

그림 3.26 코그니메이츠 이용 예시

(2) 인공지능 프로그래밍 개발 학습 도구

인공지능을 직접 개발한다고 생각하면 막막하거나 어렵게 생각할 수 있지만, 최근에는 코딩 없이 인공지능을 프로그래밍하고 개발할 수 있는 도구가 다양하게 존재한다. 이러한 도구를 사용하여 인공지능을 개발해보면서 인공지능 개발자가 되어보는 경험을 해볼 수 있다.

코드얼라이브https://www.codealive.co.kr/

코드얼라이브는 사용자와 플랫폼 간의 실시간 상호작용이 가능한 교육용 인공지능 프로그래밍 개발 플랫폼이다. 코드얼라이브는 초보자도 파이썬 프로그래밍을 효율적으로 배울 수 있고, 학습한 파이썬 용어를 통해 인공지능을 활용한 전문가 수준의 게임과 소프트웨어를 만들 수 있다.

출처 : https://www.codealive.co.kr/

그림 3.27 코드얼라이브의 소프트웨어 예시

코드닷오알지https://code.org/

코드닷오알지는 학생들의 컴퓨터 과학 접근성 제고를 위한 비영리 단체이다. 이곳에서는 인공지능 기술을 활용한 게임, 애플리케이션, 계산기, 그림 그리기 등의 프로젝트를 통해 인공지능 모델 개발을 실습할 수 있다. 인공지능 모델 개발을 위해서는 드래그앤드롭 기능을 사용한 블록을 활용하거나 코딩 없이 개발할 수도 있다. 이러한 특징으로 인해 초등학생을 비롯한 어린이들에게 적합한 교육 도구로 평가받고 있다.

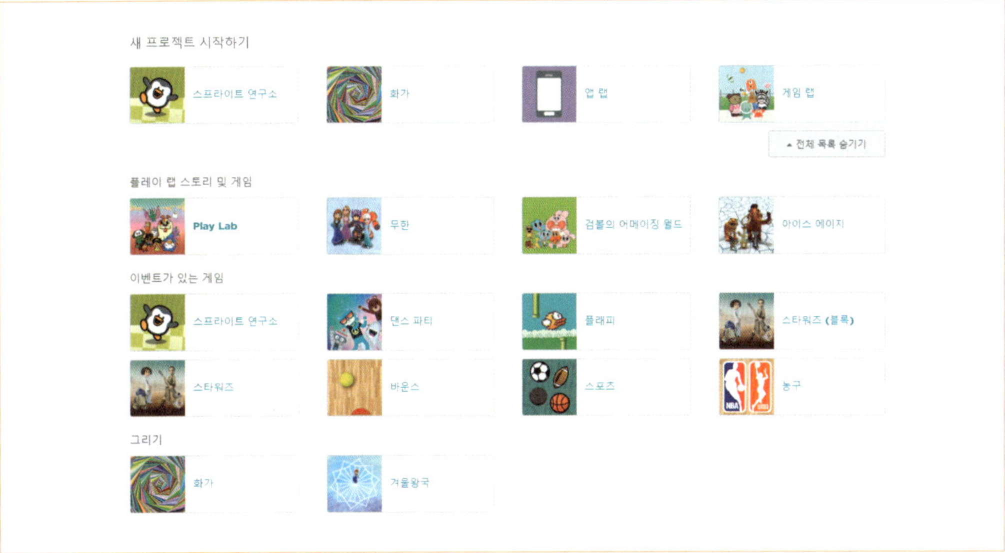

출처 : https://code.org/

그림 3.28 코드닷오알지 프로젝트

앱인벤터https://appinventor.mit.edu/

앱 인벤터는 앱 개발 애플리케이션이다. 앱 인벤터는 어린이를 포함한 모든 사람이 스마트폰 및 태블릿 용으로 애플리케이션을 제작할 수 있는 직관적이며 시각적인 프로그래밍 환경이다. 블록 기반 도구를 활용하여 기존 프로그래밍 환경보다 제작 환경을 쉽게 하였다. PC에서 애플리케이션을 개발하면 스마트폰이나 태블릿을 연결하여 바로 개발한 애플리케이션을 테스트해볼 수 있다.

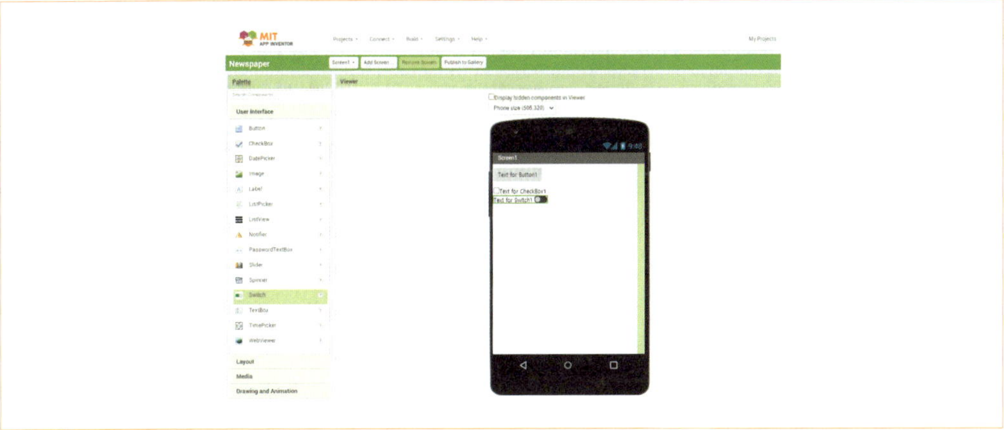

출처 : https://appinventor.mit.edu/

그림 3.29 앱인벤터 활용 애플리케이션 제작 예시

로브https://lobe.ai/

마이크로소프트가 코딩 없이 인공지능 모델을 만드는 시각화 플랫폼인 로브를 인수하여 사용자가 더 쉽게 모델을 제작할 수 있도록 업그레이드하여 공개했다. 로브는 손동작, 글씨 인식, 이미지 분류 모델을 체험할 수 있으며, 윈도우와 맥 환경에서 모두 활용할 수 있다. 로브 웹페이지에서는 식물 분류, 개인 운동 트레이너, 마스크 착용 여부 알리미 등 다양한 예제를 제공한다.

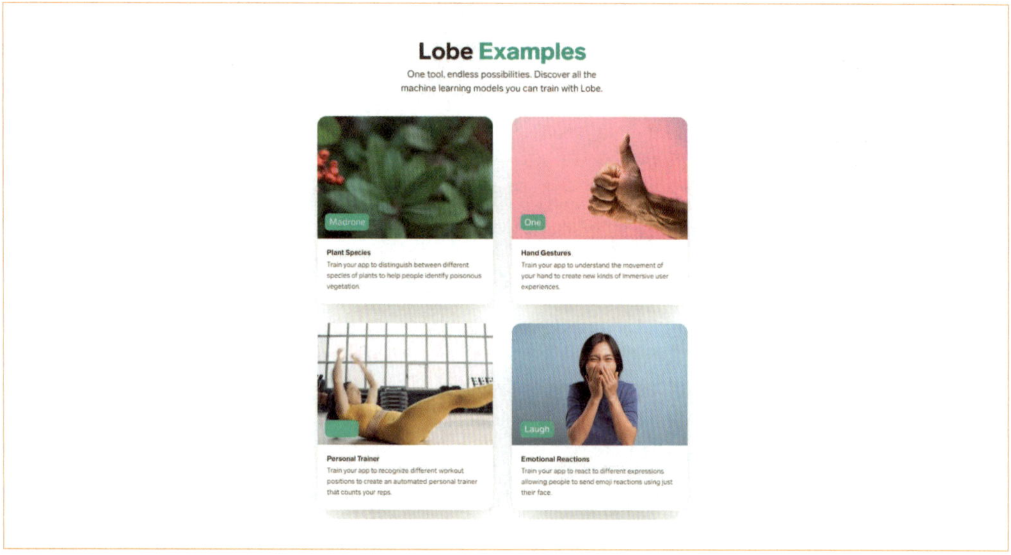

출처 : https://lobe.ai/

그림 3.30 로브 제공 예제

위즈랩https://wizlab.net/

위즈랩은 쉽게 게임을 만들며 코딩을 체험할 수 있는 소프트웨어 교육 서비스이다. 기본적으로 텍스트 언어를 기반한 코딩 도구로, 직접 타이핑을 하면서 학생들이 원하는 작품을 자유롭게 만들 수 있다. 제작한 앱을 공유할 수 있는 것은 물론, 도구와 다양한 이펙트를 포함하여 모든 서비스를 무료로 제공하고 있다.

출처 : https://wizlab.net/

그림 3.31 위즈랩 튜토리얼

(3) 인공지능 로봇 활용 학습 도구

인공지능 강대국으로 떠오르고 있는 중국은 키코Keeko라는 인공지능 로봇을 중국 전역 600개 이상의 유치원에 보조 학습 도구로 보급했을 정도로 인공지능 로봇을 교육에 적극적으로 활용하고 있다. 인공지능 로봇을 학습자가 원하는 대로 움직이고 프로그래밍해보면서 프로그래밍 언어에 대한 이해와 인공지능 하드웨어 및 구성품들의 조작에 대해 쉽게 이해할 수 있다.

코즈모 https://developer.anki.com/

로봇 및 인공지능 회사인 안키Anki에서 제시한 코딩 로봇인 코즈모는 어린이의 수학, 과학, 기술, 공학 등 분야에 흥미를 일으키기 위하여 제작되었다. 블록 기반의 코딩을 사용하여 인공지능 로봇을 움직일 수 있으며, 기본적인 코딩 개념 이해부터 프로그래밍 고급 언어의 습득까지 이끌어 학생들의 컴퓨팅 사고력 증진을 돕는다.

출처 : https://developer.anki.com/

그림 3.32 코즈모 로봇

아티보 https://www.cubroid.co.kr/artibo

아티보는 인공지능 및 로봇 공학 기반의 에듀테크 기업 큐브로이드에서 개발한 인공지능 교육 로봇이다. 스크래치와 파이썬을 이용하여 구동이 가능하며, 문자, 그림, 소리 등을 인식하고 출력할 수 있다. 큐브로이드 홈페이지에서 아티보를 활용한 인공지능 학습 활동지와 교육용 프로그래밍 언어 학습에 필요한 기본적 교육 자료도 함께 제공하고 있고, 교육 영상도 제공하고 있으니 쉽게 따라하면서 인공지능 로봇을 체험하고 원리를 학습할 수 있다.

출처 : https://www.cubroid.co.kr/artibo

그림 3.33 아티보

오조봇 http://ozobot.kr/

오조봇은 21세기 핵심 역량을 함양할 수 있도록 에듀테크 기업 마르시스에듀에서 개발한 코딩 교육 로봇이다. 오조봇을 활용한 인공지능 교육은 창의력, 논리적 사고력, 문제 해결 능력 향상에 도움이 되며, 교육에 도움이 될 수 있도록 웹북을 제공하여 학습자의 편의성을 제고하였다. 오조봇은 전용 애플리케이션을 통해 무선으로 조종하거나 게임을 즐길 수 있으며, 다양한 소리와 LED, 센서를 이용해 다양하게 활용할 수 있다. 또한, 전용 코딩 블록 프로그램을 통해 명령어를 만들고 트릭을 지정하여 창의적으로 교구를 사용할 수 있다.

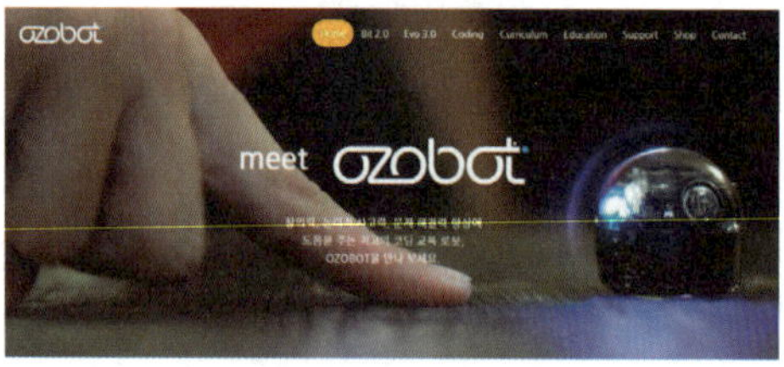

출처 : http://ozobot.kr/

그림 3.34 오조봇

카미봇 http://www.kamibot.com/ko/index.php

카미봇은 종이와 인공지능 로봇을 결합하여 콘트롤러 애플리케이션을 활용하여 인공지능을 학습할 수 있는 교구이다. 카미블록이라는 코딩 블록을 통해 로봇 프로그래밍을 할 수 있으며 어린이들의 비판적 사고와 창의력 향상을 목표로 제작한 상호작용 가능 교육용 인공지능 로봇이다. 다양한 종이접기 캐릭터를 제공하여 학생들의 관심을 끌고 있다.

출처 : http://www.kamibot.com/ko/index.php

그림 3.35 카미봇

(4) 인공지능 교육 실습 키트

인공지능에 대한 교육적 관심이 증가하면서 다양한 교육 실습 키트가 출시되고 있다. 교육 실습 키트를 통해 학생들은 재미있는 프로젝트 수업을 할 수 있고 메이커스 교육 또한 가능하다.

모디 https://modi.luxrobo.com/

모디 스튜디오는 그래픽 기반 드래그앤드롭 방식의 블록 코딩 프로그램으로 모디 하드웨어를 제어하는 소프트웨어이다. 모디는 기본적으로 자체 OS인 모디 스튜디오로 코딩이 가능하지만, 엔트리, 스크래치, 파이썬을 이용할 수도 있다. 모디 플레이는 스마트폰과 모디를 연동해 조이스틱처럼 창작물을 조종하는 애플리케이션이다.

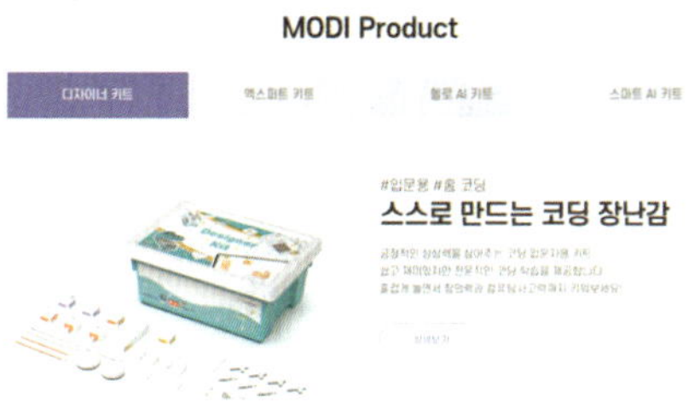

출처 : https://modi.luxrobo.com/

그림 3.36 모디 키트

KT 인공지능 에듀팩 https://gigagenie.kt.com/partner/genieCoding.do

KT에서 학생들의 인공지능 교육을 위해 개발한 교육용 키트로써 인공지능 메이커스 키트와 라즈베리파이 3 B+컴퓨터과학 교육을 위해 제작된 초소형, 초저가 컴퓨터 및 웹마이크로 SD카드, SD카드 리더기, HDMI 케이블 등을 함께 제공한다. 필요에 따라 와이파이 공유기, 교재, 로봇 조립 키트 등을 추가적으로 구매할 수 있다. KT 인공지능 에듀팩을 활용하면 인공지능, 사물인터넷, 빅데이터 등의 4차 산업혁명의 핵심 기술 원리를 학습하고 구현해 볼 수 있다.

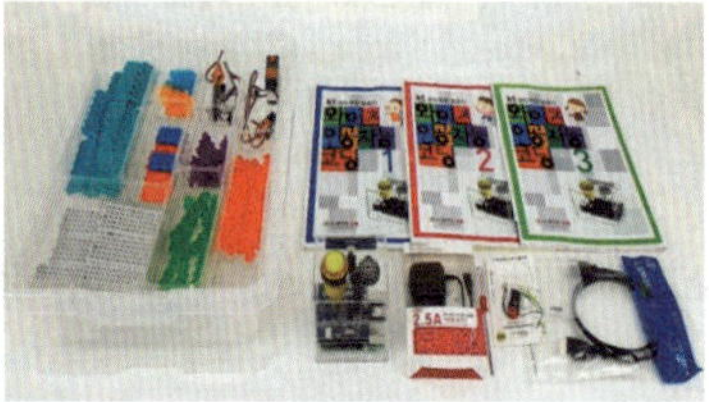

출처 : https://gigagenie.kt.com/partner/genieCoding.do

그림 3.37 KT 인공지능 에듀팩

AI-IN-A-BOX https://www.readyaiorg/readyai-you/ai-in-a-box/

ReadyAI는 학생, 교사, 부모를 위한 초·중등학생 인공지능 교육을 지향하고 있다. 이 그룹에서는 인공지능의 다양한 원리를 학습할 수 있는 동화책과 교육 키트를 제공하고 있으며, 인공지능-IN-A-BOX는 ReadyAI에서 구매할 수 있는 로봇, 악세사리, 교수-학습자료 등을 함께 묶어 번들로 구성된 교육 키트이다. 인공지능-IN-A-BOX는 Home, Home Plus 버전으로 나뉘어 있으며, 기본적으로 코즈모 로봇과 게임 컨트롤러, 태블릿PC, 칼립소인간 친화적 로봇 지능형 프레임워크를 제공하고 Home Plus 버전에서는 노트북이 추가적으로 구성되어 있다. AI-IN-A-BOX를 사용하여 학습할 때 도움이 되는 튜토리얼 영상을 ReadyAI 홈페이지에서 확인할 수 있다.

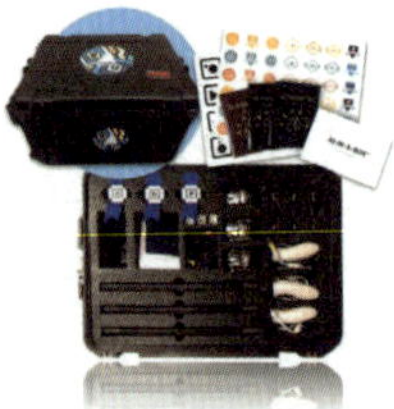

출처 : https://www.readyaiorg/readyai-you/ai-in-a-box/

그림 3.38 AI-IN-A-BOX 구성품

A.I.CITY https://awesome-school.net/awesome-notice/27/

A.I.CITY는 국내 최초 청소년을 위한 교육용 보드게임으로 쉬운 용어를 사용해 학생들의 입장에서 이해하기 쉽도록 제작되었다. 다양한 인공지능 서비스의 사례와 서비스에 적용된 인공지능 원리를 학습할 수 있고, 전반적인 인공지능의 개념을 이해할 수 있다. 이에 더불어 학생들의 창의력과 사고 확장에 도움을 줄 수 있다. 20여개 중/고등학교와 교원 연수에서 시범 운용을 실시하여 호평을 얻기도 하였다.

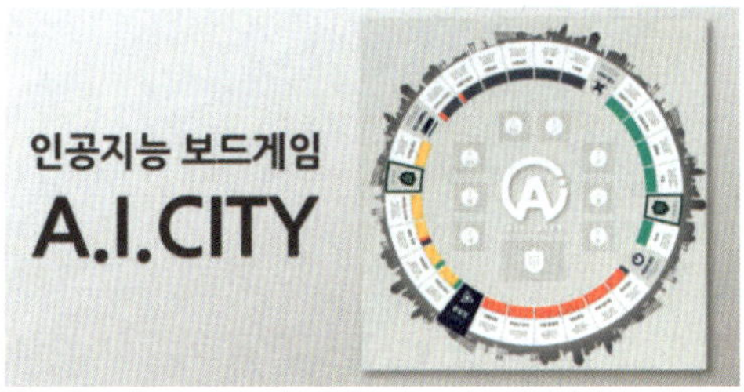

출처 : https://awesome-school.net/awesome-notice/27/

그림 3.39 A.I.CITY 보드게임

(5) 기타 인공지능 원리 교육 실습 도구

이번 장에서는 머신러닝 원리 이해, 인공지능 프로그래밍, 인공지능 로봇, 인공지능 실습 키트 등 인공지능 원리를 학습할 수 있는 실습 도구를 알아보았다. 마지막으로 위에 소개했던 실습 도구들 보다 조금 더 난이도가 높거나 실제 비즈니스에 활용되는 인공지능 원리 교육 실습 도구를 소개하려 한다.

표 3.2 기타 인공지능 원리 교육 실습 도구

클릭 인공지능		https://ds2.ai/studio/clickai.html 코딩 없이 클릭만으로 딥러닝 기반의 인공지능 모델 구현 및 배포할 수 있는 인공지능 개발 자동화 플랫폼
캐글	kaggle	https://www.kaggle.com/ 머신러닝과 데이터 과학 학습을 위한 커뮤니티. 방대한 데이터셋을 이용한 대회로 유명
인공지능 플랫폼	AI Platform	https://cloud.google.com/ai-platform/ 데이터 과학 및 머신러닝을 위한 완전 관리형 엔드 투 엔드 플랫폼. 대화형 인공지능, 머신러닝, 로봇 공학, IoT 등 인공지능 솔루션 개발을 위한 프레임워크

3.4 교육용 인공지능 프로그래밍 언어

C++, 자바, 리스프, 프롤로그, 파이썬, R 등은 인공지능 소프트웨어 개발 및 설계에 적합한 주요 인공지능 프로그래밍 언어라고 볼 수 있다. 인공지능을 위한 가장 적합한 프로그래밍 언어를 하나만 꼽을 수는 없지만, 각각의 프로그래밍 언어가 가지는 특징들로 인해 인공지능 프로그래밍에 사용될 수 있다. 따라서 인공지능을 배우고자 한다면 교육을 목적으로 개발된 프로그래밍 언어를 시작으로 범용적으로 사용되는 프로그래밍 언어 또한 배워야 할 필요성이 있다.

(1) 교육용 프로그래밍 언어EPL : Educational Programming Language

교육용 프로그래밍 언어는 일반 프로그래밍 언어와 달리 프로그래밍 교육을 목적으로 개발된 프로그래밍 언어로서 범용 프로그래밍 언어에 비해 기능이 제한되어 있지만 문법에 대한 학습이 최소화되어 학생들이 배우기 용이하다는 장점이 있다. 본 장에서는 교육을 목적으로 개발된 교육용 프로그래밍 언어를 기반이 된 프로그래밍 언어별로 구분하여 소개한다.

스몰톡SmallTalk 계열 언어

스몰톡은 깊은 역사를 가진 객체 지향 프로그래밍 언어이며, 대표적인 어린이 프로그래밍 교육 언어이며, 이러한 설계 목적에 맞게 주요 프로그래밍 언어 중 가장 단순한 언어이다. 또한, 사용자 친화적인 형식으로 개발되어 실시간 프로그래밍 및 디버깅이 가능한 최초의 그래픽 언어 도구로 알려져 있다. 1990년대에는 C++ 다음으로 가장 많이 사용되기도 하였다.

- 스크래치Scratch

스크래치는 어린이 컴퓨터 코딩 교육을 위한 교육용 프로그래밍 언어 및 환경을 일컫는다. 스크래치의 특징으로는 먼저 강력한 공유 기능을 들 수 있다. 인터랙티브 스토리, 게임, 애니메이션을 직접 제작할 수 있으며, 온라인 커뮤니티에서 다른 사람에게 선보일 수 있다. 또한, 21세기 핵심 역량을 배양할 수 있다. 어린이의 창의적 사고, 체계적 추론, 컴퓨팅 사고력, 협동심을 향상시킬 수 있다. 이에 더불어, 다양한 국가의 언어를 제공한다는 특징이 있다. 스크래치는 150여 개 국가에서 사용되며 60개 이상의 언어로 제공되고 있다.

- 이토이즈Etoys

이토이즈는 어린이 친화적인 컴퓨터 환경이며, 교육용으로 설계된 객체지향 프로토타입 기반 프로그래밍 언어이다. 이토이즈를 학습하면, 컴퓨터 유창성 함양이 가능하며, 학생들이 자신의 스케치를 그리고 스케치에 해야 할 일을 알려주는 스크립트를 작성하여 생동감을 불어넣을 수 있음. 이는 학생들의 창의력을 향상시키는데 기여할 수 있다. 또한, 추상적인 아이디어를 눈에 보이게 구현하여 자신의 생각을 표현하고 구체물로 나타낼 수 있는 힘을 기를 수 있다.

- 스퀵Squeak

스퀵은 오픈소스 프로그래밍 시스템으로 모든 주요 플랫폼에서 빠른 실행 환경을 갖추는 강력한 호환성을 특징으로 가진다. 또한, Morphic 프레임워크를 사용하여 적은 노력의 그래픽으로 대화형 애플리케이션 개발 및 유지 보수를 촉진한다. 스퀵은 교육뿐 아니라 멀티미디어, 게임, 연구 및 비즈니스에서도 활용 가능하다는 특징을 가진다.

리스프Lisp 계열 언어

리스프는 List Processing의 약자로, 오늘날 널리 사용되고 있는 프로그래밍 언어 중 하나인 프로그래밍 언어이다. 이는 미적분을 기반으로 컴퓨터 프로그램을 위한 실용적인 수학적 표기법으로 만들어졌기 때문에 컴퓨팅 이론을 가르치는데 적합하다. 특히, 데이터 문자열을 쉽게 조작할 수 있도록 설계되었으며, 숫자 대신 기호 표현으로 계산하는 기능이 있어 인공지능 애플리케이션에서 편리하게 작동할 수 있다.

- 로고Logo

프로그래밍 학습 도구로 설계된 로고는 해석 언어로 구현되어 사용자에게 개별 지침을 즉각적인 피드백으로 제공한다. 또한, 작은 단계로 복잡한 프로젝트를 만들 수 있는 모듈성 및 확장성을 가진다. 다른 프로그래밍 언어보다 사용자의 언어를 엄격하게 구분 짓지 않아 유연성을 가지고 있다는 특징이 있다.

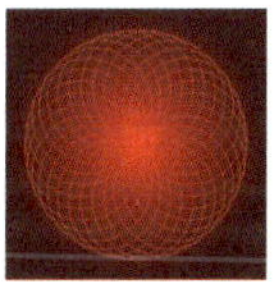

- 스킴Schem

스킴은 다중 패러다임 프로그래밍 언어이다. 현재 스킴 언어 표준은 언어 코어에 대한 표시 의미를 포함하여 50페이지에 불과하고, 구문이 거의 없어 모든 복합 형식에 대해 완전히 중첩되며 괄호로 묶인 표기법이 사용되어 연산자 우선순위 규칙이 없어 학습자가 프로그래밍 언어에 입문하기에 매우 적합하다. 그리고 매크로 시스템을 통하여 일반적 프로그래밍 오류를 방지하는 범위 내에서 사용자가 새로운 구문 구조를 추가할 수 있다.

자바Java 계열 언어

자바는 1995년 처음 출시된 객체 지향 프로그래밍 언어 및 컴퓨팅 플랫폼이다. 오늘날 다양한 게임, 소셜 미디어 응용 프로그램, 오디오 및 비디오 응용 프로그램 등과 같은 여러 응용 프로그램 실행에 사용된다. C++ 보다 단순화되어 사용자가 편리하게 사용할 수 있으며 한번 작성하면 어디에서나 실행할 수 있어 자바를 지원하는 모든 플랫폼에서 사용 가능하다. 현재 은행, 비즈니스, 정보 기술, 빅데이터, 과학 및 연구 커뮤니티 등 다양한 분야에서 자바 기술이 쓰여지고 있다.

- 그린풋Greenfoot

  프로그래밍 학습 중 특히 자바를 흥미롭게 할 수 있는 고등학생 이상의 청소년 대상 교육용 소프트웨어이다. 프로그래밍과 결합된 시각적 도구로 프로그래밍 학습을 쉽게 할 수 있다. 또한, 시뮬레이션 및 대화형 게임과 같은 2차원 그래픽 응용 프로그램을 쉽게 개발할 수 있다.

- 넷로고NetLogo

  넷로고는 다중 에이전트 프로그래밍 가능 모델링 환경이다. 학생들이 시뮬레이션을 열고 함께 놀면서 다양한 조건에서 행동을 탐색할 수 있고, 자유롭게 사용하고 수정할 수 있는 사전 작성된 대규모 시뮬레이션 모델 라이브러리 및 다양한 범위의 문서와 튜토리얼을 제공한다. 또한, 거시 수준의 패턴 간 연결을 탐색하기 때문에 시간이 지남에 따라 복잡해지는 시스템을 모델링하는 것에 적합하다.

- 스냅!Snap!

  스냅!은 스크래치를 확장하여 자바스크립트로 구현한 교육용 프로그래밍 언어이다. 자바스크립트로 구현되어 별도의 설치가 필요 없을 뿐만 아니라, 편리한 인터페이스 구성으로 스크래치의 인터페이스를 유지하여 스크래치 사용 경험이 있는 학습자는 바로 사용할 수 있으며, 경험이 없어도 쉬운 습득이 가능하다.

- 블루제이BlueJ

  블루제이는 대학생 대상의 Java 프로그램을 빠르고 쉽게 개발할 수 있는 개발 환경으로, 다른 IDE에서는 볼 수 없었던 개체 벤치, 코드 패드 및 범위 색상 같은 혁신적인 기능을 포함하고 있다. 또한, 값을 검사하고, 메소드를 호출하며, 매개 변수로 전달할 수 있으며, 컴파일 없이 자바 표현식을 직접 호출할 수 있다.

베이직Basic 계열 언어

베이직은 초보자용 다목적 기호 명령 코드로 컴퓨터 프로그래밍 언어이다. 영어와 유사한 명령을 사용하는 간단한 고급 언어 중 하나이고 초등학생은 물론 초보 프로그래머도 비교적 쉽게 학습할 수 있다. 단순한 데이터 구조와 기법으로 설계되었으며, 한줄씩 번역되고 바로 실행되었기 때문에 프로그래밍 오류를 쉽게 잡을 수 있다는 장점이 있다. 작은 크기와 단순한 실행으로 베이직은 C언어 이후 초기 개인용 컴퓨터에서 널리 활용되었다.

• 심플SiMPLE

다중 패러다임을 사용하는 단순하고 혁신적인 프로그래밍 언어로 애플소프트에서 영감을 받아 설계되어 애플소프트 베이직 프로그래밍 언어와 비슷하다. 또한, 초보자를 위하여 드래그앤드롭 기능이 가미된 블록 코딩과 초보 프로그래머용 텍스트 코딩 모드를 둘다 쓸 수 있다. 또한, 윈도우즈, 맥, 리눅스 등의 환경에서 컴파일러가 있어 손쉽게 사용할 수 있다.

• 스몰베이직Small Basic

스몰베이직 블록 기반 코딩에서 텍스트 기반 코딩으로 전환할 수 있도록 제작된 프로그래밍 언어이다. 문법 기반 언어의 기본 요소를 쉬운 방식으로 접할 수 있어 학생들은 스몰베이직을 학습한 후 자바 및 C 언어와 같은 복잡한 프로그래밍 언어를 다룰 수 있는 자신감을 키울 수 있다. 또한, 프로그래밍 언어를 통해 제작한 프로그램을 친구와 공유하고 게시된 프로그램을 가져와서 실행할 수도 있다.

• TI-베이직TI-Basic

그래픽 계산기에 사용되는 간단한 프로그래밍 언어로, TI-Basic을 활용하면 컴퓨터 과학, 엔지니어링 등의 분야의 기반을 다질 수 있다. 모든 TI 그래프 계산기에서 프로그래밍할 수 있으며, 마이크로 콘트롤러를 추가하면 복잡한 인공지능 프로젝트를 수행하거나 자신만의 프로젝트를 쉽게 만들 수 있다.

• 베이직-256Basic-256

중 · 고등학생을 대상으로 컴퓨터 프로그래밍의 기본을 가르치기 위해 설계된 쉬운 버전의 베이직이다. 베이직-256을 사용하기 위한 튜토리얼 세트를 제공하고 있어 사용자가 쉽게 학습할 수 있도록 돕는다.

어셈블리Assembly 언어

어셈블리 언어는 상위 수준 언어 C++, 자바 등와 기계어 코드 간의 인터페이스이다. 컴파일된 언어의 경우 컴파일러는 상위 수준 코드를 어셈블리 언어 코드로 변환한다. 어셈블러는 어셈블리 명령어를 각각의 이진 표현으로 분해하고 어셈블리 코드의 일반 주소를 컴퓨터의 명시적 레지스터 및 메모리 주소로 바꾼다. 실행 시간과 제어가 중요한 코드는 어셈블러에서 직접 작성할 수 있지만 개발 시간을 연장하고 개발을 어렵게 만들기도 한다. 어셈블리 언어는 주로 다음 상황에서 사용된다.

❶ 높은 수준의 언어로 제공되지 않고 CPU 명령어를 사용하는 상황
❷ 특정 유형의 프로세서를 프로그램하는 고급 언어가 없는 경우

- 리틀맨컴퓨터Little Man Computer

von Neumann 아키텍처로 알려진 현대 컴퓨터 아키텍처를 모방한 시뮬레이터이다. 현대 컴퓨터를 모델링 할 수 있기 때문에 여전히 교육 도구로 널리 사용되며, 튜토리얼을 제공하여 학습하기 쉽도록 개발하였고, 특히 컴퓨터의 동작 원리 학습에 탁월하다.

- 엠믹스MMIX

엠믹스는 64 비트 축소 명령어 집합 컴퓨터의 가상 기계로 MIX의 업그레이드 버전이다. 컴퓨터 설계에 대한 현대적 접근 방법을 채택하여 MIX에 비해 새롭게 만들어졌다. 엠믹스는 64비트에서 작동하는 시스템으로 고정 소수점 또는 부동 소수점 숫자를 저장할 수 있는 256개의 범용 64비트 레지스터가 따로 있다.

기타 교육용 프로그래밍 언어

위에 소개한 교육용 프로그래밍 언어 외에도 다양한 교육용 프로그래밍 언어가 존재한다. 특히 아주 기본의 프로그래밍 언어 학습에는 블록을 주로 사용하는데 아래 소개할 언어는 모두 블록을 기반으로 만들어진 교육용 프로그래밍 언어이다.

표 3.3 기타 교육용 프로그래밍 언어

엔트리 (Entry)		국내 초등/중학교 교과서에서 채택한 블록형 프로그래밍 언어
코두 (Kodu)		타일 기반 프로그래밍 언어. 새로운 기능을 더 복잡하고 완전하지 않고 간단하고 이해할 수 있도록 디자인하는 경향을 탑재함
엠블록 (mblock)		융합 교육을 위해 고안된 코딩 도구. 스크래치, 파이썬, 로보틱스 프로그래밍, 인공지능, 데이터 과학 습득 가능
키튼 (Kitten)		6~11세 사이 아동을 대상으로 온라인 프로그래밍 교육을 위해 고안된 언어
앨리스 (Alice)		통합 개발 환경을 사용하는 개체 기반의 교육 프로그래밍 언어

(2) 인공지능 개발용 프로그래밍 언어와 라이브러리/패키지

교육용 프로그래밍 언어와 달리 일반적인 프로그래밍 언어는 기본적으로 프로그래밍 자체의 개발 도구로서 개발된 언어이다. 다음은 미래 인공지능 개발자를 꿈꾸는 학생들이 배우면 좋을 프로그래밍 언어와 라이브러리 및 패키지를 소개한다.

파이썬Python

파이썬은 30년의 역사를 가지고 있으며, 최근 인공지능 솔루션 개발을 위하여 선택할 프로그래밍 언어로 C++ 보다 파이썬을 선호하는 인공지능 개발자들이 많아지고 있다. 파이썬은 비교적 학습 난이도가 낮아 프로그래머와 데이터 과학자 모두에게 인공지능 개발 세계에 쉽게 진입할 수 있도록 돕는다. 파이썬을 사용하면 우수한 커뮤니티의 지원과 광범위한 라이브러리 세트를 얻을 수 있다. 파이썬에서 가장 많은 이점을 얻을 수 있는 기능이라면 플랫폼의 독립성과 딥러닝 및 머신러닝을 위한 광범위한 프레임워크를 들 수 있다.

- 대표적인 파이썬 라이브러리
  - 텐서플로우Tensorflow : 머신러닝의 다양한 태스크의 숫자를 위한 오픈소스 라이브러리
  - 파이토치Pytorch : 자연어 처리를 위한 과학 연산 패키지
  - 사이킷런Scikit-learn : 지도학습과 비지도학습을 제공하는 데이터 예측 분석 라이브러리
  - 주피터 노트북Jupyter Notebook : 라이브 코드, 방정식, 시각화 및 설명 텍스트가 포함된 문서를 만들고 공유하는 오픈소스 웹 애플리케이션
  - 케라스Keras : 신경망 라이브러리

R

R은 통계 컴퓨팅 및 그래픽을 위한 프로그래밍 언어 및 환경이다. R은 다양한 통계선형 및 비선형 모델링, 고전 통계 테스트, 타임 시리즈 분석, 분류, 클러스터링 및 그래픽 기술을 제공하며 높은 확장 가능성을 보유하고 있다. R의 강점 중 하나는 수학적 기호와 필요한 경우 공식화를 포함하여 높은 품질의 플롯을 생성할 수 있는 용이성이다. 또한, 소스 코드의 형태로 무료 소프트웨어로 사용할 수 있으며, 컴파일 및 UNIX 플랫폼과 유사한 시스템 및 윈도우, 맥OS 등에서 실행된다.

- 대표적인 R 패키지
  - 지지플롯 2ggplot 2 : 다층 그래픽 제작을 위한 데이터 시각화 패키지
  - 타이디알Tidyr : 데이터를 정리하고 작업을 깔끔하고 쉽게 하도록 도와줌
  - 알마크다운rmarkdown : 마크다운 문서에 R 코드를 삽입할 수 있으며 다양한 형식으로 문서 생성을 할 수 있음
  - 타이디모델스Tidymodels : 모델링 및 머신러닝을 위한 패키지 모음
  - 플러머Plumber : 주석 추가 기능을 통해 기존 R 코드를 웹 API로 변환할 수 있음

하스켈Haskell

하스켈은 짧은 코드와 결합된 기능적이고 정적인 형식의 프로그래밍 언어이다. 다른 프로그래밍 언어에 비해 하스켈에서 드물게 발생하는 오류 처리 측면에서 더 많은 유연성을 제공하는 경향이 있기 때문에 매우 안전한 프로그래밍 언어로 간주된다. 오류가 발생하더라도 대부분의 비구문 오류는 런타임 대신 컴파일 타임에 적발된다. 하스켈은 강력한 추상화 기능과 내장 메모리 관리의 용이성 및 쉬운 난이도의 장점을 가지고 있다. 하스켈은 다른 프로그래밍 언어와 매우 유사하고 점점 더 많은 인공지능 개발자들이 이 언어를 채택하여 프로그램을 개발함에 따라 다른 언어들만큼 경쟁력이 있다고 볼 수 있다.

- 대표적인 하스켈 라이브러리
  - 하스코어Hascore : 음악 조율, 분석 및 창조를 위한 하스켈 모듈의 조합
  - 벡터Vector : 배열 작업을 위한 하스켈 라이브러리
  - 바이너리Binery : 하스켈 값들을 메모리에서 직접 바이트 스트림으로 인코딩하는 방법을 제공
  - 에이슨Aeson : JSON으로 알려진 일반적인 형식으로 데이터를 조작하고 직렬화하는 라이브러리

줄리아Julia

줄리아는 위에 소개된 프로그래밍 언어들보다 비교적 최근에 개발된 언어로 약 10년의 역사를 가지고 있다. 줄리아는 기술자 및 과학자를 염두에 두고 설계되었다. 이러한 사용자들은 종종 매우 큰 데이터 집합 또는 매우 복잡한 수학적 문제를 해결해야 한다. 줄리아를 사용하면 컴퓨터에서 실행할 수 있는 코드를 매우 빠르게 작성하여 결과를 얻기 위해 며칠 또는 몇 주를 기다릴 필요가 없다는 장점이 있다. 즉, 줄리아는 사용자로 하여금 비교적 쉽고 빠르게 프로그램을 작성하고, 코드를 실행하여 계산을 매우 빠르게 수행할 수 있도록 도와준다. 또한, 재현 가능한 환경을 통해 미리 빌드된 바이너리를 사용하여 플랫폼을 통해 매번 동일한 줄리아 환경을 재현할 수 있다. 이에 더하여, 1,000명 이상의 기여자를 보유한 오픈소스 프로젝트로서 GitHub에서 소스 코드를 사용할 수 있다.

- 대표적인 줄리아 패키지
  - 플래튼Flatten : 임의의 중첩 구조체에서 튜플로 데이터를 변환함
  - 파라미터스Parameters : 수치 모델 매개 변수를 처리하는데 사용하는 패키지
  - 플럭스Flux : 100% 순수 줄리아 스택이며 줄리아의 기본 GPU 및 AD 지원을 기반으로 경량 추상화를 제공함
  - 개드플라이Gadfly : 줄리아로 작성된 플로팅plotting 및 데이터 시각화 시스템
  - 젠Gen : 프로그래밍이 가능한 추론이 있는 범용 확률 프로그래밍 시스템

매트랩Matlab

매트랩은 기술 컴퓨팅을 위한 고성능 언어이다. 익숙한 수학 표기 방식을 통해 문제와 솔루션을 표현하고, 사용자의 관점에서 사용하기 쉬운 환경을 제공하여 계산하고 알고리즘을 개발한다. 특히 데이터를 분석하여 시각화하는 데에 특화된 언어로 잘 알려져 있다. 매트랩은 기본 데이터 요소가 치수 작업이 필요하지 않은 배열인 대화형 시스템이다. 이에 비대화형 언어로 프로그램을 작성하는 데 걸리는 시간보다 극히 적은 시간을 들여 매트릭스 및 벡터 공식을 가진 많은 기술 컴퓨팅 문제를 해결할 수 있다. 매트랩은 그 자체로 프로그래밍 언어이나, 관련 개발 환경의 다양한 부분은 C, C++ 및 자바로 작성된다. 또한 많은 다른 언어로 작성된 함수를 호출할 수 있기도 하다. 상기 언어 외에 C #, 파이썬 및 펄Perl로 작성된 코드를 실행할 수 있다.

- 대표적인 매트랩 라이브러리
  - ACS 매트랩 : 매트랩 활용 모션 제어 시스템 개발 및 분석을 위한 기계 빌더

- MaTMSi : 생체 신호 측정 장치에 연결에 사용
- 매트랩 SRTM : NASA의 셔틀 레이더 지형 임무Shuttle Radar Topography Mission, SRTM의 디지털 고도 모델 데이터 집합을 가져오고 조작하기 쉬운 인터페이스로 설계된 라이브러리
- 매트랩 런타임Matlab Runtime : 컴파일된 매트랩 응용 프로그램 또는 구성 요소를 실행할 수 있는 독립형 공유 라이브러리 세트

프롤로그Prolog

인공지능 개발자들은 높은 수준의 추상화, 내장 검색 엔진, 비결정성 등으로 프롤로그를 높이 평가한다. 이것은 선언적 프로그래밍의 패러다임을 나타내는 몇 안 되는 언어 중 하나이다. 프롤로그는 옵션논리적 추론, 패턴 매칭, 리스트 처리 등을 통해 알고리즘을 구현하기 위한 언어로 인공지능을 만드는 데 유용하게 사용될 수 있다. 프롤로그는 강력하고 유연한 프로그래밍 구조를 가지고 있으며, 트리를 기반으로 데이터를 구조화하며 자동 롤백 옵션을 포함하는 등의 다양한 기능을 가지고 있다. 이는 특히 기호 또는 비숫자 계산을 포함하는 프로그램에 적합하고, 강력한 심볼 처리 능력으로 자연어 처리 분야에서 활발하게 사용되고 있다.

- 대표적인 프롤로그 라이브러리
  - SWI 프롤로그 : 프롤로그 언어의 다양한 구현을 위한 시스템
  - SICStus 프롤로그 : 고성능 프롤로그 엔진을 중심으로 구축된 프롤로그 개발 시스템
  - 프롤로그 라이브러리 컬렉션Prolog-Library-Collection, PLC : 다양한 프로젝트에서 유용하다고 입증된 프롤로그 라이브러리 모음

기타 인공지능 개발용 프로그래밍 언어

상기 소개한 인공지능 개발용 프로그래밍 언어 외에 범용적 프로그래밍 언어를 몇가지 더 소개하자면 다음과 같다.

표 3.4 기타 인공지능 개발용 프로그래밍 언어

클로저 (Clojure)		범용 함수형 언어. 높은 개발자 생산성과 견고한 성능을 가지고 있으며 동적 언어로서 함수의 합성이 용이함
Hy		파이썬에 내장된 다중 패러다임 범용 프로그래밍 언어. 파이썬을 위한 대체 구문 및 단순화를 제공함
피코리스프 (Picolisp)		기본으로 제공하는 데이터베이스 엔진과 GUI 시스템을 포함하는 프로그래밍 언어

3.5 요약

(1) 인공지능 온라인 강좌 사이트 및 체험 도구

인공지능 온라인 강좌 사이트

사이트 명	관련 링크
아워오브코드	https://hourofcode.com/kr/learn
이솦 X 인공지능	https://www.ebssw.kr/site/cstmrcnter/cstmrNoticeDetailView.do?bbsId=BBSID_9950&bbscttSn=24270
소프트웨어야 놀자	https://www.playsw.or.kr/artificial
공부하자.com 인공지능 교육	https://sites.google.com/ssem.re.kr/csit/%EC%9D%B8%EA%B3%B5%EC%A7%80%EB%8A%A5ai%EA%B5%90%EC%9C%A1?authuser=0
AI Online Course for Kids	https://thestempedia.com/shop/online-courses/artificial–-intelligencefor-kids/
ReadyAI	https://edu.readyai.org/
Elements of AI	https://www.elementsofAI.com/
원더코드	www.wondercode.kr
생활코딩	https://opentutorials.org/course/1

인공지능 체험형 학습 도구

- 인공지능 드로잉형 체험 도구

사이트 명	관련 링크
퀵, 드로우	https://quickdraw.withgoogle.com/
오토드로우	https://www.autodraw.com/
인공지능 드로우	https://ai-draw.tokyo/en/
스케치 RNN 데모	https://magenta.tensorflow.org/assets/sketch_rnn_demo/index.html

- 인공지능 챗봇형 체험 도구

사이트 명	관련 링크
다이얼로그플로우	https://dialogflow.cloud.google.com/
챗퓨엘	https://chatfuel.com/
플로우	https://flowxo.com/
TARS	https://hellotars.com/

• 인공지능 소리형 체험 도구

사이트 명	관련 링크
마젠타 스튜디오	https://magenta.tensorflow.org/studio
인공지능 듀엣	https://experiments.withgoogle.com/ai/ai-duet/view/
리젬블 인공지능	https://www.resemble.ai/
멜로바이트 인공지능	https://melobytes.com/en/

기타 인공지능 온라인 강좌 사이트 및 체험 도구

사이트 명	관련 링크
젯슨을 활용한 인공지능 기초 교육과정	https://developer.nvidia.com/embedded/learn/jetson-ai-certification-programs
MIT AI Education	https://aieducation.mit.edu/#about
AI for All Open Learning	https://ai-4-all.org/open-learning/
Coding, Robotics & AI courses for kids	https://www.robogenius.com/intr/
Junior Adventure in AI	https://www.firetechcamp.com/course/junior-adventures-in-artificial-intelligence-a-i-remote-classes/
AI for kids	https://codevidhya.com/ai-for-kids/
Machine Learning for Kids and Beginners	https://www.udemy.com/course/machine-learning-for-kidsand-beginners/

(2) 인공지능 원리 교육 실습 도구

머신러닝 원리 학습 도구

사이트 명	관련 링크
티처블 머신	https://teachablemachine.withgoogle.com/
머신러닝포키즈	https://machinelearningforkids.co.uk/
애저 머신러닝 스튜디오	https://ml.azure.com/
코그니메이츠	http://cognimates.me/home/

인공지능 프로그래밍 개발 학습 도구

사이트 명	관련 링크
코드얼라이브	https://www.codealive.co.kr/
코드닷오알지	https://code.org/
앱인벤터	https://appinventor.mit.edu/
로브	https://lobe.ai/
위즈랩	https://wizlab.net/

인공지능 로봇 활용 학습 도구

로봇 명	관련 링크
코즈모	https://developer.anki.com/
아티보	https://www.cubroid.co.kr/artibo
오조봇	http://ozobot.kr/
카미봇	http://www.kamibot.com/ko/index.php

인공지능 교육 실습 키트

키트 명	관련 링크
모디	https://modi.luxrobo.com/
KT 인공지능 에듀팩	https://gigagenie.kt.com/partner/genieCoding.do
AI-IN-A-BOX	https://www.readyaiorg/readyai-you/ai-in-a-box/
A.I.CITY	https://awesome-school.net/awesome-notice/27/

기타 인공지능 원리 교육 실습 도구

사이트 명	관련 링크
클릭 인공지능	https://ds2.ai/studio/clickai.html
캐글	https://www.kaggle.com/
인공지능 플랫폼	https://cloud.google.com/ai-platform/

(3) 교육용 인공지능 프로그래밍 언어

교육용 프로그래밍 언어

계열	언어
스몰톡(SmallTalk)	스크래치(Scratch)
	이토이즈(Etoys)
	스퀵(Squeak)
리스프(Lisp)	로고(Logo)
	스킴(Schem)
자바(Java)	그린풋(Greenfoot)
	넷로고(Netlogo)
	스냅!(Snap!)
	블루제이(BlueJ)
베이직(Basic)	심플(SIMPLE)
	스몰베이직(Small Basic)
	TI-베이직(TI-Basic)
	베이직-256(Basic-256)
어셈블리(Assembly)	리틀맨컴퓨터(Little Man Computer)
	엠믹스(MMIX)
기타	엔트리(Entry)
	코두(Kodu)
	엠블록(mblock)
	키튼(Kitten)
	앨리스(Alice)

인공지능 개발용 프로그래밍 언어와 라이브러리/패키지

언어	라이브러리/패키지
파이썬(Python)	텐서플로우(Tensorflow)
	파이토치(Pytorch)
	사이킷런(Scikit-Learn)
	주피터 노트북(Jupyter Notebook)
	케라스(Keras)
R	지지플롯 2(ggplot 2)
	타이디알(Tidyr)
	알마크다운(rmarkdown)
	타이디모델스(Tidymodels)
	플러머(Plumber)
하스켈(Haskell)	하스코어(Hascore)
	벡터(Vector)
	바이너리(Binery)
	에이슨(Aeson)
줄리아(Julia)	플래튼(Flatten)
	파라미터스(Parameters)
	플럭스(Flux)
	개드플라이(Gadfly)
	젠(Gen)
매트랩(Matlab)	ACS 매트랩(ACS Matlab)
	MaTMSi
	매트랩 SRTM(Matlab SRTM)
	매트랩 런타임(Matlab Runtime)
프롤로그(Prolog)	SWI 프롤로그
	SICStus 프롤로그
	프롤로그 라이브러리 컬렉션(Prolog-Library-Collection, PLC)
기타	클로저(Clojure)
	Hy
	피코리스프(Picolisp)

3.6 결론

인공지능의 중요성이 부각되면서 인공지능 교수·학습을 위해 현재 전 세계적으로 셀 수 없는 종류의 학습 도구 및 플랫폼이 쏟아지고 있다. 이러한 정보의 홍수에서 우리는 인공지능 교수·학습의 목적에 맞는 적합한 종류의 학습 도구와 콘텐츠를 학습하고 활용하는 것이 중요하다.

먼저, 인공지능의 전반적인 개념과 흐름을 이해하고 싶다면 온라인 강좌를 수강해보는 것을 추천한다. 기술의 발전과 코로나-19의 영향으로 국내뿐만 아니라 외국 전문가가 진행하는 높은 질의 강좌를 스마트폰이나 PC만 있다면 언제나 어디서나 수강할 수 있다.

온라인 강좌로 인공지능이 무엇인지 알아보았다면 인공지능이 우리 생활과 다양한 분야에 어떻게 접목될 수 있는지 알아본다. 인공지능은 단순한 질문의 반복적 응답 피로도를 줄여줄 수 있는 비즈니스 챗봇부터 인간의 고유 영역이라 불렸던 창의적인 활동인 음악, 미술 등의 예술 분야에 이르기까지 많은 영역에서 깊이 스며들어있다. 온라인에 이러한 융합형 인공지능을 쉽게 체험해볼 수 있는 다양한 교육 도구가 마련되어있다.

'백각이 불여일행百覺不如一行'이라는 말처럼 무언가를 더 깊이 이해하고 알기 위해서는 실제로 해보는 경험이 효과적이다. 이에 인공지능의 하위개념인 머신러닝과 딥러닝의 원리를 파악하여 인공지능을 만들어보면 교육 현장에서 생동감 있는 교수·학습이 가능하다. 코딩을 하지 못해도 노코드No-Code로 제작하는 도구도 있으니 다양한 연령 및 수준의 학생에게 적절한 도구를 사용해보기 바란다.

인공지능 프로그래밍 언어 교수·학습은 상급자 수준의 교육이라고 생각할 수 있지만, 초보자의 접근성을 제고한 스크래치나 엔트리 등 블록 기반의 인공지능 프로그래밍 언어도 쉽게 찾아볼 수 있으며, 이를 시작으로 더 상급 수준의 언어를 교수·학습하고 싶다면 실제 인공지능 개발을 위한 다양한 프로그래밍 언어를 이해하고 다뤄야 한다. 프로그래밍 언어는 학습자의 절차적 사고와 컴퓨팅 사고력을 증진시킬 수 있는 교육 도구로서의 역할을 할 수 있기 때문에 어렵더라도 인공지능 교수·학습 시 도전해보는 것이 좋겠다.

인공지능 교수·학습 지원 도구는 어렵지 않게 찾아볼 수 있다. 이에 따라 무분별한 인공지능 콘텐츠를 접하거나 학습할 수 있는 위험도 곳곳에 도사리고 있다. 그러므로, 인공지능 교수자 혹은 학습자는 올바른 윤리의식과 책임감을 가지고 인공지능을 가르치고 배우는 태도와 자세를 길러야 할 것이다.

3.7 연습문제/실습

01 본 장에서 소개된 인공지능 교수·학습 지원 도구 중 가장 인상 깊었던 도구는 무엇인지 적어봅시다. 그리고 선택한 도구가 학습자의 어떠한 역량을 향상시킬 수 있는지 생각해봅시다.

02 인공지능을 효과적으로 교수·학습할 수 있는 학습 도구를 제작해본다면 어떤 것이 있을까요?

03 인공지능 교수·학습 지원 도구 중 하나를 선택하여 교수·학습 지도안을 작성해봅시다.

AI 교수·학습지도안

주제		차시		지도 교사	
학습 목표					
교수·학습 도구					
단계	학습 주제			시간	지도상 유의점
도입					
전개					
정리					

참고문헌

JaeHo Lee, SeungHoon Lee(2020). A Study on Experts' Perception Survey on Elementary AI Education Platform. Journal of The Korean Association of Information Education, 24(5), 483-494.

Lloyd Greenwald, Donovan Artz, Yogi Mehta and Babak Shirmohammadi.(2006). Using Educational Robotics to Motivate Complete AI Solutions. *AI Magazine, 27*(1), 83-95.

NamJe Park, YeongHae Ko(2012). Computer Education's Teaching-Learning Methods Using Educational Programming Language Based on STEAM Education. *NPC : IFIP International Conference on Network and Parallel Computing, 7513,* 320-327.

SooHwan Kim, SeongHun Kim and HyeonCheol Kim(2019). Analysis of International Educational Trends and Learning Tools for Artificial Intelligence Education. *Proceedings of the Korean Society of Computer Information Conference, 23*(2), 25-28.

YoungHak Jin, YungSik Kim(2011). A Meta-Analysis on the Effects of Educational Programming Language. *The Journal of Korean Association of Computer Education, 14*(3), 25-36.

EunSun Choi(2020). In China, even kindergarten students learn Artificial Intelligence. https://www.crezone.net/?page_id=125102&c =mn&m=V&n=2482 &search_key=&search_word =&current_page=4

JaeHo Moon(2020). 14 AI Chatbots Optimized for the English-speaking Countries. http://www.aitimes.com/news/articleView.html?idxno=132203

JungWoon Lee(2018). [GCP] Developing a Simple Chatbot using Dialogflow. https://medium.com/@jwlee98/gcp-dialogflow-%EB%A5%BC-%EC%9D%B4%EC%9A%A9%ED%95%9C-%EA%B0%84%EB%8B%A8-%EC%B1%97%EB%B4%87-%EB%A7%8C%EB%93%A4%EA%B8%B0-514ea25e4961

Ministry of Education (2020). Education Policy Direction and Core Tasks in the Age of Artificial Intelligence. https://www.korea.kr/ archive /expDocView.do?docId=39237&call_from= rsslink

CHAPTER

04

AI 윤리 교육

한정혜 / 청주교육대학교

학습목표

1 인공지능윤리의 개념을 정보통신윤리, 인터넷 윤리, 로봇 윤리 등과의 관계를 통해 이해한다.

2 세계의 인공지능 윤리 동향과 최근에 부각되고 있는 이슈를 알아본다.

3 우리나라 인공지능윤리 기준을 알아본다.

4 인공지능 윤리와 밀접한 딥페이크 기술과 데이터 편향성에 대해서 이해한다.

5 인공지능 윤리교육의 국내외 동향과 교육 방법을 알아본다.

6 사례를 통한 AI윤리교육 실습 및 토론을 할 수 있다.

4.1 개요

인공지능 기술은 이미지, 음성, 뉴스와 같은 인터넷 서비스뿐만 아니라 인공지능 스피커, 의료 및 교육 등 다양한 형태의 서비스로 우리의 가정, 사회에 생활의 편의성과 행복에 영향을 확산하고 있다. 이에 4차 산업혁명으로 표현되는 미래사회의 주도권을 잡기 위하여 선진국들을 중심으로 국가 정책적으로 인공지능 기술개발과 인공지능교육을 주요 전략으로 추진하고 있다.

반면 인공지능 기술 제품들이 직간접적으로 예상하지 못한 비윤리적 행위나 사건 사고로 인한 피해를 발생시키는 다양한 형태의 법·윤리적 이슈 등이 생기고 있다. 따라서 이러한 윤리적 문제에 대하여 사회적 공감대를 형성하고, 인간의 존엄성을 보호하면서 공공선 실현에 대한 기술적, 사회적, 정책적 대응요구가 함께 커져가면서 인공지능 윤리교육도 중요하게 대두되고 있는 실정이다.

이 장에서는 인공지능 윤리와 인공지능 윤리교육에 대해 알아보고자 하는데, 먼저 인공지능 윤리를 정보통신 윤리, 사이버[인터넷] 윤리, 로봇윤리 등과 같은 기존 개념들과 함께 인공지능 윤리의 정의를 다음 **표 4.1**과 같이 정리하였다.

표 4.1 정보통신윤리와 인공지능 윤리의 정의

용어	정의	출처
정보사회윤리	• 정보사회를 살아가면서 야기될 수 있는 윤리적 문제들을 해결하기 위한 규범체계	류지민 외 2인 (2009) 장하영, 이성식 (2019)
정보통신윤리	• 정보의 생성에서 소멸까지 전 과정에 대해 정보통신망에서 생겨날 수 있는 윤리적 규범체계	
사이버(인터넷)윤리	• 현실세계가 아닌 가상 네트워크 내에서 야기될 수 있는 윤리적 문제를 해결하기 위한 규범	
인공지능윤리	• 인공지능 기술의 설계, 자료수집, 활용에서의 문제에 대한 규범 • 인공지능 관련 이해관계자들이 준수해야 할 보편적 사회 규범 및 관련 기술	과학기술정책연구 (2019) 김효은(2020)
로봇윤리	• 단순 자동로봇, 인공지능 로봇, 소프트웨어 봇의 행동과 판단이 일으킬 수 있는 문제에 대한 규범	
인공지능·로봇윤리	• 인공지능과 인공지능이 탑재되어 작업을 수행하는 로봇이 인간과의 공존 사회에서 필요한 규범	김종욱 외 7인 (2018)

표 4.1에서 보듯 정보사회 윤리가 가장 큰 개념이고 정보통신 윤리를 포함하는 개념으로 볼 수 있으며, 사이버^{인터넷} 윤리는 가상공간에서 다른 사람과의 연결된 윤리로서 흔히 네티켓과 동일한 개념으로 정의되고 있다. 인공지능 윤리는 인공지능 기술과 관련된 규범으로써, 주로 인공지능 기술이 컴퓨터 기반 플랫폼에 사용된 경우를 칭하는 개념으로 사용된다. 만약 인공지능 기술을 로봇이나 스피커와 같이 모바일 플랫폼으로 확장한 경우 로봇윤리와 인공지능·로봇윤리로 분리되어 언급하기도 한다.

이와 같이 각 용어의 정의가 비슷하면서도 다른 부분이 있기 때문에 우리들은 쉽게 용어를 혼용해서 사용하거나 간과할 수가 있는데, 이에 한정혜와 김종욱[2021]은 기존 인간사회 윤리의 틀에서 이러한 각 용어의 개념과 관계를 다음 **그림 4.1**과 같이 도식화하여 제시하여 구분하였다.

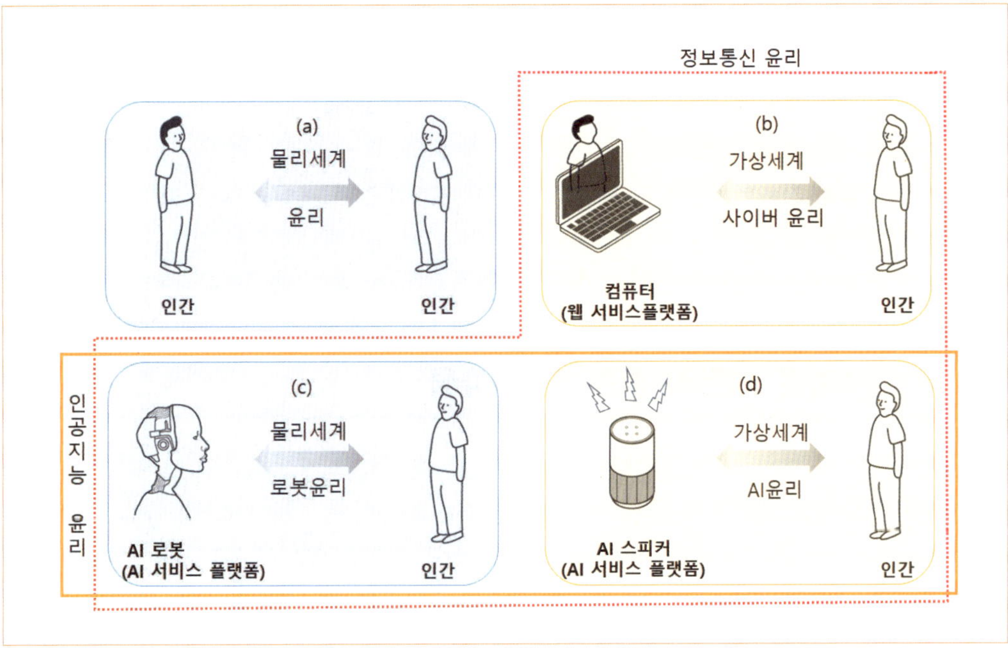

그림 4.1 인간사회윤리, 정보통신윤리와 인공지능윤리 관계도(한정혜, 김종욱; 2021)

그림의 (a)와 (c)는 물리세계에서의 윤리로 파란 색으로 구분하였고, (b)와 (d)는 가상세계의 윤리로 노란색으로 구분하였다. (a)는 물리세계에서 '인간사회의 윤리'를 나타내고 있고, (b)~(d)는 정보통신 기술이 적용된 플랫폼[컴퓨터, 인공지능 스피커, 로봇, 자율 자동차 등]에서 인간이 지켜야할 규범인 '정보통신윤리'를 나타내고 있다. (b)는 줌[Zoom]이나 메타버스[Metaverse]와 같은 정보통신 플랫폼을 통해 사람과 사람이 연결된 가상 상태에서의 사이버 윤리를 규정하며, (c)와 (d)는 인공지능 기술이 탑재된 플랫폼과 사람간의 윤리를 '인공지능 윤리'로 규정하고 있다. 이때

(c)와 (d)는 인공지능 기술이 탑재된 플랫폼이 사람과의 상호작용에 있어서 물리적인 행위가 없는 컴퓨터나 인공지능 스피커와 같은 인공지능 윤리와, 로봇과 같이 물리적 행위가 있는 로봇윤리로 나눠 구분할 수 있을 것으로 분리하고 있다.

Han & Kim[2021]은 인공지능로봇윤리를 기계윤리와 로봇윤리와 구분하기 위하여 다음의 개념도를 제시하였다. 즉, 인공지능 기술이 탑재된 로봇의 행위기반 상호작용은 기계윤리에 포함되고, 인공지능 기술이 탑재된 로봇의 판단기반 상호작용은 컴퓨터나 인공지능 스피커 등과 같이 인공지능 윤리에 포함된다고 보았다.

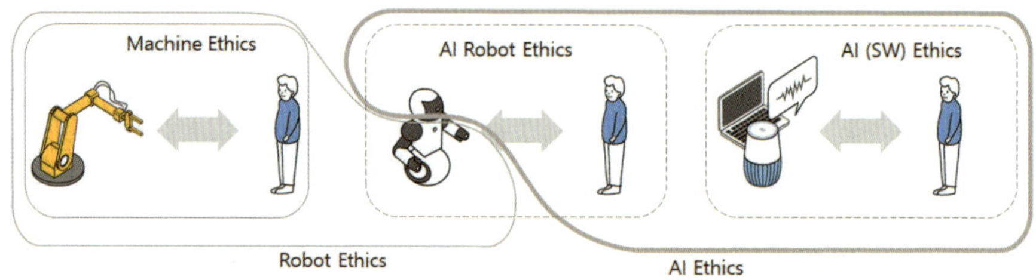

그림 4.2 기계 윤리, 로봇 윤리와 인공지능윤리의 관계도(Han & Kim,, 2021)

4.2 세계의 AI윤리 동향 및 이슈들

(1) AI윤리 동향

딥러닝 기법이 개발되기 전인 2000년대 초반에는 인공지능 윤리보다는 유럽과 일본, 한국 등을 중심으로 로봇윤리에 대한 가이드라인이 보다 활발하게 연구되어왔다. 딥러닝 기법 이후 인공지능 기술의 비약적인 발전으로 최근 들어 의료, 교육, 엔터테인먼트, 게임 등 다양한 서비스의 형태로 적용되기 시작함에 따라 인공지능 서비스들이 당초에 의도하지 않았던 문제들이 딥페이크 기술, 챗봇, 인공지능 스피커 등에서 발생하고 있다. 또한 자율 주행차와 로봇 기술로의 확장이 우리 실생활에 임박하게 되자 관련된 윤리문제는 중요한 이슈로 떠오르게 되었다.

세계 각국은 2011년부터 소프트웨어 교육 육성정책을 폈으며, 2017년 전후로 다음 **그림 4.3**과 같이 미국을 중심으로 각국은 본격적으로 인공지능 육성을 위한 정책과 인공지능 윤리 가이드라인 등을 제정하는 등 본격적인 활동을 하고 있다.

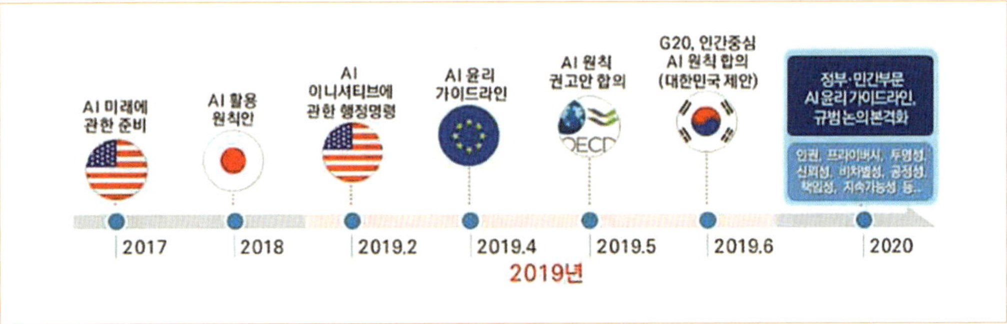

그림 4.3 인공지능 윤리규범 및 가이드라인 마련현황(연구윤리정보센터; 2019)

이 절에서는 미국, 유럽, 우리나라, 중국, 국제기구 등의 최근 인공지능 윤리 가이드와 기준을 알아봄으로써 전 세계의 인공지능 윤리 관련 동향을 살펴보고자 한다.

먼저 우리나라는 2006년 로봇의 권리까지 포함한 강인공지능 기반 로봇윤리헌장을 제정한 이후 큰 움직임은 없다가, 2017년 과학기술부를 중심으로 인공지능 윤리가이드 라인을 제시하고, 2018년 산업통상부를 중심으로 로봇윤리 가이드라인이 공표하였다. 다음 **표 4.2**와 같이 2020년에 과기정통부에서 인공지능 시대 바람직한 인공지능 개발·활용 방향을 제시하기 위한 '사람이 중심이 되는 인공지능 윤리기준'을 공표하였는데, 윤리적 인공지능을 실현하기 위해 정부·공공기관, 기업, 이용자 등 모든 사회구성원이 인공지능 개발~활용 전 단계에서 함께 지켜야 할 3가지 원칙으로 인간 존엄성과 공공선 그리고 기술의 합목적성 아래 10대 핵심요건으로 구성하고 있다. 또한 국내 기업 중 카카오는 인간사회와 인류 편익행복을 위한 알고리즘 기본원칙, 차별에 대한 경계, 학습 데이터 운영, 알고리즘의 독립성, 알고리즘에 대한 설명으로 5가지 윤리헌장을 발표했고, 네이버도 인공지능 기반 서비스에서 안전한 데이터 활용을 위해서 설계 시 프라이버시 관련 원칙을 적용하며 프라이버시 센터를 운영하면서 개인정보 보호 및 투명성 등에 대한 내부 활동을 하고 있다.

미국은 인공지능 기술의 적용분야로 자율주행 자동차와 킬러로봇^국방 로봇^에 대해서는 정부도 포함하여 관심이 많은 반면 로봇의 권리 등에 초점을 맞춘 경향의 로봇 윤리에는 학술 및 표준화 단체인 IEEE이나 기업 중심으로 소소하게 진행해왔다. 마이크로소프트사는 인간을 돕기 위해 개발, 투명성, 인간의 존엄성 파괴하지 않으면서 효율 극대화, 개인정보 보호를 위한 설계, 의도하지 않은 피해를 인간이 복구 가능하도록 알고리즘 차원의 설명 책임, 차별 또는 편견 방지라는 인공지능 윤리 가이드라인을 내놓기도 했다. 작년 중국의 인공지능 육성을 따돌리기 위하여 2019년 인공지능연구 및 개발전략^The National Artificial Intelligence Research and Development Strategic Plan^을 제정하여 국가전략을 추진하고 있으며, 여기에 인공지능 교육과 윤리 문제가 포함되었으며, 국방부의 권장사항도 제정되었다.

유럽은 일본, 한국과 함께 인공지능 가이드라인에 앞서 로봇에 대한 윤리 가이드라인 제정을 진행하였는데, 최근 각각 유럽연합 인공지능 윤리원칙과 인간중심 인공지능 사회원칙을 발표하였다. 중국은 80년대부터 소프트웨어 교육을 국가교육 정책으로 운영하였으며, 인공지능 교육을 국가적으로 전략화하여 강화하고 있다. 반면 얼굴인식 등에 대한 정보보호나 인권 등에 앞서서 인공지능 기술개발을 지원할 정도로 인공지능 윤리에는 다소 소극적인 편이다.

표 4.2 AI 윤리 원칙 국내외 동향

분류		사례
국내	사람이 중심이 되는 「인공지능(AI) 윤리기준」(2020)	• (3대 기본원칙) ❶ 인간의 존엄성 원칙, ❷ 사회의 공공선 원칙, ❸ 기술의 합목적성 원칙 • (10대 핵심요건) ① 인권 보장, ② 프라이버시 보호, ③ 다양성 존중, ④ 침해금지, ⑤ 공공성, ⑥ 연대성, ⑦ 데이터 관리, ⑧ 책임성, ⑨ 안전성, ⑩ 투명성
	로봇윤리 가이드라인(2018)	• 기본가치 : 인간 존엄성, 공공의 선, 인간의 행복 추구 • 실천원칙 : 투명성, 제어가능성, 책임성, 안전성, 정보보호
	지능정보사회 윤리 가이드라인(2017)	• 공공성, 책무성, 통제성, 투명성
미국	인공지능연구 및 개발 국가전략(2019)	• 8개 중 3번째 항목 : AI의 윤리적, 법적, 사회적 영향을 이해하고 해결하며, 기술과 혁신의 발전을 촉진하는 동시에 시민의 자유, 개인 정보 및 국가 가치를 보호하기 위한 윤리적, 법적, 사회적 문제를 통합
	국방부 인공지능 윤리적 사용 권장 사항(2019)	• 책임, 평등, 추적, 신뢰, 관리
	자율 및 지능형 시스템 윤리적 설계(IEEE)	• 일반 8원칙 : 인권, 복지, 자료 통제, 효과 및 적합성, 투명성, 책임성, 오용자각, 명확성
유럽	AI 윤리원칙, 유럽연합(2019)	• 신뢰 가능한 AI의 기본 이념으로 '인간의 기본권 존중', '기본원칙 및 기본가치의 존중' • AI 윤리 4원칙 : 인간의 자율성에 대한 존중, 피해예방, 공평, 설명가능성 • AI 실현 요건 : 자율성과 감독, 기술적 견고함과 안전성, 프라이버시와 데이터 거버넌스, 투명성, 다양성, 비차별성, 공평성, 사회적 및 환경적 복지, 책임성 • AI 7가지 평가방법 제시
	Ethics Guidelines for Trustworthy AI(2019)	• 4가지 윤리원칙 : 인간의 자율성에 대한 존중, 피해 예방, 공평, 설명가능성 • 7가지 핵심 요구 사항 : 인간 관리감독, 기술 견고성 및 안전, 개인 정보 보호 및 데이터 거버넌스, 투명성, 다양성 · 차별 금지 및 공정성, 사회 및 환경 복지, 책임성

표 4.2 계속

분류		사례
유럽	Civil Law Rules on Robotics(2017)	• 로봇이 자율권(Autonomy)을 가진 경우 의사 결정에 대한 책임을 로봇 자신이 져야 함.
	RoboLaw Project(2014)	• 로봇이 인간 고유의 역량을 상실, 약화시키지 않도록 고려해야 하고, 신체기능 회복을 넘어 평균 이상의 역량을 발휘할 수 있도록 해야 한다는 것. 특히 인간 향상 기술과 관련된 규제는 공적으로 충분한 논의 강조
일본	인간 중심의 AI 사회 원칙(2018)	• AI사회 기본 이념 원칙 : 인간의 존엄성, 다양성, 지속성 • AI사회 원칙 : 인간 중심, 교육/교양, 개인정보 확보, 보안 확보, 공정 경쟁 확보, 공정성 · 책임 및 투명성, 혁신
	AI 개발 가이드라인(2017)	• AI의 편익증진 및 AI 네트워크화 촉진 : 연계 • AI 위험 억제 : 투명성, 제어 가능성, 안전, 보안, 프라이버시, 윤리 • 이용자의 수용성 향상 : 이용자 지원, 책임
중국	차세대 인공지능 관리 원칙(2019)	• 화합과 우호, 포용과 공유, 프라이버시 존중, 제어 가능한 보안, 공동의 책임, 개방과 협력, 민첩한 관리
국제기구	AI윤리에 대한 예비연구(UNESCO)	• AI 개발, 구현 및 사용에 대한 일반 원칙 : 인권, 포용성, 번성, 자율성, 설명 가능성, 투명성, 인식 및 문해력, 책임, 책임, 민주주의, 좋은 거버넌스, 지속 가능성 • 핵심적 윤리 문제 지적 : 교육, 과학, 문화, 커뮤니케이션 및 정보, 평화, 아프리카, 성별, 환경
	AI 전문가 협의회 추천(OECD, 2019)	• 가치 기반 5원칙 : 포용 및 지속 가능한 개발 및 웰빙, 인간 중심의 가치와 공정성, 투명성과 설명 가능성, 견고성 및 보안 · 안전, 책임 • 정책 입안 5가지 권고 : AI 연구 및 개발에 투자, AI 디지털 생태계 육성, AI 정책 환경 구현, 인적역량 구축 및 노동시장 변화, 신뢰있는 AI를 위한 국제 협력

출처: 전국교원양성대학교 공동교육혁신센터(2021.2) 재인용

최근에는 국제기구 유네스코와 OECD도 역시 인공지능 윤리 예비연구나 전문가협의회를 운영하는 등 인공지능 윤리 문제를 중요하게 다루고 있다. **표 4.2**에서 보듯 대부분의 국가들이 인간의 존엄성과 사회의 공공선 하에서 다양한 세부 원칙을 제공하고 있으며, 제작자와 사용자로 구분하여 제시하는 경우가 많다.

(2) AI윤리 문제

인공지능 기술이 가져오는 우리사회의 다양한 상황의 윤리적 문제들은 어떤 것들이 있을까? 이 윤리적 문제들은 주로 어떤 원인으로 발생하는가? 이 문제들은 이해관계자에 따라 어떤 점이 윤리적 이슈가 되는가? 이 문제들에 대한 사회적인 문제의식의 경중은 어떠한가? 에 대한 질문이 윤리적 논의를 하는데 출발점이 될 것이다.

유튜브, 네이버 등 대부분의 인터넷 서비스 플랫폼에서는 인공지능 자연어처리를 활용하여 성인 용어, 악성 댓글, 욕설 등을 자동 분류하고 삭제 및 차단하는 AI 필터링 기술 등을 제공하고 있다. 그러나 영상, 이미지와 서비스 결과들에 대해서는 아직 필터링 기술들이 개발되고 있는 경우가 많지 않으며, 특히 인간존엄성, 공공의 선, 행복, 정보보호 등과 관련된 윤리 문제에 대해서는 적절한 해결이 적용되지 못하고 있는 실정이다.

전국교원양성대학교 공동교육혁신센터[2021.2]에서는 인공지능 기술이 가져오는 문제들을 수집하여 정리하였는데, 이 절에서는 거기에 최근 자료를 추가로 더하여 다음 **표 4.3**과 같이 재정리하여 보았다. 인공지능 기술로 인해 발생된 문제로 가장 빈번하게 문제된 것은 인간존엄성과 공공의 행복에 관련된 인종차별, 성차별, 지역차별, 딥페이크, 정치 등과 같은 사례들이였으며, 두 번째로 정보보안이나 프라이버시 문제였고, 마지막으로 자율 주행차나 로봇과 같이 기계로 인한 인간 생명과 관련된 문제들도 포함되었다.

2019년 사이언스지에 발표된 연구에 따르면, 환자 식별용으로 사용하는 건강관리 예측 알고리즘이 백인 환자 데이터 위주로 개발되어 백인 환자에 비해 흑인 환자를 선별할 가능성이 훨씬 낮은 경우가 있었다[AI타임스, 2020.10]. 구글은 현재 AI 기술에서 편향을 배제하고, 소수 인종을 구글에 더 영입해야한다는 제안한 에티오피아계 흑인 여성 연구원을 사직시켜 논란이 일었다[AI타임스, 2020.12]. 미국에서 33세의 흑인 남성인 니지어 팍스와 미시간주의 윌리엄스는 각각 안면인식 시스템의 오류로 인해 억울하게 체포되어 구금되었다가 결국 풀려난 사건이 발생했다[AI타임스, 동아일보 2020.12]. 트위터의 이미지 추출 알고리즘이 흑인의 사진보다 백인의 사진을 더 자주 보여준다는 사용자들의 지적이 나와 인종 편향성 논란이 일었고, 이에 트위터가 사과한 바 있으며, 지난 2015년에는 구글의 사진 앱 이미지 인식 알고리즘이 두 명의 흑인을 고릴라로 표시해 논란이 된 바 있다[AI 타임스, 2020.9]. 구글의 하청 업체들이 어두운 피부를 가진 노숙자들에 의도적으로 접근해 그들도 모르는 사이 노숙자들을 '안면인식' 알고리즘을 훈련하는 데에 이용했다는 사실이 알려져 논란이 일기도 했다[AI 타임스, 2019.10].

표 4.3 인공지능 윤리 이슈 사례들(한정혜, 김종욱, 2021 일부 보완)

분류		사례
인간 존엄 공공선 개인의 행복	인종차별	• 환자 식별용 건강관리 예측 알고리즘 인종차별 • 구글, AI 기술 편향 배제, 소수인종 영입 제안한 흑인 여성 해고 • 트위터 이미지 추출 알고리즘 인종 편향성 논란 • 구글 AI가 흑인을 고릴라로 인식 • 얼굴인식 자동촬영 니콘 카메라의 아시아인 촬영 실패 • HP의 미디어스마트가 흑인 얼굴을 트래킹 실패
	성별지역 차별	• 아마존의 인공지능 채용 알고리즘이 여성에게 불리한 결정 • MS의 챗봇 '테이'의 여성과 남성 직업인식 편견 • 애플카드의 AI가 남편에게만 더 높은 신용 한도 부과 • 영국 코로나19로 낙후된 지역 학생 성적 낮게 평가 • 챗봇 '이루다'의 여성과 장애인 혐오발언
	딥페이크	• 딥 노스텔지아로 고인의 사진으로 영상 만드는 서비스 • 2019년 7월경부터 가짜 나체사진 유포 피해 여성 10만명 이상
	세뇌	• 편향 데이터 학습으로 인한 편향된 결론을 세뇌 • 가짜뉴스를 생성 제공
	정치	• 중국 텐센트의 인공지능 챗봇의 공산당 등 정치적 문제 • 티에의 히틀러 등 정치적 민감한 인물 편향 언급
정보 보호	보안	• 미국 정부가 테러나 범죄수사 목적의 자료 수집 권한 • 아마존 등에서는 AI 스피커의 엿듣기(녹음) 여부 설정 추가 • 타겟이 '임신 예상 점수'만든 후 한 10대 소녀 가족에게 통보 • 영국 대형 슈퍼마켓의 절도 전력의 고객 알람 안면인식 시스템 • 미국 의료기업 어센션 환자들의 의료 데이터 구글과 공유 • 구글 하청업체들이 유색 노숙자들에게 안면인식 데이터 확보 • 중국 정부 안면 인식 기술 이용하여 위구르족 감시
	조작	• 이스라엘 벤구리온 대학교의 딥러닝을 이용해 의료영상 조작 • 천재소녀 기사 김은지(13) 2단이 인공지능 프로그램이 추천한 수를 사용하여 우승 논란
안전성	사고	• 충돌 사고를 일으킨 구글 웨이모와 테슬라 자율 주행차 • 쇼핑센터에서 아이를 다치게 한 경비로봇 • 러시아 로봇이 시내 거리로 나가 교통체증 유발 • 미국 인공지능 감독관에 의해 부정행위자로 오인 받은 대학생
	킬러	• 러시아 남주 수니파 무장단체 핵심 테러범을 킬러 로봇이 사살 • 2016년 6월 텍사스주에서 폭탄장착 킬러로봇이 경찰 살해범 폭사
	중독	• 인공지능 아바타, 게임 등에 중독 • 인공지능 로봇에 대한 아동과 노인의 중독

마이크로소프트의 인공지능 채팅봇 '테이'가 일부 사람들이 학습을 유도한 욕설, 인종·성차별 발언, 자극적인 정치 발언 논란으로 인해 출시한 지 16시간 만에 운영을 중단한 적이 있으며[그림 4.4 참고; 조선일보, 2016.3], 인공지능 채팅봇 '심심이'와 스무고개 프로그램 '아키네이터'에서 5.18운동을 폭동이라고 표현하여 논란[무등일보, 2020.2]을 일으키기도 했다. 또한 성차별이나 지역차별의 사례도 있었는데, 애플카드가 자산을 공유하고 있는 부부 사이임에도 불구하고 여성보다 남성에게 더 높은 신용 한도를 부과한 사례가 알려지면서 성차별 논란이 일었다[CNN Newswire, WRCBtv, 2019.11]. 영국 정부가 코로나19로 인해 시험 진행이 어려워지자 알고리즘이 각 학교 제출 자료 및 학생의 과거 성적을 기반으로 학생들의 점수를 매기게 했으나 낙후된 지역 학생들의 점수가 예상보다 낮아 공정성 논란이 일었고, 이에 학교가 성적 평가를 맡기로 결정한 바 있다[연합뉴스, 2020.10.09.].

출처 : Spectrum, 2016

그림 4.4 채팅봇 테이의 인종차별 트윗

사이버 보안업체 센시티[Sensity]의 보고서에 따르면 2019년 7월경부터 1년간 딥페이크 기술을 활용한 가짜 나체사진 유포로 피해를 입은 여성의 수가 10만 명이 넘고 있으며[AI타임스, 2020.10], 딥페이크 기술을 이용한 얼굴영상 합성이나 보이스 합성으로 인한 범죄들의 사례들이 각국에서 심심치 않게 등장하고 있다. 또한 가짜 뉴스 등으로 세뇌를 시키거나 중국 텐센트의 인공지능 챗봇이 중국 공산당 등 현지에서 민감한 정치문제에 관해 질문했을 때 비판하기도 하는 등의 일도 있었다.

2012년, 미국의 소매 유통 업체 타겟은 고객 데이터를 수집, 분석하여 고객의 '임신 예상 점수'를 만들었고, 이 예측 점수가 높은 고객을 대상으로 마케팅 메시지 등을 보냈는데, 이 과정에서 한 10대 소녀의 임신 가능성을 예측하여 가족에게 알려지게 한 물의를 일으킨 바 있다[AI타임스, 2020.10]. 영국에서 한 대형 슈퍼마켓 체인이 과거 절도 등의 전력이 있는 사람이 매장에 들어올 경우, 직원들에게 알리는 안면인식 시스템을 도입해 논란이 되었었다[AI 타임스, 2020.12]. 아마존이 선보인 산업용 머신러닝 기반 서비스 중 하나인 'AWS 파노라마 어플라이언스'가 근로자들을 감시하거나 고객의 이동을 추적하는 데 이용될 수 있다는 점이 알려지면서 논란이 일었다[AI 타임스, 2020.12]. 미국 의료시스템 전문기업인 어센션[Ascension]이 환자들의 의료 데이터를 구글과 공유했다는 보도가 나와 의료데이터 개인정보보호 침해라는 논란이 일어난 바 있다[AI 타임스, 2019.11]. 중국 정부가 안면 인식 기술을 이용하여 신장 위구르족을 감시하고 있었다는 사실이 알려져 논란이 된 바 있다[AI 타임스, 2019.5]. 그리고 미국에서 한 대학생이 시험에서 인공지능 감독관에 의해 부정행위자로 오인 받아 불이익을 받았다가 사례가 널리 알려지고 난 후 학교에 의해 구제받은 사건이 발생한 바 있다[AI 타임스, 2020.10].

위와 같이 주로 인공지능 기술을 개발하거나 제품을 서비스하는 제작자들의 사례가 있기도 하지만, 이 기술을 사용하는 사용자가 비윤리적인 이슈를 발생시키는 경우도 있다. 그 예로서 인공지능 스피커에 의도적으로 욕설을 학습시키거나, 히틀러, 나치 등 정치적 사건 등을 비윤리적인 내용으로 세뇌시키는 사례들이 있다. 가짜 뉴스를 생성하고 제공하거나, 엿듣기와 같은 개인 사생활 침해 등도 경고하고 있다. 실제로 샤오미 등은 스마트폰을 원격 제어하여 개인정보를 침해할 가능성도 있어 제재를 받고 있으며, 인공지능 스피커 역시 보안에 취약해 노정이나 개인정보를 수집할 수 있는 우려가 있다. 또한 이스라엘의 벤구리온대학교는 딥러닝을 이용해 **그림 4.5**와 같이 흔적 없이 의료영상을 조작하여 영상전문의에게 판독을 하도록 하는 실험을 통해 모두 오진하도록 하는 데이터 조작과 변조의 위험성을 알리는 실험을 하였다[조선비즈, 2019.4]. 최근 바둑계에서 일어난 AI 치팅 논란이 있는데, 천재소녀 기사로 불리던 김○○ 2단이 이○○ 9단과의 24강전에서 국내 랭킹 7위의 이 9단을 상대로 일방적 우세로 승리하면서 인공지능 프로그램이 추천한 수를 사용했다는 의혹이 제기됐고, 결국 사실로 드러난 사건이 있었다[교육잇다, 2020.11].

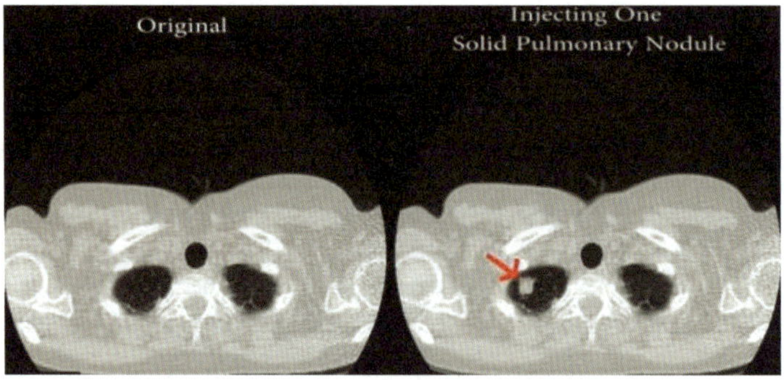

출처 : 조선비즈, 2019.4

그림 4.5 조작 의료영상 자료

안전사고와 중독에 관련된 문제로는 가장 널리 알려진 것이 테슬라의 자율 주행차 인명사고일 것이다. 그 외에도 쇼핑센터의 자율경비로봇이 아이에게 부상을 입히거나 내비게이션과 장애물 회피 기능을 학습하던 러시아의 로봇이 열린 문을 통해 러시아 페름 시 거리로 나가 교통체증을 유발했던 사건도 있다[The Wasington Post, 2016.6]. 그리고 폭탄을 장착한 킬러 로봇을 활용하여 경찰 살해범을 폭사시키거나, IS 테러범을 로봇이 저격 사살하는 등의 사례는 과연 로봇이 사람을 죽여도 되냐는 윤리적 문제를 생각하게 하는 사건이다. 그리고 노인과 아동을 위한 로봇이나 기계는 인간관계 자체를 거부하는 부작용을 일으킬 수 있기 때문에, 대안적 서비스 역할에 그쳐야 한다[한국일보, 2019.8]는 윤리적 문제도 거론되고 있다.

4.3 AI 윤리교육

(1) AI 윤리교육 동향[1)]

이 절에서는 세계 주요 선진국의 인공지능 국가전략에 포함되어 있는 인공지능 인재양성을 위한 인공지능 윤리교육 동향을 한번 살펴보고자 한다. 먼저 미국은 초·중·고 AI 교육을 위한 국가 가이드라인과 교사를 위한 온라인 리소스 디렉터리를 개발하는 것, 그리고 연구자와 교사, 커리큘럼 개발자, 리소스 개발자로 구성된 커뮤니티를 조성하는 'AI4K12 이니셔티브'를 만들었다[http://ai4k12.org/]. AI4K12 이니셔티브의 '사회적 영향'에서는 인공지능 기술로 인해 발생할 수 있는 위험을 대비하여 논의 및 기반 시스템의 윤리적인 설계 및 배치에 관한

1) 이 절의 내용은 전국교원양성대학교 공동교육혁신센터 공동교수학습자료 개발(AI교육) 보고서의 4.3절의 내용을 포함하고 있음

기준을 개발하는 것의 중요성을 설명한다.

AI4K12 리소스 디렉터리에는 중학생을 위한 인공지능 윤리교육 가이드[영어, 독일어, 포르투갈어, 한국어]가 제공되는데, 인공지능 시스템의 기본적인 작동 원리의 이해, 사회-기술 시스템이 가치중립적이지 않고 정치적 쟁점을 가진다는 것의 이해, 인공지능에 대한 기술적 이해와 이해관계자에 대한 지식을 적용하는 것, 기술이 세계에 미치는 영향력을 고려하는 것 등이 학습 목표에 포함된다[Blakeley H. Payne, 2018]. 학습 목표에는 학생들이 인공지능이 학습할 데이터와 기반 시스템에서 발생할 수 있는 윤리 문제를 학습하여, 이를 인공지능 시스템에 사용되는 알고리즘에 적용하는 활동을 포함하며 세부 활동은 다음과 같다.

- 인공지능 빙고 게임 : 인공지능 시스템의 기본 작동 원리를 이해한다. 빙고 카드를 활용하여 인공지능 인식 및 인공지능 사용 여부에 따라 어떤 데이터셋을 사용하는지 함께 분석한다.
- 지도학습 머신러닝과 알고리즘 편향성 : 모든 기술은 사회와 기술 시스템으로 가치 중립적이지 않으며 정치적 쟁점을 가질 수 있다는 것을 이해한다. 분류과정에서 발생할 수 있는 알고리즘 편향성과 편향된 데이터를 학습한 분류기가 어떻게 대상을 분류하는지 고양이와 개로 실습한 뒤, 훈련 데이터의 구성이 지도학습 머신러닝 시스템의 결과에 어떻게 영향을 미치는지 이해한다.
- 누구를 위한 알고리즘인가? : 땅콩버터잼 샌드위치를 만들기 위한 알고리즘을 작성하여 자신의 의견이 어떻게 반영되는지 확인함으로써 개발자의 주관이 알고리즘에 미치는 영향을 학습한다.
- 윤리 매트릭스 : 샌드위치 알고리즘 설계 과정에서 이해 관계자들의 입장에 따라 윤리 가치가 겹치거나 충돌할 수 있다는 것을 학습한다.
- YouTubc 속 인공지능 : Youtube 플랫폼에서 짝지어 사용되는 광고, 추천, 댓글 등에 적용된 인공지능을 인식하고, 그 인공지능 알고리즘이 예측하려는 것과 사용하는 데이터셋이 무엇인지 식별한다.
- YouTube를 재설계하라! : Youtube 추천 알고리즘에 대한 윤리 매트릭스를 기반으로 알고리즘의 목적과 이해관계자의 가치충돌을 상상한다.
- YouTube 소크라테스식 세미나 : YouTube 플랫폼의 인공지능 시스템을 살펴보며 해당 알고리즘이 예측하려는 것과 사용하는 데이터셋이 무엇인지 친구들과 소크라테스식 질의응답과 토론을 한다.
- 미래 모습 상상하기 : 공상과학 소설 수업에서 감정 인식 소프트웨어나 GAN 등의 다양한 기술과 상호작용하고, 누가 기술에 영향 받게 될지, 기술이 가져올 해로움과 이득에 대한 글쓰기를 한다.

Dungan & Seehorn[2020]은 컴퓨터과학교사 학술대회에서 고등학생을 위한 인공지능 윤리에 대한 Birds of a Feather session을 운영했는데, 인공지능윤리 딜레마 사례, 고등학교를 위한 윤리내용 선별, 과목 간 통합, 지역과 학교에서의 도전, 코딩 프로젝트로 윤리 토론, 공유하기를 주요 주제로 삼았다.

Code.org에서는 **그림 4.6**과 같이 바다환경을 위하여 사물[쓰레기 또는 물고기]중에서 제거해야할 것을 선택하는 머신러닝을 하는 활동[https://code.org/oceans]인데, 데이터를 잘못 학습시켜 쓰레기를 제대로 제거하지 못하면 바다 환경이 파괴된다는 인공지능의 데이터 편향성을 학습할 수 있도록 하였고, 다양한 사람들이 AI 윤리시대를 설명하는 영상[https://youtu.be/GboOXAjGevA]도 제공한다.

그림 4.6 https://code.org/oceans 웹사이트

하버드 대학교의 컴퓨터 과학 전공으로 2019년 개설된 Embedded ethiCS 과목은 컴퓨터 과학에 대응하는 철학 주제를 컴퓨터과학과 철학교수의 팀티칭으로 운영하고 있으며, 인공지능에 국한되지 않고 표준 컴퓨터 과학 커리큘럼 전반에 걸친 윤리적 추론과정의 필수적인 구성요소의 융합 및 적용 훈련을 목표로 한다. 세부 목표로는 '학생들이 작업에서 윤리적, 사회적

문제를 식별하게 한다', '윤리적 이슈들에 대해 혼자 혹은 여럿이서 분명하게 생각하게 한다.', '이런 이슈들에 대한 자신들의 이해를 효과적으로 의사소통하게 한다.', '윤리적이고 사회적인 문제를 염두에 둔 시스템들을 디자인하게 한다.'와 같으며, 해당 교과목의 주요 컴퓨팅 윤리교육 사례는 다음과 같다.

- 대규모 분산 시스템 : 시스템 설계상에서 프라이버시 문제 탐구
- 프로그래밍 언어 : 프로그래밍 기능뿐 아니라 프로그램에 대한 윤리적 검사와 검증 방법 고려
- 인간과 컴퓨터 상호작용 : 시각 장애 사용자에 대한 시스템 설계 여부 토론
- 기계 학습 : 기계 학습에서 나타날 수 있는 부주의한 차별 사례 토론
- 컴퓨터 네트워크 : 페이스북, 가짜뉴스 등 소셜 미디어 플랫폼에 대한 검열 문제 탐구
- 시스템 프로그래밍과 머신 구조 : ASCII, Unicode와 윤리적 자연어의 표현법 토론
- 시스템 보안 : 보복 해킹에 대한 정당방위 토론

자율주행과 같은 알고리즘이 인명에 직접 영향을 끼칠 때와 같은 생명과 존엄성에 대한 윤리적 판단 기준을 인공지능에게 맡겨도 되는지에 대한 트롤리의 딜레마는 나이, 성별, 국가별로 다양한 의견을 도출할 수 있다. 따라서 MIT미디어랩의 이야드 라환Iyad Rahwan 교수는 자율 주행차의 트롤리 딜레마를 사회구성원의 의견수렴을 통한 합의로 해결하고자 **그림 4.7**과 같이 웹기반 '모럴 머신Moral Machine'이라는 인공지능 윤리교육에서 가장 흔하게 활용되고 있는 플랫폼을 개발했다. 탑승자와 보행자의 연령, 성별, 인종 및 행동의 변화 등 다양한 변수를 집어넣어 다양한 국적을 가진 400만 명을 대상으로 모럴 머신 테스트를 진행하여 '탑승자보다 보행자의 안전이 우선'과 '성인보다는 어린이를 보호해야한다'는 것으로 조사되었다.

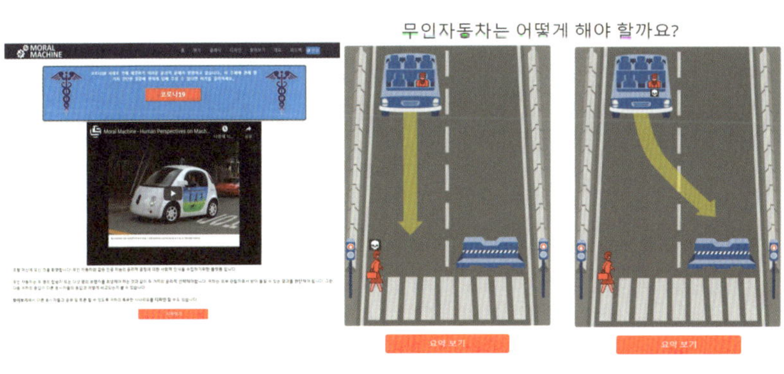

그림 4.7 https://www.moralmachine.net/ 웹사이트

MIT의 미디어랩에는 인공지능의 규제와 윤리The Ethics and Governance of Artificial Intelligence라는 교과목이 있는데, 여기서는 개인의 권리, 차별, 그리고 통제 구조에 관한 질문과 지배 조직과 주권 국가들 간의 복잡한 상호작용, 알고리즘적 의사 결정의 확산, 자율 시스템, 머신 러닝과 설명, 규제와 혁신 사이의 균형 추구, 정보 확산에 대한 AI의 영향 등 다양한 문제들을 다룬다고 소개하고 있다. 주요 주차별 내용은 다음과 같다.

- 자율성, 시스템 디자인, 기관, 책임
- 알고리즘 편향
- 소유권, 통제, 접근
- 관리, 설명가능성, 의무
- 노동, 자동화, 규제
- 결론 : 윤리, 도덕, 그리고 선도

텍사스대학교의 컴퓨터과학윤리Ethical Foundations of Computer Science 과목은 다음과 같이 주차별 주제를 구성하고 있다.

- 학문적 윤리 및 진실성
- 판단과 고정관념
- 조직 내 행동
- 환영받는 환경
- 직원으로서의 행동
- 권한 있을 때의 행동
- 이윤의 윤리
- 지적 재산권
- 프라이버시
- 윤리 해킹 E
- 소프트웨어 사용 및 효과
- 게임과 게임화
- 윤리강령

그리고 스탠포드대학교의 인공지능의 철학, 윤리, 영향Artificial Intelligence - Philosophy, Ethics, and Impact 교과목은 다음과 같은 내용으로 구성되어 있다.

- 인공지능의 역사와 철학
- 업로드 혹은 죽음 : 정체성과 자유 의지
- 스타트랙 수송기에 올라타야 하는가?
- 신경 쓰지 마 : 인공지능에 반하는 경우
- 기계가 마음을 가질 수 있을까?
- 새로운 보스와의 만남 : 지능형 자동화의 경제성
- 악마가 시킨 일 : 로봇 범죄와 처벌
- 에이전트와 대화 : 인간 세상을 위한 문명화된 로봇
- 자율 기술과 더 위대한 인간의 선
- 커튼 뒤의 남자에게 신경 쓰지 마 : 인공지능 속 의인화
- 스카이넷 설계 : 컴퓨터 윤리학과 인공지능의 군사적 사용
- 우리는 자율 무기를 배치해야 하는가?
- 인공생명을 얻어라 : 인공지능의 미래사
- 그 다이얼을 만지지 마 : 대중 매체 속 인공지능
- 학생 발표
- 인공지능과 신앙

중국은 1980년대부터 소프트웨어교육을 시작했고 10년 전부터는 인공지능 인재양성에도 힘을 쏟아왔고 2017년에는 차세대 인공지능 발전계획을 발표하여 인공지능과 빅데이터를 경제와 융합교육과 의료 등의 분야에 국가전략으로 추진해 온 영향으로 세계적인 수준으로 진입해 있다고 할 수 있다. 2018년에는 중국 교육부 고등교육기관을 위한 인공지능혁신 행동계획이 발표되는데, 차세대 인공지능의 방향성을 제시하고 융합형 인재를 양성하는 내용이 포함되어 있다. 이를 위해서 교사교육진흥 행동계획을 통하여 교사들이 인공지능, 빅데이터, 사물인터넷 등의 기술을 활용할 수 있는 정보교육 서비스 플랫폼을 제공하고 교사들이 이를 활용할 수 있는 역량제고를 추진하고 있다. 중국의 경우 개인정보의 데이터에 대한 규제가 엄격하지 않아 안면인식 기술 등이 활발히 활용되고 있으며, 교육 현장에도 카메라와 인공지능을 활용한 교실케어시스템Classroom Care System; CCS, 'AI 좋은 선생님'이라는 인공지능 프로그램으로 교사의 교육지원, '두 교사 강의실'이라는 인공지능 프로그램으로 교사와의 협업 교수법 지원, 인공지능 작문평가 시스템이나 로봇을 활용한 교육평가 등이 시도되고 있다.

중국에서 초중등용 인공지능 교과서의 경우 인공지능 이해, 인공지능 응용, 인공지능 코딩, 인공지능 로봇 등의 모듈로 인공지능 역사, 음성과 영상인식, 얼굴인식, 스마트 농업 등 인공지능 기술과 직접 연결된 실생활의 예에서 기계학습, 의사결정나무, 신경망 등 핵심내용들로 구성하고 있다. 주로 초등학교는 실생활 문제 연결된 사례로, 중학교에서는 코딩 교육과 인공지능 개념 위주, 고등학교에서 인공지능 심화내용과 로봇교육으로 구성하고 있다. '인공지능 실험교재'의 고등학교 1학년용 교과서에는 인공지능과 윤리를 다루는 내용이 포함되어 있다고 하지만, 윤리내용의 비중이 상대적으로 빈약한 것으로 판단된다.

화동 사범대학은 '스마트+'라는 전략으로 사고의 지혜와 인공지능을 핵심으로 하는 아이디어를 바탕으로 과학·기술·사회·윤리 연구를 강화하여 인문학을 개방하는 것을 목표로 삼고 있다. 또한 중국의 MOOC에 2019년 개설된 '인공지능, 언어와 윤리' 강좌에서는 인공지능의 역사와 처리 방법, 인공지능의 발전이 윤리적 문제와 어떤 관련이 있는지 등을 다루고 있다. 특히 인공지능의 자연어 처리와 관련하여 행동주의, 외부주의의 처리를 나누어 살펴보았으며, 접근의 경우 통계적, 실제 사례, 복합 등으로 나누어 살펴보았으며 내용 구성은 다음과 같다.

- 인공지능 역사의 "삼국지" : 인공지능의 역사, 상징적 인공지능, 인공 신경망, 프레임 워크 문제, 5세대 컴퓨터 버블에 대한 토론
- 슈퍼 인공지능은 생각만큼 간단하지 않습니다! : 강 인공지능 및 약 인공지능, 딥 러닝을 일반 인공지능 시스템으로 업그레이드 할 수 있습니까?, 자연 지능에서 배우기
- 빅 데이터 기술이 정말 똑똑합니까? : 빅 데이터의 장점과 단점, 검소한 합리성, 녹색 인공지능에 대한 전망
- 인공지능 및 자연어 처리 : 자연어 처리 이론의 개요, 행동주의의 자연어 처리 경로, 외부주의의 의미론적 모델링, 이상적인 언어 가정에 기반한 의미론적 모델링, 통계적 접근 시맨틱 처리 방법, 하이브리드 접근, 실제 사례를 기반으로 한 접근
- 컴퓨터가 중국어를 이해할 수 있습니까? : 강 인공지능과 약 인공지능에 대한 토론, Searle 주장의 전임자, Searle의 모순 방법, 반박

중국과학원대학교에서 2017년부터 실시된 "인공지능의 철학과 윤리" 교과목에서는 인공지능이 인간과 기계에 미치는 영향과 잠재적 위험 방지 방안을 다루는데, 구체적인 내용은 다음과 같이 구성된다.

- 인공지능의 철학과 윤리에 관한 역사
- 인공지능의 본질과 미래

- 기계적인 뇌와 윤리
- 언어 및 지식 이론
- 인간의 인식과 자각의 철학
- 뇌의 컴퓨팅적 모델 철학과 뇌에서 영감을 받은 인공지능
- 기계 감정, 의식 및 윤리
- 자율 무기에 대한 윤리
- 도덕적 기계와 도덕적 인간-기계 사회
- 인공지능 원리와 윤리의 국제적 노력과 한계

우리나라 교육부는 2025년부터 적용되는 2022년 초·중·고 개정 교육과정에 '인공지능[AI]교육'을 정식 도입하는데, 다음 **그림 4.8**과 같이 교육내용으로 프로그래밍, 인공지능 기초원리, 인공지능 활용, 인공지능 윤리로 구성하고 있다. 인공지능 교육을 위해 유치원에서는 놀이 중점 교육을 하며, 초·중·고교에서는 문제를 인식하고 해결하기 위한 프로그래밍과 함께 컴

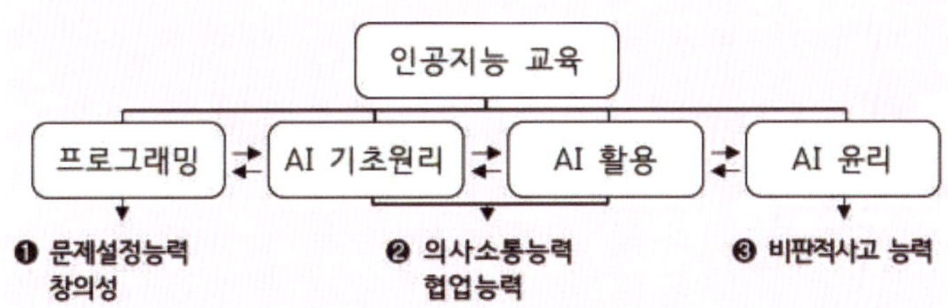
예시 인공지능(AI) 교육의 구성과 각 교육내용의 역할

❶ (지적 창조활동으로서의 프로그래밍) 문제를 인식하여 해결하는 과정을 설계하고, 이를 컴퓨터를 통해 시연해보는 창의력 교육

❷ (미래 기초의사소통으로서의 AI 원리·활용) 지능을 가진 컴퓨터(AI)와 '상호교류'한다는 측면에서의 소통·협업 교육

(구상안) 미래 기초의사소통에 해당하는 '언어 교육'으로서의 AI 교육

내국인과의 소통	외국인과의 소통	컴퓨터(AI)와의 소통
국어 교육	영어(국제공용어 지위) 교육	인공지능 교육

❸ (비판적 사고력함양을 위한 AI 윤리) 알고리즘에 반영된 개발자의 편견 인식, 사회적인 긍정적·부정적 영향에 대한 토론 교육

그림 출처 : 교육부

그림 4.8 인공지능 교육내용

퓨터와의 소통으로 인공지능 기초와 활용, 그리고 인공지능 윤리를 통한 비판적 사고력의 증진을 목표로 하고 있다. 또한 247개의 AI시범학교를 운영지원하고 있으며 AI교육을 단계적으로 확대해 나가 향후 학교 정규 교과목으로 공식화하겠다는 계획을 추진하고 있다.

그리고 교원 역량 강화 차원에서 정보・컴퓨터 교직과목과 기본 이수과목에 AI관련 반영을 검토하고 있으며, 현직 교원을 대상으로 하는 인공지능 융합대학원을 신설하여 매년 1천 명씩 2025년까지 약 5,000명[연간 1,000명씩]의 재교육과 함께 교육교재 및 사례 개발지원을 하고 있다. 또한 정보・AI 등 신기술 분야에 두각을 나타내는 영재를 발굴하고자 내년부터 영재학교 2곳[인천, 충북]의 AI 교육활동 운영을 지원할 계획이다.

또한 2022년~2026년까지 적용할 '신기술 혁신공유대학' 지원 사업을 신설해 디지털 신기술 분야 전문인재 10만 명을 집중양성하고, 대학 자율로 AI 등 첨단 분야 융합전공을 신설할 수 있도록 지원한다는 계획이다. 범정부 차원으로는 내년부터 AI 인재양성 지표[INDEX]를 개발하고, 각 교육 정책의 효과를 다차원적으로 분석하기로 했다[매일경제, 2020.11.20]. 또한 과기정통부는 온라인 AI 교육 플랫폼을 구축하고 초・중등학생들의 인공지능 기초소양 강화를 위해 전국 500여개 학교를 'AI선도학교'로 지정하여 교육 운영을 지원할 계획이다.

서울특별시교육청은 '인공지능과 미래 사회' 고등학교 교과서를 승인하였는데, 인공지능 기초부터 익히는 이론적 기반보다는 문제해결과정에 초점을 맞춘 디자인 씽킹 기법으로써 교과 또는 실생활 문제와 융합해 활용하는 실용성에 초점을 두어 기술되었으며, 각 주제별로 성취기준 기반 과정중심평가 방안을 제시하여 학교에서 수업 및 평가에 바로 적용할 수 있도록 하였다. 여기에는 인공지능과 윤리 단원에서 인공지능 윤리의 필요성과 쟁점을 토론 및 공유하는 내용이 포함되어 있다.

- 인공지능과 함께 : 인공지능과 더불어 살아갈 학생들이 사회의 특성을 이해하고 미래사회 구성원으로서 갖추어야 할 인공지능 윤리, 인공지능 기술이 미칠 영향을 탐색하고 토론하며, '인공지능기술을 활용하여 해결하고 싶은 주변의 문제를 찾는 등' 현실세계 문제해결에 인공지능 기술을 활용하는 역량 함양
- 인공지능과 데이터 : 데이터 처리와 시각화 기술을 포함하여 데이터 기반의 인공지능으로 문제를 해결하기 위한 능력과 태도 함양
- 인공지능의 구현 : 인공지능 프로젝트 프로세스를 이해하고 머신러닝, 딥러닝, 컴퓨터비전, 자연어처리 기술과 같은 인공지능 모델을 구현하는 능력 함양
- 미래를 위한 인공지능 : 인공지능 모델링 및 구현 역량을 바탕으로 세상에 긍정적인 영향을 주는 인공지능 프로젝트를 통해 실생활 및 다양한 학문 분야에서 문제를 해결하는 능력과 태도 함양

2020년 5월에 교육부, 과학기술정보통신부, 한국과학창의재단에서 발행한 인공지능교육 길라잡이의 초등학교 인공지능 수업운영 사례에서 '누구를 살릴 것인가라?'는 인공지능 윤리 주제로, MIT의 모럴 머신을 활용하여 사례를 체험하는 활동지가 제공되고 있고 여러 선택에 대해서 토론하는 수업 교안이 제시되었다. 그 전 2017년 중학교 자유학기제용 프로그램 운영을 위해서 교육부, 한국과학창의재단, 인천대학이 공동 발행한 융합인재교육프로그램으로 '인공지능로봇에게 어떤 윤리기준이 필요할까?'라는 교재를 발간했는데, 여기에는 인공지능 로봇에게 윤리의식이 필요한지와 윤리기준을 생각해보고 토론하는 활동을 제공하고 있다. 한선관[2020]의 '놀랍게 쉬운 인공지능의 이해와 실습'에서는 인공지능 사회와 윤리를 안전성, 신뢰성, 프라이버시, 오남용, 책임성, 투명성, 신뢰성을 알아보고, 개발자와 기업의 윤리지침을 제공한다.

카카오브레인에는 기술 동향뿐만 아니라 인공지능이 가져올 윤리적인 문제들안전한 자율주행, 얼굴인식에 대한 데이터의 편향성, 인간존엄성과 행복에 대한 관여, 딥페이크 등에 대한 블로그들을 링크시키고 있다(**그림 4.9** 참고).

그림 4.9 카카오브레인의 인공지능 윤리 관련 블로그

(2) AI 윤리교육 방법

앞 절에서 살펴봤듯이 인공지능 교육에서 인공지능 윤리교육이 매우 중요한 이슈임에 불구하고 아직은 개설 과목, 교육교재 등에서 차지하는 비중은 적은 편이지만, 각국은 인공지능 교육정책에서 인공지능 윤리교육의 중요성과 함께 관련 교재개발 및 보급을 서두르고 있다.

그러면 어떻게 인공지능 윤리를 교육할 것인가? 즉, 인공지능 교육 방법론은 어떤 것이 있는가? 이에 대한 연구는 이제 시작하고 있는데, 김효은[2020]은 이론 중심의 학습 방식과 공학에 내장된 윤리 학습방식의 결합 형태에 따라 다음의 3가지 유형으로 나누었다.

- 순수 이론 중심의 학습 및 토론
- 컴퓨터 전공 교수와 인공지능 윤리 주제 관련 교수가 공학과 이론 팀티칭
- 공학에 내장된 윤리로서의 학습

이중 세 번째로 제시된 사례중심으로 공학에 내장된 윤리로서의 학습은 비전공자를 포함한 모든 연령대의 교육에 적합하다고 보았는데, 관련 용어와 다양한 데이터 활용의 한계점을 보완하여 변형하여 공학적 방법을 결합한 학습방법을 설계 제안하였다. 즉, 문제기반학습법의 적용과 프로젝트 적용을 위한 준비단계를 포함하고 내장된 공학적 내용 활동 이해 그리고 과제로 산출된 사례와 함의를 토론하도록 구성하였다.

실제로 앞 절에서 살펴본 국가별 다양한 인공지능 윤리교육 현황을 보면, 사례 중심으로 공학에 내재된 형태로 윤리교육을 구성하고 있다. 또한 윤리적 문제는 이해 당사자에 따라 문제의식, 해결방법 등이 달라질 수 있기 때문에 윤리 매트릭스를 활용하고 있다. 따라서 이 절에서는 다음 **그림 4.10**과 같이 제시된 인공지능 윤리 문제 사례에 대해서 어떠한 윤리적 문제가 있는지 생각해 보고, 이 사례에는 어떠한 인공지능 기술이 연관되었는지 조사하고 개념을 이해해본다. 그리고 이 사례에 대한 각 이해 관계자별로 가치를 고려한 윤리 매트릭스를 작성해보고 이를 공유하고 해결 방안을 토론하는 모형을 제안한다.

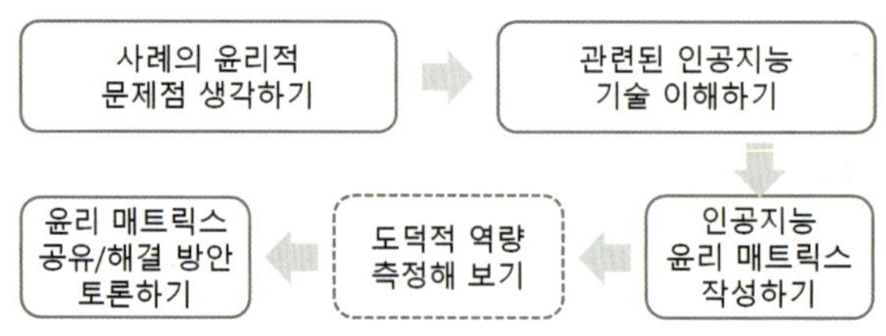

그림 4.10 인공지능 윤리교육 모형

인공지능 윤리 매트릭스는 다음 **표 4.4**와 같이 행은 해당 인공지능 사례의 알고리즘과 관련 있는 이해 관계자[제작자, 서비스자, 사용자, 간접 사용자]를 나열하고, 열에는 여기서의 인공지능 기술이 관련된 목적이나 윤리적 가치를 넣어 구성한다. 이때 추구하는 목적이나 윤리적 가치는 교육 대상의 연령, 사회, 국가별로 다양해질 수 있을 것이다. 윤리 매트릭스가 구성이 되면 주어진 사례의 인공지능을 개발/서비스/이용하기 위하여, 각 이해 관계자가 고려해야할 가치가 있다면 해당하는 칸에 그 내용을 적음으로써 윤리적 이슈를 매칭할 수 있다.

표 4.4 인공지능 윤리 매트릭스

7가치 / 이해관계자	인간존엄성, 행복, 공공선	안전성	· · ·	정보보호
제작자				
서비스자				
사용자				
간접사용자				

만약 학습 시간이 넉넉하고 인공지능 윤리 교육을 처음으로 받는 경우에는 '도덕적 역량을 측정'하는 단계를 포함하면 좋을 것이다. 인간의 도덕 판단력을 측정하는 도구 중에 아동부터 성인까지 사용이 가능하며 객관식으로 측정하는 MCT[Moral Competence Test]가 있는데, MCT에서는 피검자에게 2개의 딜레마를 제공하고 각 딜레마마다 주인공의 결정에 대한 옳고 그름을 측정한다. 예를 들어 암 선고를 받고 매일 끔찍한 고통에 시달리는 환자가 단번에 죽을 만큼 많은 양의 진통제를 투여해달라고 의사에게 간청하는 딜레마에 대해 각자의 도덕적 판단을 응답한다. 이런 역량 측정을 통하여 토론하는 상대자들과 자신의 도덕적 역량 값을 비교해볼 수도 있을 것이다.

4.4 AI 윤리교육 사례

(1) 딥페이크 기술을 이용한 사례

'딥페이크'는 '딥러닝' + '가짜'의 합성어로 인공지능의 심층 신경망을 사용하여 한 사람의 얼굴 사진을 이용한 가짜 비디오를 생성하는 것으로, 프로그래밍이나 비디오 편집에 대한 배경 지식이 없어도 앱과 같이 간단히 사용할 수 있다. 딥페이크 기술은 연예인, 정치인 등 거의 모든 사람의 가짜 동영상을 만드는 데 사용할 수 있기 때문에, 악용될 경우 사회적, 문화적

정신뿐만 아니라 동영상 속의 사람들에게 큰 해를 끼칠 수 있다. 이 절에서는 딥페이크 기술을 이용한 사례를 통한 윤리교육을 체험한다.

윤리적 문제점 생각하기

이스라엘의 온라인 가계도 플랫폼 서비스 기업 마이헤리티지[MyHeritage]는 웹사이트 https://www.myheritage.co.kr/deep-nostalgia에 딥페이크 기술을 적용한 인물 사진을 살아 움직이게 하는 딥 노스탤지어[Deep Nostalgia]기술을 **그림 4.11**과 같이 선보였다.

그림 4.11 MyHeritage 사이트의 딥 노스텔지아 기능

다음 **그림 4.12**는 오래되어 변색된 사진[왼쪽 원본]을 딥 노스텔지아 서비스를 이용하여 이미지의 질 개선과 칼라이미지로 변환 및 움직이는 시선과 얼굴 각도 변화 영상의 화면 2개씩을 캡처한 것이다. 사형집행을 앞둔 무표정한 모습에서 은은한 미소를 짓는 안중근 의사의 칼라 영상, 화면을 똑바로 응시하다 잠시 옆을 바라보는 윤봉길 의사 영상을 보면서 어떤 생각이 드는가?

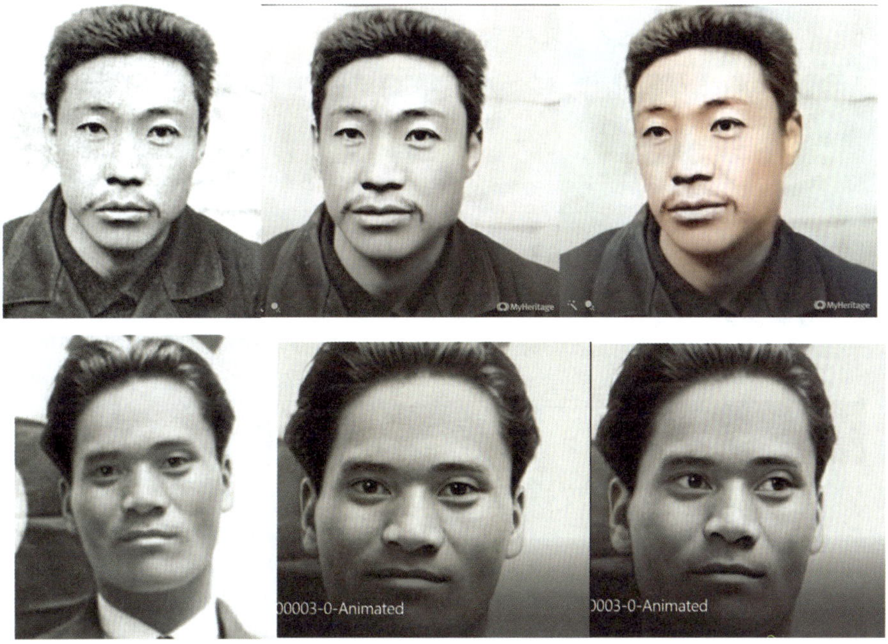

그림 4.12 딥 노스텔지아 기능을 이용한 안중근 의사와 윤봉길 의사

딥 노스텔지아 메뉴 [가계도]-[애니메이트 포토스]에 생전에 뵙지 못했던 사진 속 증조 할아버지의 사진을 이용하여 그들이 시선과 눈동자를 나에게 맞추며 미소를 짓고 다른 곳도 쳐다보는 등의 짧은 영상물을 만들어보자. 만약 최근에 세상을 떠난 친구나 지인의 사진을 이용해서 이런 영상을 만들어 본다면 어떠한 느낌이 들지 또 어떤 문제가 발생할 수 있는지 생각해보고 토론해 보자.

영상과 음성합성의 딥 페이크 기술 이해하기

딥페이크 앱 'Zao'. 'Wombo AI', 'Mug Life', 'REFACE', 'Morphin', 'Avenge Them'는 이미지를 기반으로 합성영상을 제공하며, 딥 노스텔지아에는 이스라엘 기업 D-ID[De-identification Ltd]의 안면인식 기술이 들어가 있다. 또한 어도비의 '프로젝트 보코'는 20분의 샘플 음성 데이터로, 캐나다 인공지능 스타트업인 라이어버드[Lyrebird.ai]는 60초 분량의 셈플 음성 데이터로 음성 합성 기술을 개발하였다. 딥페이크 기술의 신경망 모델을 알아보고 영상 합성과 음성합성에 사용되는 어떤 알고리즘이 주로 사용되는지 정리해본다.

그림 4.13은 딥페이크를 감지하는 알고리즘으로 비디오 프레임은 후속 단계를 준비하기 위해 크기 조정, 확대 / 축소 및 수평 뒤집기와 같은 가벼운 이미지 처리를 거친 후, 컨볼루션 신경망[CNN]과 장단기 기억[LSTM] 단계를 거치는 그림이다. 이때 CNN은 순차 비디오

프레임에서 특징을 자동으로 추출 할 수 있는 특수한 유형의 신경망이며, LSTM은 시계열 데이터[이 경우 순차 비디오 프레임]를 처리하는 데 특히 유용한 일종의 순환 신경망이다. 원본 비디오와 딥 페이크 비디오를 비교할 때 LSTM 네트워크는 약 2초의 영상을 이용하여 프레임에서 불일치를 쉽게 탐지한다.

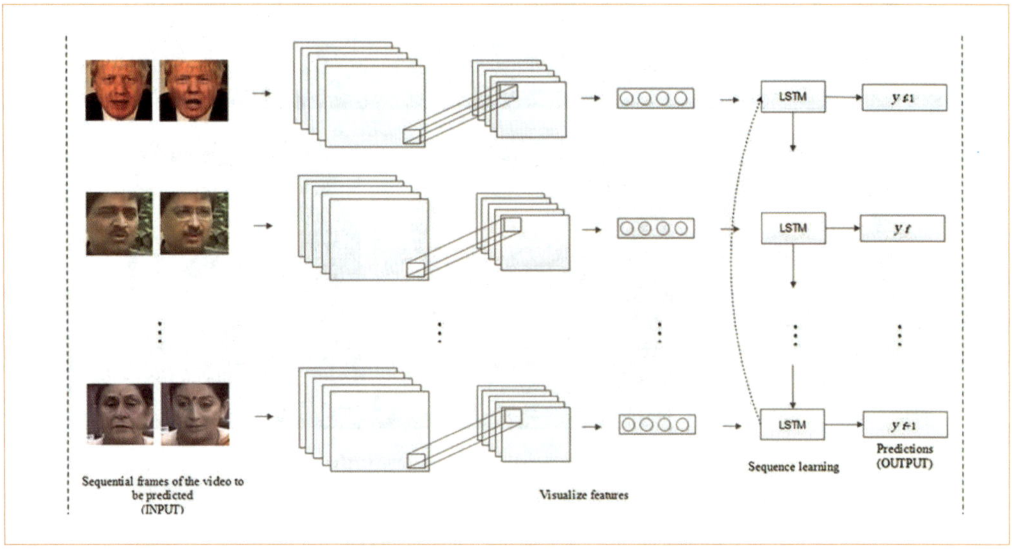

출처:Kaur et al.; 2020

그림 4.13 딥 페이크 감지 알고리즘

인공지능 윤리 매트릭스 작성하기

앞에서 토론한 딥페이크 기술을 적용한 콘텐츠의 긍정적인 활용 방안과 부정적인 활용 가능성에 대해서 **표 4.5**과 같이 이해관계자들[제작자/서비스자, 직접 사용자, 참여방관자]과 각각이 의도하는 가치[사회의 공공선과 인간의 행복·존엄성, 딥페이크의 올바른 사용인 책무, 정보생성과 관리규정을 준수하는 정보보호]로 구성되는 3×3~3×5 매트릭스로 구성한다. 이때 열을 구성하는 가치의 내용은 추가하거나 변경할 수 있다.

표 4.5 딥노스텔지어 서비스에 대한 인공지능 윤리 매트릭스

가치 / 이해관계자	인간존엄성, 행복, 공공선	책무	· · ·	정보보호
마이헤리티지 (생산+서비스)				
가족				
(간접) 관람자				

예를 들어, 마이헤리티지사에서 전 세계의 고객들로부터 업로드 받은 많은 이미지들을 더 나은 영상개발을 위한 인공지능 학습에 활용하기 위해서 영구적으로 저장하는 경우를 생각해볼 수 있다.

딜레마를 통한 나의 도덕적 역량 간편 측정 비교하기

인간사회에서 도덕적 역량을 판단하기 위해서는 콜버그의 도덕발달 단계이론을 기반으로 딜레마에 대한 객관식 조사를 하여 측정비교를 하는 MCT^Moral Competence Test^를 이용하여 나의 도덕적 역량을 측정해본다. 원래는 제공되는 각 딜레마에 대하여 주인공의 결정에 대한 옳고 그름을 7점 척도로 평가한 뒤, 주인공을 지지하는 6가지 주장과 반대하는 6가지 주장들의 수용 정도를 9점 척도로 평가해야하는데 이는 시간 소요도 많기 때문에, **표 4.6**에 대한 딜레마를 읽어보고 본인이 얼마나 동의하는지 7점 척도로 골라보고, 토론 상대자와 서로 측정된 도덕적 역량 값을 비교하고 동의한 정도에 대해서 토론해본다.

윤리 매트릭스 공유하기

작성된 매트릭스의 이해 관계자와 가치를 비교해본다. 그리고 각 이해 관계자들 간에 어떠한 가치상의 문제가 생길지 다양하게 적었는지와 이를 해결하기 위한 방법을 논의하고 공유하는 시간을 가진다. 이때 앞에서 간편 측정한 도덕적 역량 값에 따라 토론자 상호간의 윤리 매트릭스의 내용이 어떻게 달리 작성되었는지 비교토론을 한다. 그리고 상호 공유를 통해 미처 생각하지 못했던 것들에 대해서 토론하여 수정 정리한다.

표 4.6 도덕적 역량 측정을 위한 MCT딜레마와 수정된 딜레마(한정혜와 김종욱, 2021)

MCT	근로자의 고민	한 공장에서 명확한 사유도 없이 해고를 당한 일부 근로자들은 관리자가 CCTV를 통해 그들을 불법적으로 감시했다고 생각하고 있다. 한편 관리자는 감시한 일이 없다고 강하게 부인하고 있다. 그 해고 근로자들은 노동조합을 통해서 관리자의 불법 행위에 대응하려고 해도 명확한 증거가 없어서 그렇게도 할 수 없었다. 그래서 그들 중 두 명의 근로자가 관리자의 사무실에 무단으로 들어가서 증거가 될 만한 녹화테이프를 훔쳐 나왔다.
	의사의 고민	말기 암 선고를 받은 한 여성이 있다. 그녀는 이로 인해 아무런 희망도 없이 하루하루를 살고 있다. 그녀는 끔찍한 고통에 시달렸고, 점점 허약해졌다. 모르핀과 같은 진통제를 너무 많이 투여하여, 거의 죽음에 이를 지경이었다. 이러한 고통의 와중에 그녀는 의사에게 단번에 죽을 만큼 모르핀을 투여해 달라고 간절히 요청했다. 그녀는 의사에게 자신은 더 이상 고통을 견뎌낼 수 없고 어차피 얼마 살지 못할 것이라고 말했다. 의사는 그녀의 간청을 들어주기로 했다.

표 4.6 계속

변형 제안한 MCT	개발자의 고민	가정용 영어 교육 인공지능 스피커 개발사에서 새로운 버전의 인공지능 스피커를 개발하고 있다. 새로운 인공지능 스피커의 주요 기능은 부모의 목소리와 말투를 수집하여 딥페이크 보이스 기술(사람의 목소리와 말투를 음성합성 등을 통해 감쪽같이 재연하는 기술)로 부모의 목소리를 아이에게 제공하는 것이다. 이런 기능을 설계한 의도는 부모가 없을 때에도 아이가 인공지능 스피커를 통해 부모와 대화하는 것처럼 친근한 느낌을 주기 위함이다. 하지만 새로운 인공지능 스피커의 개발자는 이런 기술이 좋지 않다고 생각하여 이 프로젝트의 개발을 거부하려고 한다.
	CEO의 고민	한 AI 스피커 개발회사는 어린이 영어교육용 AI 스피커를 개발하였다. 이 스피커의 주요 기능은 가정에서 '가족 간의 대화'나 '가족과 AI 스피커와의 대화'를 빅데이터로 학습하여 사용자와 상호작용한다. 그런데 이 회사의 CEO는 최근 민원을 받았다. AI 스피커가 가족 간의 반말, 욕설, 가족만의 호칭 등의 사적인 데이터를 학습하여, 아이와 대화할 때 욕설 등 부적절한 대화를 진행한 것이다. 이에 부모는 개발회사에 AI 스피커의 환불 요청과 함께, 그동안 AI 스피커를 통해 수집된 모든 음성기반 대화 데이터의 삭제도 요구하였다. CEO는 소비자의 환불 요청을 들어주었지만 원본 음성 데이터를 삭제하는 대신에 이를 음성의 주체를 식별할 수 없는 텍스트 데이터로 변환하여 빅데이터로 보전하였다.

딥페이크를 활용한 인공지능 윤리 프로젝트 보고서 작성

지금까지 수행한 내용을 모두 담아 보고서로 정리하는 단계로서, 딥페이크 기술을 이용한 사례를 통한 문제점을 정리하기/영상과 음성합성의 딥페이크 기술 이해 정리하기/인공지능 윤리 매트릭스를 작성하기/ 도덕적 딜레마를 탐색하여 정리하고, 점수비교 토론하기/딥페이크 윤리 매트릭스 공유 및 토론하기/최종 보고서 작성하기로 구성된다.

(2) 데이터의 편향성 사례

이 절에서는 이러한 데이터 편향성에 대한 사례를 통하여 윤리적 문제를 생각해보고자 한다. 인공지능은 데이터 학습을 통한 자기 모델링으로서 다음 **그림 4.14**와 같이 빅데이터와 데이터 사이언스와 연결되어 있다. 따라서 데이터를 기반으로 학습하여 모델링을 하는 인공지능은 빅데이터일수록 모델링이 정교해질 수 있다.

그러나 반대로 생각하면 데이터를 기반으로 모델링을 하기 때문에 데이터 자체에 결함이나 경향 또는 인공지능 개발자가 의도적이거나 무의식적으로 수집하여 넣은 데이터에 의해서 모델링된 알고리즘이 편향될 수 있다. 이런 데이터 편향성은 인공지능 알고리즘의 편향과 함께 편파적인 결정을 할 수 있기 때문에 매우 중요한 윤리적 문제의 근원으로 제기되고 있다. 데이터 편향의 종류로는 데이터 자체의 편향, 선택 편향, 롱테일 편향, 숨겨진 편향, 고의적 편향과 같이 구분될 수 있다.

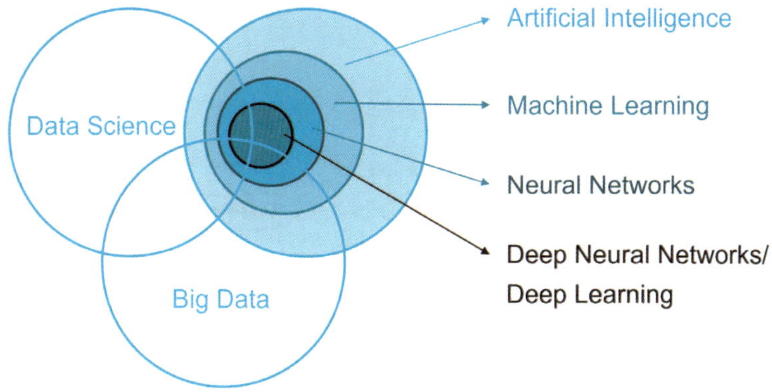

그림 4.14 인공지능, 빅데이터, 데이터과학 관계도(Towards, 2019.2.19)

윤리적 문제점 생각하기

국내 스타트업이 개발한 20살 여대생 설정의 챗봇 '이루다'에 대한 논란을 생각해보자. '이루다'를 이용하는 일부 사용자가 성적 대화를 유도하거나 성희롱 발언을 하거나, 이루다가 대화하는 챗에서 여성이나 유색인종·장애인 등 소수자에 대한 혐오 발언을 하는 등의 문제가 발생하였다그림 4.15 참고. 이에 '이루다'서비스 개발자들의 성적인 인식에 문제가 있었다는 내부 고발이 있었고, 서비스 개발에 이용된 카카오톡 대화내용 데이터를 불법으로 수집했다는 문제까지 터지면서 서비스가 중단되었다.

그림출처 : 머니투데이; 2021.3.19

그림 4.15 여대생 챗봇 '이루다'

빅 데이터 기반의 인공지능 모델링 이해하기

인공지능과 머신러닝, 딥러닝의 관계와 기본 개념을 이해하고, 각 영역에서의 모델링 기법을 조사하여 맵을 만들어본다. 딥러닝에 사용되는 중 머신러닝의 맵을 통해 어떤 모델이 있는지 개념을 이해한다.

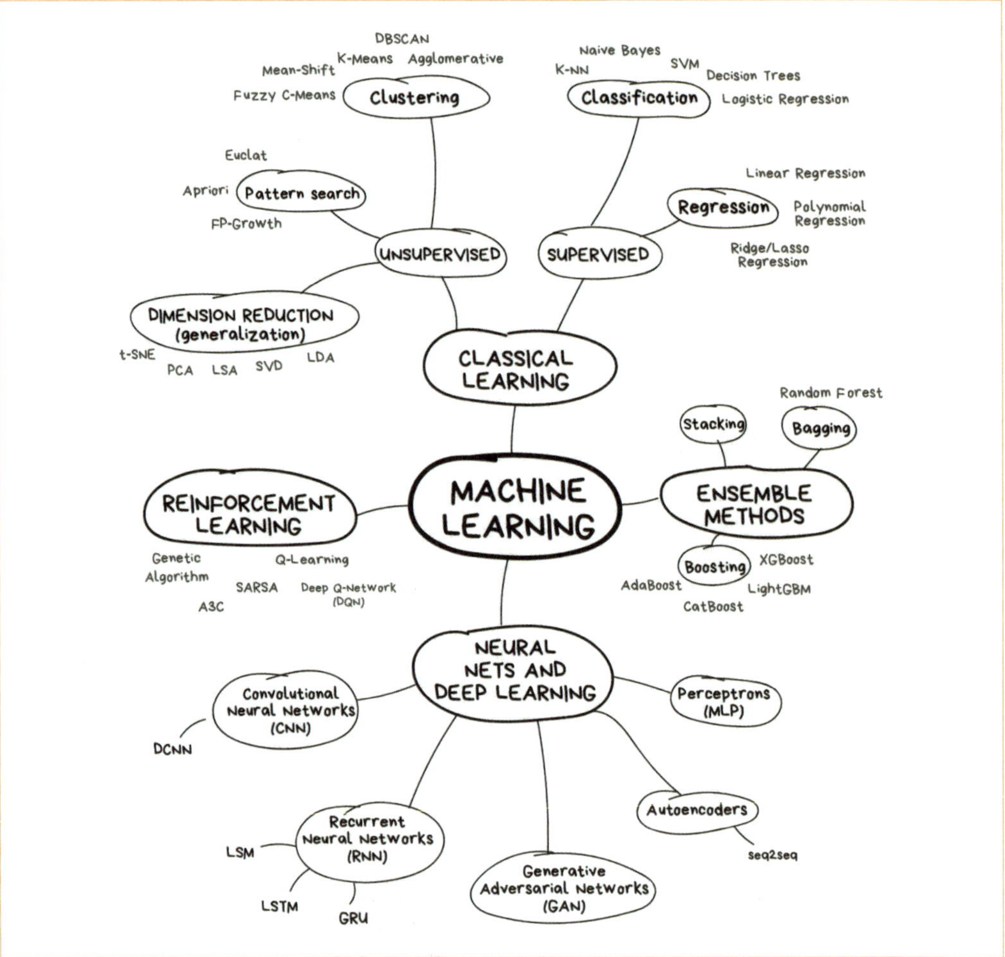

그림출처 : Datarevenue

그림 4.10 머신러닝 분류 그래프

데이터 편향성에 대한 인공지능 윤리 매트릭스 작성하기

학습 데이터의 편향성은 이해 관계자 중에서 제작자의 윤리에 한정된다고 볼 수 있다. 데이터 편향성은 인간 편향[인간에서 나오는 데이터 자체가 수집된 인간에 의존되어 있는 경우로 백인과 흑인, 여성과 노인 등], 선택 편향[자료를 수집할 때 샘플링하여 생기는 표본으로 발생], 롱테일 편향[모델링에 필요한 자료가 희귀한 편인데, 희귀하기 때문에 수집이 어려워 생기는 경우], 숨겨진 편향[인위적이지 않지만 어떤 원인에 의해서 발생하였으나 찾기 어려운 경우], 고의적 편향[자료 수집자가 인위적으로 누락하거나 수집하는 경우]로 구분될 수 있다. 이러한 편향의 종류에 따라 발생할 수 있는 가치의 훼손에 대한 윤리 매트릭스를 작성해보는데, 가치를 구분하지 않고 작성해도 무방하다.

표 4.7 데이터 편향성에 대한 인공지능 윤리 매트릭스

가치 / 편향 종류	인간존엄성	공공의 선	· · ·	정보보호
인간 편향				
선택(표본) 편향				
롱테일 편향				
숨겨진 편향				
고의적 편향				

데이터 편향성 위험에 대한 인공지능 윤리 프로젝트 보고서 작성

지금까지 수행한 내용을 모두 담아 보고서로 정리하는 단계로, 데이터 편향성을 이용한 사례를 통한 문제점을 정리하기/ 데이터 편향에 의한 알고리즘 이해 정리하기/ 데이터 편향에 의해 훼손될 수 있는 인공지능 윤리 매트릭스를 작성하기/ 윤리 매트릭스 공유 및 토론하기를 통한 최종 보고서를 완성한다.

4.5 결론

인공지능 기술은 머신 러닝, 딥러닝, 자연어 처리, 최적화, 빅데이터, 로보틱스 등 다양한 요소들로 구성될 수 있으며, 빅 데이터를 쉽게 모을 수 있고 빅데이터 기반하여 모델링하는 컴퓨팅 비용이 크지 않으며 정확도나 서비스의 질이 높기 때문에 다양한 분야에 적용되기 시작하고 있다.

이에 따라 선진국과 국제 기구는 인공지능윤리를 중요한 정책 아젠다로 추진하고 있으며, SW교육과 인공지능 교육을 통한 인공지능 인재 육성에 인공지능 윤리를 포함시키고 있다. 우리나라는 3대 기본원칙으로서 인공지능의 개발과 활용 과정에서 '인간의 존엄성 원칙', '사회의 공공선 원칙', '기술의 합목적성 원칙' 아래에, 10대 핵심 요건으로 인권 보장, 프라이버시 보호, 다양성 존중, 침해금지, 공공성, 연대성, 데이터 관리, 책임성, 안전성, 투명성을 담고 있다.

또한 2022년 개정 초중고 교육과정에는 인공지능 교육이 포함되며 현직교원을 대상으로 인공지능 융합교육 역량 강화교육도 실시하고 있다. 인공지능교육 구성 요소로 프로그래밍 교육, 인공지능 기술 개발에 필요한 기초 이론교육, 인공지능 활용, 인공지능 윤리의 4가지로 구분하여 제시하고 있다. 인공지능 윤리교육을 위한 방법으로 모든 연령 효과적인 방법으로서 최근 제기된 인공지능 윤리 문제를 선정하여 구체적인 문제점들을 알아보았다. 그리고 그와 관련된 인공지능 기초 원리와 개념을 찾아 정리하고, 해당 문제에 대한 개발자·공급자·이용자 등 이해관계자별 윤리 매트릭스를 통하여 이슈를 구체화 하고 윤리적으로 해결하거나 방지하기 위한 실천방안을 토론하고 탐구하는 교육방법을 제안하였다.

4.6 요약

- **인공지능윤리** : 인공지능 기술의 설계, 자료수집, 활용에서 발생하는 윤리적 문제에 대한 규범
- **로봇윤리** : 단순 자동로봇, 인공지능 로봇, 소프트웨어 봇의 행동과 판단이 일으킬 수 있는 윤리적 문제에 대한 규범
- **인공지능. 로봇윤리** : 인공지능과 인공지능이 탑재되어 작업을 수행하는 로봇이 인간과의 공존 사회에서 필요한 규범
- **딥페이크(deepfake)** : 인공지능기술을 활용하여 이미지 합성만으로 자연스럽게 움직임이나 표정이 연출되도록 영상을 생성하는 기술
- **데이터 편향성** : 인공지능 모델링에 사용되는 데이터가 특정한 방향으로 편향되어 제작되거나 수집됨에 따라 이에 기반하여 개발된 인공지능 모델이 치우치는 결과를 만들어내는 것
- **인공지능윤리기준**
  - 3대 기본원칙 : ❶ 인간의 존엄성 원칙, ❷ 사회의 공공선 원칙, ❸ 기술의 합목적성 원칙
  - 10대 핵심요건 : ① 인권 보장, ② 프라이버시 보호, ③ 다양성 존중, ④ 침해금지, ⑤ 공공성, ⑥ 연대성, ⑦ 데이터 관리, ⑧ 책임성, ⑨ 안전성, ⑩ 투명성
- **인공지능윤리교육**
  - 딥페이크, 데이터 편향성 등 다양한 윤리적 문제 중에 적당한 사례를 선택한다.
  - 해당 항목이 윤리적 문제 발생 사례를 통한 문제점을 정리한다.
  - 발생된 사례에서 사용된 인공지능 기술의 개념을 조사하고 이해한다.
  - 딜레마에 대해 자신의 도덕적 판단을 간편 측정하고, 동료와 점수비교 토론하기
  - 발생된 사례에서 이해관계자별 인공지능 윤리 매트릭스를 작성한다.
  - 윤리 매트릭스 공유 및 토론하기
  - 최종 보고서 작성하기

4.7 연습문제/실습

01 딥페이크 기술 관련 두 가지 윤리적 사례에 대해서 어떤 세부 윤리원칙이 필요한지 등을 윤리 매트릭스를 작성하고 토론해보자.

① 15초짜리 짧은 동영상을 올리는 '틱톡tiktok'은 10대 청소년이 열광하는 스마트폰 앱이다. 틱톡에는 다음 **그림 4.17**와 같이 딥톰크루즈라는 계정으로 톰크루즈의 딥페이크 영상들이 올라와 있다. 유명인의 영상을 합성해서 운영하는 계정은 윤리적 문제가 없을까? 제작자, 톰 크루즈, 시청자 각자에게 발생할 수 있는 윤리적 문제는 어떤 것이 있을까? 일론 머스크의 노래 영상 https://www.youtube.com/watch?v=WXjJMYkIJOI 도 감상해보고 생각해보자.

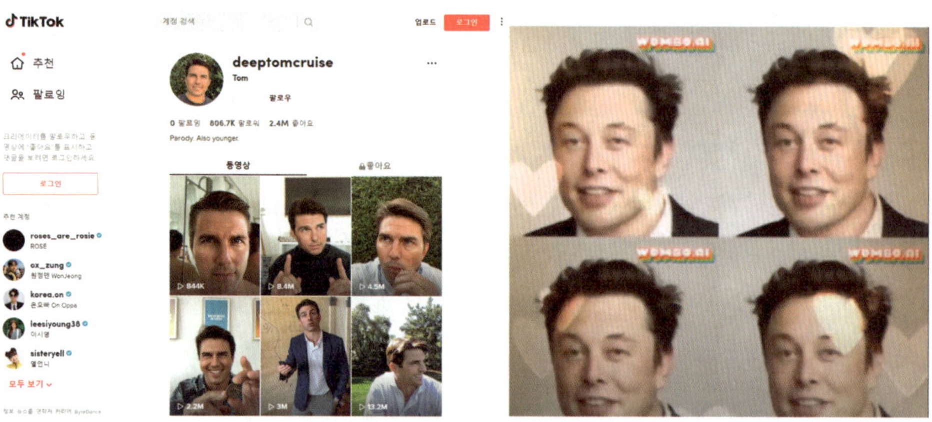

그림 4.17 톰 크루즈 틱톡 영상물들(왼쪽)과 일론 머스크 노래 영상(오른쪽)

② 다음 **그림 4.18**는 삼성전자가 만든 인공지능 '보이스 포에버' 홍보 영상으로 운동신경원 질환을 앓고 있는 엄마환자가 딸과 교감하기 위하여, 자신의 목소리를 인공지능으로 합성하여 인공지능 앱이 엄마의 목소리로 딸과 소통, 교감한다는 내용이다. https://www.youtube.com/watch?v=5OhJ00an0ml&feature=emb_title, 전국교원양성대학교 공동교육혁신센터2021.2 재인용

이 서비스의 경우 제작/서비스자는 죽음이 예정된 환자 가족의 행복과 환자를 돕는 기술 개발이라는 공공의 선을 위해서 음성합성을 한다는 목적이 있을 수 있고, 사용자인 남은 가족은 환자의 음성으로 영원히 상호작용하여 추억을 간직할 수 있고, 직접 사용자 간접 참여자인 환자는 자신이 떠난 후에도 가족에게 자신을 추억할 수 있도록 하는 목적이 있을 수 있다. 그러나 음성합성 인공지능 기술이 만약 보이스 피싱 등 금융범죄나 유괴에 활용될 가능성은 없을까?

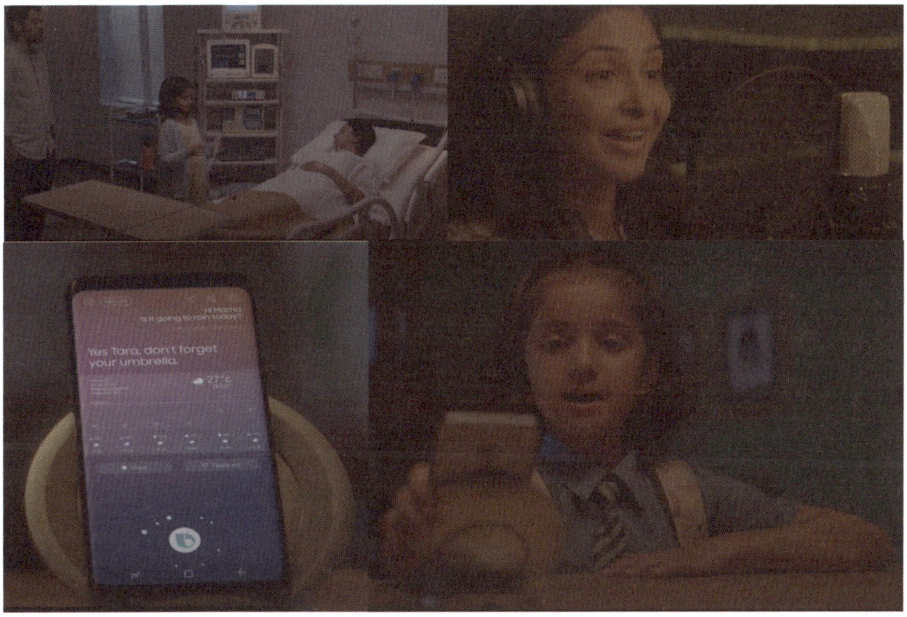

그림 4.18 음성 딥페이크 기법으로 아픈 엄마를 대신하는 인공지능 앱

02 데이터 편향성과 개인정보에 대한 문제에 대해서 어떤 세부 윤리원칙이 필요한지 등을 윤리 매트릭스를 작성하고 토론해보자.

① 미국 휴스턴 공립학교 교사들은 2011년부터 '데이터 기반' 교원 평가 시스템을 적용했는데, 교사가 학생의 시험 점수에 미치는 영향을 추적하는 알고리즘을 만들어 평가결과에 따라 교사를 해고하였다. 그런데 이 알고리즘은 교사는 물론 교육청에도 공개되지 않자 휴스턴교사연맹은 교육청을 상대로 소송을 냈고, 헌법상 보호되는 직업에 대한 권리는 부당하게 박탈당할 수 있기 때문에 '설명할 수 없고' '권리도 침해하는' 민간기업의 알고리즘을 공공부문이 사용해서는 안 된다는 판결이 났다.

② 중국에서는 인공지능 교사보조시스템을 도입하여 교사의 수업구성을 지원하기도 하고, 초등학생들의 작문 자료를 교사가 평가한 후 이를 학습시킨 인공지능 작문 지도 프로그램을 활용하여 초등학생이 쓴 글의 주제, 구성, 표현, 철자 등에 대한 지도결과를 안내한다고 한다[박찬 외 13인, 2020]. 이와 같이 작문, 평가 외에도 교육현장에서 다양한 시도들이 이루어질 수 있는데, 여기서 일어날 데이터 편향성에 대한 윤리문제에 대해서 다음의 절차를 따라 생각해보자.

③ 한겨레 신문 2021.1.11.에 의하면 인공지능 음성 비서 서비스를 하는 사업자들이 학습용 데이터 확보를 명분으로 사용자의 대화 음성을 녹음함에 있어서, 사용자의 동의 절차가 '동의'상태로 설정하여 해지하는 형태로 진행하고 있다고 한다. 저장된 대화에는 가족의 개인정보, 취미, 소비성향은 물론 성적 취향, 정치적 취향 등 내밀한 정보까지 포함할 수 있다. 이러한 민감한 데이터인 대화는 대화 발생 일정기간 후 삭제하거나 또는 서비스 이용해지 시점에 삭제하기도 하지만, 일부 사업자는 사용자를 식별할 수 있는 상태로 대화 내용을 저장한다고 밝혔다. 사업자의 양심과 운영원칙에 의존되어 있는 개인 정보와 데이터의 운영에서 발생하는 윤리적 문제는 어떤 것들이 있을까?

④ 우리나라 10대 청소년 500만 명이 애용하는 틱톡 서비스는 약관에 '이용자 정보는 (중국) 법령에 따라 국가 당국이 공유할 수 있다'고 명기되어 있어 , 국내 청소년의 이름, 연락처, 위치 정보, 취향, 본인 동영상과 같은 데이터를 중국 정부가 들여다볼 수 있다. 뿐만 아니라 우리나라 국민이 많이 쓰고 있는 구글도 전 세계인의 데이터를 광범위하게 수집・분석하고 있는데, 미국 정부는 테러나 범죄 수사를 위해 미국 기업이 보유한 데이터를 저장 위치와 상관없이 들여다볼 권한이 있다. 따라서 한국인의 데이터를 미국 정부는 제공받을 수 있는데, 한국을 제외한 세계 각국은 자국 발생 데이터를 해외로 뺏기지 않기 위해서 법 제정을 하고 있다. 법으로 보호받지 못하는 경우 우리 국민은 어떤 위험에 노출될 수 있고 여기서 발생하는 윤리적 문제는 어떤 것들이 있을까?

03 인공지능 가상 인물이나 섹스 로봇에 대한 무차별적 팔로잉이나 중독은 어떤 세부 윤리원칙이 필요한지 등을 윤리 매트릭스를 작성하고 토론해보자.

① 다음 **그림 4.19**은 영국의 가상 인플루언서 슈두와 한국의 로지의 협업 화보로, 로지는 22세, 171cm, 52kg으로 창조된 디지털 창조물이다. 인스타그램에서 활동하는 디지털 창조물인 가상 인플루언서들, 이들은 수백만의 팔로워를 가지고 음반을 내거나 명품 광고 촬영으로 편당 수천만 원 이상, 연간 100억 원 이상의 수입을 올리고 있다. 컴퓨터 그래픽으로 다양한 장소와 공간에서 저가로 활동이 가능할 뿐만 아니라 나이도 먹지 않고, 사생활 문제도 없고, 언제든 통제가 가능하여 기업들의 새로운 전속 모델로 도입되고 있다. 조선일보, 2021.1.28.

그림 4.19 슈두(왼쪽)와 로지(오른쪽)의 협업 화보(그림 출처 : 싸이더스스튜디오엑스)

그러한 가상 인플루언서들이 활동함에 따라 이를 팔로잉 하는 팬들은 가상의 인물이 아니고 현실 인물로 착각하거나 모방 또는 의존적인 행동을 할 수 있다. 이러한 가상 인플루언서들이 가져올 윤리적 문제들은 어떤 것들이 있을지 윤리 매트릭스로 작성해보고 토론해보자.

② 성인용품으로 리얼돌은 이미 시장에 나온 지 오래 되었는데, 최근 중국에서는 성인용품시장이 폭풍 성장하고 있으며 인공지능을 탑재한 '섹스돌'도 등장해 판매 되고 있는데, 가격은 1만~5만 위안 선으로 한화 165만 원 ~ 829만 원 안팎으로 알려지고 있다[한국경제, 2019.2.8.]. 인공지능 섹스로봇으로 인하여 발생할 수 있는 사회적 윤리적 문제는 어떤 것이 있을까? 만약 리얼돌에 인공지능 딥페이크 음성 기능이 탑재된다면 어떠한 문제가 일어날 수 있는가? 이에 대하여 토론해보자.

참고문헌

교육잇다(2020.11), AI의 유혹에 빠지는 아이, 인공지능 윤리교육은 언제?

김종욱(2019.7.8.), AI 윤리관련 세계적 동향 및 대응방안, 네이버 테크톡 동영상 주소: https://tv.naver.com/v/9392302

김종욱, 김효은, 박기범, 변순용, 배일한, 이동욱, 이주행, 한정혜(2018), 로봇윤리헌장(가이드라인) 연구용역 결과보고서, 한국로봇학회 로봇윤리연구회

김효은(2020) 공학적 방법을 결합한 인공지능윤리 학습, 윤리연구, 제129호, 133-153

동아일보(2020.12), 닮은 건 수염뿐인데…" 안면인식 AI 오류로 무고한 흑인男 체포

류지민, 조성환, 김성식(2009). 정보통신윤리교육을 위한 개념 정립과 기준점수에 관한 연구. 한국컴퓨터교육학회 동계 학술발표논문집, 제13권 제1호, 303-308.

무등일보(2020.2), 누가 '심심이'를 '일베'로 만들었나

머니투데이(2021.3.19.), AI 인간 '걸그룹 · 유튜버' 시대…인간성이 흔들린다.

매일경제(2020.11.20.), 2025년부터 초중고 정규 교과에 'AI교육' 도입, 사교육 시장이 먼저 꿈틀

박균열(2019), 도덕판단역량측정도구(MCT) 및 C-지수 알고리즘 개선, Asia-pacific Journal of Multimedia Services Convergent with Art, Humanities, and Sociology, Vol.9, No.12, pp.147-157, December. 2019.

박주현, 한정혜(2018), 초등학생을 위한 로봇윤리 교육 내용 개발, 창의정보문화연구, 제4권, 2호, 143-151

박찬, 김병석, 전수연, 전은경, 홍수빈, 진성임, 문혜진, 김성빈, 정선재, 강윤진, 변문경, 권혜연, 박서희, 이정훈 (2020), 우리아이 AI, 다빈치Books

신현우(2015). 도덕과 교육에서 로봇윤리의 교육적 함의. 윤리연구, 제105호, 269-286.

연구윤리정보센터(2020), 인공지능 윤리 가이드라인의 중요성과 국가별 대응현황 : 국내

연합뉴스(2020.10), AI의 선택은 가치중립적?…전문가들 "환상일뿐"

이데일리(2018.9), 제일기획서 만든 삼성전자 인도 광고, 유튜브서 최단 기간 1억뷰 돌파, https://news.v.daum.net/v/20180928150723166

이수경, 이지훈(2019.4.25.), 안전한 자율주행차를 만들려면 어떻게 해야할까요?, 카카오브레인, https://www.kakaobrain.com/blog/59

전국교원양성대학교 공동교육혁신센터(2021.2), 전국교원양성대학교 공동교육혁신센터 공동교수학습자료 개발(AI 교육)

조선일보(2016.3), MS의 인공지능 '테이'는 욕쟁이, 성차별주의자?

조선비즈(2019.4.1.4), "폐암 말기입니다" 진단, 알고보니 해킹...AI 도입 늘수록 병원 해킹 위험 커진다

조선일보(2021.1), 스무살 여대생 '이루다'는 어쩌다 여성혐오자가 되었나?-인공지능 챗봇 '이루다' 서비스 중단에도 커지는 논란

조선일보(2021.1.28.), 가상 인플루언서, 현실 세계 휘어잡다.

카카오브레인, https://www.kakaobrain.com/

하영, 이성식(2019), 스마트폰 이용에서 사이버폭력의 그 원인들 및 인터넷윤리의 통제효과에 대한 통합적 검증 연구, 정보화정책, 46-61p

한겨레신문(2021.1.11.), 친밀해진 음성비서 '사생활 노출'감각 무뎌진다.

http://www.hani.co.kr/arti/science/technology/978147.html#csidxe970788f6b47ad0bfcf84d714247e96

한국경제(2019.2.8.), 중국 AI '섹스돌' 시장 급성장, 3천만 노총각 외로움 달랜다

한국일보(2019.8), 사랑해, 할머니가 최고, 독거노인 마음돌보는 AI로봇

한정혜, 김종욱(2021), 인공지능스피커의 교육적 활용에서의 윤리적 딜레마, 창의정보문화연구지, 7권, 1호, pp. 11-19, Feb. 2021.

황정(2021), 딥페이크 앱 활용 정보통신 윤리교육 프로젝트의 개발 및 적용, 청주교육대학교 석사학위논문

AI4K12 http://ai4k12.org/

Blakeley H. Payane(2018), An Ethics of Artificial Intelligence Curriculum for Middle School Students, MIT Press

Charlotte Dungan & Deborah Seehorn(2020), Teaching Ethical AI in High School, Proceeding of 2020 CSTA Annual Conference. Monday, July 14, 2020

AI타임스(2019.05.30.), 中, '인공지능 기술' 사용 '위구르족' 감시 사실 드러나 '충격'

AI타임스(2019.10.16.), 구글(Google) '안면인식' 알고리즘 훈련, "두운 피부톤" 노숙자 타겟 논란

AI타임스(2019.11.), 구글, 왜 또 이러나? 환자 개인정보보호 침해 논란 재점화,

AI타임스(2020.9), 트위터, 이미지 크롭 알고리즘 인종 편향성 논란 사과

AI타임스(2020.10), 인공지능의 실수? 세계 곳곳서 대입, 수험 공정성 논란

AI타임스(2020.10), 내 나체사진이 온라인에?"…AI 딥페이크 기술로 속살 공개된 여성피해자 10만 넘어

AI타임스(2020.10), 반면교사10년간 발생한 최악의 인공지능(AI) 사고 5건은?

AI타임스(2020.12), 코로나 방역효과 VS 감시・통제수단, 아마존 산업용 AI서비스 논란

AI타임스(2020.12), 구글의 민낯? AI윤리팀 팀닛 게브루 박사 해고 논란, 내부 고발 메일 발단

AI타임스(2020.12), 영국 마트, 안면인식기술로 범죄전력 고객 확인 사생활침해 논란 '뜨거운 감자'로

AI타임스(2020.12), 또 생사람 잡았다 美 경찰, 안면인식기술 활용해 흑인 오인 체포

Datarevenue, What is machine learning – a visual explanation, https://www.datarevenue. com/en-blog/what-is-machine-learning-a-visual-explanation

Daily Mail(2020.08.14), Student protesters march on Whitehall chanting 'sack Gavin Williamson' over A-level chaos after 'horrified' pupils told how they face paying more than £150 to appeal results or resit exams 'that they didn't even take', https://www.google.com/amp/s/www.dailymail.co.uk/news/article-8627159/amp/Students-face-paying-150-appeal-level-results.html

Han J.H and Kim J.W (2021), Design of Agent Module based on Moral Competence in Artificial Intelligence Ethics, submitted to a journal

Kaur, Kumar, and Kumaraguru(2020), Deepfakes : temporal sequential analysis to detect face-swapped video clips using convolutional long short-term memory, Journal of Electronic Imaging:29(3), doi 10.1117/1.JEI.29.3.033013.

SPECTRUM(2016), Microsoft's Racist Chatbot Revealed the Dangers of Online Conversation, https://spectrum.ieee.org/tech-talk/artificial-intelligence/machine-learning/in-2016-microsofts-racist-chatbot-revealed-the-dangers-of-online- conversation

SPIE(2020.7.24), Stopping deepfake news with an AI algorithm that can tell when a face doesn't fit, https://spie.org/news/stopping-deepfake-news-with-an-ai-algorithm-that-can-tell-when-a-face-doesnt-fit?SSO=1

The Guardian(2020.8.17.), Inbuilt biases and the problem of algorithms Letters, https://www.theguardian.com/education/2020/aug/17/inbuilt-biases-and-the-problem-of-algorithms

Towards (2019.2.19.), Role of Data Science in Artificial Intelligence, https://towardsdatascience.com/role-of-data-science-in-artificial-intelligence-950efedd2579

WRCBtv(2019.11.11.), Apple Card under scrutiny for alleged gender bias in algorithms

CHAPTER

05

머신러닝포키즈 사용 준비하기

박선주 / 광주교육대학교

학습목표

1. 머신러닝포키즈에 가입하고 API 키를 등록할 수 있다.
2. 머신러닝포키즈에 학생계정을 생성하고 관리할 수 있다.

5.1 개요

3장에서 소개한 AI 교육도구중 본 교재에서는 머신러닝포키즈를 선정하여 AI 학습모델을 만들고자 한다. IBM의 머신러닝포키즈는 블록형 프로그래밍 도구인 스크래치, 앱 인벤터와 텍스트형 프로그래밍 언어인 파이썬을 활용하여 AI 프로젝트를 만들 수 있다. 프로그래밍에 익숙하지 않은 학습자는 블록형 프로그래밍 언어를 지원하는 머신러닝포키즈를 통해 보다 쉽게 AI 프로젝트를 만들 수 있다.

5.2 머신러닝포키즈 가입 및 IBM Cloud 활용

머신러닝포키즈는 영국의 IBM 소프트웨어 개발자 데일 레인[Dale Lane]이 개발한 머신러닝 교육 플랫폼으로, 텍스트, 이미지, 숫자, 소리를 분류할 수 있는 머신러닝 모델을 만들어 스크래치, 파이썬, 앱 인벤터를 활용하여 AI 프로젝트를 만들 수 있다. 또한, 간단한 LMS[학급관리] 기능을 제공하므로 교사가 학생들을 관리할 수도 있다.

머신러닝포키즈는 IBM 왓슨의 기계학습 서비스를 사용한다. 텍스트 인식을 위해 해당 서비스를 사용할 수 있는 API 키를 받아야 하므로 IBM Cloud에 가입해야 한다. 이미지, 숫자 및 소리를 학습하는 모델을 만들 때는 별도의 API키가 필요하지 않지만, 텍스트를 학습하는 모델을 만들 때는 IBM Watson Assistant API를 활용해야 한다. 그러나 이미지 학습 모델의 경우 정확도를 높이기 위해서는 IBM Cloud에 유료로 가입하여 이미지인식 API키를 제공받아야 한다.

머신러닝포키즈 사이트의 계정 생성 및 API 발급 과정은 다음과 같다.

❶ 머신러닝포키즈 가입하기
❷ IBM Cloud 가입하기
❸ IBM 인공지능 API키 발급하기
❹ 머신러닝포키즈에 API키 등록하기

(1) 머신러닝포키즈 가입하기

머신러닝포키즈는 '교사 혹은 코딩 클럽의 리더' 계정과 '학생' 계정 두 종류가 있다. '학생' 계정은 '교사 혹은 코딩 클럽의 리더' 계정으로 로그인한 후 별도 메뉴에서 생성된다. 두 계정의 차이점은 다음과 같다.

1) 교사 계정

- 머신러닝포키즈 사이트에 회원가입 후 이메일 인증 필요
- IBM API 등록 가능
- 최대 30개의 학생 계정 생성 가능
- 훈련된 머신러닝 모델 지속시간 무제한
- 학생계정의 제약사항 설정 가능

2) 학생 계정

- 교사가 일괄 생성하며 별도 인증과정이 필요하지 않다.
- 프로젝트 최대 3개 보유 가능
- 훈련된 머신러닝 모델 최대 24시간 지속

머신러닝포키즈에 가입하기 위하여 다음과 같이 실행한다.

1 [https://machinelearningforkids.co.uk/]에 접속하여 **[시작해봅시다]**를 클릭한다.

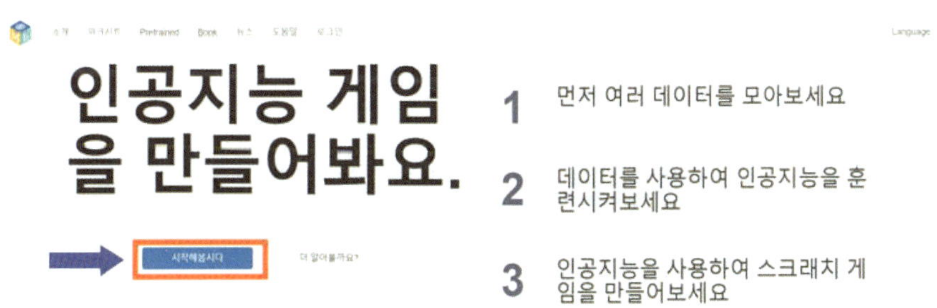

2 **[계정 만들기]**를 클릭한다.

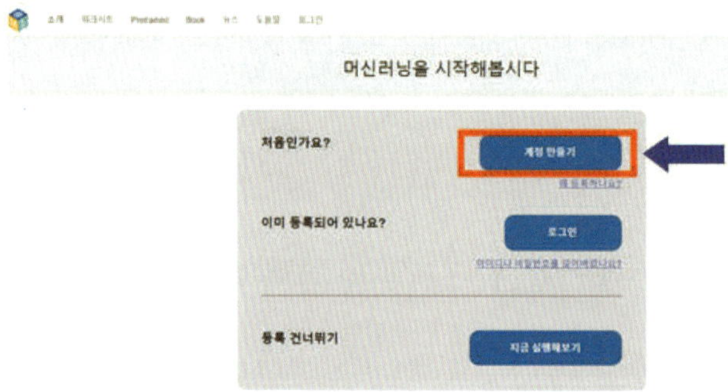

계정 등록을 건너뛰고 **[지금 실행해보기]**를 선택하면 회원가입 없이 한개의 프로젝트를 만들어 볼 수 있다. 그러나 몇시간 후에는 프로젝트가 삭제되어 프로젝트를 저장하거나 불러올수 없으며 한 대의 컴퓨터에서만 작업해야 한다. 그러므로 다양한 기능을 사용하기 위해서는 계정을 만들어 이메일로 인증한 뒤, 로그인한 상태로 시작하는 것이 좋다. 로그인을 하면 여러개의 프로젝트를 어디서나 함께 만들고 저장할 수 있다.

3 계정 만들기에서 **[교사 혹은 코딩 클럽의 리더]**를 클릭한다.

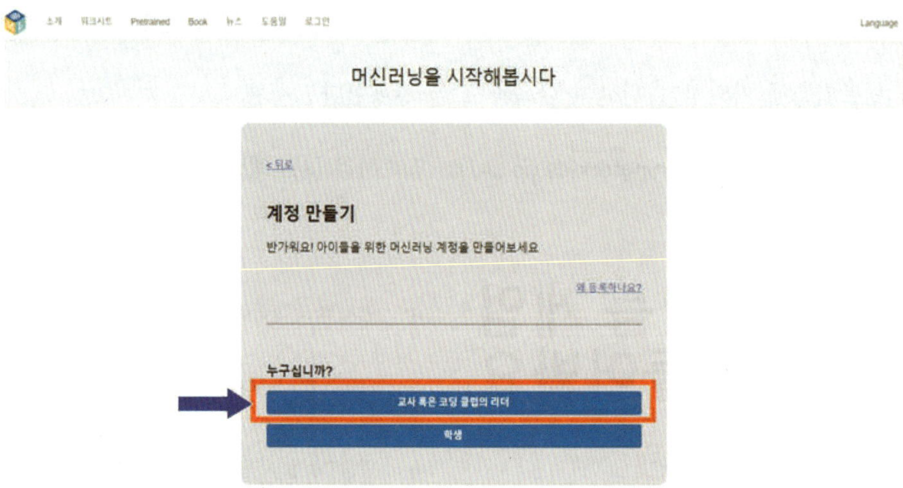

4 왼편의 **[계정 만들기]**를 클릭한다.

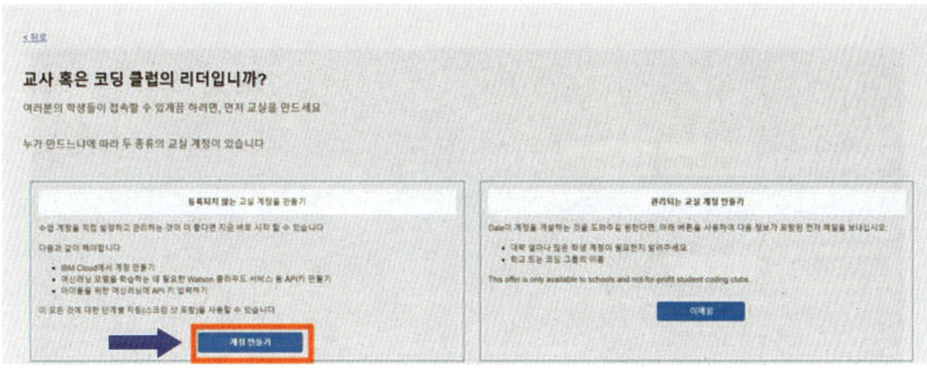

'등록되지 않는 교실계정 만들기'는 사용자가 직접 계정을 만드는 것이고, '관리되는 교실 계정 만들기'는 사이트 관리자에게 계정 개설을 요청하는 것으로 더 간편해 보이지만 교사 혹은 코딩 리더가 아니라면 사용에 제한을 받을 수도 있다.

5 사용자 이름, 이메일 주소를 적고, 주의사항 안내에 체크 한 후 **[CREATE CLASS ACCOUNT]**를 클릭한다.

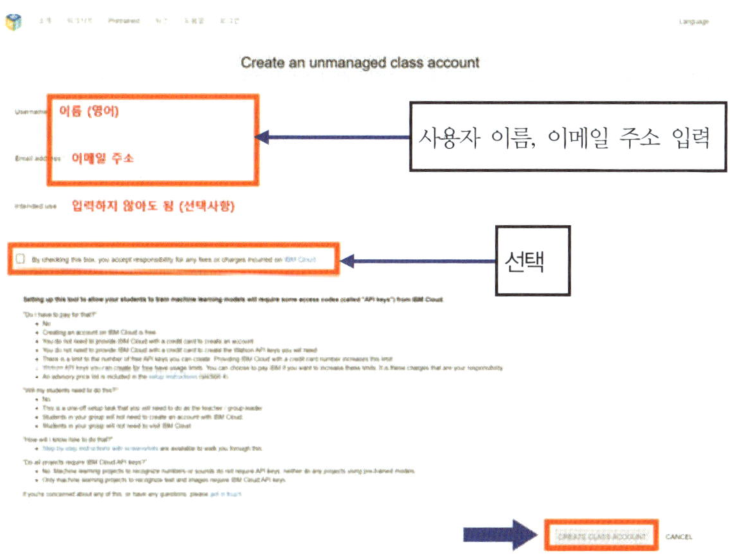

6 회원 가입 양식에 입력한 이메일 계정으로 로그인 한 뒤 메일의 **[Confirm my account]**를 클릭하여 계정을 활성화시킨다.

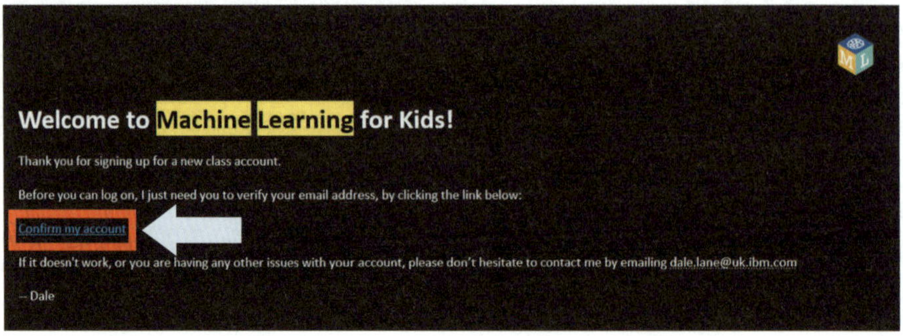

7 비밀번호 재설정하기

머신러닝포키즈에서는 비밀번호를 입력하여 가입하는 형태가 아닌 임시 비밀번호를 제공하는 형태로 계정이 생성되므로 최초 비밀번호를 입력하여 로그인한 뒤 자신이 사용하고자 하는 비밀번호로 변경해야 한다.

비밀번호를 재설정하기 위해 로그인 페이지에서 **[아이디나 비밀번호를 잊어버렸나요?]**를 클릭한다.

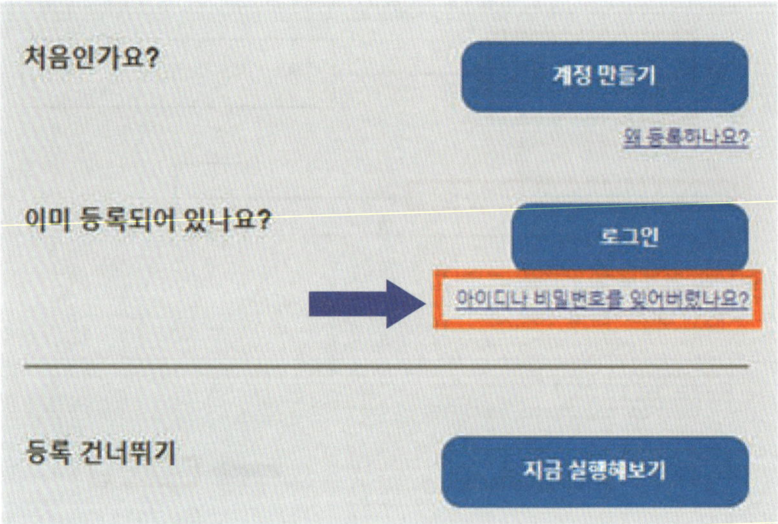

[교사 혹은 코딩 클럽의 리더]를 클릭한 후, 가입할 때 입력한 이메일 주소를 입력하고 **[SEND EMAIL]**을 클릭하면 비밀번호를 재설정할 수 있는 이메일이 도착하므로 새로운 비밀번호를 생성할 수 있다.

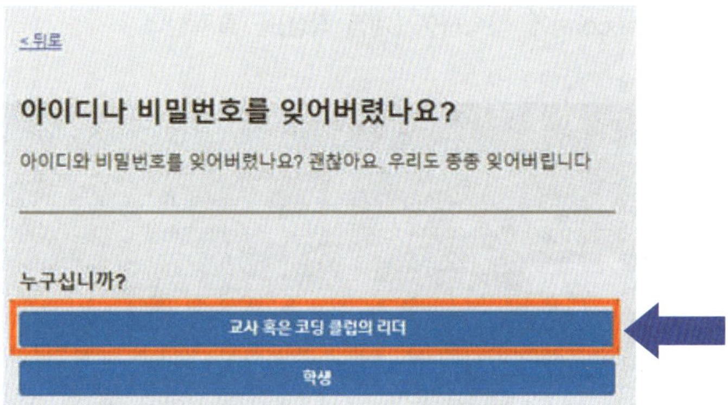

이상으로 머신러닝포키즈에 가입하고 비밀번호도 생성하였다.

(2) IBM Cloud 가입하기

머신러닝포키즈에서 텍스트 데이터를 이용한 학습모델을 만들기 위해서는 IBM 왓슨 도구를 사용해야 하므로 IBM 클라우드에 계정을 만들어야 한다.

1 [https://cloud.ibm.com]에 접속하여 **[계정 작성]**을 클릭한다.

2 이메일, 비밀번호를 입력하고 **[다음]**을 클릭한다. 이메일 인증이 필요하므로 메일을 확인할 수 있는 이메일 주소를 적는다. 비밀번호는 8자 이상으로 대문자, 소문자, 숫자가 반드시 1개씩 들어가야 한다.

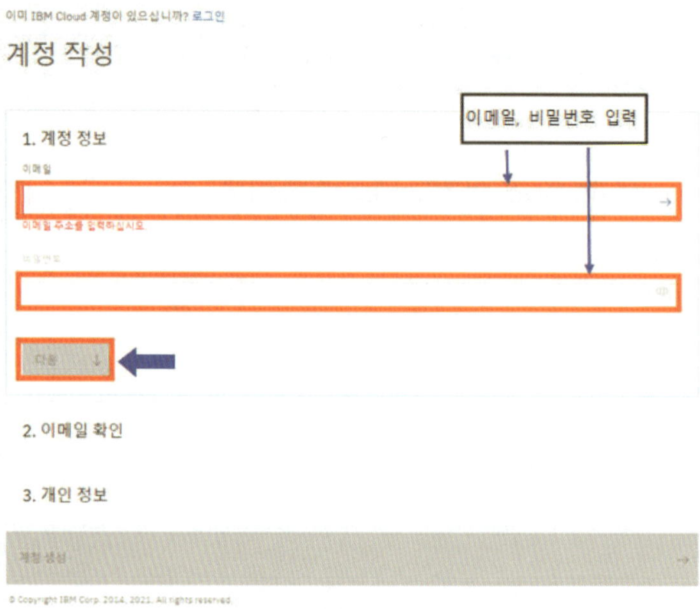

3 입력한 계정의 이메일을 확인하여 7자리 확인 코드를 칸에 입력하고 **[다음]**을 클릭한다. 이름, 성, 국가 등 간단한 개인 정보를 입력하고 계정을 생성한다.

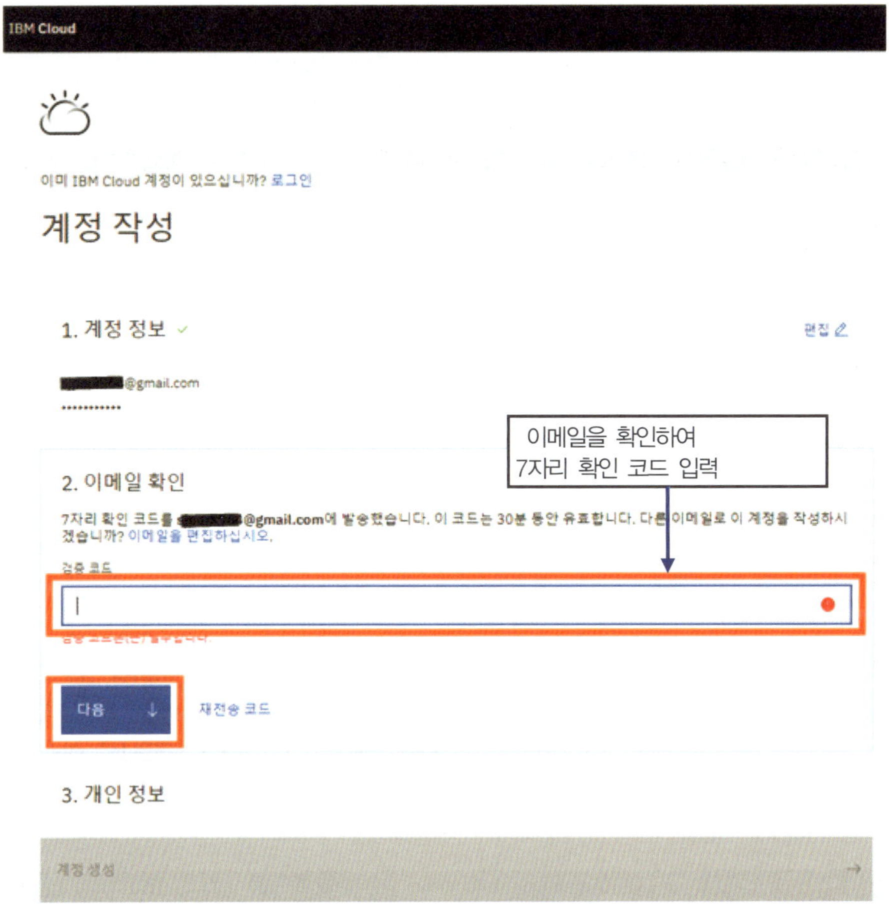

4 다음으로 IBM 인공지능 서비스를 사용할 수 있게 만들어주는 API[Application Programming Interface] 키를 생성하여 등록하는 과정이 필요하다.

(3) IBM Cloud API키 발급하기

API키는 IBM의 인공지능 서비스를 사용하는 개발자가 누구인지 확인해주고, 서비스의 사용량을 확인하여 유료과금을 하는 용도로 사용되는 나만의 코드이다. 우리는 텍스트 인식을 위한 Watson Assistant API키를 발급하고자 한다.

API키는 일정한 사용량까지는 무료이며, 무료[Lite] 버전은 서비스 사용량이 일정기준을 넘어가면 서비스가 자동으로 중지되며, 추가 이용을 원할 경우 유료[Plus, Enterprise] 서비스로 전환해야 한다.

IBM Cloud의 API키를 발급하기 위하여 다음과 같이 실행한다.

1 [https://cloud.ibm.com]에 접속하여 아이디와 비밀번호를 입력하고 로그인 한다.

2 대시보드에서 위쪽의 **[카탈로그]** 또는 오른쪽 상단의 **[리소스작성]**을 클릭한다.

3 좌측 메뉴 중 **[서비스]**를 클릭하고, 서비스의 하위 메뉴 중 **[AI/기계학습]**을 클릭한 후 우측 **[Watson Assistant]**를 클릭한다. Watson Assistant는 자연어를 이해할 수 있는 인공지능 도구이다. 이를 사용하여 여러 언어로 사람처럼 대화하면서 고객을 응대하는 챗봇 애플리케이션을 개발할 수 있다.

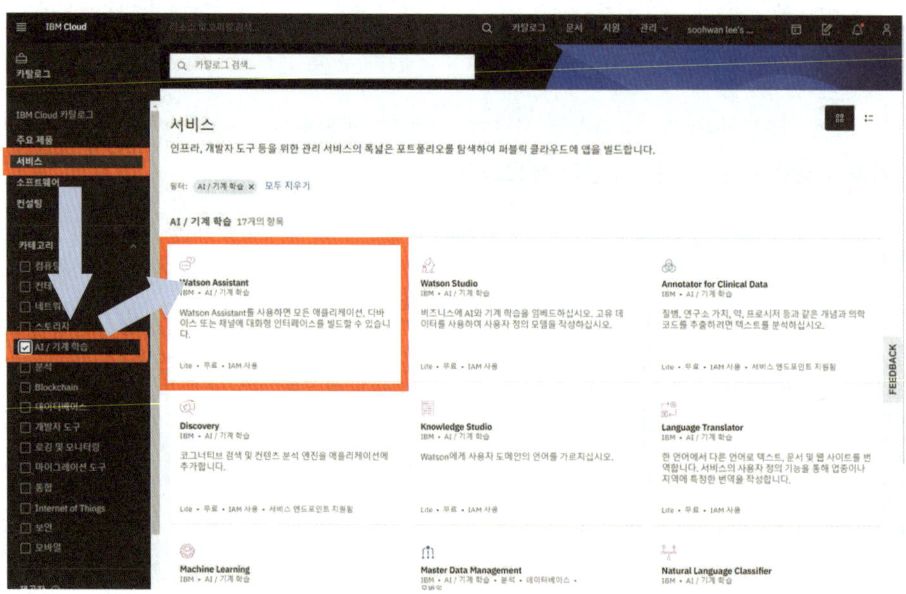

4 지역은 **[Seoul]**로 선택하고 가격 플랜은 **[Lite]**를 선택 후 **[작성]** 버튼을 클릭한다.

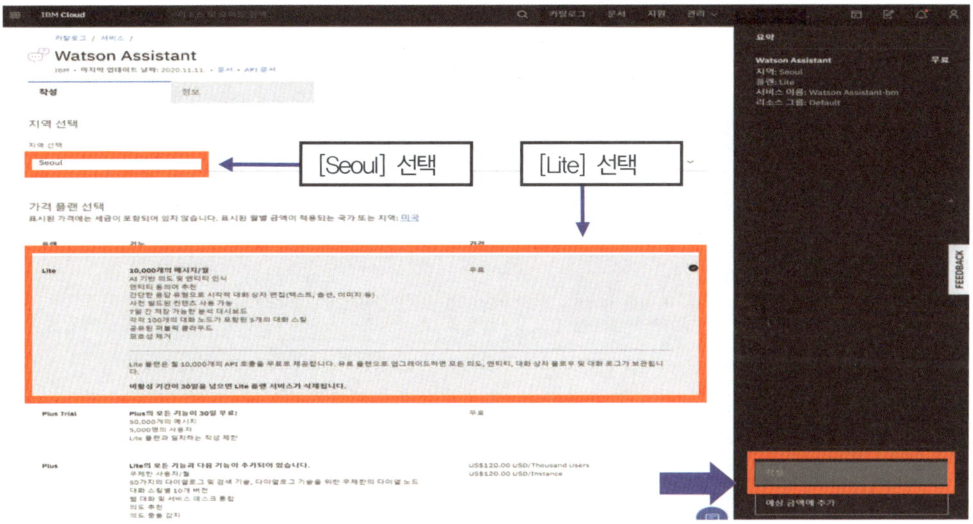

5 서비스 신청이 완료되면 자동으로 API키를 확인할 수 있는 리소스 목록의 API **[관리]**화면으로 이동한다. API키는 기본적으로 숨겨져 있으며 **[신임정보 표시]**를 클릭하면 숨겨진 글자가 나타난다. 복사 버튼을 클릭하여 API키를 복사한다.

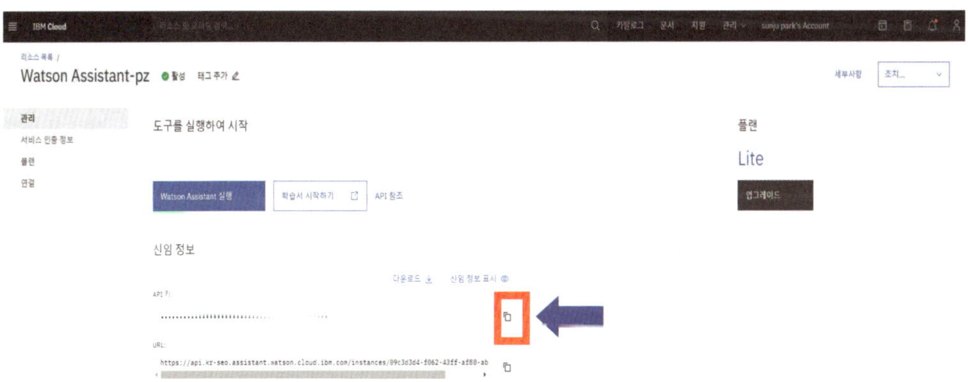

6 발급된 API는 언제든지 리소스 목록 화면에서 확인할 수 있다. **[서비스]** 항목을 클릭하면 신청한 서비스를 확인할 수 있다. 서비스 이름을 클릭하면 각 서비스의 API키를 확인할 수 있다.

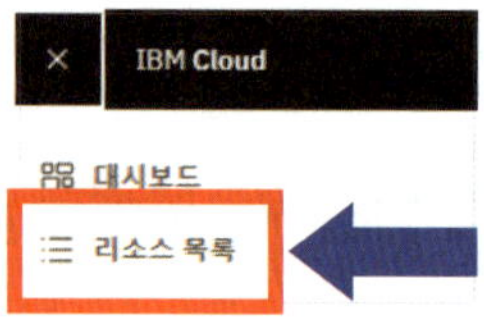

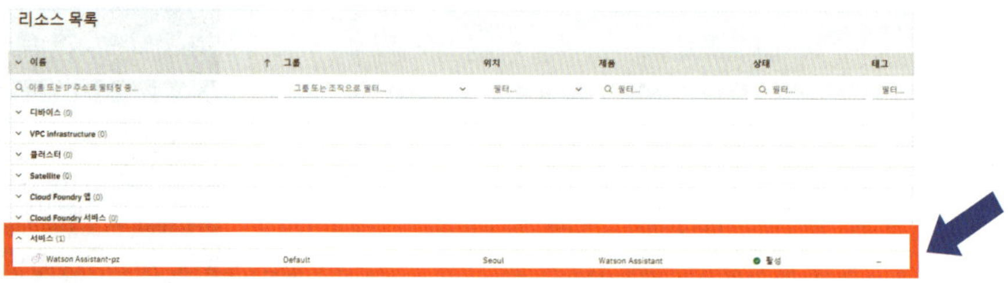

(4) 머신러닝포키즈에 API키 등록하기

IBM Cloud에서 발급받은 API키를 머신러닝포키즈 사이트에 등록하기 위해 다음과 같이 실행한다.

1 머신러닝포키즈에 로그인한다.

2 로그인 후 상단의 **[선생님]**을 클릭하고 나오는 화면에서 API Keys에 **[Watson API Keys]**를 클릭한다. **[선생님]** 메뉴는 '교사 혹은 코딩 클럽의 리더' 계정으로 로그인했을 때 나타난다.

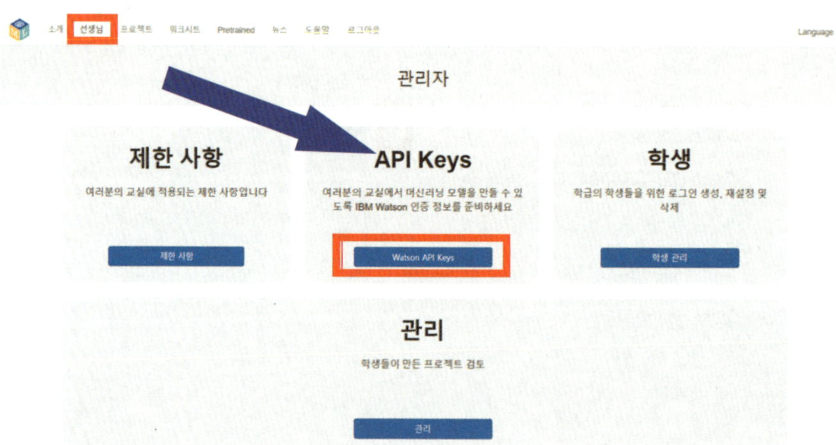

3 **[새로운 인증 추가]**를 클릭하여 나오는 창에 복사해 놓은 API 키를 붙여넣어 등록한다. 이때 가격 정책은 **[Lite]**로 한다.

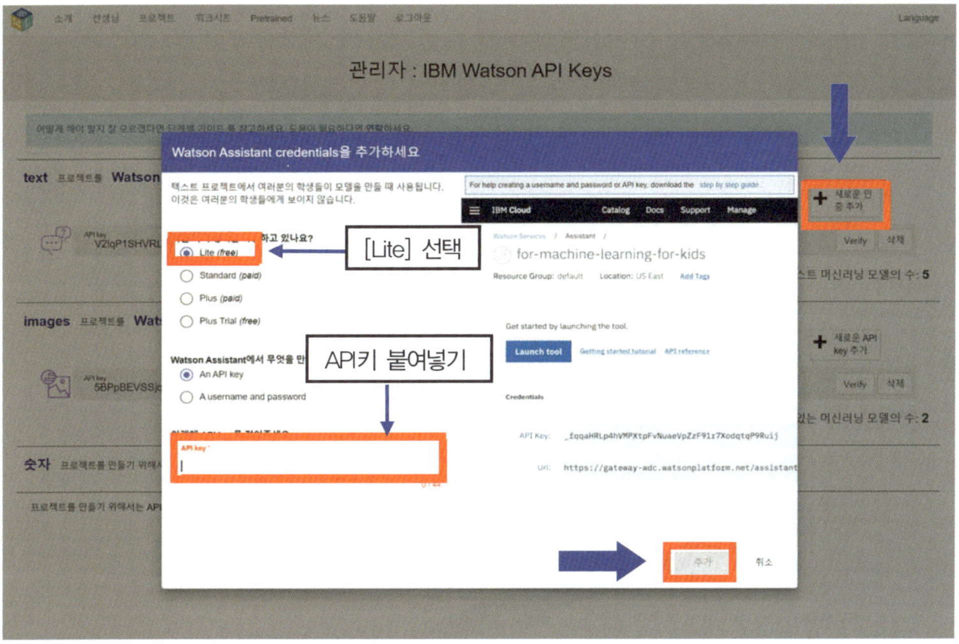

4 인증절차가 완료되면 텍스트 학습모델을 만들 수 있다.

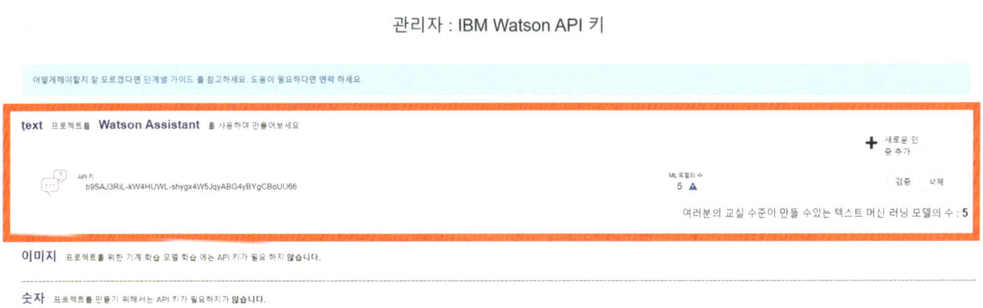

(5) 머신러닝포키즈에 학생계정 생성 및 관리

'교사 혹은 코딩 클럽의 리더'는 최대 30개의 '학생' 계정을 만들 수 있으며, 학생의 아이디, 비밀번호, 프로젝트, 머신러닝 모델을 관리할 수 있다. 그러나 교사와 학생은 같은 API키를 공유하므로 무료[Lite] 플랜의 경우 머신러닝 모델 훈련 개수에 제한을 받는다. 그러므로 머신러닝포키즈를 사용하여 수업을 진행하고자 하는 교사는 학생들이 모두 '교사 혹은 코딩 클럽의 리더' 계정으로 가입하거나, 교사가 '학생' 계정을 생성하여 관리하는 방식을 선택하면 된다.

교사가 '학생' 계정을 생성하기 위한 절차는 다음과 같다. 학생 계정은 학생 실제 이름을 사용할 필요가 없으며, 교사는 언제든지 학생 계정을 삭제할 수 있고, 학생이 비밀번호를 잊어버린 경우 비밀번호를 재설정할 수도 있다.

1 머신러닝포키즈에 '교사 혹은 코딩 클럽의 리더' 계정으로 로그인한다.

2 **[선생님]**을 클릭하여 관리자 화면에서 **[학생관리]**를 클릭한다.

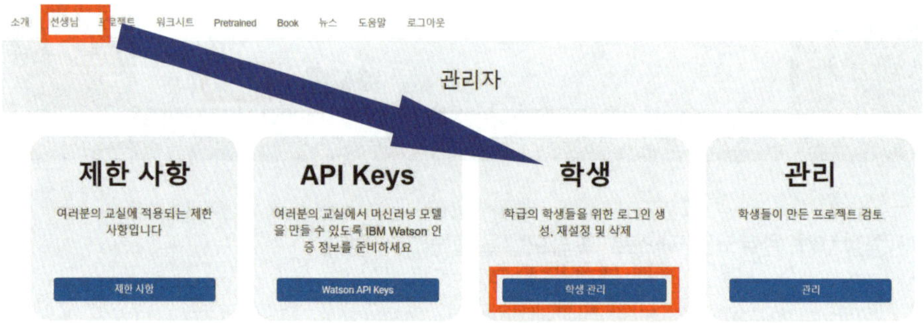

3 학생 계정을 생성하고 관리할 수 있는 화면이 나온다. **[새로운 학생 추가]**를 클릭하여 한명씩 추가할 수 도 있고, **[여러학생 추가]**를 클릭하여 여러명을 일련번호를 붙여 한꺼번에 생성할 수도 있다. 학생계정은 최대 30명까지 생성할 수 있다.

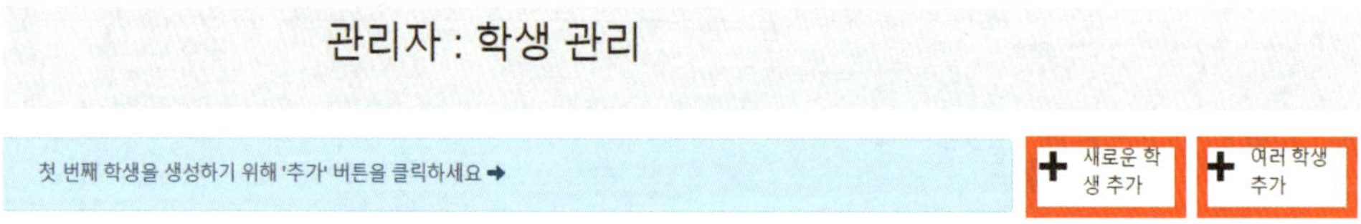

4 **[여러학생 추가]**를 클릭하여 학생 계정의 공통 텍스트와 생성 개수를 입력한다. 비밀번호는 랜덤으로 생성되는 비밀번호중에서 고른후 **[추가]**를 클릭한다. 비밀번호의 새로고침 아이콘을 클릭하면 다른 비밀번호를 확인할 수 있으므로 적절한 비밀번호를 선택한다.

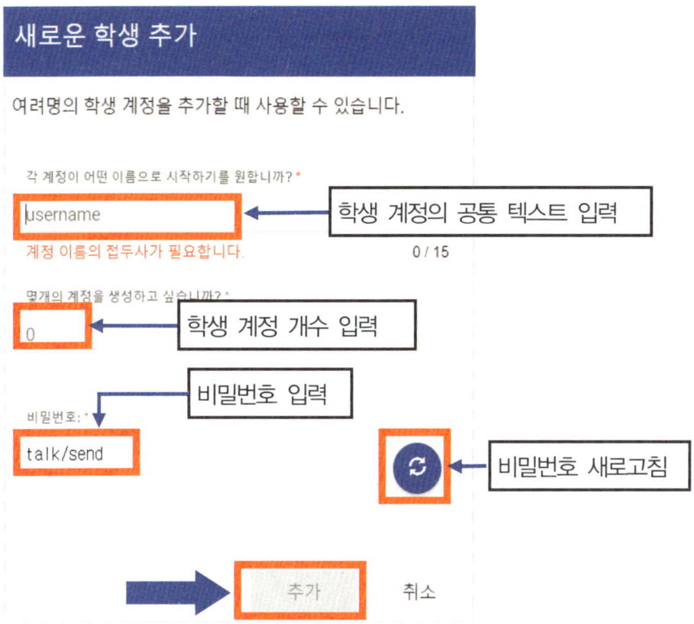

5 학생들은 생성된 아이디와 비밀번호로 머신러닝포키즈에 로그인할 수 있다. 교사는 각 학생별로 비밀번호를 초기화하거나 계정을 삭제할 수 있으며, **[모든 학생 패스워드 리셋]**을 클릭하여 모든 학생들의 비밀번호를 초기화할 수도 있다.

6 학생의 API키 사용량 제어를 위해 위쪽의 **[선생님]**을 클릭하여 관리자 화면에서 **[제한사항]**을 클릭하면 학생 계정의 제한사항을 확인할 수 있다.

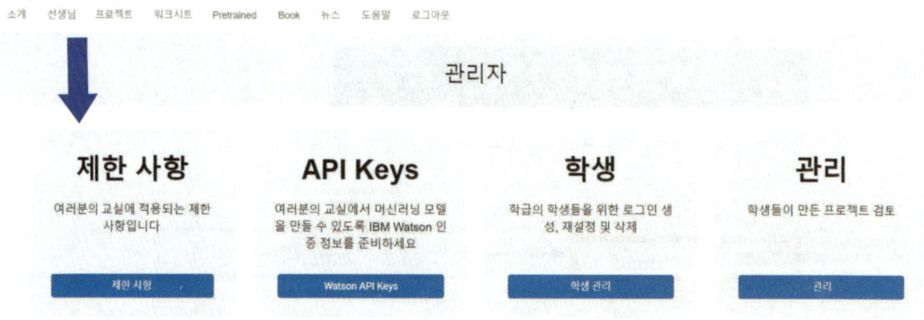

학생 계정의 제한사항은 다음과 같다.

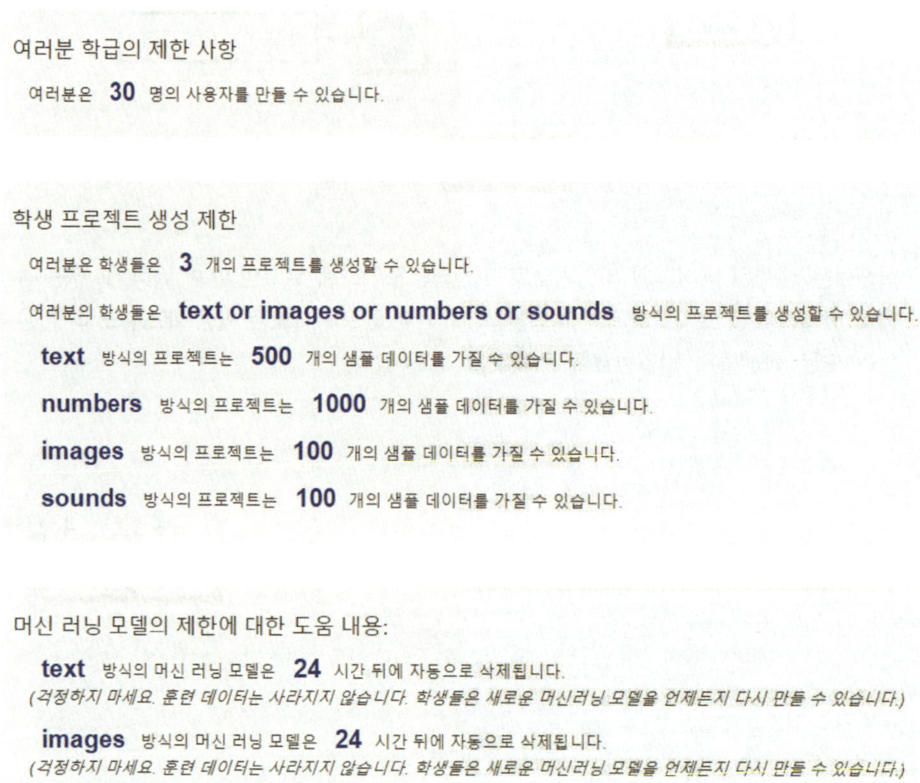

여러분 학급의 제한 사항

여러분은 **30** 명의 사용자를 만들 수 있습니다.

학생 프로젝트 생성 제한

여러분은 학생들은 **3** 개의 프로젝트를 생성할 수 있습니다.

여러분의 학생들은 **text or images or numbers or sounds** 방식의 프로젝트를 생성할 수 있습니다.

text 방식의 프로젝트는 **500** 개의 샘플 데이터를 가질 수 있습니다.

numbers 방식의 프로젝트는 **1000** 개의 샘플 데이터를 가질 수 있습니다.

images 방식의 프로젝트는 **100** 개의 샘플 데이터를 가질 수 있습니다.

sounds 방식의 프로젝트는 **100** 개의 샘플 데이터를 가질 수 있습니다.

머신 러닝 모델의 제한에 대한 도움 내용:

text 방식의 머신 러닝 모델은 **24** 시간 뒤에 자동으로 삭제됩니다.

(걱정하지 마세요. 훈련 데이터는 사라지지 않습니다. 학생들은 새로운 머신러닝 모델을 언제든지 다시 만들 수 있습니다.)

images 방식의 머신 러닝 모델은 **24** 시간 뒤에 자동으로 삭제됩니다.

(걱정하지 마세요. 훈련 데이터는 사라지지 않습니다. 학생들은 새로운 머신러닝 모델을 언제든지 다시 만들 수 있습니다.)

7 오른쪽 아래의 **[수정]**을 클릭하여 학생들이 만든 머신러닝 모델 자동 삭제시간을 조정할 수 있다.

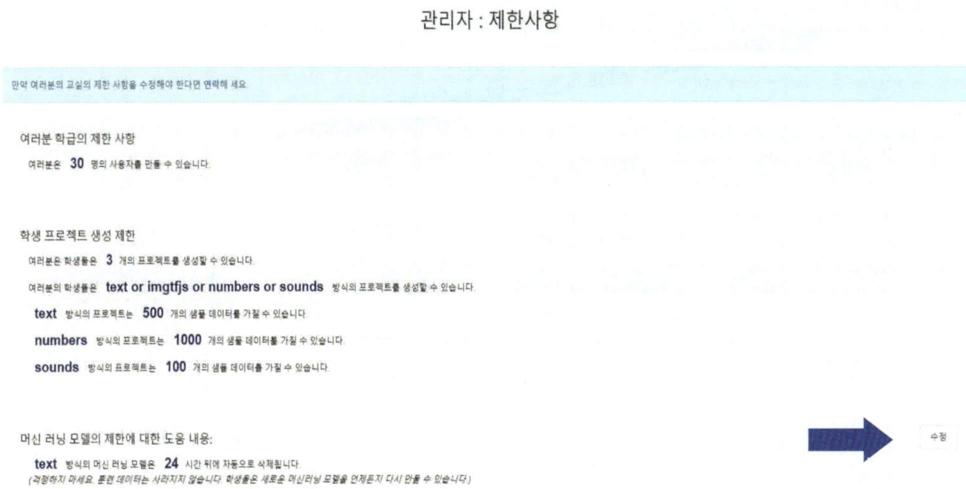

8 슬라이더를 좌우로 움직여서 학생들이 만든 머신러닝 모델 자동 삭제시간을 변경한다. 예를 들어, 2시간으로 설정해놓으면 동일한 학생 계정으로 2시간 마다 학생들이 바뀐다고 하더라도 기존의 머신러닝 모델이 자동으로 삭제되고 새로운 머신러닝 모델을 생성할 수 있다.

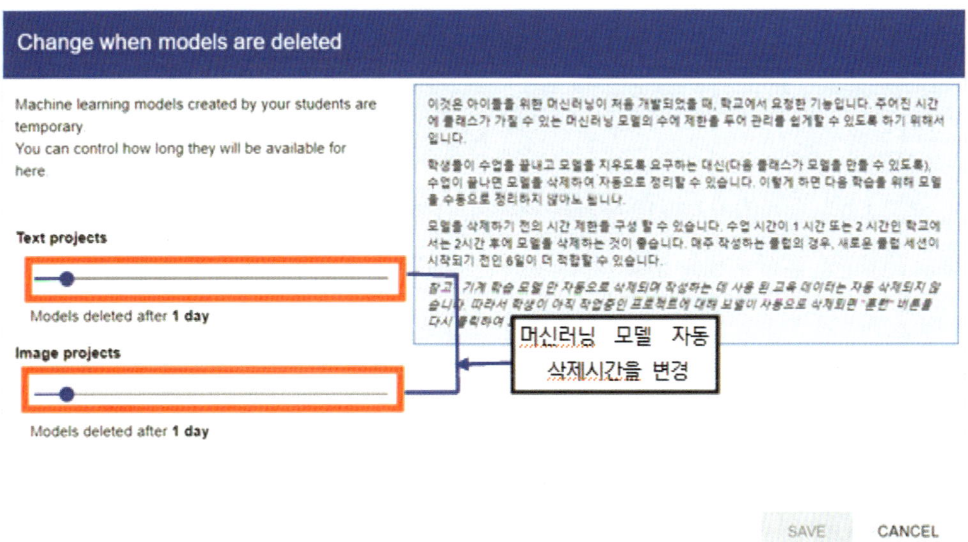

9 **[선생님]**을 클릭하여 관리자 화면에서 **[관리]**를 클릭하면 학생들이 만든 프로젝트와 머신러닝 모델을 확인하고 삭제할 수 있다.

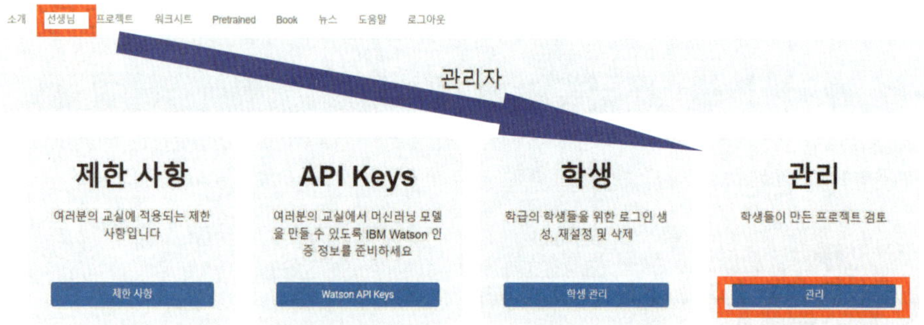

(6) 프로젝트 만들기

머신러닝포키즈 계정을 생성하고 API 추가를 완료하였다면 이제 프로젝트를 생성할 수 있다. 상단 메뉴 중 [프로젝트]를 클릭하면 지금까지 작업한 머신러닝 프로젝트 목록을 볼 수 있다.

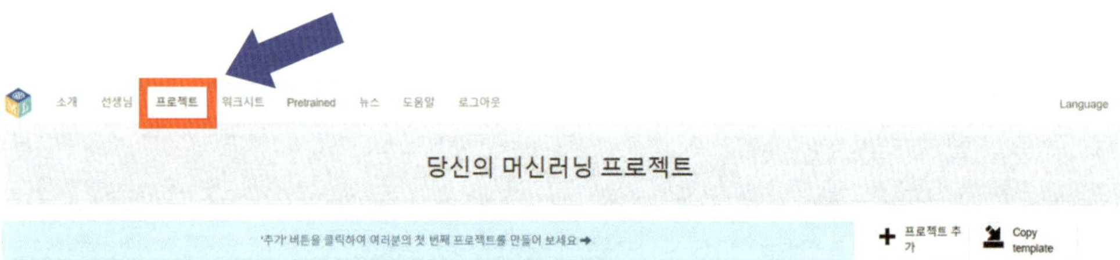

앞서 언급한 대로 머신러닝포키즈에서는 이미지, 소리, 숫자, 텍스트를 활용한 머신러닝 학습 모델을 만들 수 있으며, 이를 활용하여 스크래치, 파이썬, 앱 인벤터에서 AI 프로젝트를 만들 수 있다.

머신러닝포키즈에서 머신러닝 학습모델을 만드는 과정은 크게 훈련, 학습&평가, 만들기의 3 단계로 나누어진다.

훈련은 컴퓨터가 학습할 수 있는 데이터를 수집하여 입력하는 단계이다. 이미지 학습의 경우에는 레이블 당 최소 10개의 학습 데이터가 필요하다. 학습 데이터를 충분하게 입력하였으면 학습&평가 버튼을 클릭하여 학습시킨다. 별도의 작업은 필요하지 않으며, 모델을 생성하는데 다소 시간이 소요된다. 모델이 완성된 후에는 테스트 데이터를 입력하여 모델이 잘 만들어졌는지를 평가해볼 수 있다. 예상된 결과가 나타나지 않을 경우 학습 데이터를 더 추가하여 다시 훈련과 테스트를 진행한다. 모델이 충분히 완성된 이후에는 만들기 버튼을 클릭하여 학습자가 만든 모델을 활용하여 AI 프로젝트를 만들 수 있다. 6장~12장에서는 이러한 AI 모델을 사용하여 AI 프로젝트를 만들어보고자 한다.

5.3 결론

AI 교육 플랫폼을 활용하여 교수학습 자료를 개발하기 위하여 본 장에서는 누구나 쉽게 머신러닝 원리를 이해하고 AI 작품을 만들어 볼 수 있는 머신러닝포키즈에 가입하는 방법을 배웠다. 그리고 IBM Cloud에 가입하여 머신러닝포키즈에 IBM API 키를 등록하여 머신러닝포키즈에서 AI 학습모델을 만들고 스크래치, 앱 인벤터, 파이썬을 활용하여 AI 프로젝트를 만들 수 있는 환경을 만들었다. 또한, 머신러닝포키즈에 '교사 혹은 코딩 클럽의 리더' 계정으로 등록하여 '학생' 계정을 생성하고 관리할 수 있도록 하였다.

5.4 요약

1. 머신러닝포키즈 사이트의 계정 생성 및 API 발급 과정은 다음과 같다.
   1) 머신러닝포키즈 사이트에 '교사 혹은 코딩 클럽의 리더' 계정 가입하기
   2) IBM Cloud 가입하기
   3) IBM 인공지능 API키 발급하기
      텍스트 인식을 위한 Watson Assistant API키 발급
   4) 머신러닝포키즈에 API키 등록하기
2. '교사 혹은 코딩 클럽의 리더'는 최대 30개의 '학생' 계정을 만들 수 있으며, 학생의 아이디, 비밀번호, 프로젝트, 머신러닝 모델을 관리할 수 있다.

5.5 연습문제/실습

01 머신러닝포키즈 사이트에 '교사 혹은 코딩 클럽의 리더' 계정을 생성하고 텍스트 인식을 위한 IBM API키를 등록해 봅시다.

02 머신러닝포키즈에 '교사 혹은 코딩 클럽의 리더' 계정으로 로그인하여 학생 계정을 생성하고 관리해 봅시다.

참고문헌

이영호(2019), 모두의 인공지능 with 스크래치, 길벗.

이재우(2020), 시간순삭 인공지능 with 스크래치, 생능출판.

이재호, 구덕회, 김현배, 김홍래, 박선주, 배영권, 손원성(2020). Teaching AI, 인공지능 학습을 위한 뉴 프런티어의 탐구. 홍릉출판사. 원저 : Michelle Zimmerman(2018). Teaching AI. ISTE.

이재호, 김현배, 박남제, 박선주, 배영권, 성영훈, 안성훈, 이용배, 전우천, 한규정, 한정혜(2021), 인공지능 교육개론, 홍릉.

한선관, 홍수빈, 김영준, 김병철, 정기민, 안성민(2020), AI 사고를 위한 인공지능 랩, 성안당.

머신러닝포키즈 https://machinelearningforkids.co.uk/

IBM Cloud https://cloud.ibm.com

CHAPTER

06

은행 챗봇에게 물어보세요

이용배 / 전주교육대학교

학습목표

1. 챗봇의 개념을 이해하고 요소기술과 활용분야를 알 수 있다.
2. 규칙을 만들어 활용하는 일반 프로그램과 머신러닝을 활용하는 프로그램과의 차이점을 이해할 수 있다.
3. 머신러닝의 훈련집합과 학습의 의미를 이해하고 세부 단계별 처리내용을 설명할 수 있다.
4. 텍스트 인식의 의미를 이해하고 기본적인 텍스트 인식 머신러닝 프로그래밍을 구현하고 실행시킬 수 있다.
5. 머신러닝을 활용하는 챗봇의 한계를 이해할 수 있다.

6.1 프로젝트 소개

(1) 챗봇의 의미와 활용분야

챗봇chatbot은 음성이나 문자를 매개체로 사람과의 대화를 통해 명령을 수행하도록 하는 컴퓨터 프로그램을 의미하며 채터봇chatterbot, 토크봇talkbot, 채터박스chatterbox 또는 그냥 봇bot라고도 한다. 음성인식과 자연어처리 기술을 기반으로 대부분 간단한 은행 업무, 항공권 예약이나 발권, 인터넷 쇼핑몰의 고객 응대 서비스, 대학이나 회사 소개 등 특정 범주에 국한되어 동작될 수 있도록 설계되었지만 빅데이터 분석 기술이 고도화됨에 따라 최근에는 범주를 통합하여 개인비서 용도로 사용할 수 있을 정도로 기능이 확장되고 있는 추세이다.

챗봇의 동작 방식은 크게 인간이 사용하는 언어를 이해하면서 대화를 진행하는 언어이해 방식, 입력받은 말에서 특정 단어나 어구를 검출하여 그에 맞는 미리 준비된 응답을 내보내는 검색 방식, 사용자의 행동패턴을 미리 준비해 두거나 사용자의 동작 시나리오를 만들어 놓고 사용자의 입력에 연결되는 동작과 반응을 출력하는 각본 방식이 있다.

표 6.1 챗봇의 활용 분야

서비스 분야		서비스 제공 분야
공통	고객상담	콜센터의 고객 상담 업무를 대체 또는 보완하여 업무경감 및 비용절감을 위해 도입
	정보서비스	챗봇 또는 대화형 인터페이스를 통해 개인 맞춤형 정보를 제공
	마케팅	기업의 상품이나 서비스를 홍보할 목적으로 도입
금융		매장 방문을 통해서 처리되던 상담 및 계좌 관련 업무를 챗봇으로 처리
쇼핑몰		고객 상담을 포함하여 상품의 주문, 조회 등의 업무처리
의료		직접적인 의료수단이 아닌 간단한 문진과 상담에 활용
법률		법률전문가와 상담하듯이 챗봇을 통해 법률상담을 제공
엔터테인먼트		음악 등의 문화예술 콘텐츠를 개인 맞춤형으로 제공
교육		챗봇의 대화형 구조를 상호작용과 접목하여 어학 등 분야에서 활용

챗봇은 **표 6.1**에서 제시된 것보다 현재 더 많은 분야에서 활용되고 있다.

챗봇 서비스를 기업이 도입하고 고객도 비교적 긍정적으로 수용하는 데에는 기존의 자동응답시스템ARS : Automatic Response System이나 콜센터보다 다음과 같은 장점이 있기 때문이다.

- 빈도가 높게 반복되는 고객 문의를 자동화하여 응대할 수 있다
- 24시간 고객의 문의에 빠르게 답변할 수 있다
- 동시에 여러 고객의 문의를 처리할 수 있다
- 고객 상담에 사용되는 시간과 비용을 줄일 수 있다

(2) 챗봇의 요소 기술

챗봇의 요소 기술은 크게 언어처리 기술과 머신러닝으로 요약할 수 있으며 언어처리기술로 형태소분석과 품사태깅으로 설명할 수 있다.

형태소분석

형태소 분석이란 어떤 문장에서 어절을 분리하고 어절을 다시 의미의 최소 단위인 형태소로 구분하여 의미를 분석하는 것을 말한다. 형태소 분석은 주로 정보검색에서 한국어의 색인어 추출에 많이 사용하는데 국어사전의 미등록어, 오탈자, 띄어쓰기 오류, 동음이의어, 신조어, 복합명사 등이 형태소 분석 정확도를 떨어뜨리는 요인이라 할 수 있다.

품사태깅

품사태깅은 형태소 분석기가 해석한 다양한 분석 결과 중에서 좌우 문맥을 고려하여 가장 적합한 하나의 품사로 마킹하는 것을 의미한다. 분석할 때에는 해당 어절 좌우에 위치한 중의성을 해소할 수 있는 정보를 이용하여 적합한 분석 결과를 선택하게 된다.

- *나는* 오늘 학교에 갔다 → 나[대명사]+는[조사] 오늘 학교+에 가다+았+다
- 하늘을 *나는* 새를 보았다 → 하늘+을 날[동사]+는[관형형어미] 새+를 보다+았+다

머신러닝

학습을 통해 자동으로 정해진 규칙의 한계를 개선하는 컴퓨터 알고리즘이다. 인공지능의 한 분야로 간주되며 컴퓨터가 학습할 수 있도록 하는 알고리즘과 관련 기술을 개발하는 분야이다. 예를 들면 머신러닝을 통해서 사진으로 찍은 얼굴이 웃는 모습인지, 무표정인지 또는 화난 모습인지를 구분할 수 있으며 이러한 훈련을 머신러닝이라고 한다.

일반적인 머신러닝 시스템을 도식화하면 **그림 6.1**과 같이 표현할 수 있다.

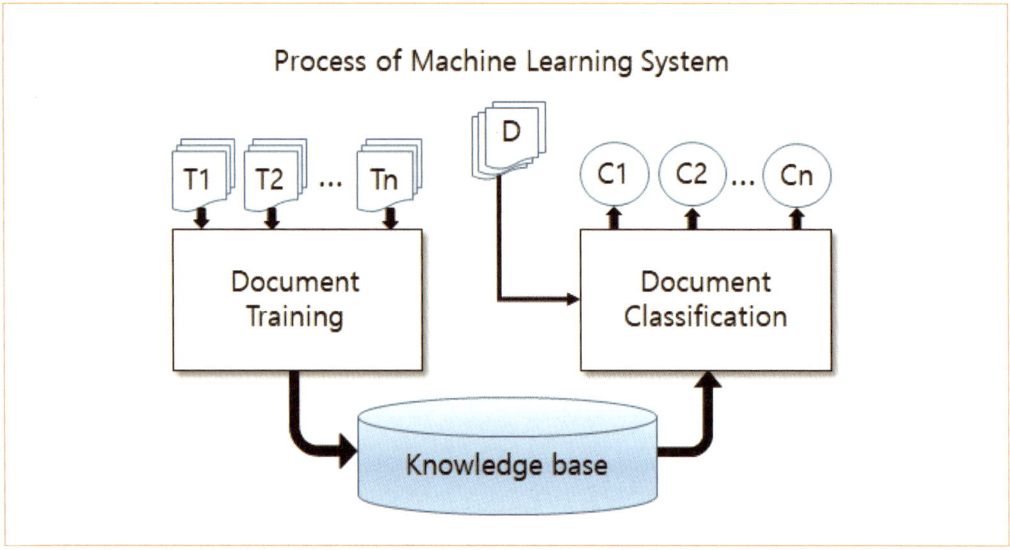

그림 6.1 머신러닝 시스템의 구조

머신러닝 시스템은 왼쪽 문서학습Document Training과정에서 인공지능 알고리즘에 의한 학습이 수행되고 오른쪽의 문서분류Document Classification과정에서 학습 결과 만들어진 지식베이스를 활용하여 학습되지 않은 실데이터를 대상으로 문서의 특성을 예측하게 되는 구조이다. 그림에서 (T1, T2, . . . , Tn)은 범주별로 수집된 데이터를 의미하며 D는 학습되지 않은 실데이터를 의미한다. C1, C2, Cn은 범주 레이블을 뜻한다. 머신러닝 시스템은 실데이터 D가 입력되었을 때 지식베이스에 기반하여 실데이터 D와 가장 유사한 범주레이블을 제시하게 된다.

많이 알려진 머신러닝 알고리즘으로는 나이브 베이즈Naive Bayes 모델, 은닉 마르코프Hidden Markov 모델, 인공신경망Artificial Neural Network 모델, 지지벡터기계Support Vector Machine 등이 있다.

머신러닝 시스템 구조를 이해하면 앞으로 경험해 볼 인공지능 프로그래밍을 학습하는데 많은 도움이 될 것이다.

(3) 은행 챗봇의 기능

은행 챗봇 모형을 만들기 위해 우선 여러 은행에서 활용되는 챗봇의 기능을 수집해보고 공통으로 제공하는 기능을 정리하면 자신의 은행계좌 조회, 계좌 이체, 환율관련 조회, 자산관리를 위한 상담 등으로 구분할 수 있다. 챗봇의 기능을 도식화하면 **그림 6.2**와 같이 나타낼 수 있다.

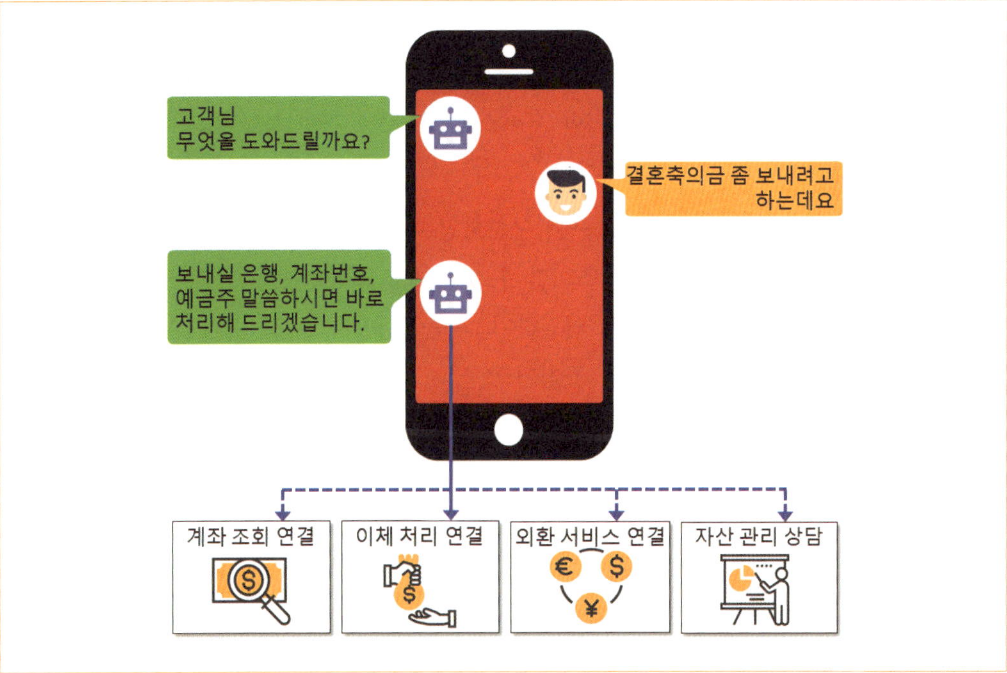

그림 6.2 은행 챗봇의 기능

우선 챗봇이 사용자의 요구를 유도하기 위한 질문을 시작하면 사용자는 자신의 요구를 음성이나 텍스트로 입력한다. 챗봇은 입력된 요구사항을 분석하여 해당서비스로 연결하거나 챗봇이 직접 요구를 분석하여 다음 대화로 넘어가는 구조를 취하고 있다. 이 과정을 세분화하여 간단한 작업흐름도로 나타내면 **그림 6.3**과 같이 도식화할 수 있다.

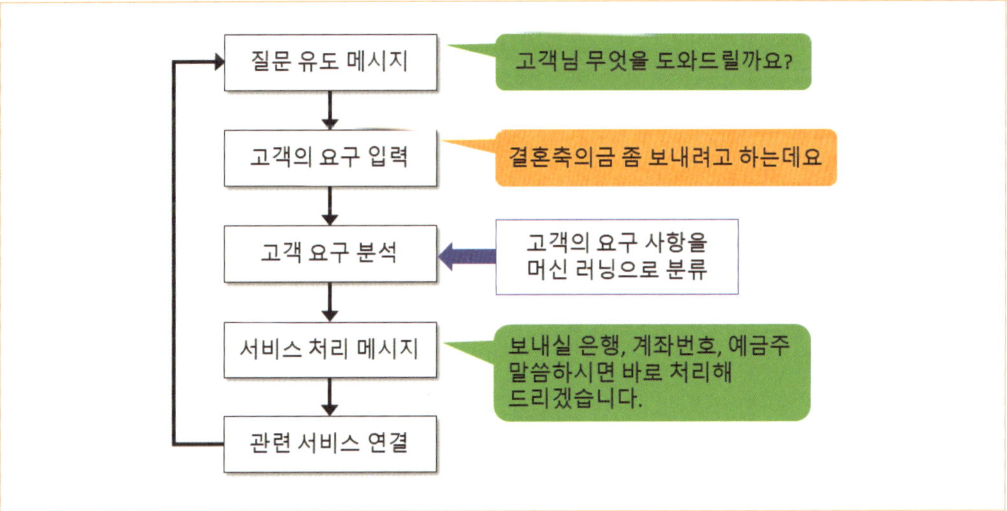

그림 6.3 은행 챗봇의 작업 흐름도

(4) 일반 프로그램으로 챗봇 구현

우선 기존의 프로그래밍 방식으로 챗봇을 구현해 본다. 위에서 제시한 챗봇의 기능은 4가지로 계좌 조회 연결, 이체 처리 연결, 외환 서비스 연결, 자산 관리 상담이며 사용자의 요구에 따라 4가지 처리 모듈로 연결해주면 된다.

챗봇으로 입력된 텍스트, 즉 사용자 요구를 구분하면 다음과 같은 규칙을 만들 수 있다. 사용자가 "계좌 조회"를 입력하면 계좌를 조회할 수 있는 모듈로 연결하고 "계좌 이체"를 입력하면 계좌이체를 처리할 수 있는 모듈로 연결하며 "환율 조회"나 "자산 관리 상담"도 텍스트가 입력되었을 때 해당 모듈로 연결하는 규칙이다.

❶ if an answer is "계좌 조회" then 계좌 조회 연결
❷ if an answer is "계좌 이체" then 계좌 이체 연결
❸ if an answer is "환율 조회" then 외환 서비스 연결
❹ if an answer is "자산 관리 상담" then 자산 관리 상담 연결

위 규칙을 적용하여 아래 순서대로 챗봇 프로그램을 만들어 보도록 한다.

1 스크래치를 열고 고양이 스프라이트를 삭제하고 챗봇에 사용할 새로운 스프라이트를 가져온다. 스프라이트 삭제는 스프라이트 정보 오른쪽 위 모퉁이의 휴지통 모양을 클릭하면 화면에서 삭제된다.

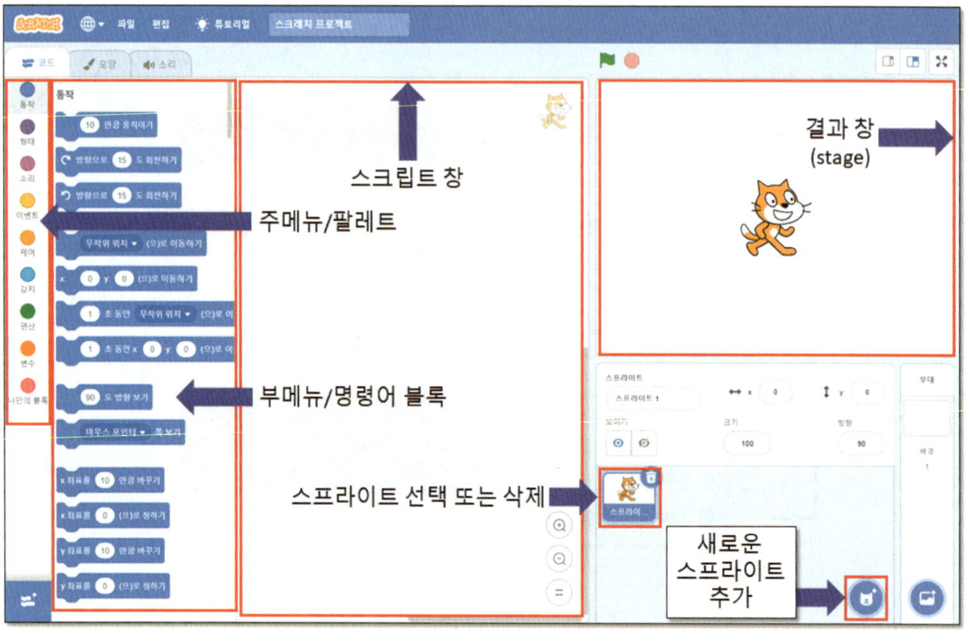

2 스크래치 화면 오른쪽 밑에 새로운 스프라이트 추가 버튼을 누르고 챗봇으로 사용할 캐릭터와 고객으로 사용할 캐릭터를 고른다. 그림에서 보이는 챗봇은 **[판타지]** 범주의 Nano를 선택하였고 고객으로 사용하는 캐릭터는 **[동물]** 범주에서 Monkey 캐릭터를 선택하였다.

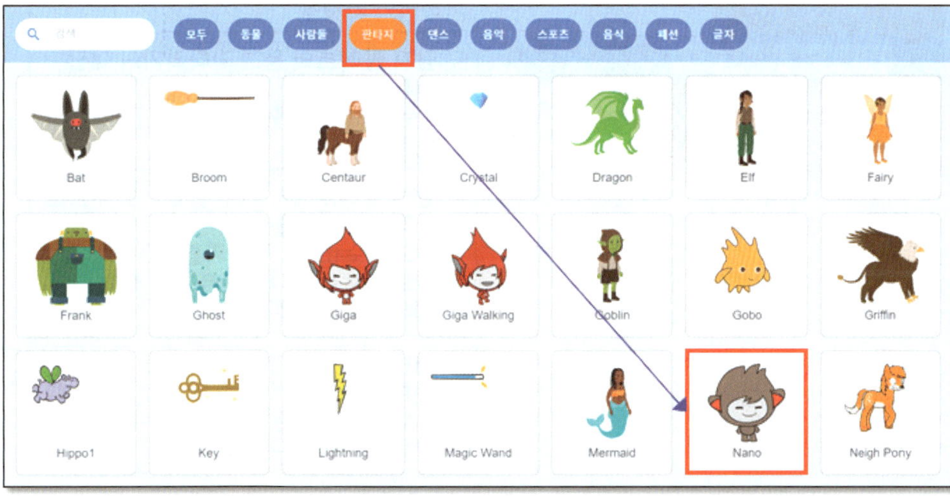

3 스크래치에서 스프라이트 이름을 Nano는 Chatbot으로 변경하고 Monkey는 Customer로 변경하여 프로그램의 의미에 맞게 사용하도록 한다.

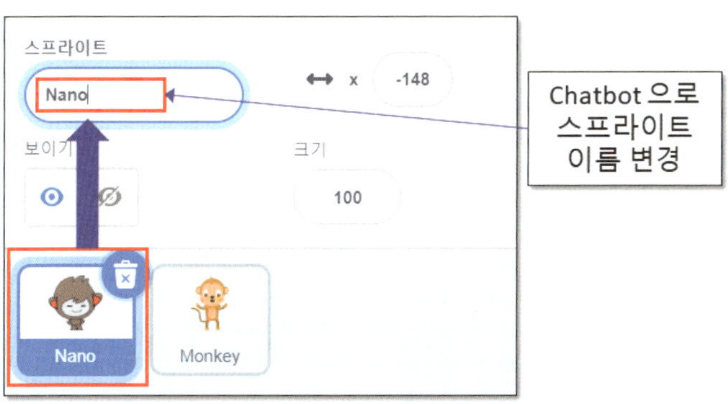

4 Chatbot 스크립트 창에 질문 유도 메시지 "고객님 무엇을 도와드릴까요?" 라고 물어본 후에 고객의 대답을 고객요구 변수에 넣고 고객요구 신호를 보내고 기다린다.

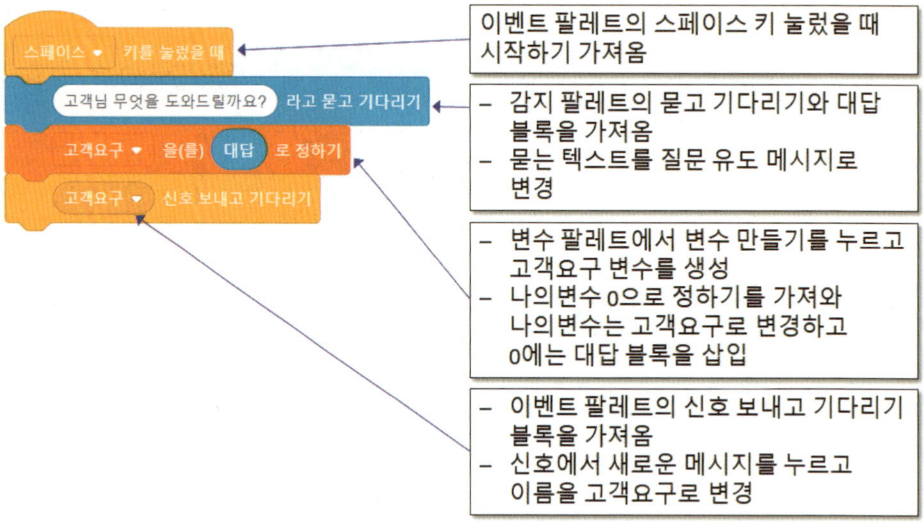

5 Customer 스크립트 창에 말하기 블록을 가져와 대답으로 입력했던 텍스트 고객요구를 Customer가 말하도록 한다.

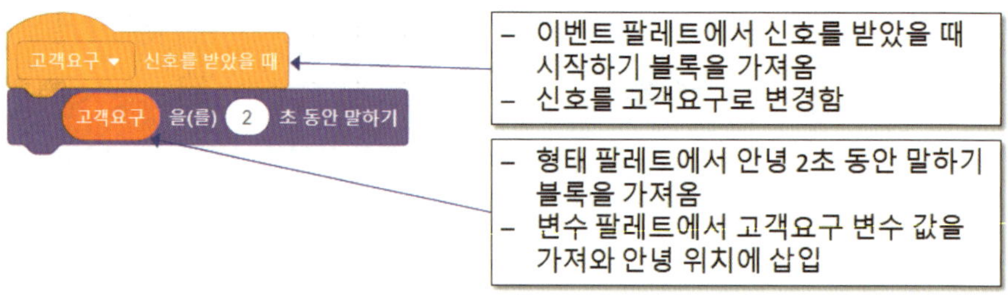

6 지금부터는 프로그램 시작 부분에서 만들었던 규칙을 구현해 보도록 한다. 먼저 고객요구 변수 값대답이 "계좌 조회"이면 계좌조회 서비스를 연결하는 첫 번째 규칙을 적용하여 코딩하면 다음과 같이 변환될 수 있다.

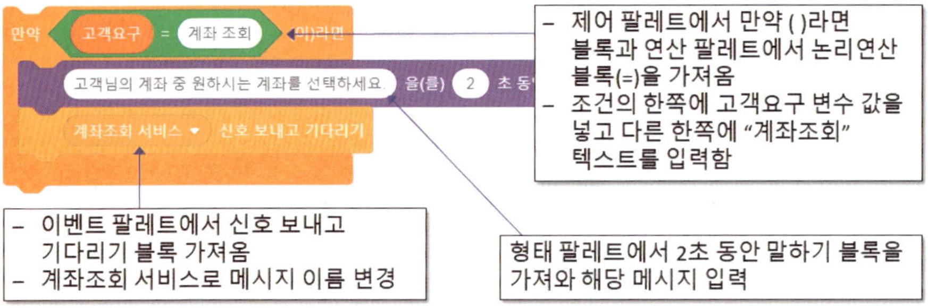

7 나머지 세 개의 규칙도 모두 6)번 과정과 유사하게 블록으로 코딩하여 만들고 Chatbot의 처음 코드에 이어 붙이면 다음과 같은 코드로 완성될 수 있다.

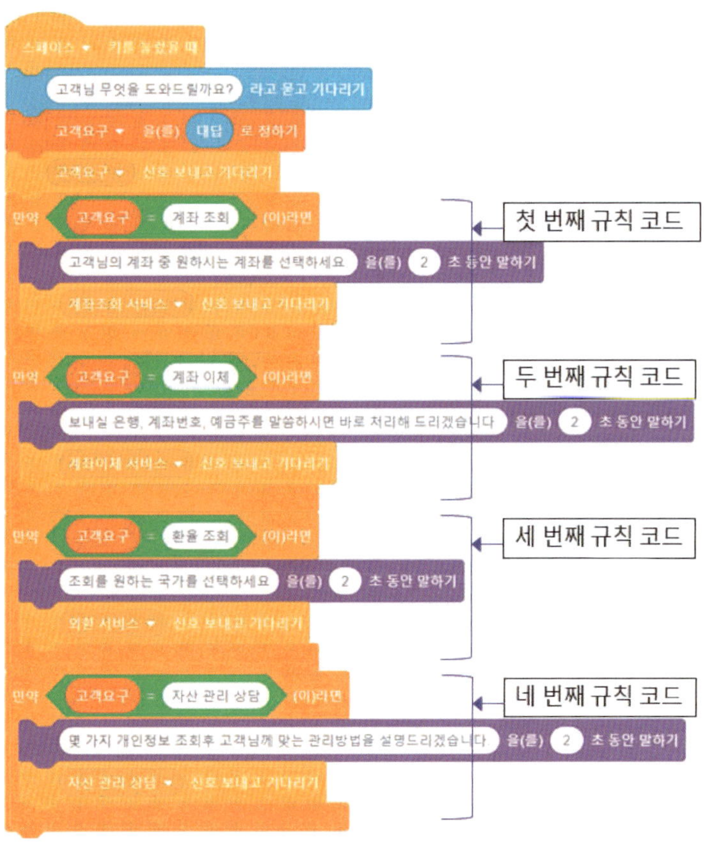

8 구현된 챗봇 프로그램을 테스트해보고 오류 분석과 함께 알고리즘을 수정한다.

테스트1 고객요구에 "계좌 조회"를 입력했을 때

챗봇이 정확히 계좌 조회에 대한 메시지 "고객님의 계좌 중 원하시는 계좌를 선택하세요."라는 응답을 함

테스트2 고객요구에 "계좌 이체"를 입력했을 때

챗봇이 정확히 계좌 이체에 대한 메시지 "보내실 은행, 계좌번호, 예금주를 말씀하시면 바로 처리해 드리겠습니다."라는 응답을 함

테스트3 고고객요구에 "점심메뉴 추천해줘"를 입력했을 때

챗봇이 규칙 4개 모두 해당하지 않는 요구이므로 반응을 하지 않음

테스트1과 테스트2의 경우에는 첫 번째 규칙, 두 번째 규칙과 일치하기 때문에 챗봇이 정확히 반응하는 것을 볼 수 있으며 테스트3의 경우는 4가지 규칙과는 다른 요구이기 때문에 챗봇이 아무 반응을 보이지 않고 있다.

프로그램은 정확히 동작하고 있지만 사용자 입장에서는 고객요구에 챗봇이 아무런 반응을 보이지 않기 때문에 오류가 있는 것처럼 보일 수 있다. 또한 현재 챗봇은 하나의 요구사항만 반응하고 있으며 지속적인 요구사항을 수용할 수 있도록 되어 있다.

챗봇의 동작 알고리즘, 즉 규칙을 아래와 같이 수정하면 프로그램을 보완할 수 있다.

❶ if an answer is "계좌 조회" then 계좌 조회 연결
❷ if an answer is "계좌 이체" then 계좌 이체 연결
❸ if an answer is "환율 조회" then 외환 서비스 연결
❹ if an answer is "자산 관리 상담" then 자산 관리 상담 연결
❺ 규칙에 해당하지 않으면 오류 메시지
❻ 1~5 반복

9 수정된 알고리즘을 반영하여 스크래치 프로그램을 보완한다.

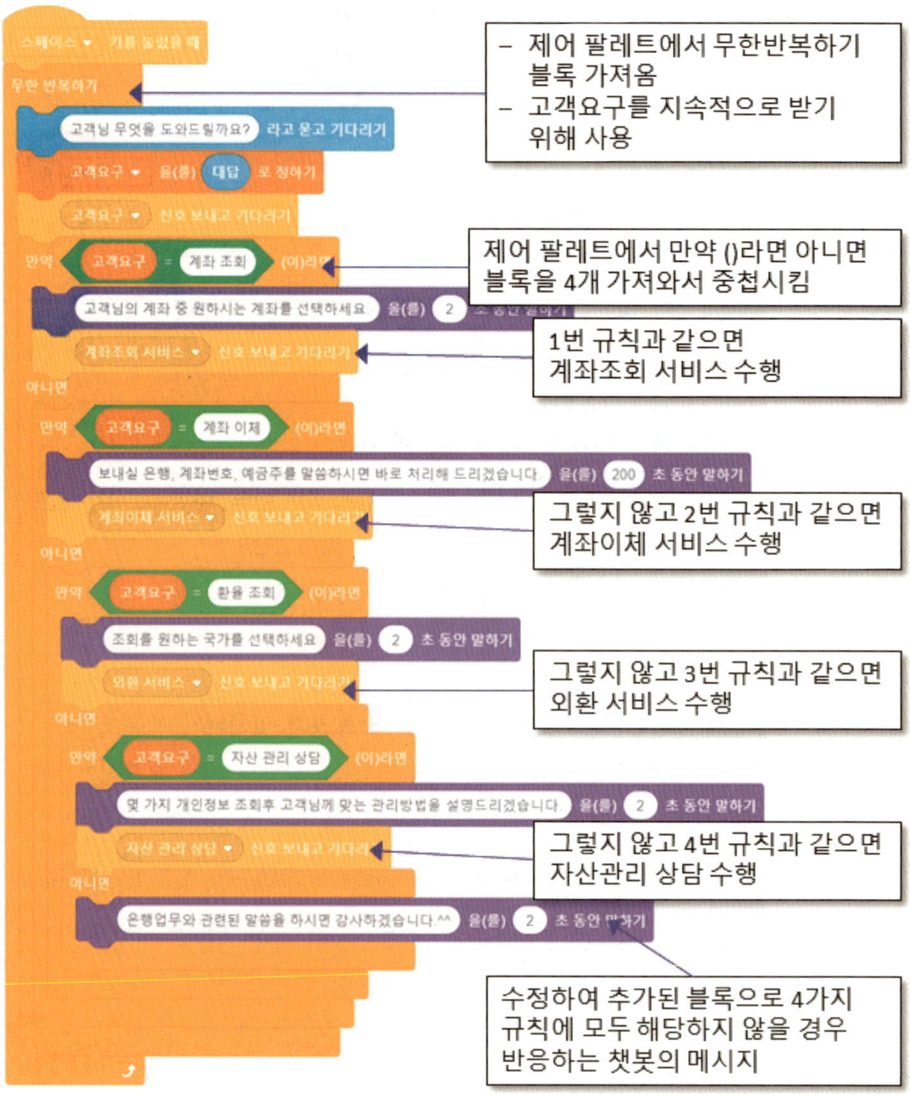

10 수정된 프로그램을 테스트하고 발생하는 오류를 분석해본다.

테스트1은 8)단계에서 발생한 규칙4개에 모두 해당하지 않을 경우 챗봇이 메시지를 주어 반응하지 않는 동작을 수정한 것이고 테스트2는 고객요구를 "환율 조회"라고 입력하지 않고 "오늘 환율"이라고 입력했을 경우 챗봇이 오류 메시지를 보내는 내용이다.

테스트1 고객요구에 "점심메뉴 추천해줘"를 입력했을 때

←

4가지 규칙에 해당하지 않기 때문에 챗봇이 "은행업무와 관련된 말씀을 하시면 감사하겠습니다.^^"라고 응답을 함

테스트2 고객요구에 "오늘 환율"을 입력했을 때

←

"환율 조회"를 "오늘 환율"로 입력했을 경우 챗봇은 4가지 규칙에 해당하지 않는다고 판단하여 "은행업무와 관련된 말씀을 하시면 감사하겠습니다.^^"라고 응답을 함

(5) 일반 프로그램으로 구현된 챗봇 분석

챗봇 프로그램 테스트에서 나타난 문제점

1. 정해진 규칙에 일치하는 명령어에만 반응하고 그 외의 명령어는 프로그램이 인식하지 못하며 스프라이트가 동작하지 않는다. 명령어의 철자를 틀리거나 띄어쓰기를 잘못하면 인식하지 못하여 스프라이트가 동작하지 않는다.
2. 같은 의미의 명령어를 더 짧게 또는 더 길게 표현하면 인식하지 못한다. "환율 조회"를 "환율 조회해줘" 또는 "환율"이라고 입력하면 잘못된 명령어라고 판단하여 오류 메시지를 보낸다.
3. 같은 명령어를 같은 뜻의 다른 표현으로 사용하면 인식하지 못한다. 예를 들어 "계좌 이체"를 "돈 좀 보내고 싶은데.." 또는 "세금 낼려고 하는데" 등을 계좌 이체의 의미로 인식하지 못한다.

그럼 이 문제를 어떻게 해결해야 될지 생각해보자.

규칙을 더 확장하면 될까? 명령어로 나올 수 있는 단어나 문장을 더 만들어 확장하면 가능하다. 그런데 규칙을 더 만들어 넣으면 챗봇의 기능이 조금은 더 나아질 수 있지만 사람마다 사용하는 말투와 단어도 다르고 새로운 단어와 표현이 지속적으로 만들어지기 때문에 단순히 사용할 문구를 확장하여 규칙에 추가하는 것만으로는 문제가 완전히 해결되지 않는다.

따라서 정해진 규칙으로 동작하는 프로그램이 아닌 머신러닝 기법을 활용하면 규칙기반으로 동작하는 프로그램의 한계를 어느 정도 극복할 수 있다.

지금부터는 머신러닝을 활용하는 챗봇 프로그래밍 과정을 설명하도록 한다.

6.2 데이터 준비

1 머신러닝 학습을 위한 사이트 https://machinelearningforkids.co.uk 를 웹 브라우저 주소 창에 입력하고 이동한다.

2 화면의 밑에 있는 **시작해 봅시다**를 클릭한다.

3 시작하기에서 계정만들기, 로그인, 지금 실행해보기 세 가지 선택 중 **지금 실행해보기**를 선택한다.

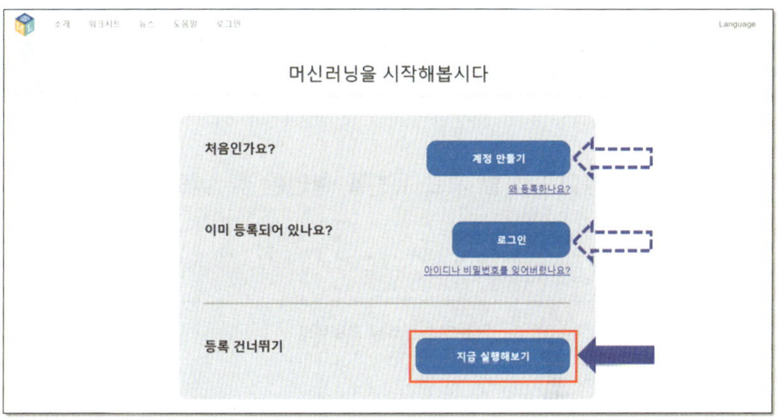

계정 만들기를 하여 로그인을 하면 학습자가 만든 프로젝트 이력을 관리할 수 있으며 소속 학급으로 들어가 교사-학생간의 프로그램을 공유할 수 있다. 머신러닝을 경험하면서 간단한 프로그램 학습을 위해서는 로그인 과정을 거치지 않고 직접 **지금 실행해보기**로 직접 들어가서 학습을 수행할 수 있다.

4 화면 윗 부분에 있는 **+프로젝트 추가**를 클릭한다.

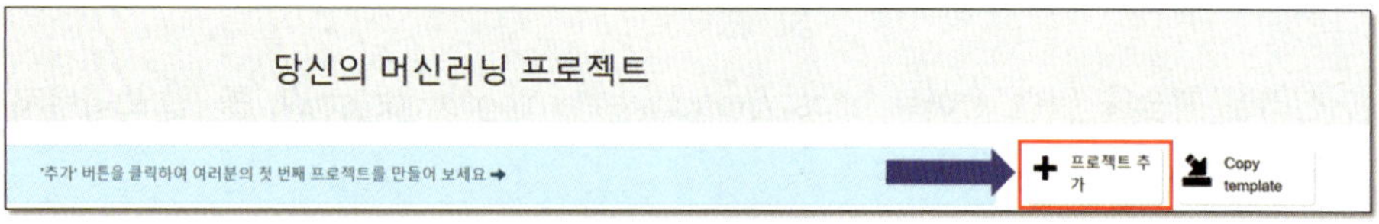

5 프로젝트 이름을 입력하고 인식방법과 언어를 선택한 후, **만들기**를 눌러 다음 단계로 이동한다. 프로젝트 이름에는 "Bank Chatbot"으로 입력하였는데 구현할 머신러닝의 목적이나 기능에 해당하는 적절한 이름을 넣어 주면 된다. 인식방법은 인식할 자료의 유형을 텍스트text, 이미지image, 숫자number, 소리sound 중에서 선택하는 것이며 현재는 **텍스트**를 선택하였다. 사용할 언어로는 한글을 선택하였는데 현재 한글 외에 영어, 중국어, 스페인어 등 13개 언어 인식이 가능하다.

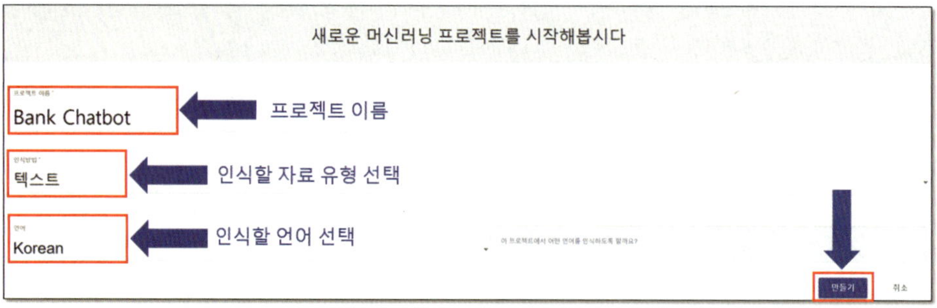

6 만들어진 프로젝트 이름과 인식할 자료 유형을 확인한 후, 네모박스 영역을 클릭하면 다음 단계로 넘어간다.

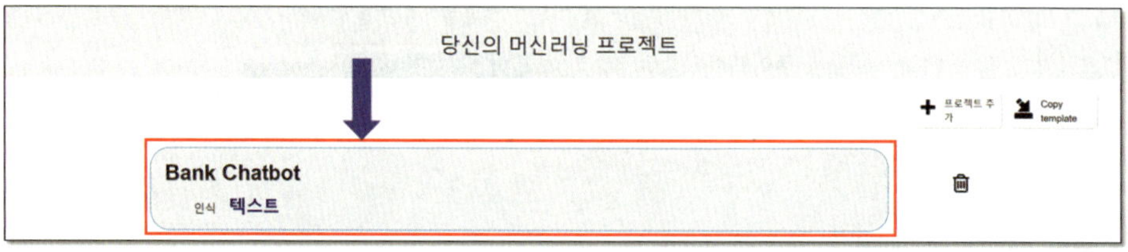

7 훈련을 클릭하여 머신러닝을 위한 자료 수집 단계로 들어간다.

8 **+새로운 레이블 추가**를 누르고 훈련 집합[set]을 만든다.

9 레이블 이름을 훈련 집합을 고려하여 적절하게 입력하고 **추가** 버튼을 누른다.

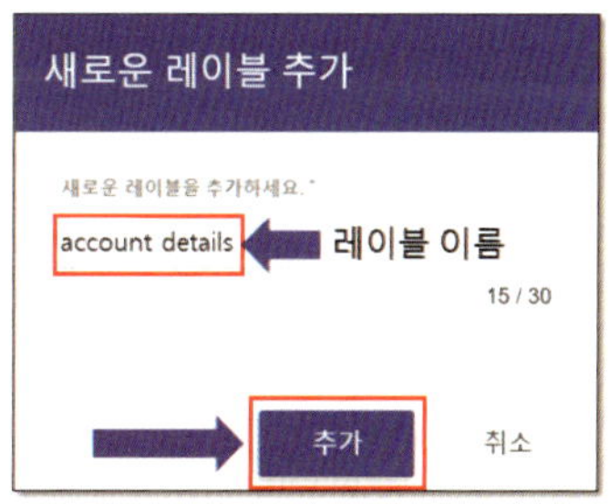

현재는 훈련 집합 이름으로 "account details"를 입력하였으며 만들어진 레이블 이름에는 아래 그림과 같이 띄어쓰기 대신 자동으로 밑선 '_' 이 생긴다.

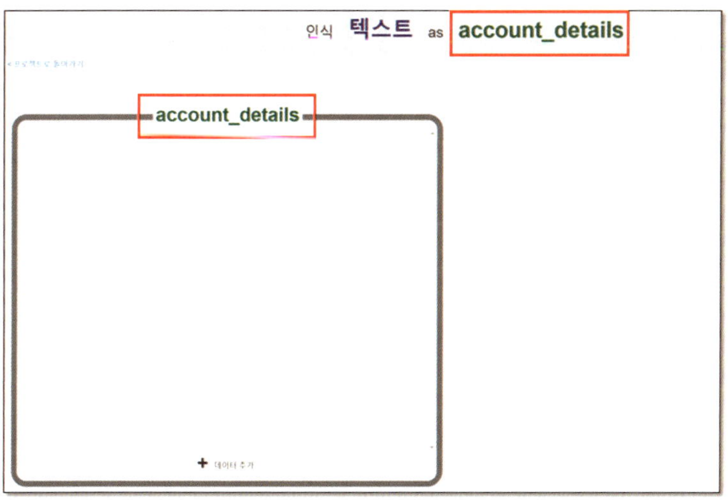

10 계속해서 **+새로운 레이블 추가**를 누르고 'account transfer', 'exchange rate', 'asset management' 3개의 훈련 집합을 추가한다. 레이블명은 호환성을 고려하여 영어와 숫자 조합으로 만들기를 권장한다. 레이블 추가가 완료되면 아래와 같은 네 개의 훈련 집합이 만들어진 것을 볼 수 있다.

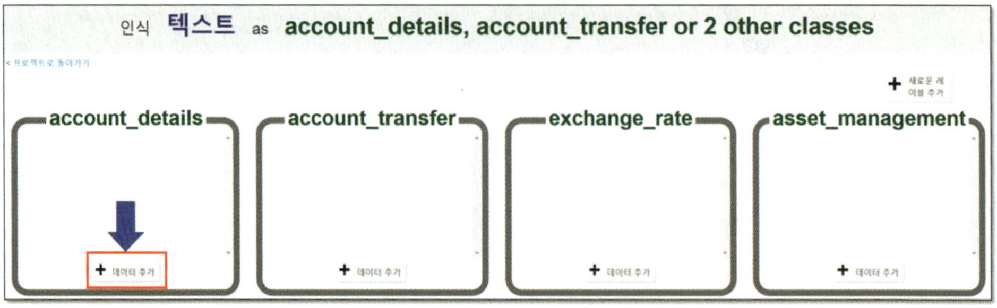

11 account_details 훈련 집합의 **+데이터 추가** 버튼을 누르고 계좌 조회 요구를 의미하는 메시지를 만들어 넣는다. 예를 들어 "계좌 조회"외에 "통장 잔고 확인", "거래내역 알고 싶어" 등과 같은 유사한 의미의 다른 표현 명령어들도 함께 추가할 수 있다. 추가한 후의 훈련 집합 account_details는 아래 그림과 같으며 오른쪽 아래에는 추가된 데이터의 개수가 함께 표기된다.

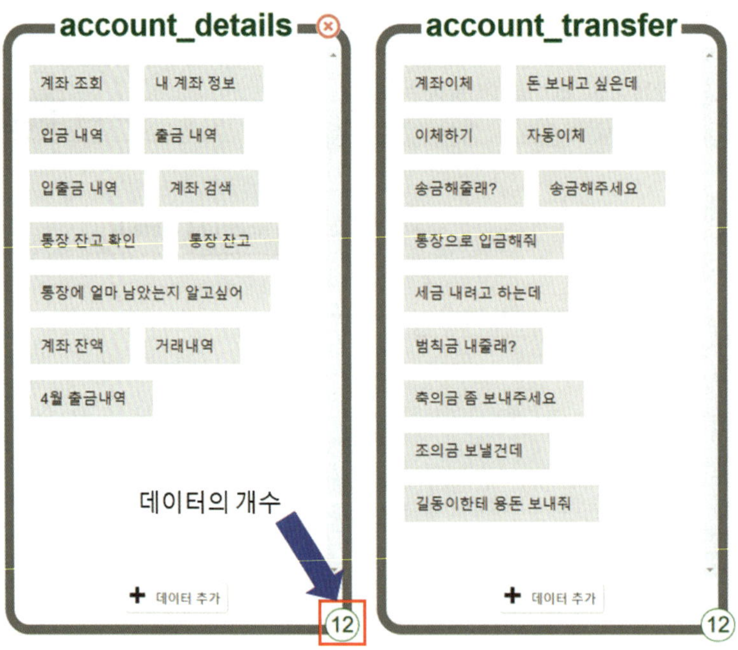

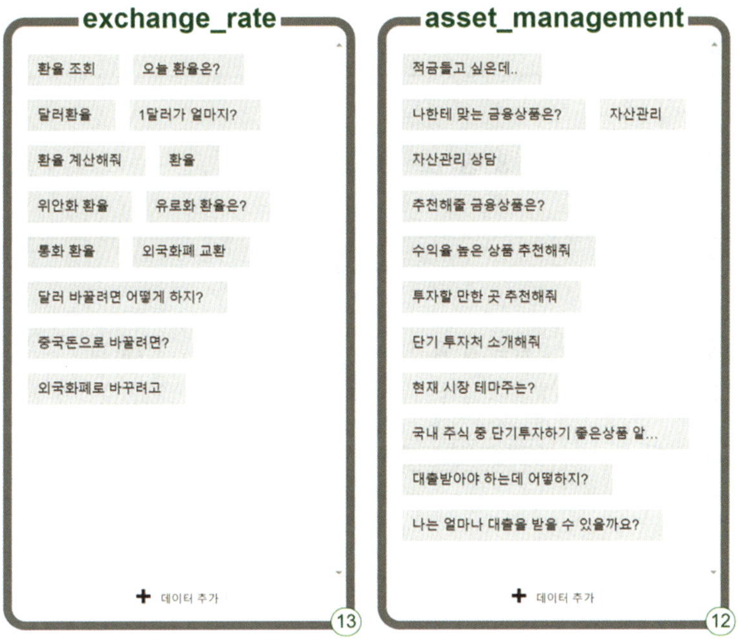

나머지 세 개의 훈련 집합 account_transfer, exchange_rate, asset_management 에도 레이블의 의미에 적합한 데이터를 추가한다. 위 그림은 추가된 4개 훈련 집합의 데이터를 보여준다.

12 브라우저의 왼쪽 위에서 **〈프로젝트로 돌아가기〉**를 누르면 데이터 준비 과정은 끝난다.

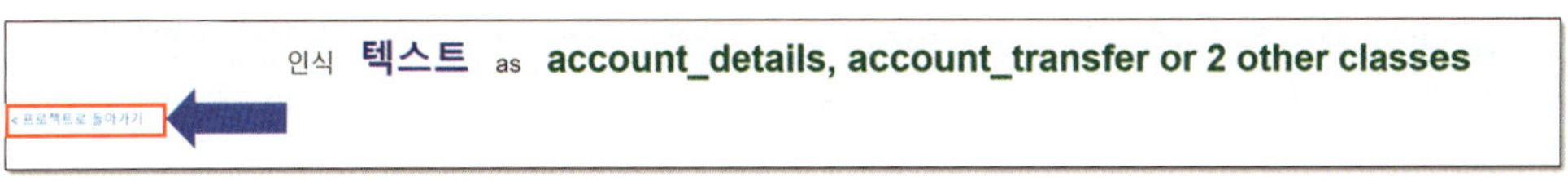

6.3 모델 학습

1 브라우저 중간에 있는 **학습 & 평가**를 선택한다.

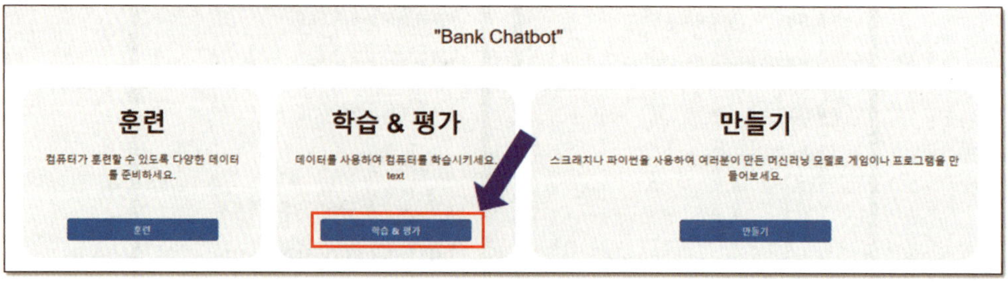

2 아래 부분에 있는 **새로운 머신러닝 모델을 훈련시켜보세요** 버튼을 선택하고 수집된 데이터를 학습시키고 모델을 완성한다.

훈련하는 단계는 학습을 위한 데이터를 수집하는 과정이며 학습하는 단계는 수집된 데이터를 머신러닝 알고리즘으로 자동 학습하고 지식베이스knowledge-base를 만드는 과정이라 할 수 있다. 학습과정은 데이터의 종류와 크기에 따라 학습시간이 차이가 있을 수 있다. 현재의 데이터로는 학습시간이 약 1분 이내로 걸린다.

3 학습이 완료되면 학습결과를 실험할 수 있는 창이 만들어진다. 이곳에서 입력 값을 넣고 머신러닝의 분석 결과를 보면서 특정 레이블에 데이터 추가나 수정을 고려할 수 있다.

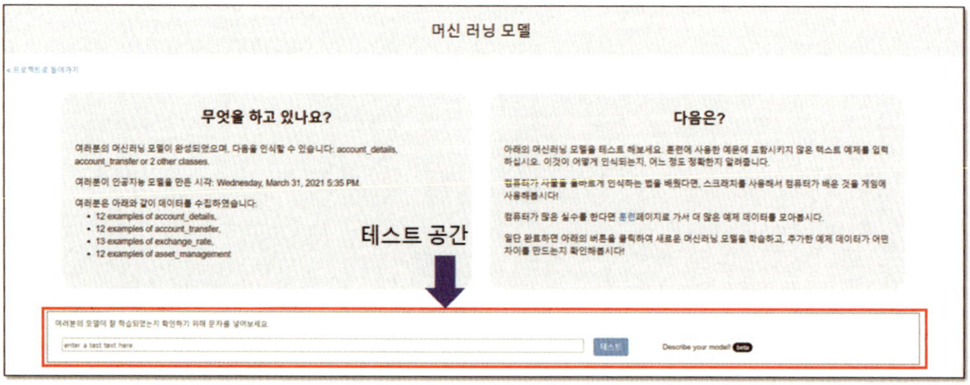

테스트1

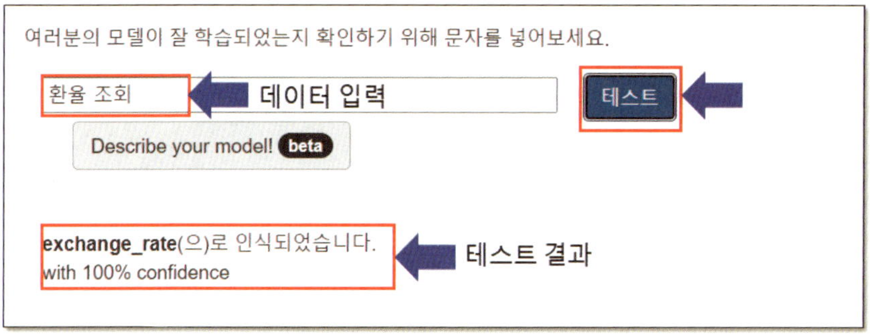

위 그림은 입력된 메시지 "환율 조회"를 테스트한 결과 exchange_rate 집합으로 인식되었으며 인식결과에 대한 신뢰도는 100%라는 의미이다. 훈련 집합에 있는 명령어를 사용하여 머신러닝을 테스트하면 100% 신뢰도로 해당 레이블이 인식된다. 따라서 머신러닝 모델을 이해하고 규칙을 입력하여 프로그래밍하던 방법과의 차이점을 구분하기 위해서는 훈련 집합에 없는 데이터를 사용하여 테스트해 볼 필요가 있다. 테스트2와 테스트3은 훈련 집합에 없는 명령어로 테스트한 결과를 보여준다.

테스트2 입력

테스트3

4 브라우저의 위쪽에 있는 **<프로젝트로 돌아가기>**를 누르면 모델 학습 과정은 끝난다.

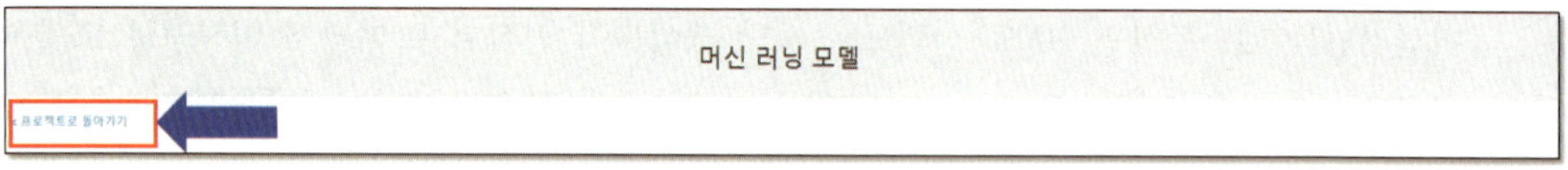

6.4 AI 프로그래밍

1 브라우저의 오른쪽 메뉴 **만들기**를 선택하고 이동한다.

2 프로그래밍 도구 중 **스크래치3**을 선택한다.

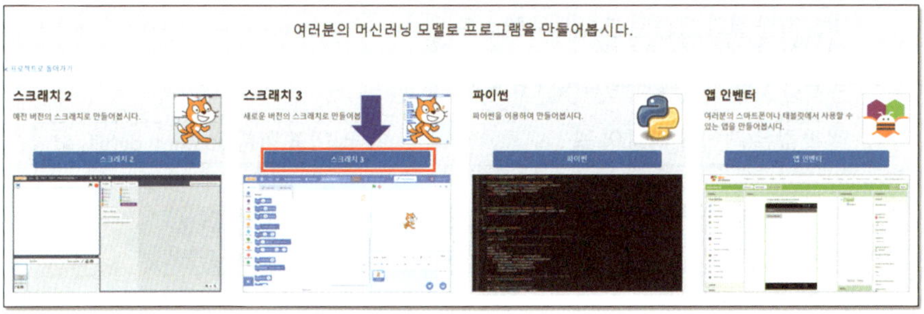

3 스크래치에서 스프라이트 고양이를 삭제하고 챗봇으로 사용할 캐릭터는 **[판타지]** 범주의 Nano, 고객으로 사용할 캐릭터는 **[동물]** 범주의 Monkey를 가져온다.

4 스크래치 인터페이스에서 머신러닝으로 만들어진 추가 메뉴를 확인한다.

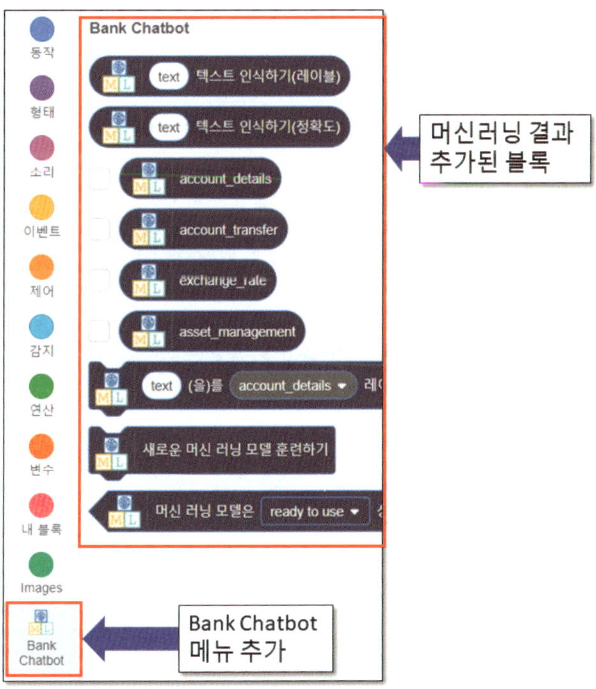

5 챗봇 코딩에서 머신러닝 결과 활용

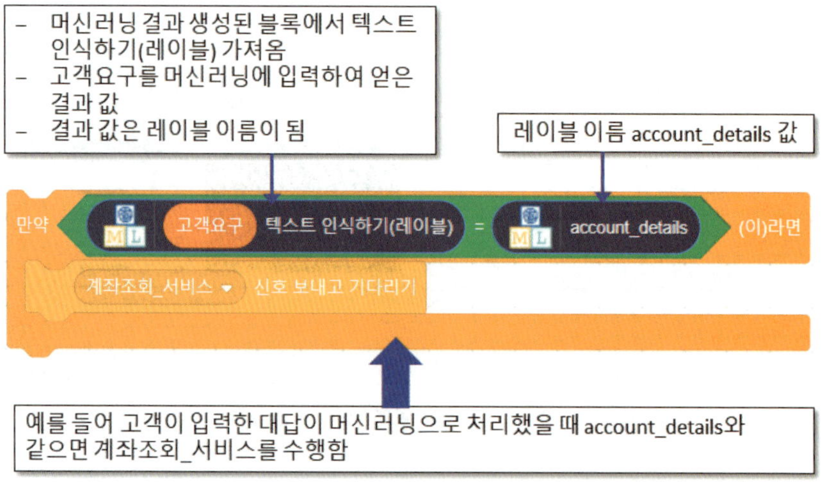

이와 같은 방법으로 전체코드를 아래와 같이 구성할 수 있다.

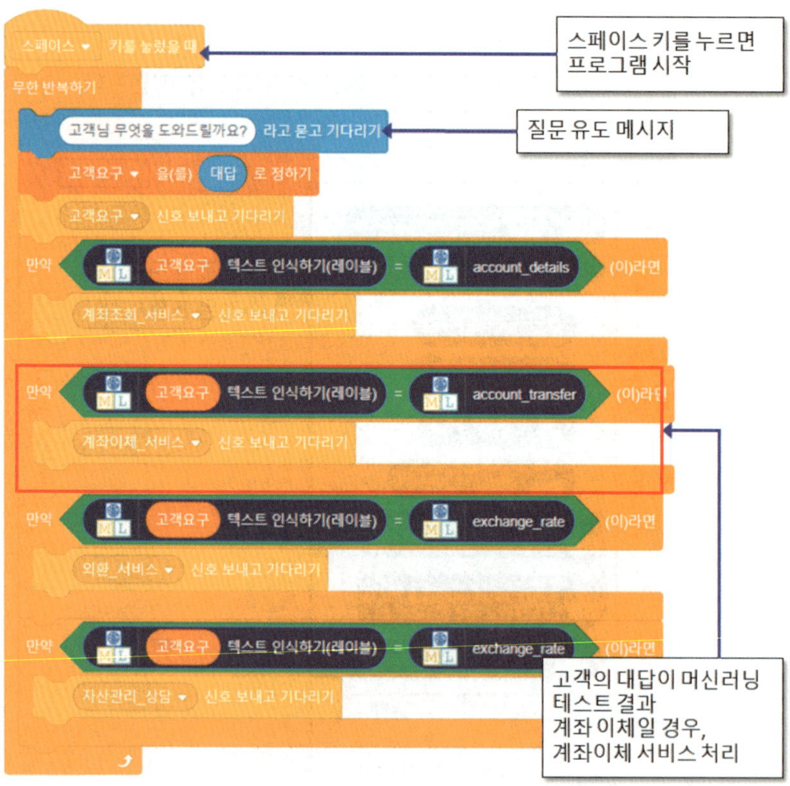

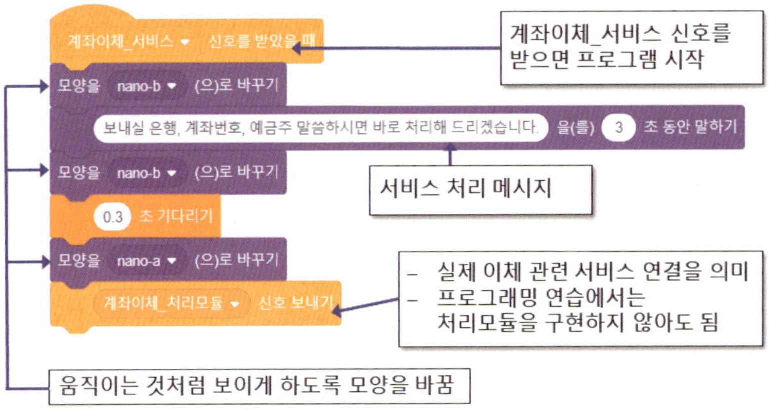

6 **고객 코딩**은 머신러닝을 활용하지 않는 일반 프로그램과 유사하며 그대로 사용해도 된다.

7 **오류를 줄이는 프로그램으로 개선**해 보자. 고객의 요구가 4가지 범주에 해당하면 괜찮지만 그렇지 않고 범주와 무관한 요구가 들어오더라도 이를 처리해줄 수 있는 방안이 포함돼야 한다. 고객요구를 머신러닝으로 처리한 결과 인식정확도가 한계치 이상인 고객요구만 처리하면 오류를 어느 정도 줄일 수 있게 된다. 수정된 코드는 아래와 같다.

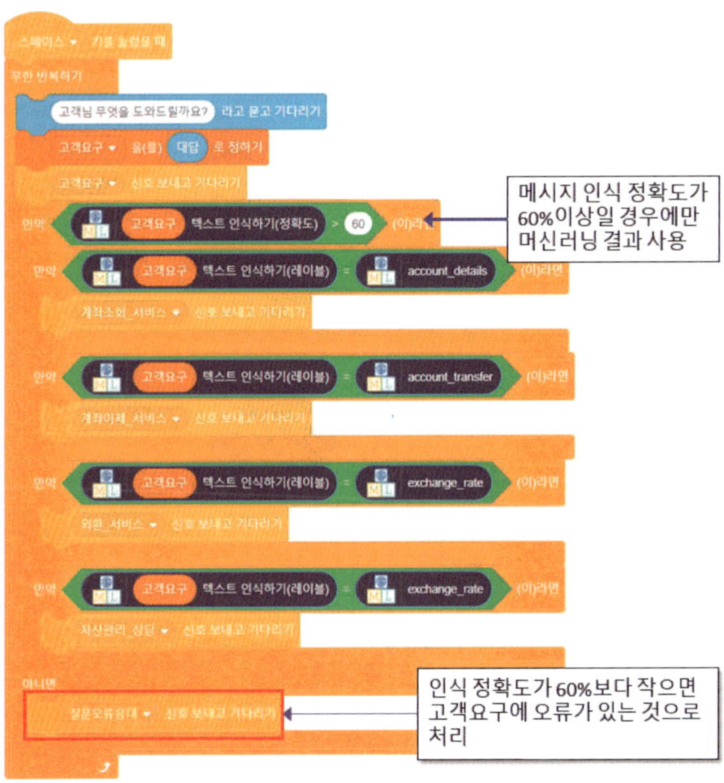

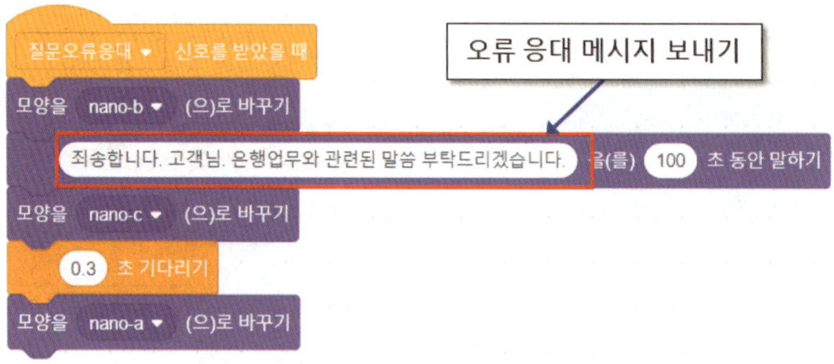

8 이제 머신러닝 프로그램을 테스트해보자. 훈련 집합에 참여하지 않은 데이터를 입력하여 챗봇이 잘 동작하는지 확인해 본 결과 두 개의 테스트에서 챗봇이 잘 동작하는 것을 알 수 있다.

테스트1 입력 텍스트 "새록이한테 용돈 보내고 싶은데.."

테스트2 입력텍스트 "심심한데 구구단게임이나 할까?"

머신러닝을 활용하는 챗봇의 한계

1. 학습으로 사용할 수 있는 데이터베이스가 고정되고 제한되어 있기 때문에 학습되지 않거나 저장되지 않은 질문은 챗봇이 오류를 보일 수 있다.
2. 챗봇은 언어처리에 크게 영향을 받으며 액센트 및 실수와 같은 불규칙성으로 인해 제한될 수 있다.
3. 챗봇은 동시에 여러 질문을 처리할 수 없으므로 사람과 대화할 때 보다 효율성이 떨어질 수 있다.
4. 챗봇은 학습경험을 위해 많은 양의 대화 데이터가 필요하다.
5. 챗봇은 사용자와 이전의 대화를 주고받아야 하는 비선형 대화를 처리하는데 어려움이 있다.
6. 일부 소비자는 챗봇에 불편함을 느끼고 자신의 요청이 기계에 의해 처리되고 있음을 분명히 알 수 있다.

6.5 응용 심화문제

01 지금까지 구현한 은행 챗봇을 영어를 인식하여 처리할 수 있는 영어 버전 은행 챗봇으로 만들어 봅시다.

02 한국에 대한 다양한 질문에 답해 줄 수 있는 챗봇을 만들어 본다. 질문 유형은 모두 5가지이 이에 대한 응답 챗봇이다. 챗봇의 기능은 위치에 대한 질문이 들어오면 한국은 어디에 위치하고 있다는 답을 하고, 인구에 대한 질문이 들어오면 인구는 몇 명 정도인지를 답해준다. 또한 날씨와 기후에 대한 질문에는 해당 답변을 주고, 유명 관광지에 대한 질문에는 어디가 유명하고 볼 것은 무엇이 있는지를 답해준다. 마지막으로 음식에 대한 질문에는 맛있고 특색 있는 음식은 무엇인지를 응답해 준다.

참고문헌

챗봇, https://ko.wikipedia.org/wiki/챗봇

Chatbot, https://en.wikipedia.org/wiki/chatbot

조희석, 챗봇(ChatBot)의 활용 사례 및 이러닝 도입 전략, 한국교육학술정보원, 연구자료 RM 2018- 11, 2018.12.

기계학습, https://ko.wikipedia.org/wiki/기계_학습

한국정보교육학회, 인공지능 교육개론, 도서출판 홍릉, 2020.8.

CHAPTER 07

AI 영양사 프로젝트

이광호 / 한국교원대학교

학습목표

1 머신러닝포키즈를 이용하기 위한 수 인식에 적합한 데이터를 구하고 정리할 수 있다.

2 수로 표현된 데이터를 학습하고 분류해 주는 머신러닝 모델을 생성할 수 있다.

3 머신러닝 모델을 이용하여 수 인식을 활용한 나만의 인공지능 프로그램을 작성할 수 있다.

7.1 프로젝트 소개

수[number]는 컴퓨터가 인식할 수 있는 가장 기본적인 언어 형식이며, 우리도 일상생활에서 수로 표현된 많은 정보들을 접하고 활용한다. 본 장에서는 머신러닝포키즈 프로그램을 이용하여 수로 이루어진 데이터를 학습하고 분류해주는 프로그램 제작 방법을 알아본다. 스크래치 3.0 프로그램을 활용하여 나이, 신장, 체중을 입력하면 하루 권장섭취량과 그에 알맞은 식단을 추천해주는 'AI 영양사' 프로젝트를 제작해본다. 이 과정에서 실제로 머신러닝이 데이터를 학습하는 원리, 데이터 전처리 방법, 머신러닝의 기초 개념들을 배우게 된다.

7.2 데이터 준비

다양한 나이, 신장, 체중에 따라 필요한 하루 열량이 얼마인지 나타내는 데이터가 필요하기 때문에 한국영양학회[2020]에서 제시한 한국인 1일 영양소 섭취 기준과 체위기준을 참고하여 데이터를 생성한다. 데이터는 공인된 것일수록 신뢰성을 높여준다.

표 7.1 한국인 영양소 섭취 기준

성별	연령	에너지(kcal/일)				탄수화물(g/일)				식이섬유(g/일)			
		필요 추정량	권장 섭취량	충분 섭취량	상한 섭취량	평균 필요량	권장 섭취량	충분 섭취량	상한 섭취량	평균 필요량	권장 섭취량	충분 섭취량	상한 섭취량
영아	0-5(개월)	500						60					
	6-11	600						90					
유아	1-2(세)	900				100	130					15	
	3-5	1,400				100	130					20	
남자	6-8(세)	1,700				100	130					25	
	9-11	2,000				100	130					25	
	12-14	2,500				100	130					30	
	15-18	2,700				100	130					30	
	19-29	2,600				100	130					30	
	30-49	2,500				100	130					30	
	50-64	2,200				100	130					30	
	65-74	2,000				100	130					25	
	75 이상	1,900				100	130					25	
여자	6-8(세)	1,500				100	130					20	
	9-11	1,800				100	130					25	
	12-14	2,000				100	130					25	
	15-18	2,000				100	130					20	
	19-29	2,000				100	130					20	
	30-49	1,900				100	130					20	
	50-64	1,700				100	130					20	
	65-74	1,600				100	130					20	
	75 이상	1,500				100	130					20	
임산부		+0 +340 +450				+35	+45					+5	
수유부		+340				+60	+80					+5	

출처 : 보건복지부 · 한국영양학회, 2020 한국인 영양소 섭취기준, 2020.

표 7.2 2020 한국인 영양소 섭취기준 제정을 위한 체위기준

연령	2020 체위기준					
	신장(cm)		체중(kg)		BMI(kg/m²)	
0–5(개월)	58.3		5.5		16.2	
6–11	70.3		8.4		17.0	
1–2(세)	85.8		11.7		15.9	
3–5	105.4		17.6		15.8	
	남자	여자	남자	여자	남자	여자
6–8(세)	124.6	123.5	25.6	25.0	16.7	16.4
9–11	141.7	142.1	37.4	36.6	18.7	18.1
12–14	161.2	156.6	52.7	48.7	20.5	20.0
15–18	172.4	160.3	64.5	53.8	21.9	21.0
19–29	174.6	161.4	68.9	55.9	22.6	21.4
30–49	173.2	159.8	67.8	54.7	22.6	21.4
50–64	168.9	156.6	64.5	52.5	22.6	21.4
65–74	166.2	152.9	62.4	50.0	22.6	21.4
75 이상	163.1	146.7	60.1	46.1	22.6	21.4

출처 : 보건복지부 · 한국영양학회, 2020 한국인 영양소 섭취기준, 2020.

나이, 체중, 신장에 따라 필요한 칼로리가 결과 값으로 구분되어야 하므로 레이블 구분을 열량을 기준으로 나누어야 한다. 열량은 1700~1900, 2000, 2200~2500, 2600이상으로 4개의 구간으로 나눈다. 각 구간의 레이블은 편의를 위해 구간을 대표하는 값으로 1800, 2000, 2400, 2600으로 정하였다. 이 프로젝트에서는 레이블을 단순하하기 위해 연령을 12세-64세로 제한하여 데이터를 생성하였다.

나음은 영양소 섭취기준과 체위기준에 따라 생성한 데이터의 예시이다. 한 레이블 당 10개의 데이터를 생성하였다. 데이터가 더 많을수록 더 정확한 예측이 가능하다. 위의 기준표로도 구분이 가능하지만 머신러닝 모델은 훈련 데이터에 없는 수치를 입력하더라도 가장 가까운 레이블을 예측하여 추천해줄 수 있다는 장점이 있다. 따라서 한국영양학회에서 제시한 기준표와 다른 신체 치수를 가지고 있는 사람도 예측이 가능하다.

표 7.3 일일 권장 섭취량 샘플 데이터

순	성별	나이	키	몸무게	일일섭취열량	레이블
1	여	30	159	54	1900	1800
2	여	33	160	55	1900	1800
3	여	36	158	53	1900	1800
4	여	41	160	53	1900	1800
5	여	45	159	55	1900	1800
6	여	49	158	54	1900	1800
7	여	50	157	53	1700	1800
8	여	55	156	52	1700	1800
9	여	59	155	51	1700	1800
10	여	64	154	52	1700	1800
11	여	12	152	44	2000	2000
12	여	14	156	48	2000	2000
13	여	15	158	51	2000	2000
14	여	18	160	53	2000	2000
15	여	19	161	56	2000	2000
16	여	22	160	55	2000	2000
17	여	25	162	57	2000	2000
18	여	26	162	55	2000	2000
19	여	27	160	54	2000	2000
20	여	29	161	57	2000	2000
21	남	12	161	52	2200	2400
22	남	13	160	50	2200	2400
23	남	14	162	53	2200	2400
24	남	30	173	68	2500	2400
25	남	33	172	67	2500	2400
26	남	37	174	68	2500	2400
27	남	40	177	71	2500	2400
28	남	43	171	65	2500	2400
29	남	46	170	64	2500	2400
30	남	49	174	66	2500	2400
31	남	15	172	64	2700	2600
32	남	16	171	63	2700	2600
33	남	18	173	65	2700	2600
34	남	19	174	69	2600	2600
35	남	21	175	68	2600	2600
36	남	24	176	70	2600	2600
37	남	25	180	74	2600	2600
38	남	27	173	67	2600	2600
39	남	28	172	62	2600	2600
40	남	29	174	67	2600	2600

7.3 모델 학습

1 머신러닝포키즈(https://machinelearningforkids.co.uk/)에 접속하여 **[시작해봅시다]**를 클릭한다.

그림 7.1 머신러닝포키즈 사이트 접속

2 **[로그인]** 버튼을 클릭한다. 자신의 **아이디**(username)와 **비밀번호**(password)를 입력한다. 만약 아이디와 비밀번호를 기억하지 못한다면, 선생님 또는 그룹 리더에게 비밀번호 재설정을 요청한다.

3 상단 메뉴의 **[프로젝트로 이동]** 버튼을 클릭한다.

그림 7.2 프로젝트로 이동

4 **[+프로젝트 추가]** 버튼을 클릭한다.

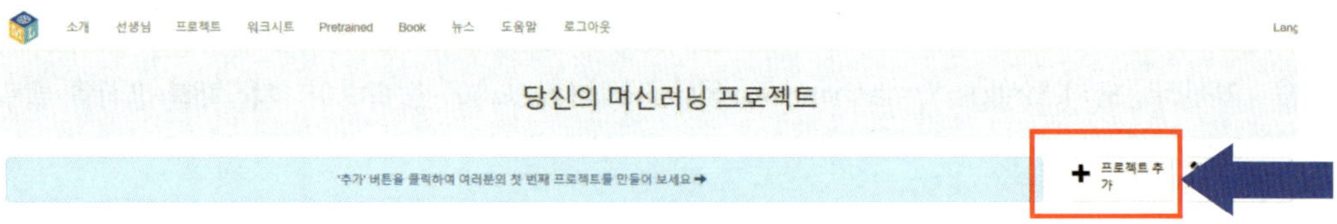

그림 7.3 프로젝트 생성

5 프로젝트 이름은 'AI nutritionist', 인식방법은 '**숫자**'를 입력한다. **[ADD A VALUE]** 버튼을 클릭하여 '나이', '신장', '체중' 3개의 값을 추가하고 유형은 모두 숫자로 선택한다. 모두 입력 후 **[만들기]** 버튼을 누른다.

그림 7.4 프로젝트의 이름, 변수, 인식방법 입력

6 새로 생성된 **[AI nuturitionist]** 프로젝트를 클릭한다.

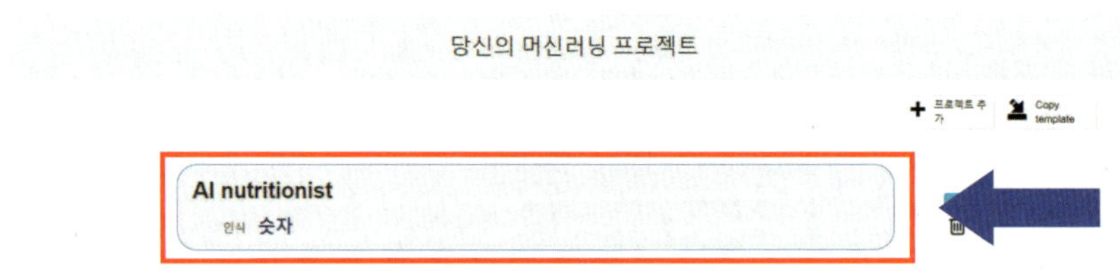

그림 7.5 생성된 프로젝트 확인

7 아래 화면에서 **[훈련]** 버튼을 클릭하고 7.2에서 준비한 데이터를 활용하여 머신러닝을 훈련시킨다.

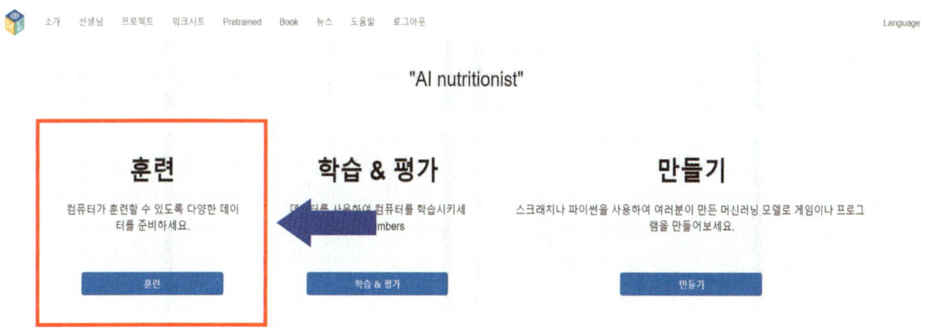

그림 7.6 프로젝트 훈련 시작

8 **[새로운 레이블 추가]** 버튼을 클릭하여 아래 화면과 같이 '1800', '2000', '2400', '2600', 4개의 레이블을 만든다. 레이블은 나이, 신장, 체중을 입력했을 때 필요한 열량을 알려주는 결과에 해당한다.

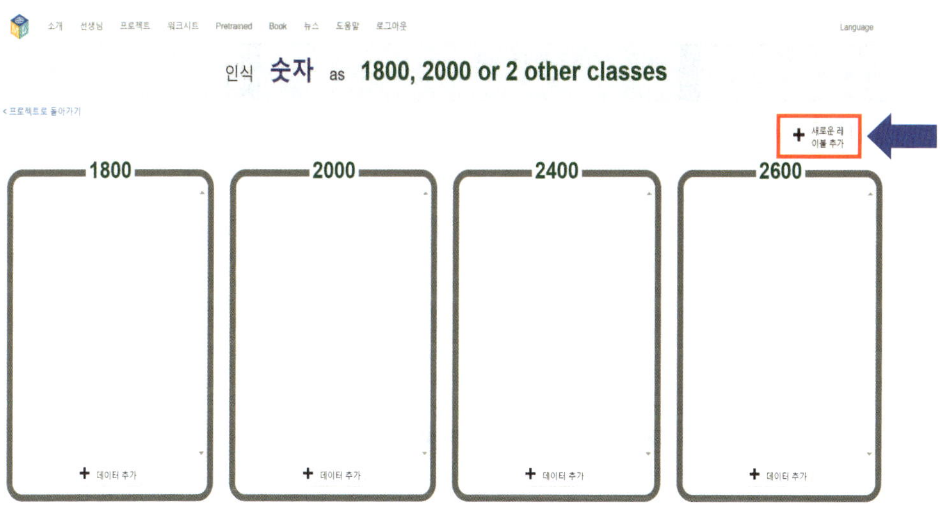

그림 7.7 레이블 생성

9 각 레이블 박스 안에 있는 **[데이터 추가]** 버튼을 클릭하여 각각의 레이블에 맞는 데이터(나이, 신장, 체중)를 입력한다.

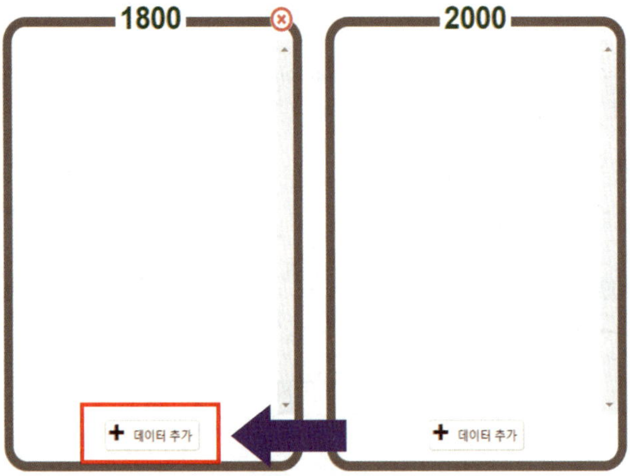

그림 7.8 데이터 추가

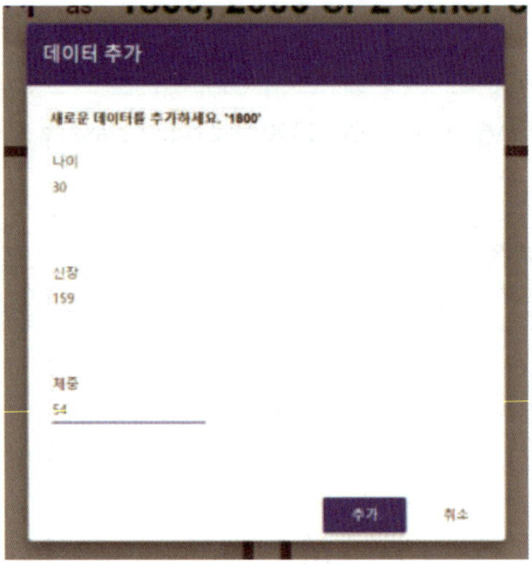

그림 7.9 데이터 입력

10 아래 화면과 같이 각 레이블에 맞는 데이터를 넣는다. 각 레이블의 데이터 개수는 비슷하게 맞춰준다. 데이터 개수가 많을수록 더 정확한 예측이 가능하다.

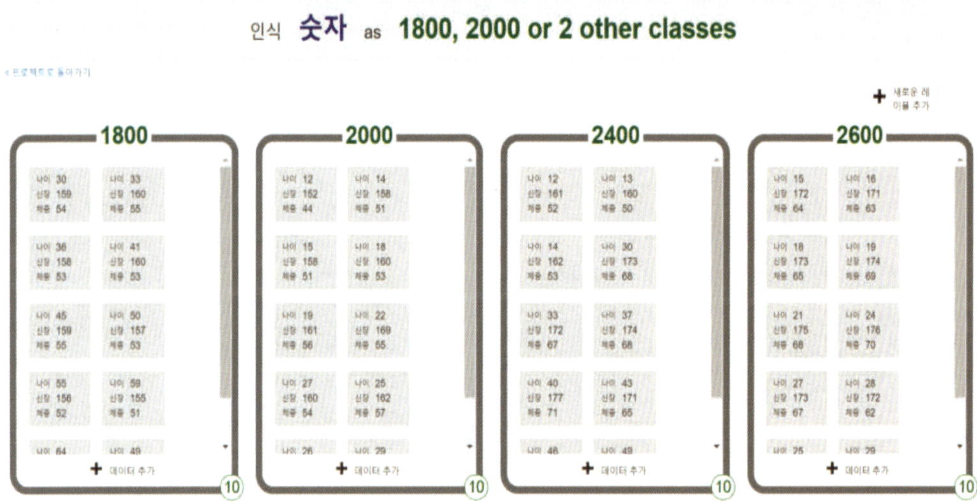

그림 7.10 각 레이블에 데이터 값 입력

11 **[프로젝트로 돌아가기]** 버튼을 클릭하여 메인 화면으로 돌아가 **[학습&평가]** 버튼을 클릭한다.

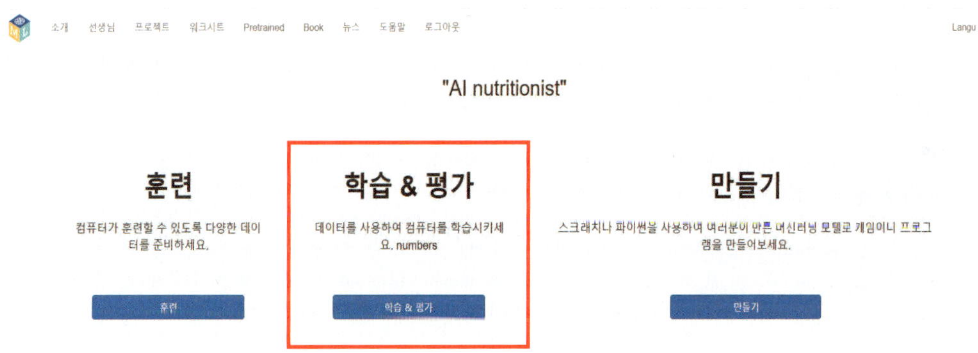

그림 7.11 학습&평가 시작하기

12 아래 상자의 **[새로운 머신러닝 모델을 훈련시켜보세요]**를 클릭하고 테스트 데이터를 입력하여 잘 작동하는지 테스트 해본다. 적절한 결과를 표시하지 않으면 다시 훈련으로 돌아가 데이터를 수정하고 테스트 하는 과정을 반복한다. 데이터 수가 부족하거나 레이블 안의 데이터 분포가 충분히 다양하지 못한 경우에 정확도가 떨어진다.

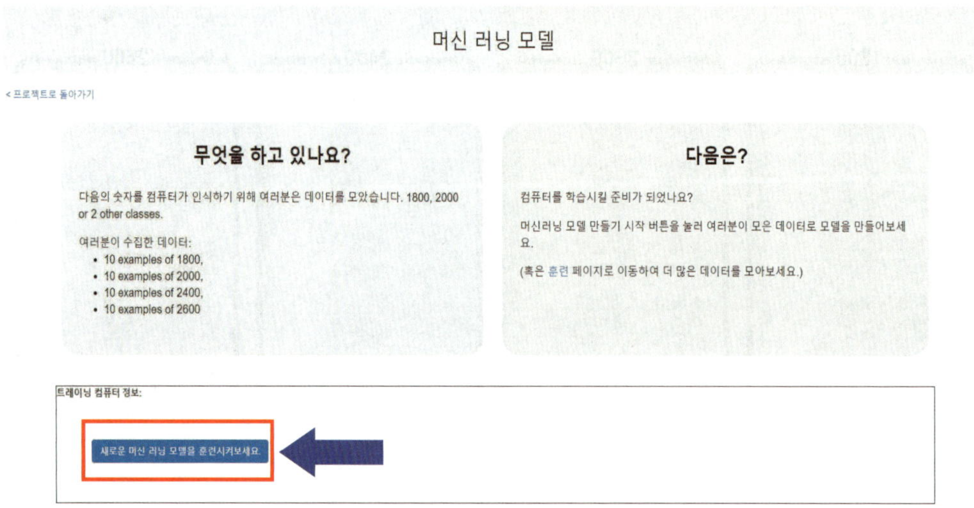

그림 7.12 머신러닝 모델 훈련

그림 7.13 테스트 데이터를 입력하여 훈련 결과 확인

13 **[테스트]** 버튼 오른쪽에 있는 **[Describe your model!]** 버튼을 클릭하면 아래와 같이 테스트 데이터가 의사결정트리로 분류된 과정을 확인할 수 있다.

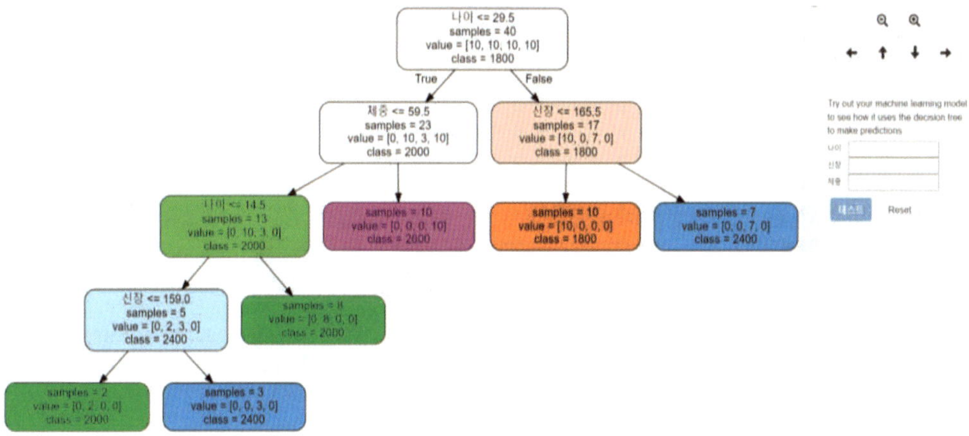

그림 7.14 테스트 데이터 분류과정 확인

7.4 AI 프로그래밍

1 **[프로젝트로 돌아가기]** 버튼을 클릭하여 메인 화면으로 돌아가 **[만들기]** 버튼을 클릭한다.

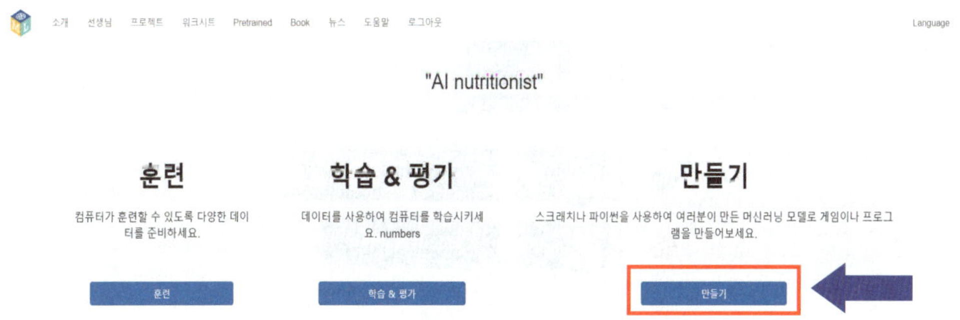

그림 7.14 프로그램 만들기

2 **[스크래치3]**을 선택하고 **[스크래치3 열기]** 버튼을 클릭한다.

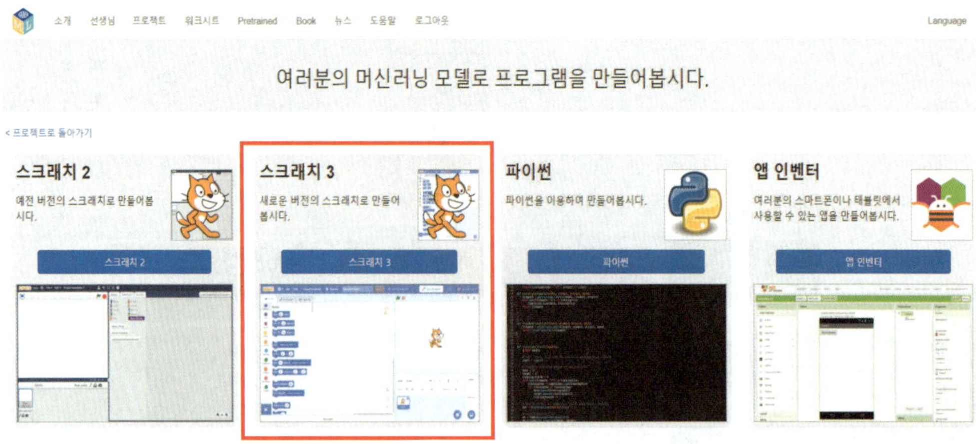

그림 7.15 스트래치3 시작하기

3 블록의 맨 하단에 여러분이 만든 레이블이 머신러닝 블록으로 만들어진 것을 확인한다.

그림 7.16 머신러닝 블록 생성 확인

4 기존에 있던 고양이 스프라이트를 삭제하고 오른쪽 하단에 **[스프라이트 고르기]-[그리기]**를 클릭하여 새로운 스프라이트를 만든다.

그림 7.17 스프라이트 그리기

5 그림과 같이 '당신을 위한 오늘의 식단은'을 텍스트로 입력하여 무대 상단 중앙에 위치하도록 한다. 스프라이트의 이름을 '제목'으로 바꾸어준다.

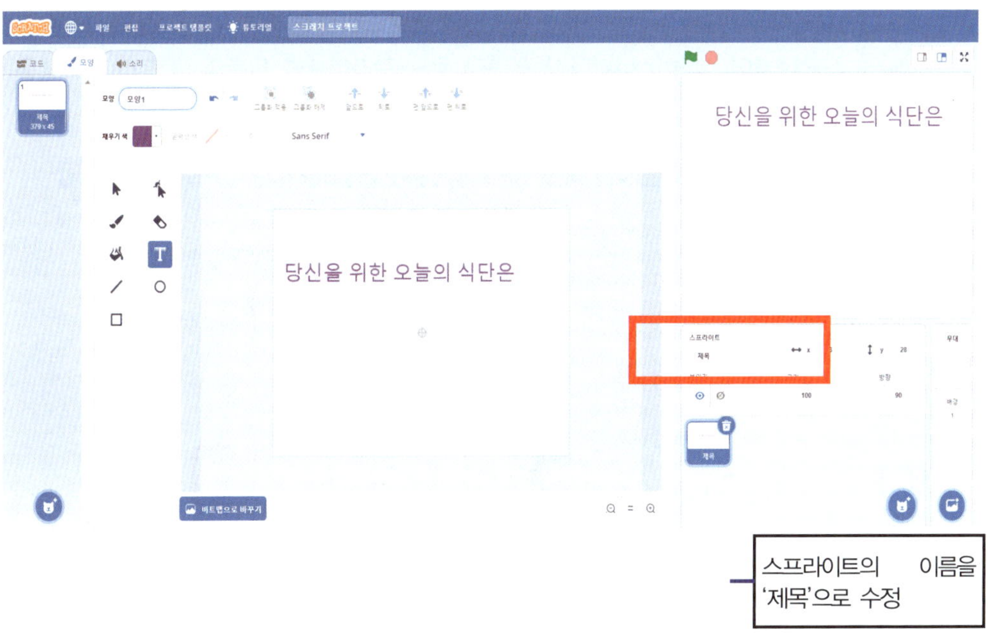

그림 7.18 '제목' 스프라이트 생성

6 다시 **[스프라이트 고르기]–[그리기]**를 클릭하여 스프라이트를 추가한다. 그림과 같이 'start' 버튼을 만들어 적절한 곳에 위치시켜준다. 스프라이트의 이름을 '시작'으로 바꾸어준다.

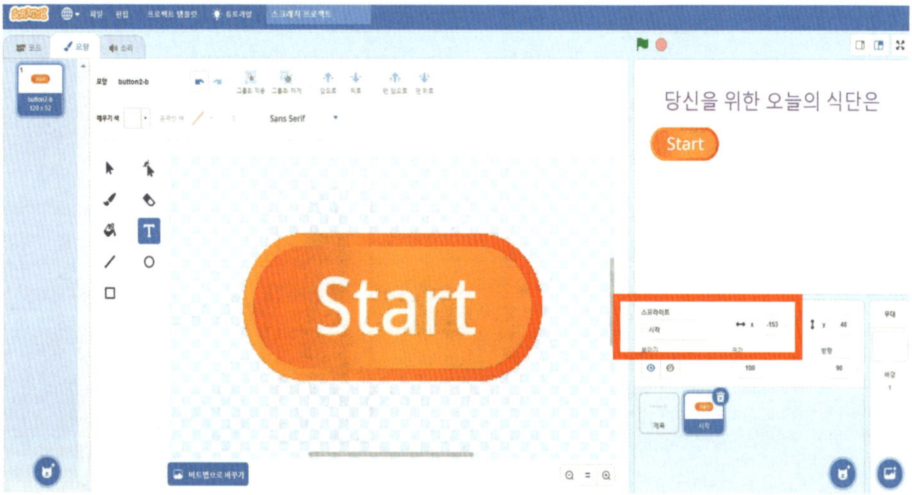

스프라이트의 이름을 '시작'으로 수정

그림 7.19 '시작' 스트라이프 생성

7 다시 **[스프라이트 고르기]–[그리기]**를 클릭하여 스프라이트를 추가한다. 그림과 같이 상자 안에 물음표를 넣어 식단이 나타나기 전 표시될 스프라이트를 만든다. 스프라이트 이름은 '식단'으로 수정한다.

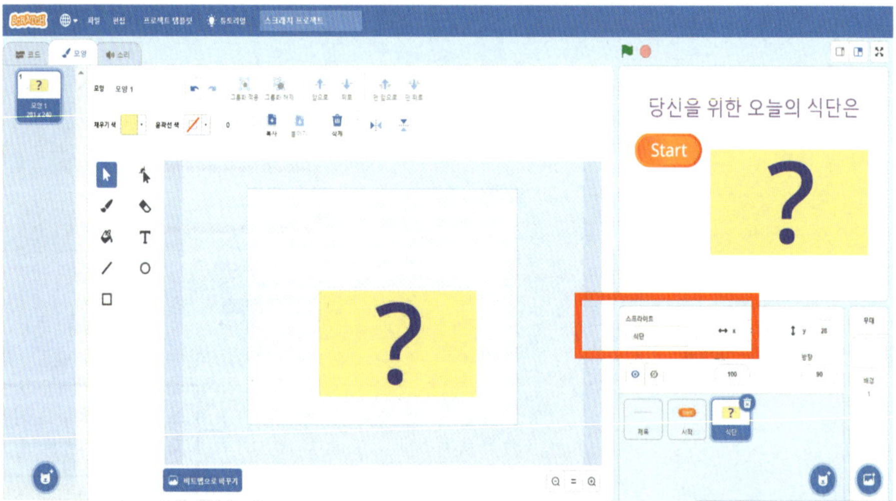

스프라이트의 이름을 '식단'으로 수정

그림 7.20 '식단' 스프라이트 생성

8 '식단' 스프라이트에 열량별 식단 이미지를 추가한다. 왼쪽 하단에 **[모양 고르기]–[모양 업로드하기]** 버튼을 눌러 이미지를 추가할 수 있다. 이 프로그램에서는 각 열량 당 2개의 이미지를 준비하여 총 8개의 이미지를 추가하였다. (이미지 출처 : 농촌진흥청 국립농업과학원 농식품종합정보시스템 http://koreanfood.rda.go.kr/)

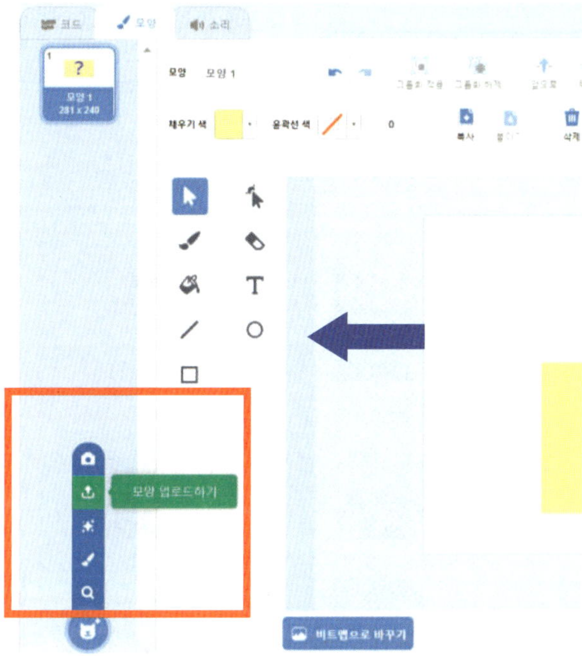

그림 7.21 '식단' 스프라이트에 모양 추가하기

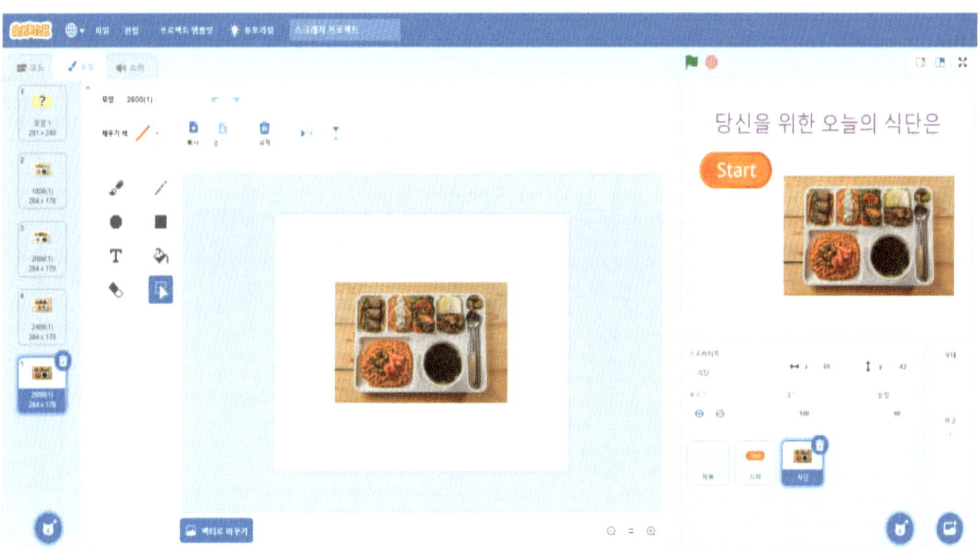

그림 7.22 열량별 식단 이미지 업로드

9 8개의 식단을 추가하면 모양1을 포함하여 총 9개의 모양이 생성된다. 같은 열량의 식단을 여러 개 입력하여 다양한 식단 추천이 가능하도록 프로그램을 만들 수 있다. 각 모양의 왼쪽 상단에 1~9의 숫자가 표시되어 있다.

그림 7.23 '식단'에 포함된 모양 9가지

10 왼쪽 상단에 **[코드]** 탭으로 돌아와 블록 리스트에서 **[변수 만들기]**를 클릭한다. '나이', '신장', '체중', '일일권장섭취량'이라는 4개의 변수를 생성한다. 변수가 무대에 나타나면 드래그하여 적절한 위치에 놓이도록 이동시킨다.

그림 7.24 변수만들기

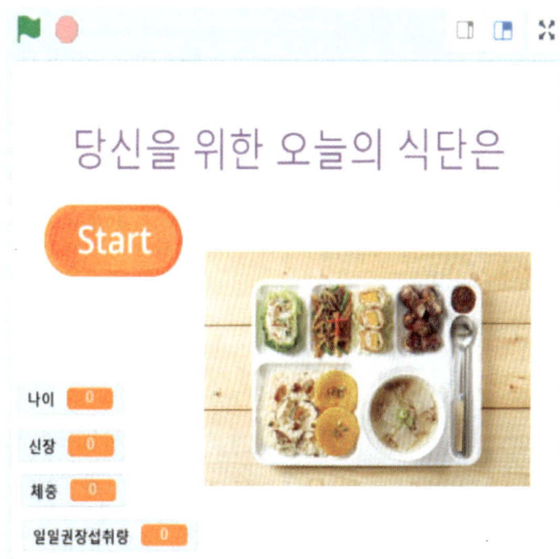

그림 7.24 변수 결과

11 '시작' 스프라이트를 클릭하고 그림과 같이 코드를 생성한다. '시작' 메시지를 생성하는 방법은 **그림 7.26**을 참고한다.

그림 7.25 '시작' 스프라이트 코드

그림 7.26 '시작' 메시지 생성 방법

12 '식단' 스프라이트의 코드를 생성한다. '식단' 스프라이트의 코드는 총 3개의 부분으로 나뉘어져 있다. 첫째 코드는 깃발을 클릭했을 때 이전의 변수들이 사라지고 처음 상태로 돌아오도록 하는 역할을 한다.

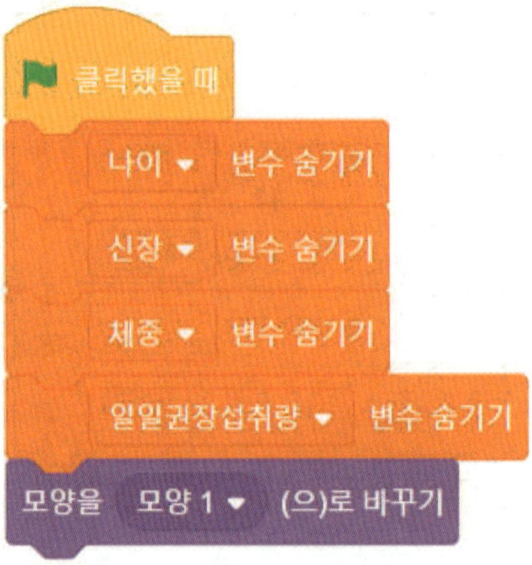

그림 7.27 '식단' 스프라이트의 코드(1)

13 '식단' 스프라이트의 둘째 코드를 만들기 전에 **[블록만들기]**를 클릭하여 '예측하기' 블록을 생성한다. 예측하기' 블록을 생성하면 무대에 '예측하기 정의하기' 블록이 함께 생성된다.

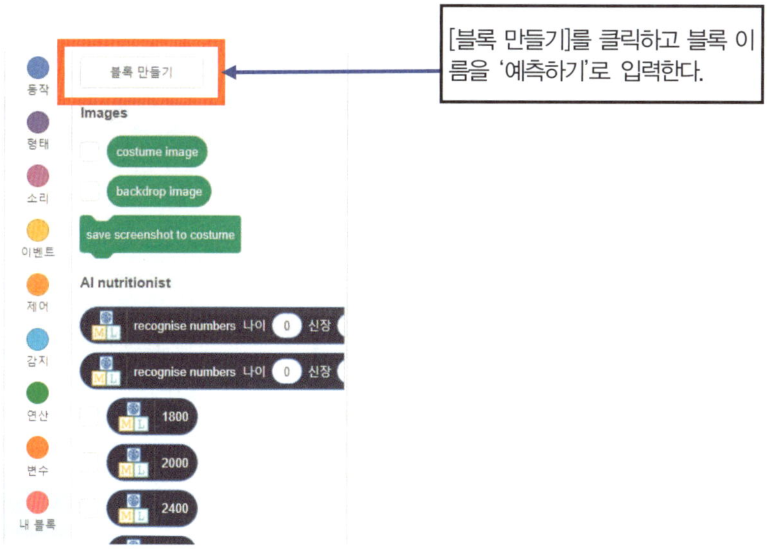

그림 7.28 '예측하기' 블록만들기

14 '식단' 스프라이트의 둘째 코드를 만든다. '나이', '신장', '체중'을 입력하고 변수가 무대에 보이게 한다.

그림 7.29 '식단' 스프라이트의 코드(2)

15 '식단' 스프라이트의 셋째 코드를 만든다. 입력한 나이, 신장, 체중 값으로 일일권장섭취량이 얼마인지 나타내주며 스프라이트의 모양을 열량에 따라 바꿔주어 식단을 추천한다.

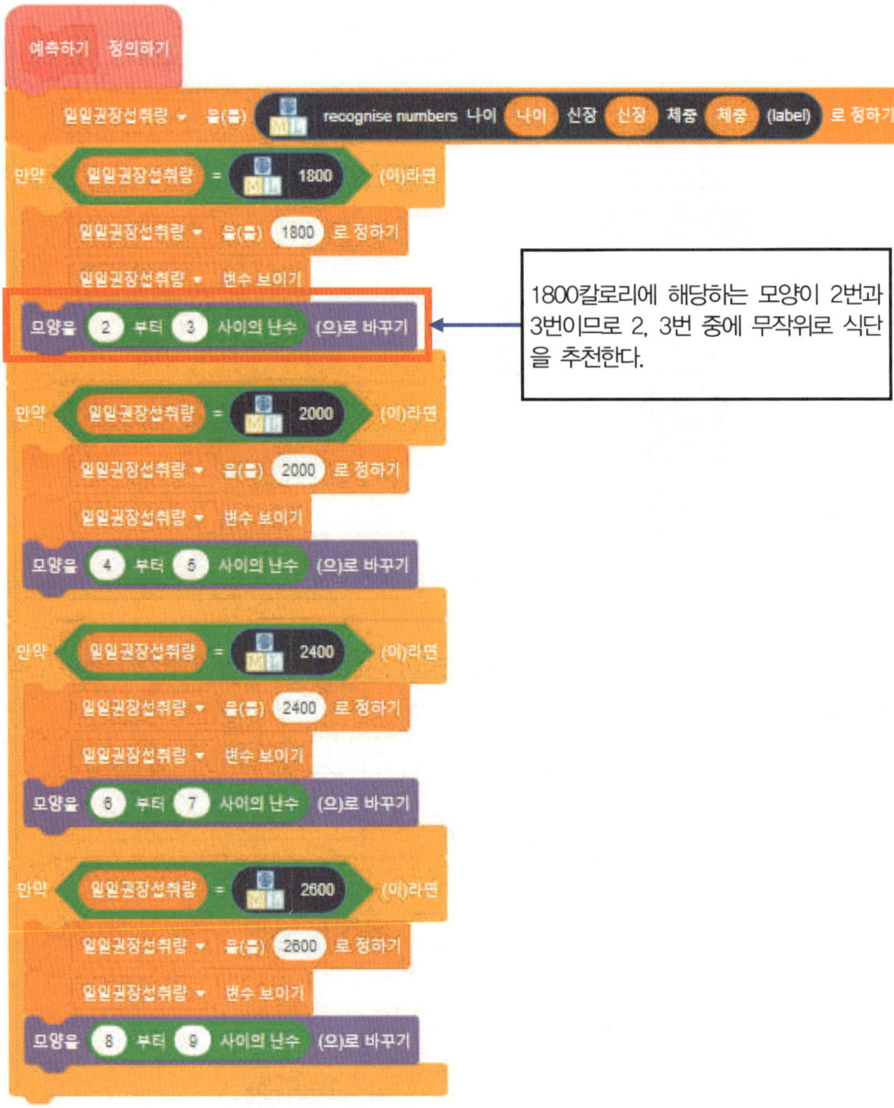

그림 7.30 '식단' 스프라이트의 코드(3)

16 완성된 프로그램이 잘 작동되는지 확인해본다.

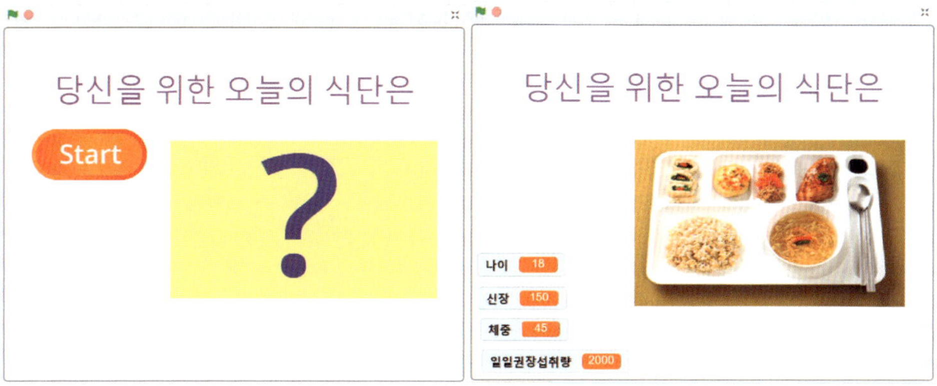

그림 7.31 완성된 프로그램

7.5 응용 심화문제

'AI 영양사'와 비슷한 방법으로 스마트폰 중독 검사 프로그램을 만들어보자. 한국지능정보사회진흥원의 스마트폰 과의존 실태 조사 데이터[2018]를 이용하여 간단한 질문 몇 가지로 나의 스마트폰 의존 정도를 파악할 수 있다. 질문에 대하여 1~4점(전혀 그렇지 않다,~매우 그렇다)으로 답을 입력하면 '정상', '잠재적 위험군', '고위험군'으로 의존정도를 나타내주는 프로그램이다.

그림 7.32 스마트폰 중독 검사 프로그램

01 공공데이터포털 https://www.data.go.kr/ 사이트에 접속하여 '스마트폰 과의존 실태조사'를 검색하여 2018 스마트폰 과의존 실태조사 Raw Data를 다운받는다. Raw Data에서 레이블이 되는 '정상', '잠재적위험군', '고위험군'을 나타내는 변수 코드는 무엇인가? 데이터 코드북 참고

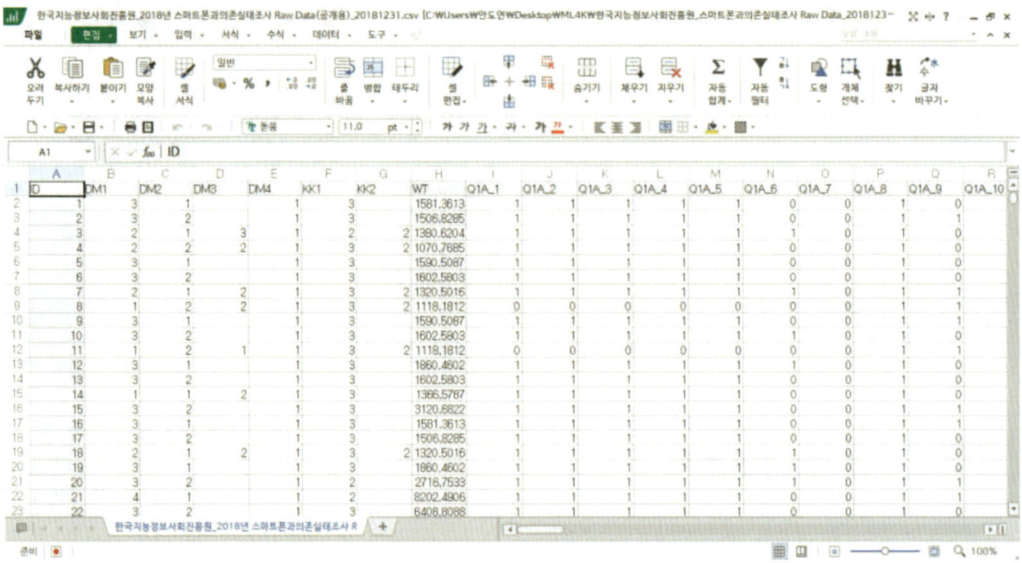

그림 7.33 2018 스마트폰 과의존 실태조사 Raw Data

02 2018 스마트폰 과의존 실태조사 Raw Data를 이용하여 프로그램에 적절한 데이터를 추출하려고 한다. 어떤 데이터를 추출해야하는가? *한국정보화진흥원2018의 2018 스마트폰과의존 실태조사 보고서 참고*

표 7.4 스마트폰중독검사 프로그램을 위한 훈련 데이터

순	적절한 스마트폰 시간을 지키는 것이 어렵다.	스마트폰이 옆에 있으면 다른 일에 집중하기 어렵다.	스마트폰 이용 때문에 가족과 심하게 다툰적이 있다.	레이블
1	1	1	1	정상
2	2	1	2	정상
3	2	2	2	정상
4	1	2	2	정상
5	2	2	1	정상
6	2	1	3	정상
7	1	2	1	정상
8	2	3	1	정상
9	1	2	3	정상
10	2	1	1	정상
11	2	3	2	잠재적 위험군
12	2	3	3	잠재적 위험군
13	2	4	2	잠재적 위험군
14	4	3	1	잠재적 위험군
15	3	2	1	잠재적 위험군
16	3	4	1	잠재적 위험군
17	4	1	2	잠재적 위험군
18	3	3	2	잠재적 위험군
19	3	3	1	잠재적 위험군
20	3	2	2	잠재적 위험군
21	4	3	4	고위험군
22	4	1	4	고위험군
23	3	4	3	고위험군
24	4	4	2	고위험군
25	3	3	3	고위험군
26	4	4	4	고위험군
27	4	2	3	고위험군
28	4	4	3	고위험군
29	3	4	4	고위험군
30	3	3	4	고위험군

03 스프라이트에 스마트폰 중독 검사 문항을 묻고 변수를 입력하는 코드를 생성해보아라.

04 'AI'영양사와 마찬가지로 '예측하기'블럭을 생성하고 '예측하기'에 알맞은 코드를 만들어 보아라.

참고문헌

농촌진흥청(2020). 국가표준식품성분 DB 9.2

박해선(2019). 정직하게 코딩하며 배운는 딥러닝 입문. 서울 : 이지스퍼블리싱

보건복지부, 한국영양학회(2020), 2020 한국인 영양소 섭취기준.

이재우(2020). 시간순삭 인공지능 with 스크래치. 경기도 : 생능출판

한국정보화진흥원(2018). 스마트폰과의존 실태조사

CHAPTER

08

재활용 쓰레기 분리수거기를 만들어요!

조정희 / 부산교육대학교

학습목표

1. 이미지 인식의 의미를 이해하고 머신러닝포키즈를 이용하여 이미지를 인식하는 머신러닝 모델을 생성할 수 있다.
2. 머신러닝 모델을 이용하여 이미지 인식을 활용한 인공지능 프로그램을 작성할 수 있다.
3. 이미지를 인식하는 머신러닝 모델의 한계 및 해결 방안을 이해할 수 있다.

8.1 프로젝트 소개

일회용품 사용량의 증가로 쓰레기 배출이 늘고 있지만 소각/매립 시설은 매우 부족하여 지구는 몸살을 앓고 있다. 이 문제를 해결할 수 있는 방법 중의 한가지는 무엇일까? 바로 재활용 가능한 쓰레기를 기준에 맞게 배출하는 것이 필요하는 것이다. 쓰레기를 재활용하지 않으면 땅에 묻거나 불태워야 하며 그 과정에서 많은 유해가스가 배출된다. 하지만, 쓰레기를 재활용하게 되면 매립하거나 소각하지 않아도 되고 플라스틱, 종이와 같은 소재들을 새롭게 만드는 것보다 탄소 배출도 적으므로 환경에 도움이 된다. 그러나, 재활용 가능한 쓰레기의 극히 일부만 실제로 재활용되고 나머지는 모두 폐기되고 있다. 예를 들어, 국내에서는 한해에 약 200억개의 일회용컵이 쓰이는데 이중 5~10%만 재활용되고 있다. 그 이유는, 재활용 쓰레기를 분류할 때 정해진 분리수거 기준을 준수하지 않고 쓰레기를 혼합하여 버리기 때문이다.

이 프로젝트에서는 쓰레기의 종류를 자동으로 분류하는 머신러닝 모델을 머신러닝포키즈를 이용하여 만들고 이를 활용하여 스크래치에서 재활용 쓰레기 분리수거기를 만드는 방법을 배울 수 있을 것이다. 이 프로젝트에서 만들고자 하는 재활용 쓰레기 분리수거기는 쓰레기의 종류를 인지하고 해당 쓰레기에 적합한 분리수거 방법을 사용자에게 안내한다. 이를 수행하기 위해서는 쓰레기의 이미지 데이터들을 종류별로 다양하게 수집하여 쓰레기의 종류를 정확히 인지할 수 있는 머신러닝 모델을 생성하여야 한다.

8.2 데이터 준비

먼저, 머신러닝포키즈 웹사이트에 로그인하여 'Recyclable waste'이라는 이름의 이미지 분류 프로젝트를 생성하고 재활용 쓰레기중에서 '박스', '신문', '페트병' 이미지들을 수집하여 머신러닝포키즈의 레이블에 입력하는 활동을 다음과 같이 수행한다.

1 크롬 브라우저를 실행한다. 주소창에 https://machinelearningforkids.co.uk/를 입력하여 머신러닝포키즈 웹사이트에 접속하여 로그인을 한다. **[프로젝트로 이동]**을 클릭한다.

2 **[프로젝트 추가]**를 클릭하여 새로운 프로젝트를 생성한다.

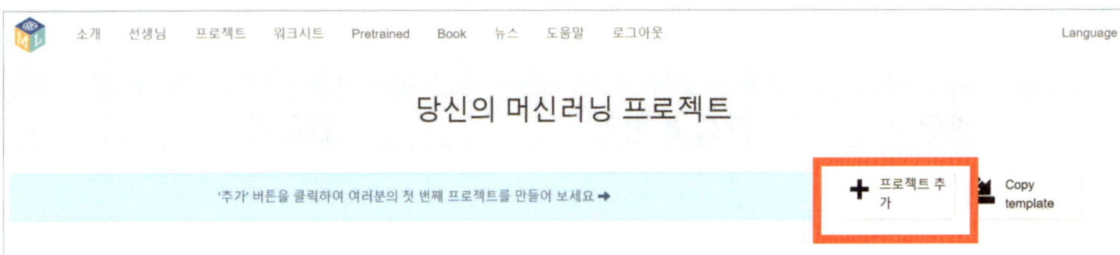

3 프로젝트 이름은 'Recyclable waste'로 입력한다. 한국어 인식은 아직 지원하지 않으므로 프로젝트 이름은 영어로 입력해야 한다. 인식방법은 '이미지'를 선택하고 **[만들기]**를 클릭한다.

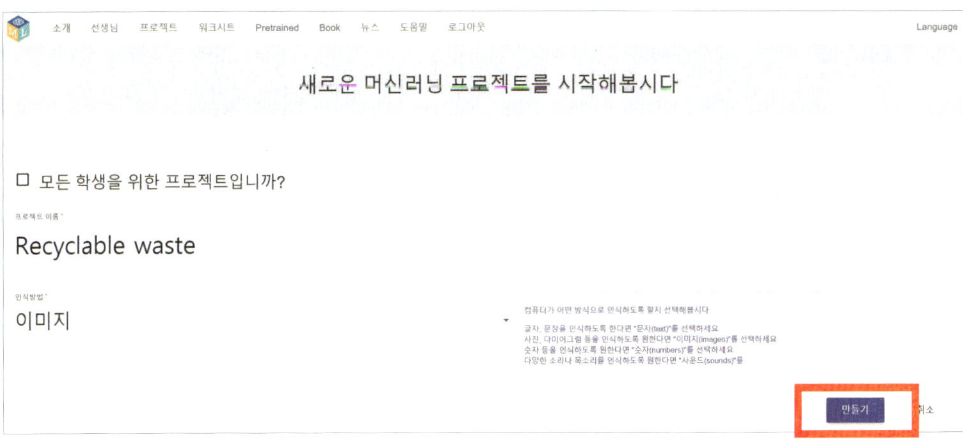

4 'Recyclable waste' 프로젝트를 클릭한다.

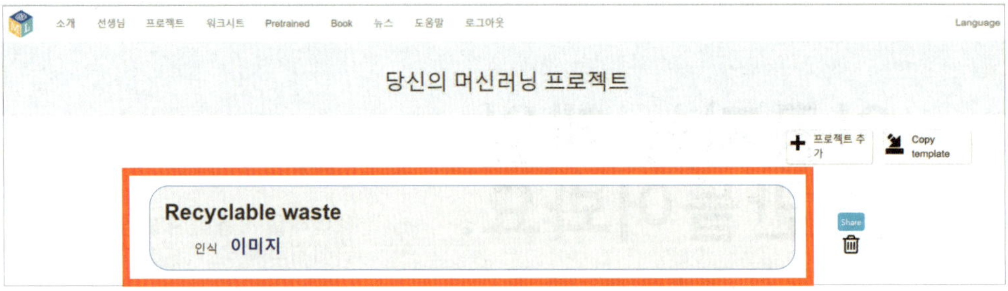

5 'Recyclable waste'를 화면 상단에서 확인하고, 머신러닝 모델 생성에 필요한 데이터를 입력하기 위해 **[훈련]**을 클릭한다.

6 화면 상단의 오른쪽에 **[새로운 레이블 추가]**를 클릭하여 'Box', 'Newspaper', 'Plastic bottle'을 추가한다. 한국어 인식은 아직 지원하지 않으므로 레이블 이름은 영어로 입력해야 한다.

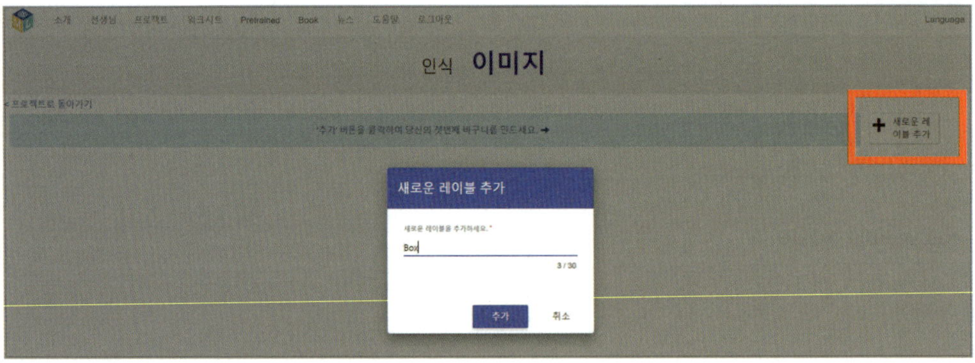

7 레이블이 성공적으로 추가되면 아래와 같이 빈 박스가 생성된다. 박스의 아래쪽에 데이터를 입력하는 세가지 방법이 있다. 이미지가 있는 웹 주소를 활용하거나, 웹캠으로 이미지를 직접 촬영하거나, 수작업으로 그릴 수 있다. 다음 단계에서는 구글에서 이미지를 드래그하여 머신러닝포키즈로 입력하는 방법을 설명한다.

8 크롬 브라우저를 추가로 하나 더 띄우고 구글검색사이트www.google.com에 접속한다. '종이박스'를 검색한 후, Images 탭을 클릭하고 아래와 같이 머신러닝포키즈 웹사이트를 띄운 브라우저와 나란히 배치한다.

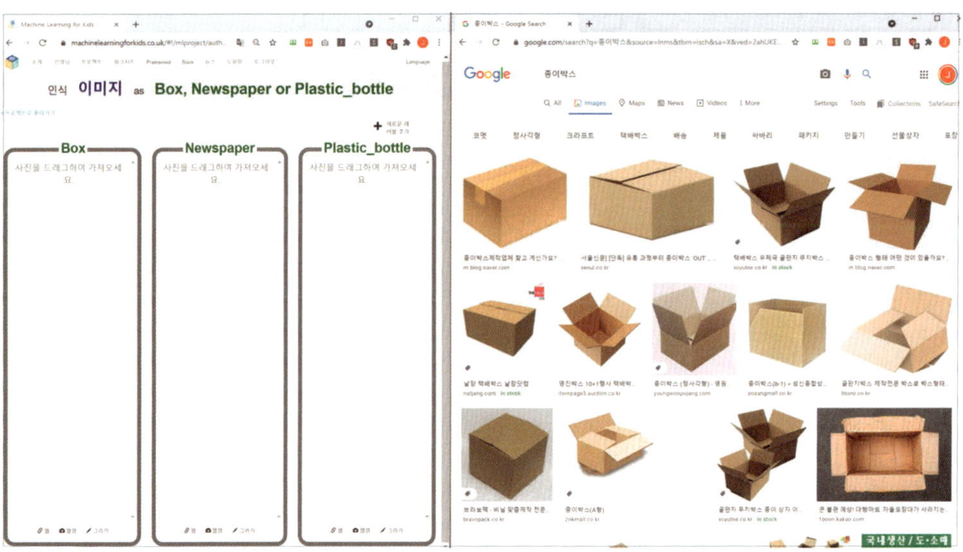

9 구글의 이미지를 드래그하여 머신러닝포키즈의 'Box' 레이블에 하나씩 넣는다. 이미지는 jpg 또는 png의 확장자를 가진 파일만 레이블에 입력이 가능하므로 다른 포맷의 이미지 예 : gif를 입력하려고 하면 오류가 발생할 수 있다. 이러한 경우에는 오류를 무시하고 다른 이미지를 선택한다. 레이블에 최소한 10장 이상의 사진들을 입력해야 머신러닝 모델을 생성할 수 있다. 레이블 오른쪽 하단의 동그라미안의 숫자는 현재까지 입력된 이미지 개수를 의미한다. 같은 방법으로 '신문'과 '페트병'을 검색하여 'Newspaper'과 'Plastic bottle'에 이미지들을 추가한다. 이미지를 다 입력하면 구글검색사이트를 띄운 브라우저는 닫고 머신러닝포키즈의 **[프로젝트로 돌아가기]**를 클릭한다.

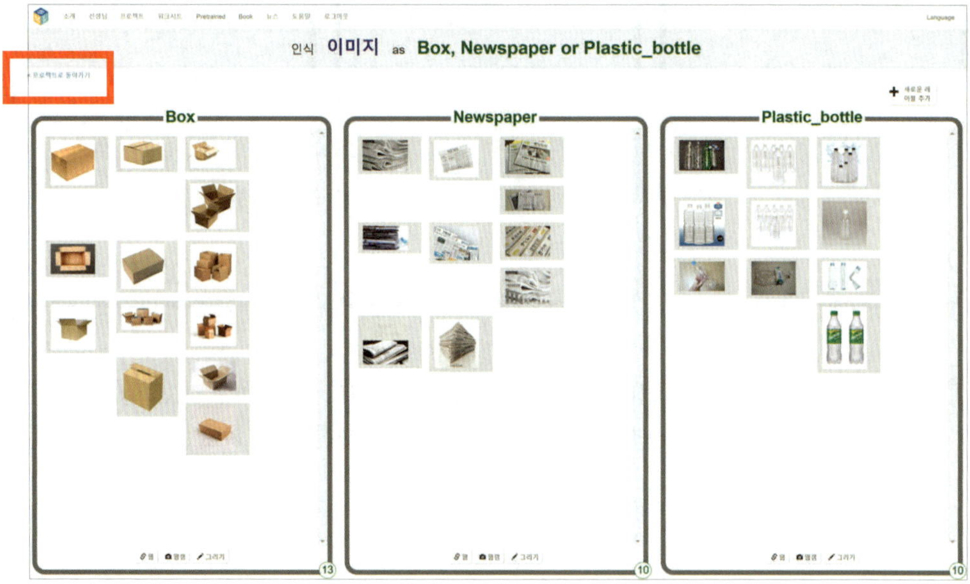

8.3 모델 학습

레이블에 학습에 사용될 데이터 입력이 끝나면 머신러닝 모델을 생성할 준비가 완료된 것이다. 머신러닝 모델은 머신러닝포키즈의 [학습 & 평가] 단계에서 다음과 같이 생성한다.

1 **[학습 & 평가]**를 클릭한다.

2 각 레이블별로 몇 개의 이미지가 입력되었는지 보여주는 화면이 나온다. 레이블에 입력된 훈련 데이터로 머신러닝 모델을 생성하기 위해 **[새로운 머신 러닝 모델을 훈련시켜보세요]**를 클릭한다. 머신러닝 모델이 생성되기까지는 시간이 소요되는데 학습에 사용되는 이미지의 개수에 따라 시간의 길고 짧음의 차이가 발생한다.

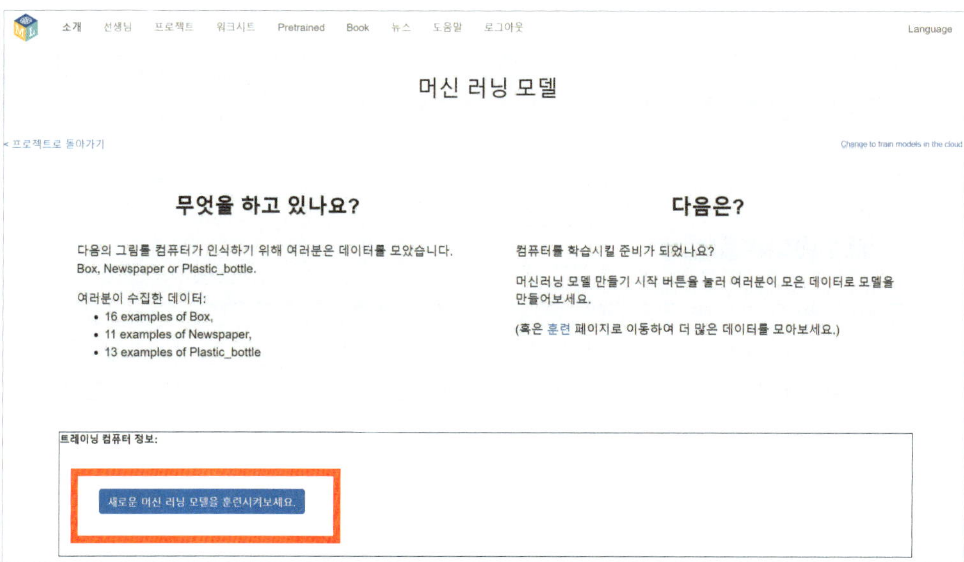

3 머신러닝 모델이 성공적으로 생성되었다면 모델이 제대로 동작하는지 평가해볼 수 있는 입력창이 아래와 같이 제공된다. 모델을 평가하기 위한 테스트 이미지를 입력하는 방법은 세 가지가 있다. 웹캠으로 촬영하거나, 수작업으로 직접 그리거나, 이미지가 존재하는 웹의 주소를 이용할 수 있다. 다음 단계에서는 테스트 이미지가 존재하는 웹의 주소를 이용하는 방법을 설명한다. 참고로, 빨간색의 **[모델 삭제]**을 클릭하면 생성된 모델을 삭제할 수 있다.

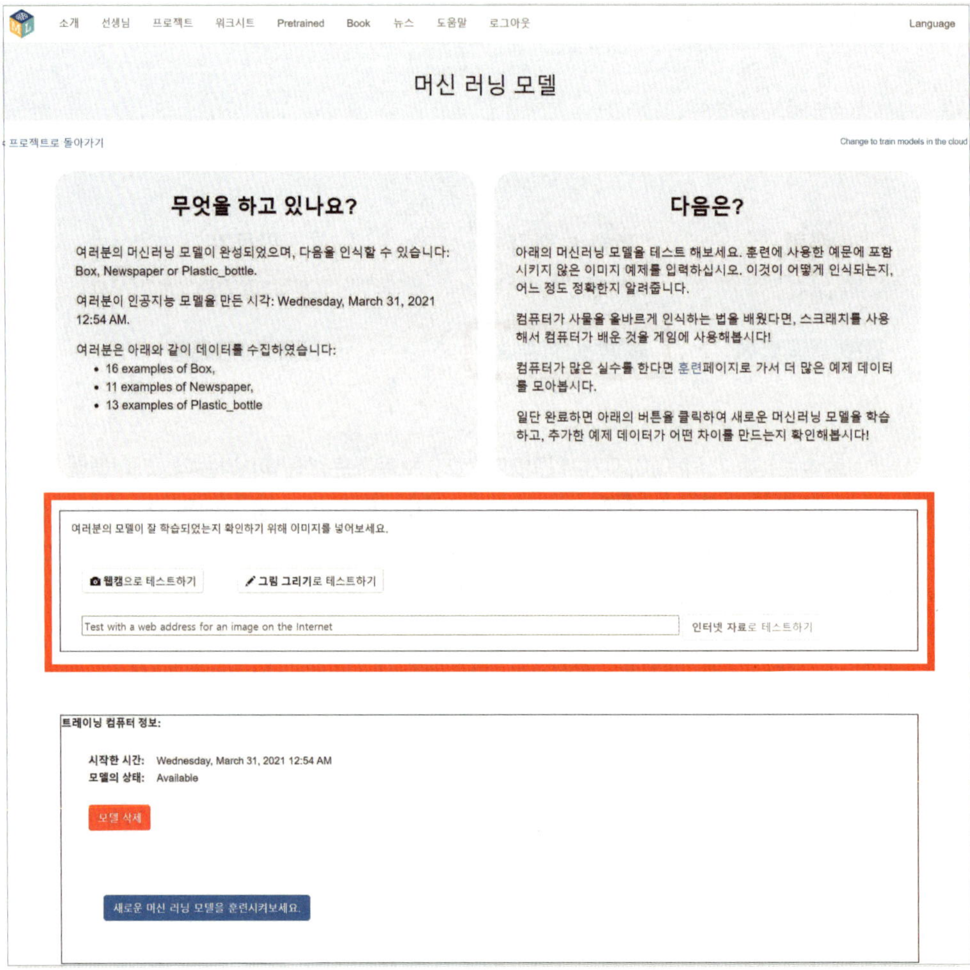

4 모델을 평가에 사용할 테스트 이미지를 구글에서 검색하고 마우스의 오른쪽 버튼을 클릭한 후 **[이미지 주소 복사]**를 클릭하여 머신러닝포키즈의 입력창에 붙여넣고 **[인터넷 자료 테스트하기]**를 클릭한다. 이때, 테스트 이미지는 학습 데이터로 사용하지 않았던 새로운 이미지를 사용해야 머신러닝 모델의 정확성을 판단할 수 있다.

테스트 이미지에 따라 'Box', 'Newspaper', 'Plastic bottle'로 인식된다. 'with 89% confidence'의 의미는 89퍼센트의 확률로 인식되었다는 의미이다. 확률이 높을수록 테스트 이미지가 박스일 확률이 높다는 의미이므로 정확도가 낮으면 만족스러운 정확도가 나올때까지 **[훈련]**과 **[학습 & 평가]** 단계를 반복하면서 데이터를 보완하고 모델을 다시 생성한다. 박스, 신문, 페트병을 구별하는 머신러닝 모델이 제대로 동작함이 확인되면, 왼쪽 상단의 **[프로젝트 돌아가기]**를 클릭한다.

8.4 AI 프로그래밍

머신러닝 모델의 생성이 완료되면 이를 활용하여 머신러닝포키즈의 [만들기] 단계에서 박스, 신문, 페트병을 구별하는 재활용 쓰레기 분리수거기를 다음과 같이 스크래치 프로그래밍 환경에서 개발한다.

1 **[만들기]**를 클릭한다.

2 [스크래치3]를 클릭한다.

3 [스크래치3열기]를 클릭한다.

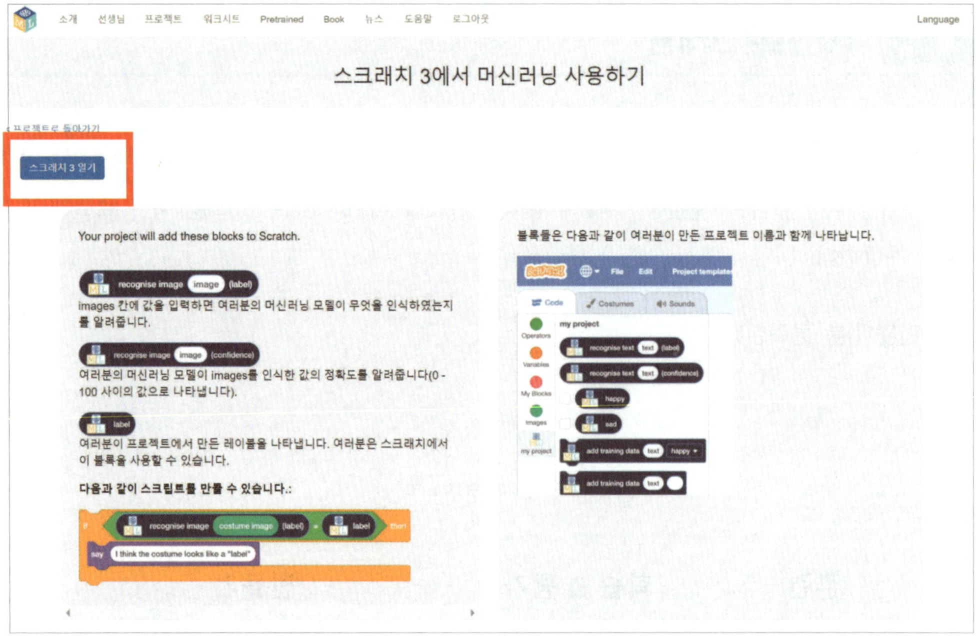

4 왼쪽 상단의 **[코드]**탭에서 **[내블록]**를 클릭하여 검정색의 'Recyclable waste'의 머신러닝모델 블록들을 확인한다.

5 'Recyclable waste'의 머신러닝모델 블록들을 활용한 재활용 쓰레기 분리수거기 프로그램을 제작하기 위해 배경화면을 선택한다. 배경화면은 오른쪽 하단의 **[배경 고르기]**를 클릭하여 'Rays'를 선택한다. 스프라이트는 오른쪽 하단의 **[스프라이트고르기]**를 클릭하여 'Robot'과 'Tera'를 선택한다. 원래 있던 고양이 스프라이트는 삭제한다.

그림 8.1 스프라이트가 추가된 화면

6 '쓰레기' 스프라이트를 생성하기 위해 박스, 신문, 페트병 이미지를 각각 5개 이상씩 수집한다. **[스프라이트 업로드하기]**를 클릭하여 수집한 이미지들중에 하나의 이미지를 선택한다. 해당 스프라이트의 이름을 '쓰레기'로 변경하고 스프라이트의 위치를 'Robot'과 'Tera' 사이에 위치시킨다. **[모양]** 탭을 클릭하고 **[모양 업로드하기]**를 클릭한후 박스, 신문, 페트병 이미지들을 업로드한다.

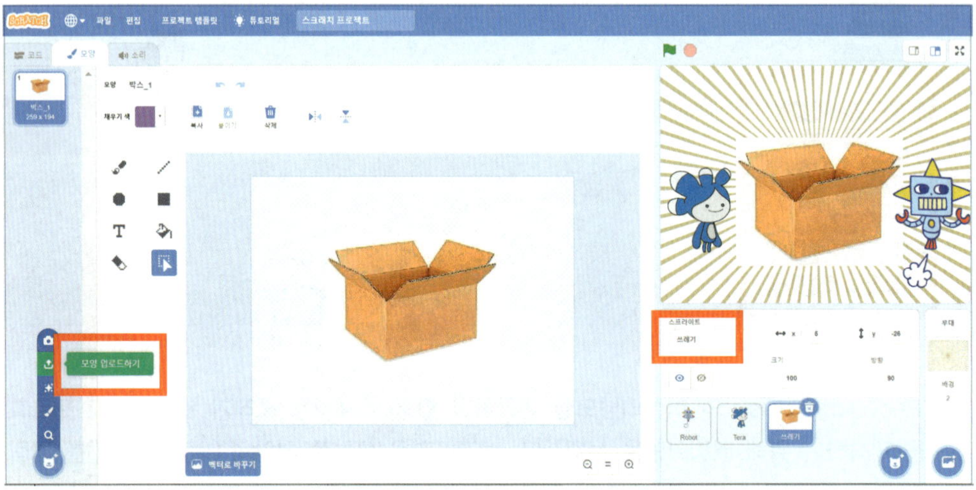

7 첫 번째 모양은 1, 두 번째 모양은 2, 세 번째 모양은 3과 같이 순차적으로 모든 모양의 이름을 수정한다.

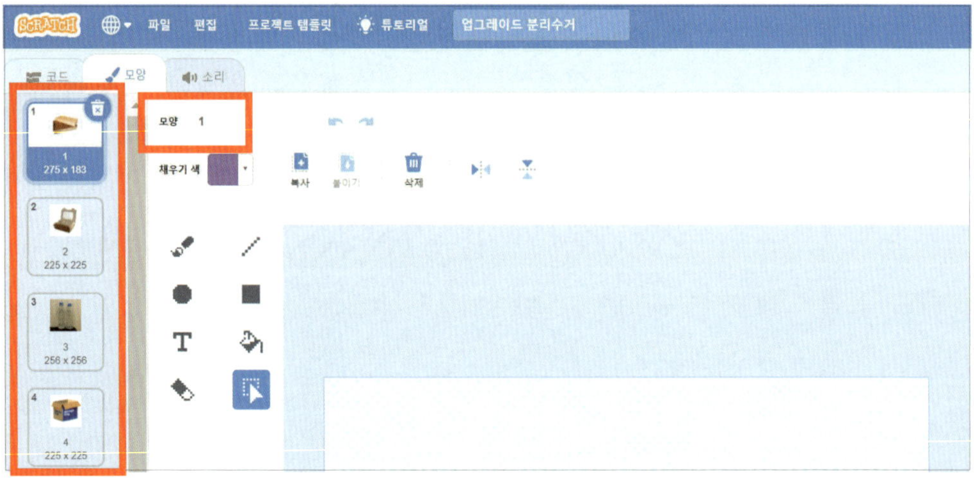

8 '재활용 안내' 스프라이트를 생성하기 위해 박스, 신문, 페트병의 재활용 안내문 이미지를 각각 1개씩만 수집한다. **[스프라이트 업로드하기]**를 클릭하여 수집한 이미지들중에 하나의 이미지를 선택한다. 해당 스프라이트의 이름을 '재활용 안내'로 변경하고 스프라이트의 위치를 'Robot'과 'Tera' 사이에 위치시킨다. **[모양]** 탭을 클릭하고 **[모양 업로드하기]**를 클릭한 후 재활용 안내문의 나머지 2개의 이미지를 업로드한다. 페트병의 재활용 안내문은 '페트병', 박스의 재활용 안내문은 '박스', 신문의 재활용 안내문은 '신문' 으로 모양의 이름을 수정한다.

9 이제 각 스프라이트의 스크립트를 작성한다. 작성하고자 하는 스크립트의 전체적인 흐름은 다음과 같다. 프로그램이 시작되면 'Tera'가 등장하여 "우리 함께 분리수거를 해볼까요? 다음에 나오는 쓰레기의 종류와 분리 수거 방법을 알아보아요."라고 말한다. 이어서 첫 번째 '쓰레기'가 등장하고 'Robot'이 등장하여 "신문입니다!"와 같이 쓰레기의 종류를 말한다. 이어서 분리수거 방법을 설명하기 위해 해당 쓰레기에 적합한 '재활용 안내' 스프라이트가 등장한다. 만약 머신러닝 모델이 해당 쓰레기의 종류를 판단하지 못할시에 'Robot'은 "모릅니다.."를 말하고 이어서 다음 순서의 '쓰레기'가 등장한다. 프로그램은 '쓰레기' 스프라이트의 모양의 개수만큼 반복적으로 실행되다가 멈춘다.

그림 8.2 프로그램 실행화면의 예시

10 'Tera'의 스크립트는 아래와 같다.

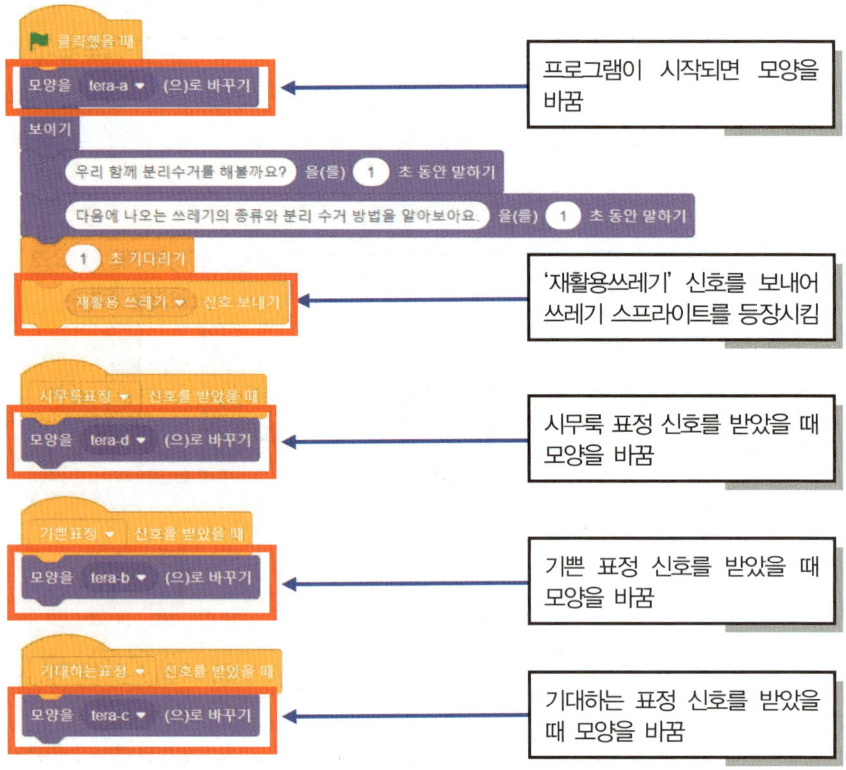

11 '쓰레기'의 스크립트는 아래와 같다.

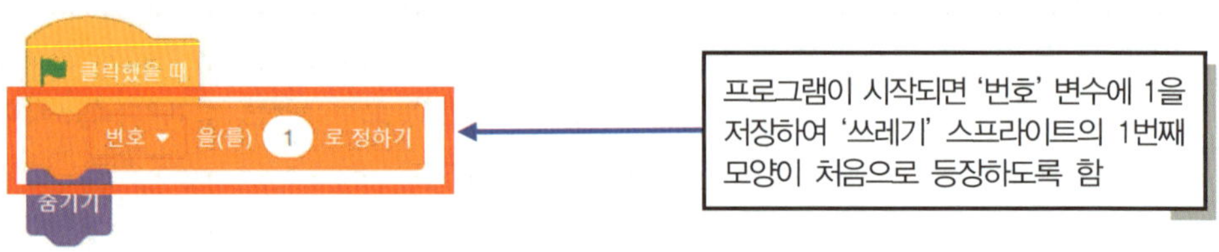

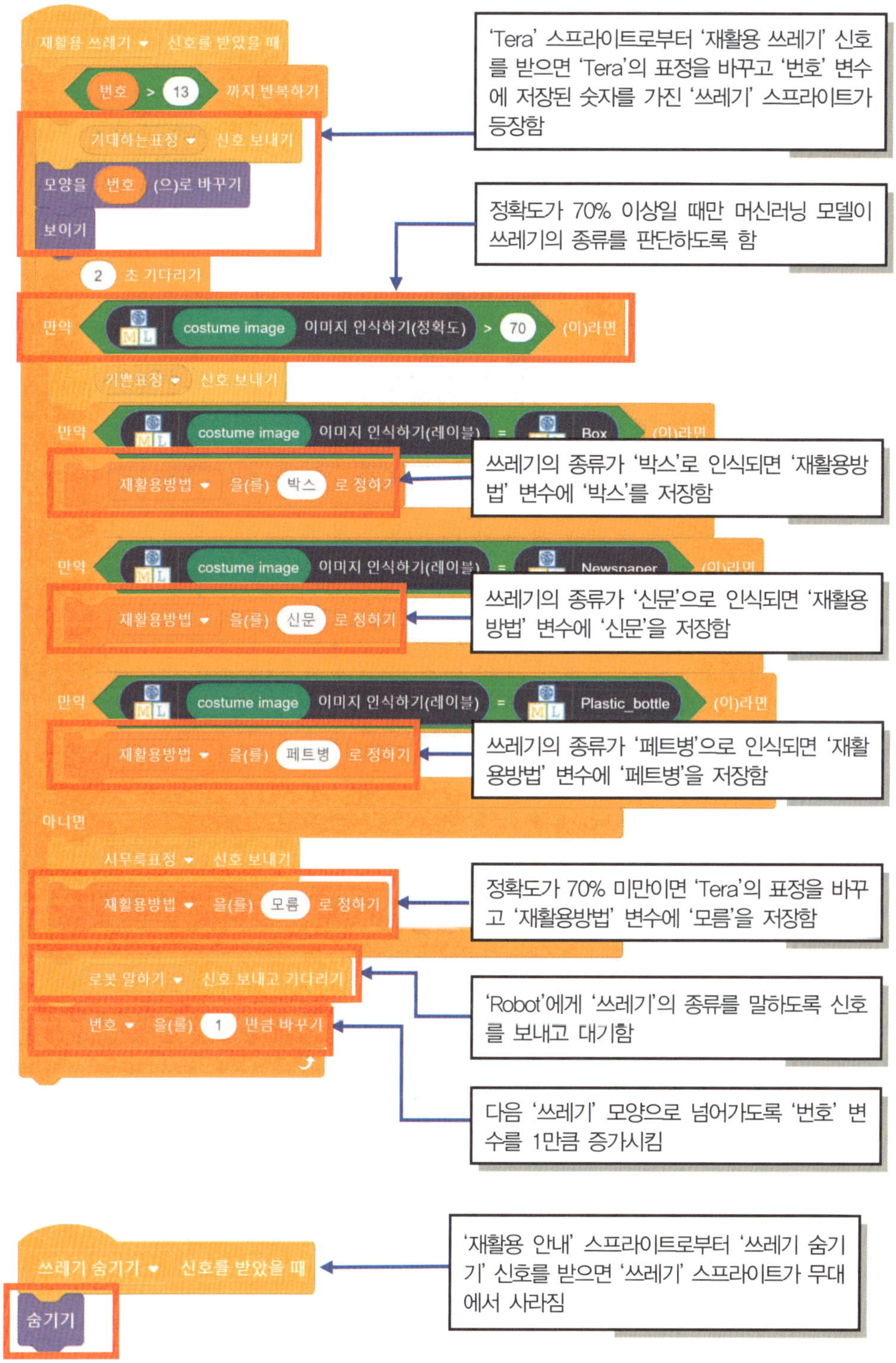
재활용 쓰레기 신호를 받았을 때
번호 > 13 까지 반복하기
기대하는표정 신호 보내기
모양을 번호 (으)로 바꾸기
보이기
2 초 기다리기
만약 costume image 이미지 인식하기(정확도) > 70 (이)라면
기쁜표정 신호 보내기
만약 costume image 이미지 인식하기(레이블) = Box (이)라면
재활용방법 을(를) 박스 로 정하기
만약 costume image 이미지 인식하기(레이블) = Newspaper (이)라면
재활용방법 을(를) 신문 로 정하기
만약 costume image 이미지 인식하기(레이블) = Plastic_bottle (이)라면
재활용방법 을(를) 페트병 로 정하기
아니면
시무룩표정 신호 보내기
재활용방법 을(를) 모름 로 정하기
로봇 말하기 신호 보내고 기다리기
번호 을(를) 1 만큼 바꾸기
'Tera' 스프라이트로부터 '재활용 쓰레기' 신호를 받으면 'Tera'의 표정을 바꾸고 '번호' 변수에 저장된 숫자를 가진 '쓰레기' 스프라이트가 등장함
정확도가 70% 이상일 때만 머신러닝 모델이 쓰레기의 종류를 판단하도록 함
쓰레기의 종류가 '박스'로 인식되면 '재활용방법' 변수에 '박스'를 저장함
쓰레기의 종류가 '신문'으로 인식되면 '재활용방법' 변수에 '신문'을 저장함
쓰레기의 종류가 '페트병'으로 인식되면 '재활용방법' 변수에 '페트병'을 저장함
정확도가 70% 미만이면 'Tera'의 표정을 바꾸고 '재활용방법' 변수에 '모름'을 저장함
'Robot'에게 '쓰레기'의 종류를 말하도록 신호를 보내고 대기함
다음 '쓰레기' 모양으로 넘어가도록 '번호' 변수를 1만큼 증가시킴
쓰레기 숨기기 신호를 받았을 때
숨기기
'재활용 안내' 스프라이트로부터 '쓰레기 숨기기' 신호를 받으면 '쓰레기' 스프라이트가 무대에서 사라짐

12 'Robot'의 스크립트는 아래와 같다.

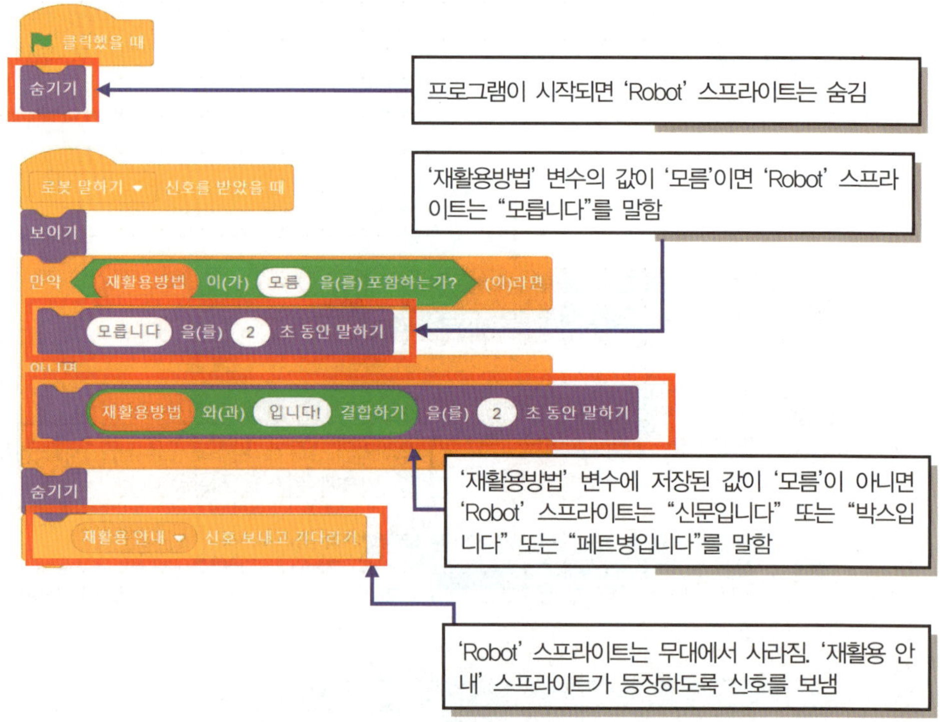

13 '재활용 안내'의 스크립트는 아래와 같다.

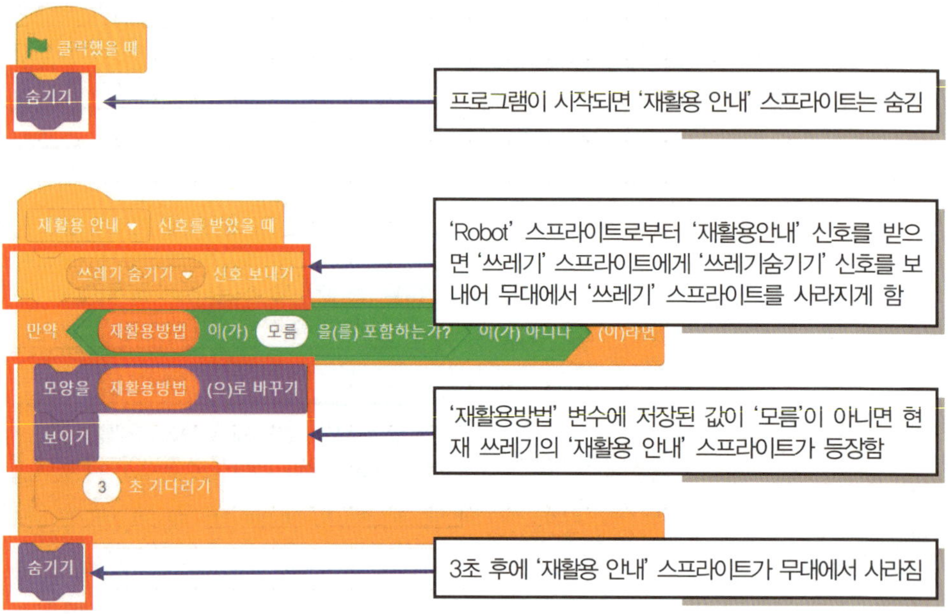

14 재활용 쓰레기 분리수거기 프로그램을 실행한다.

그림 8.3 재활용 쓰레기 분리수거기 프로그램의 첫 장면

그림 8.4 머신러닝 모델의 정확도가 70% 이상으로 쓰레기를 정확히 분류한 경우의 실행 화면

그림 8.5 머신러닝 모델의 정확도가 70% 미만인 경우의 실행 화면

8.5 응용 심화문제

01 재활용 쓰레기 분리수거기 프로그램을 실행할 때 아래의 이미지를 "쓰레기" 스프라이트로 사용해 보자. 머신러닝 모델은 "신문입니다", "박스입니다", "페트병입니다", "모릅니다" 중에서 무엇으로 인식하였나요? 그 이유는 무엇일까요?

그림 8.6 쓰레기 이미지

02 재활용 쓰레기 분리수거기 프로그램을 실행하였는데 아래와 같은 결과가 나왔다. 머신러닝 모델이 해당 이미지를 정확히 인식하도록 하기 위해서는 무엇을 해야할까요?

그림 8.7 재활용 쓰레기 분리수거기 프로그램의 실행 예시

CHAPTER

09

소리로 게임을 작동해봐요!

한규정 / 공주교육대학교

학습목표

머신러닝포키즈에서 사운드를 학습시켜서 인공지능 모델을 만들고 이를 사운드로 동작하는 게임 프로그램을 제작할 수 있다.

9.1 프로젝트 소개

머신러닝포키즈Machine Learning for Kids는 머신러닝 시스템을 훈련, 제작하여 다양한 예제를 통해 흥미 있는 머신러닝에서는 경험할 수 있다. 이 시스템은 텍스트, 숫자, 이미지, 사운드를 분류하여 머신러닝 모델을 만들 수 있는 환경을 제공하고 있다. 또한 훈련된 결과를 '스크래치 3.0'이나 '앱 인벤터' 등과 연동하여 머신러닝 모델 기반의 게임이나 프로젝트를 제작할 수 있다.

본 장에서는 다양한 사운드를 활용하여 머신러닝 모델 기반 프로젝트를 제작한다.

제작의 주요 내용은 사람의 사운드를 인식하여 움직이는 로봇을 구현한다. 학습의 주요 과정은 다음과 같다.

- 머신러닝포키즈에서 사운드 훈련, 학습&평가, 만들기
- 스크래치 3에서 생성된 사운드 학습 블록을 활용한 프로그램 제작

9.2 데이터 준비

1 그림 9.1의 사운드 선택을 위한 초기 메뉴에서 **[프로젝트로 이동]**을 클릭한다.

그림 9.1 사운드 선택을 위한 초기 메뉴

2 **그림 9.2**에서 **[+프로젝트추가]**를 클릭하면 **그림 9.3**의 새로운 프로젝트를 시작하기 위한 메뉴가 나온다.

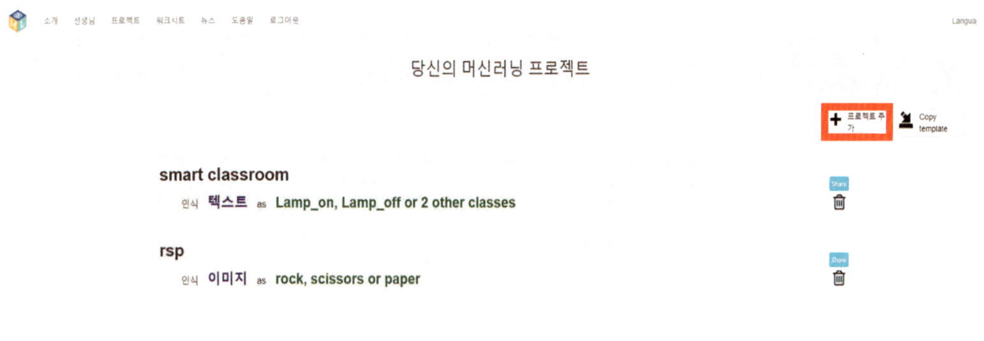

그림 9.2 +프로젝트 추가를 클릭

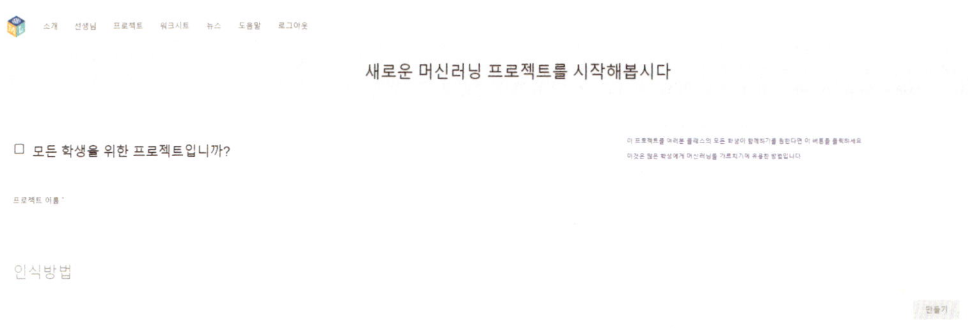

그림 9.3 새로운 머신러닝 프로젝트 시작

3 머신러닝포키즈의 사운드 활용은 컴퓨터가 어떤 방식으로 인식하도록 할 것인가에 대한 선택으로 텍스트, 이미지, 숫자, 소리 중에 소리sound를 선택한다.

4 로봇을 목소리로 좌우와 위 아래로 이동시키기 위해 프로젝트 이름으로 'robot'을 입력하고 인식방법은 '소리'로 설정하면 **그림 9.4**의 화면이 나온다. 화면 오른쪽 아래 '만들기' 버튼을 클릭한다.

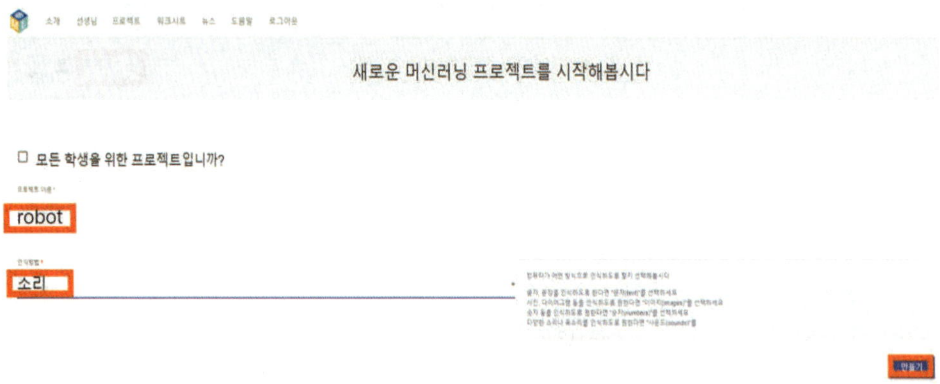

그림 9.4 robot 프로젝트에 인식방법 [소리] 설정

5 **그림 9.5**의 화면이 나오면 robot에 **[소리]** 부분을 클릭한다.

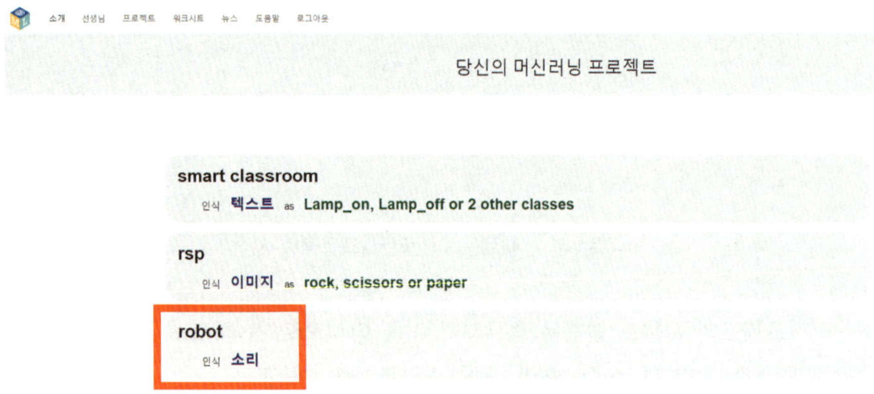

그림 9.5 robot 프로젝트 선택 가능한 화면

6 **그림 9.6**은 robot 프로젝트의 훈련, 학습&평가, 만들기 초기 화면이다. 여기서 **[훈련]**을 클릭한다.

그림 9.6 robot 프로젝트의 훈련, 학습&평가, 만들기 초기 화면

7 **[훈련]**에서 **그림 9.7**과 같이 **[배경소리(background noise)]**를 10번 인식하도록 한다.

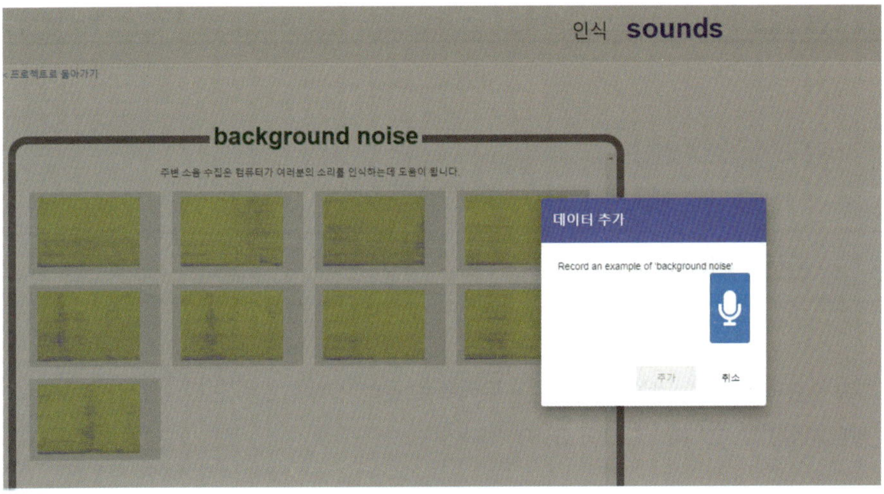

그림 9.7 배경소리 녹음

8 **그림 9.8**과 같이 새로운 레이블을 추가하여 **[left]**는 '왼쪽', **[right]**는 '오른쪽', **[up]**은 '위', **[down]**은 '아래' 로 각각 10회 녹음한다.

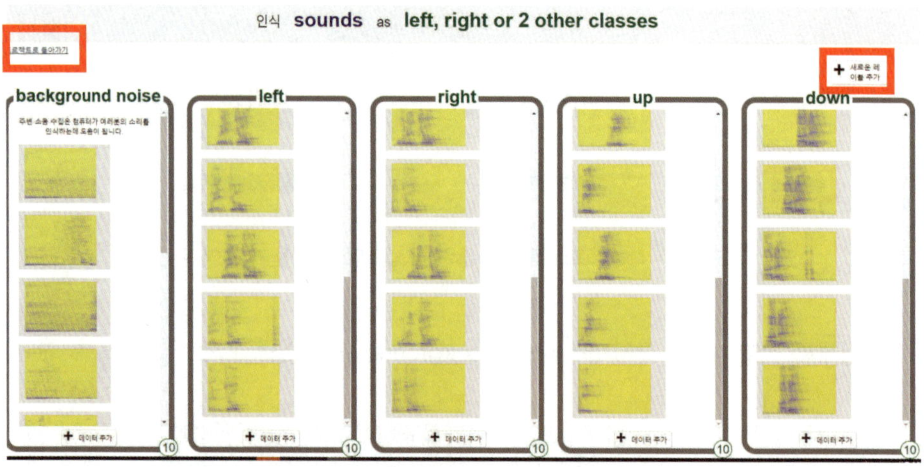

그림 9.8 레이블에 새로운 데이터 녹음

9.3 모델 학습

1 **그림 9.8**에서 메뉴 왼쪽 상단에 **[프로젝트로 돌아가기]**를 클릭한다. **그림 9-9**의 화면에서 **[학습&평가]**를 선택하면 **그림 9.10**이 나온다.

그림 9.9 robot 프로젝트 훈련, 학습&평가, 만들기 초기 화면

2 **그림 9.10**의 화면에서 **[새로운 머신러닝 모델을 훈련시켜보세요]**를 선택한다.

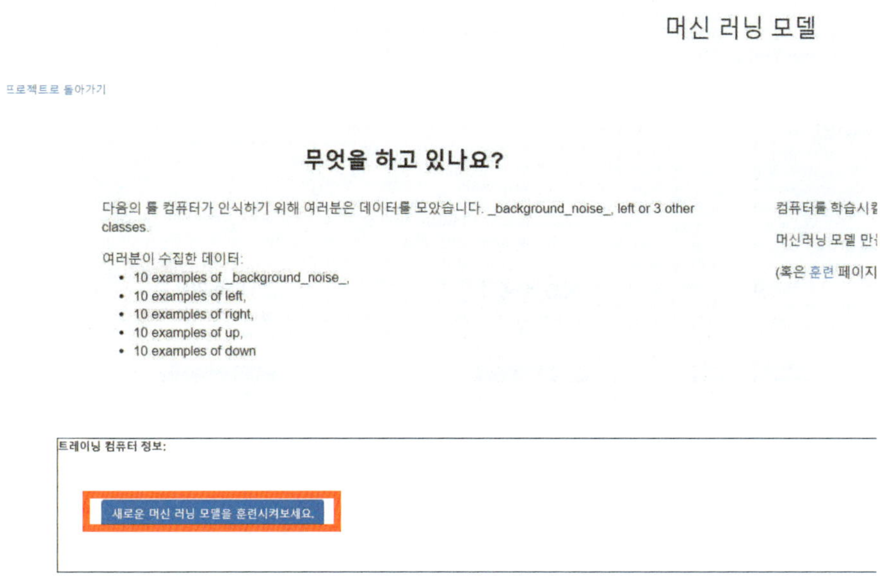

그림 9.10 사운드 머신러닝 모델 화면

3 **그림 9.11**과 같이 **[듣기시작]**을 클릭후 '왼쪽'이라고 음성 입력을 하면 left로 인식되는 것을 확인할 수 있다.

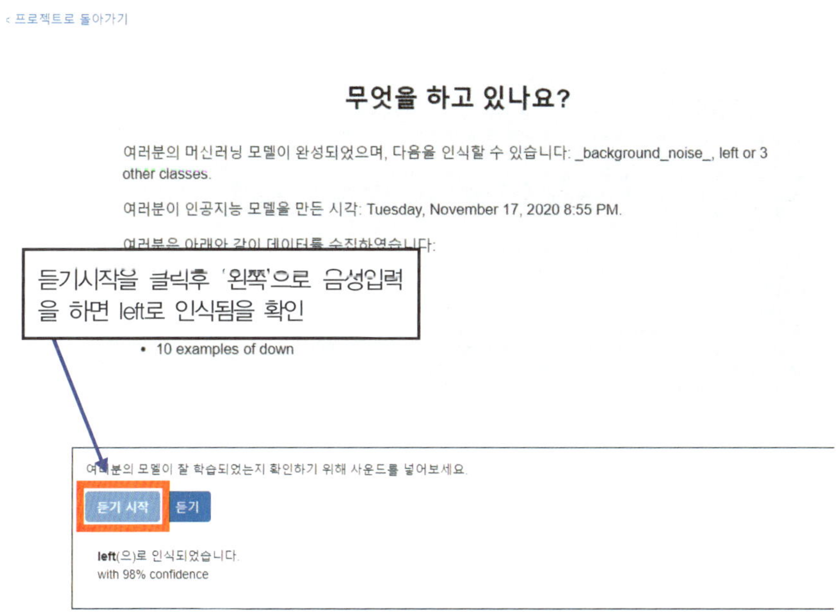

그림 9.11 [듣기시작] 클릭후 '왼쪽'이라고 말했을 경우 left로 인식

9.4 AI 프로그래밍

1 **그림 9.12**의 화면에서 **[만들기]**를 선택하면 **그림 9.13**과 같이 스크래치3 프로그램이 작성 가능하다.

그림 9.12 robot 프로젝트에서 [만들기] 선택

그림 9.13 스크래치 3 프로그램 만들기

2 그림 9.13에서 [스크래치3]을 선택하면 그림 9.14가 나오고 여기서 [스크래치3 열기]를 선택한다.

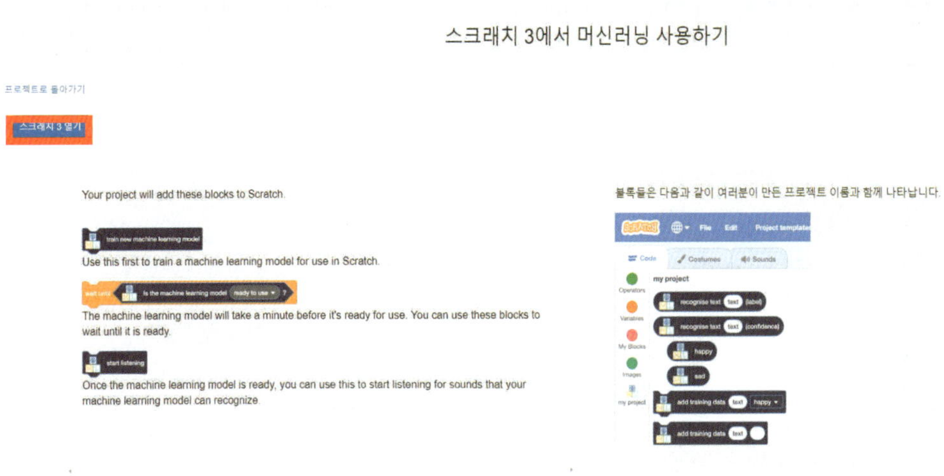

그림 9.14　스크래치 3에서 머신러닝 사용하기

3 그림 9.15와 같이 스크래치 3 프로그램과 연결이 된다. 여기서 왼쪽 블록중 [robot]를 선택하면 머신러닝포키즈에서 학습한 다양한 사운드 학습 블록이 생성된다. 이 블록들을 이용하여 응용 프로그램을 제작할 수 있다.

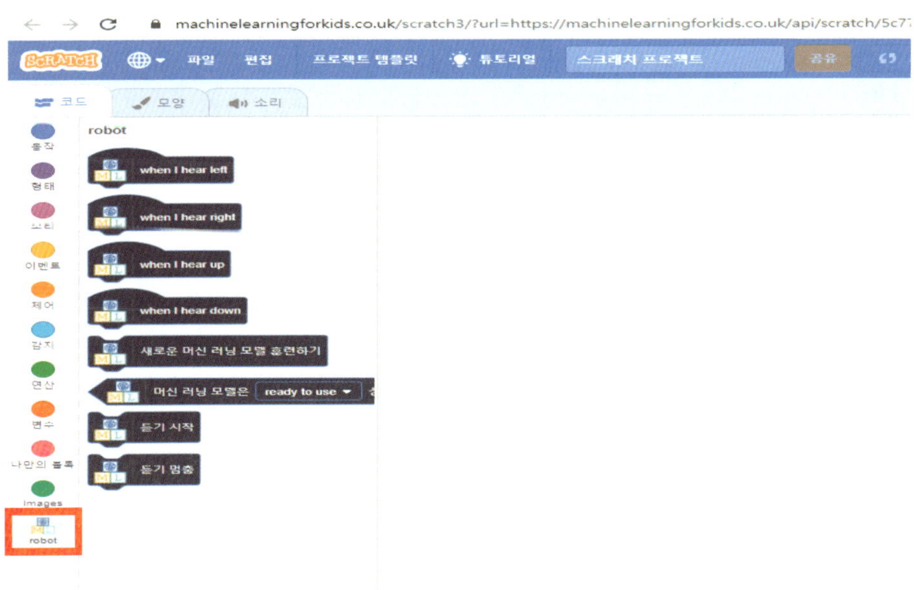

그림 9.15　[robot] 블록이 생성된 스크래치 3 프로그램

4 **그림 9.16**과 같이 **[이벤트]-[클릭하였을 때]** 블록을 드래그 한다.

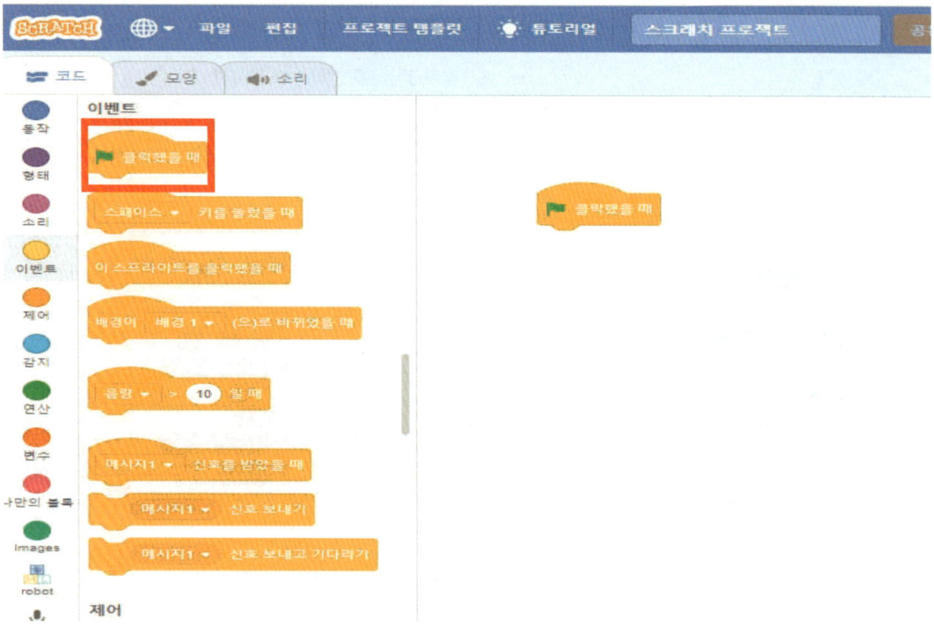

그림 9.16 이벤트에서 [클릭했을 때] 블록을 드래그

5 **그림 9.17**과 같이 **[제어]-[무한반복하기]** 블록을 드래그 한다.

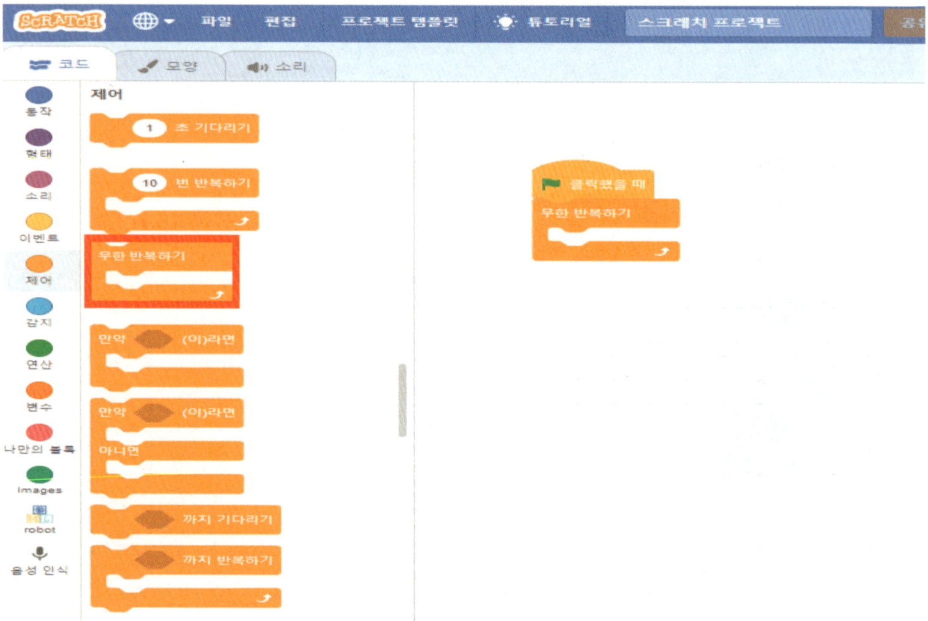

그림 9.17 제어에서 [무한반복] 블록을 드래그

6 **그림 9.18**에서와 같이 **[음성인식] – [듣고 기다리기]** 블록을 드래그 한다.

그림 9.18 [음성인식] 부분에서 [듣고기다리기] 블록을 드래그

7 **그림 9.19**와 같이 **[이벤트]–[클릭했을 때]** 블록과 **[robot]–[새로운 머신 러닝 모델 훈련하기]**를 드래그 한다.

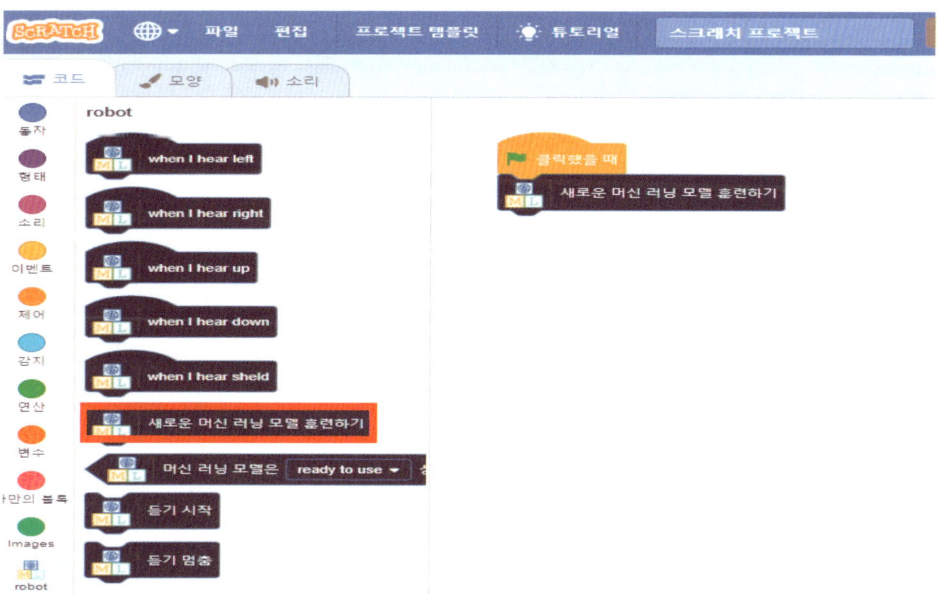

그림 9.19 새로운 머신 러닝 모델 만들기

8 그림 9.20과 같이 [제어]-[..까지 기다리기] 블록에 [robot]-[머신러닝모델은 ready to use 상태인가요?]를 넣고 그 다음 [robot]-[듣기시작] 블록을 드래그 한다.

그림 9.20 머신러닝모델은 [ready to use 상태인가요?], [듣기시작] 블록을 드래그

9 그림 9.21과 같이 [robot]-[when I hear down] 블록을 드래그하고 [동작]-[y좌표를 -10만큼 바꾸기]를 드래그 한다. 이 블록은 '아래'라는 소리를 들었을 때 아래로 10만큼 움직이게 하는 블록이다.

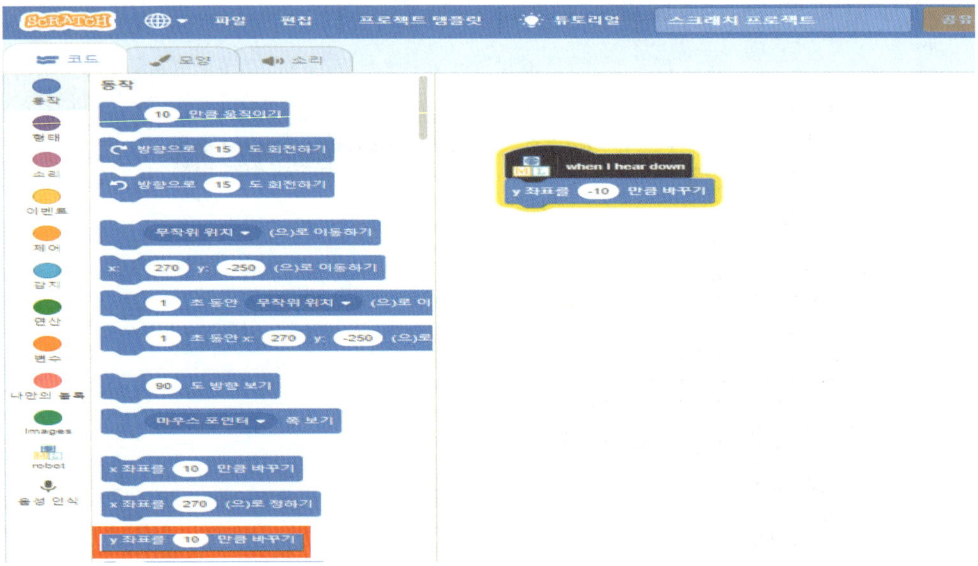

그림 9.21 아래로 움직이게 하는 블록

10 **그림 9.22**와 같이 '위', '아래', '왼쪽', '오른쪽'이라는 음성을 들었을 때 움직이게 하는 블록이다.

그림 9.22 '위', '아래', '왼쪽', '오른쪽' 음성에 관한 블록완성

11 **그림 9.23**은 완성된 프로그램이다. 이를 실행하여 위, 왼쪽, 오른쪽, 아래로 음성으로 robot이 움직이도록 시도해본다.

그림 9.23 완성된 프로그램

9.5 응용 심화문제

9.3.과 9.4에서 제작한 프로젝트를 응용한 Robot 게임을 제작한다.

다음은 제작하려는 Robot 게임 프로젝트의 주요 동작이다.

- Robot의 움직임을 왼쪽, 오른쪽, 위, 아래로 한다.
- 반대편 위치의 Enemy_robot(alien)이 랜덤하게 움직이면서 Robot과 충돌하거나 총을 발사한다.
- Robot은 enemy_robot(alien)에게 총알(ball)을 발사한다.
- Robot은 enemy_robot(alien)에서 발사하는 총알 (apple) 막기 위해 방패(shield)를 사용한다.
- '방패'라는 사운드를 입력하면 방패가 나오도록 한다.
- '에너지' 초기 점수는 100점을 할당하고 Robot 총알(ball)을 발사해서 enemy_robot(alien)을 맞추면 '내점수' 가 1점씩 증가, enemy_robot(alien)의 총알(apple)을 내가 맞게 되면 1점씩 감점시킨다. (alien 점수는 1점씩 증가)
- 방패를 사용하여 상대방의 총알을 막으면 내 '에너지' 점수를 5점씩 감점시킨다.

그림 9.24는 목표 프로젝트의 화면이다.

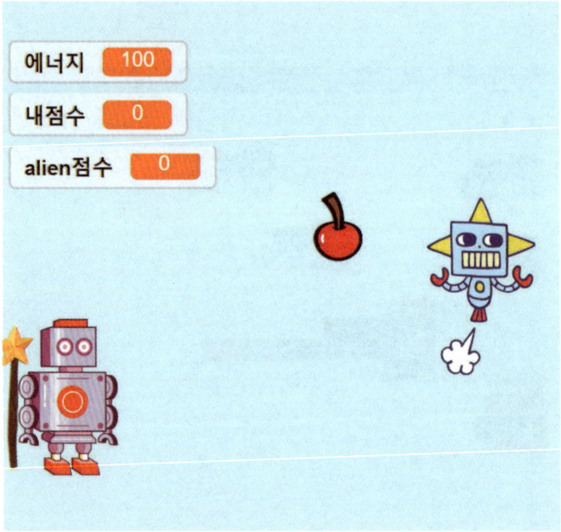

그림 9.24 목표 프로젝트의 화면

01 **그림 9.25**의 머신러닝포키즈의 데이터 입력하는 부분에 shield 라는 **[새로운 레이블 추가]**를 클릭하여 소리로 '방패'라고 10번 다른 유형으로 입력 및 학습시킨 화면이 **그림 9.26**이다.

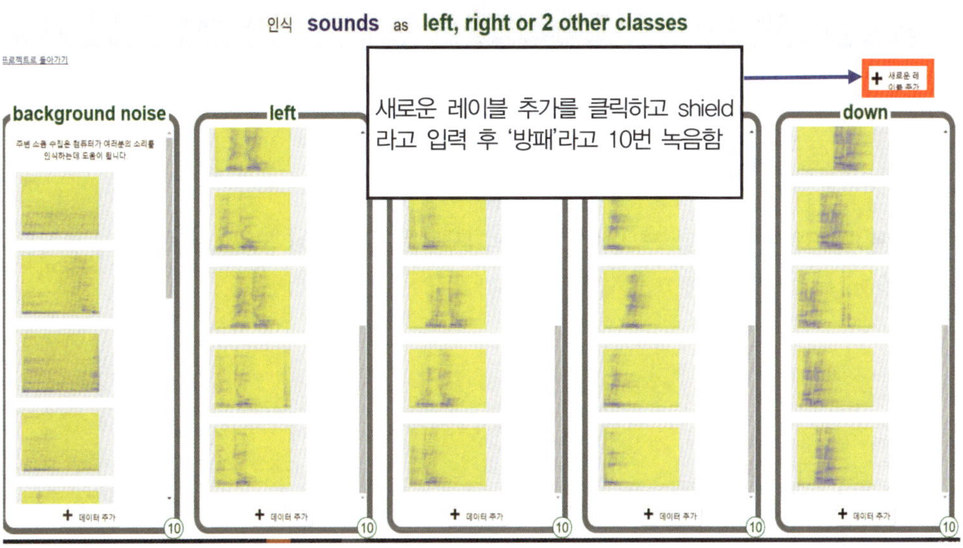

그림 9.25 레이블에 현재 녹음된 내용

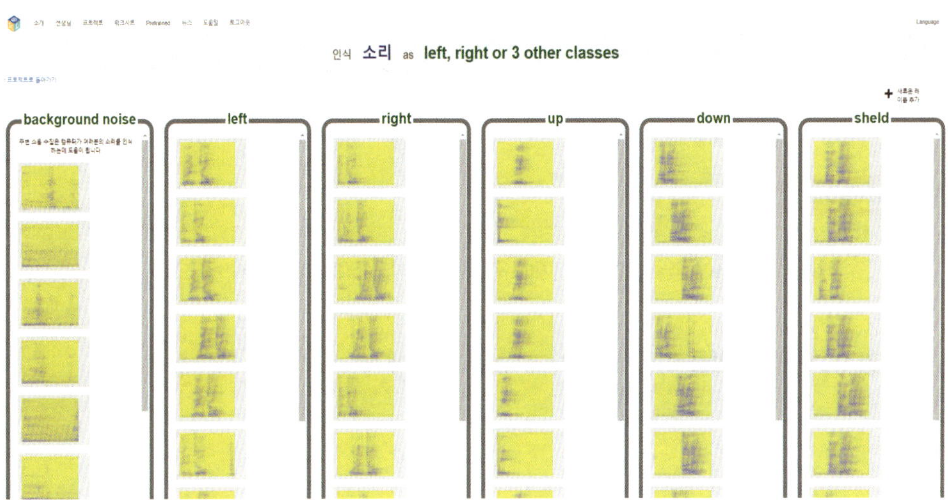

그림 9.26 방패(shield)라는 새로운 레이블 생성과 데이터 입력된 화면

02 **그림 9.27**에서 **[학습& 평가]**를 실행한다.

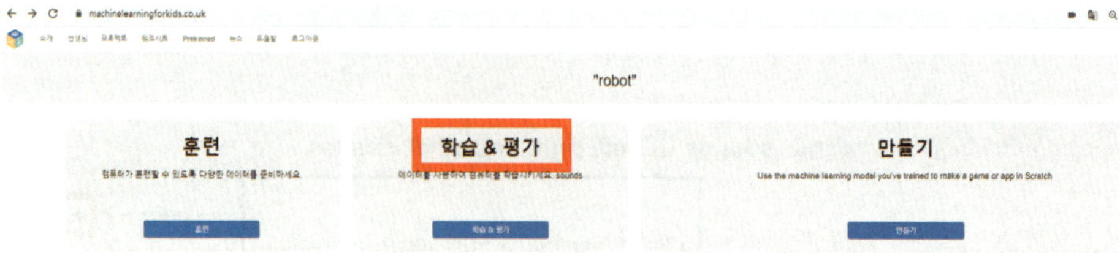

그림 9.27 [학습&평가]를 실행

03 **그림 9.28**의 머신러닝 모델에서 하단의 **[새로운 머신 러닝 모델을 훈련시켜보세요]**를 실행한다.

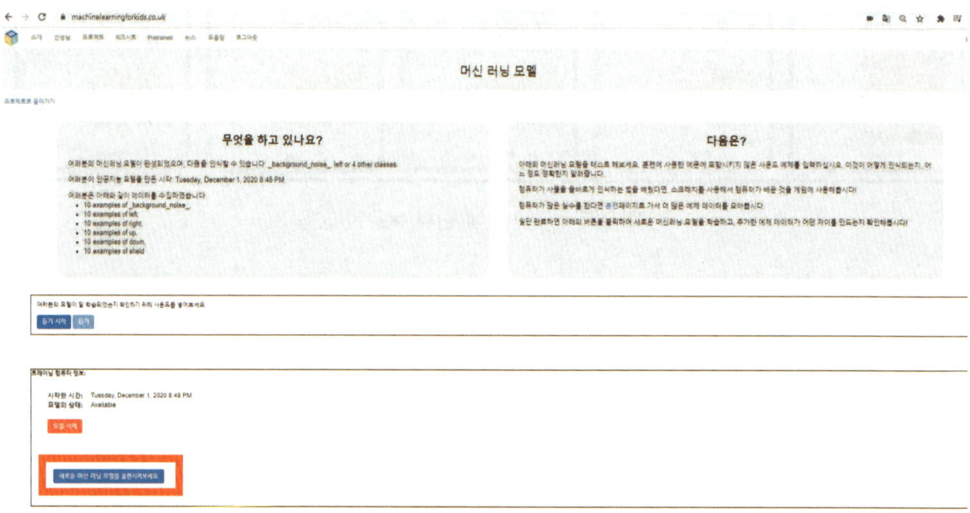

그림 9.28 머신러닝 모델에서 [새로운 머신 러닝 모델을 훈련시켜보세요]를 실행

04 **그림 9.29**에서 **[만들기]**를 클릭하고 **그림 9.30**에서 스크래치 3을 실행한다.

그림 9.29 [만들기]를 실행

그림 9.30 [스크래치 3]을 실행

05 그림 9.31에서 [스크래치3 열기]를 실행한다.

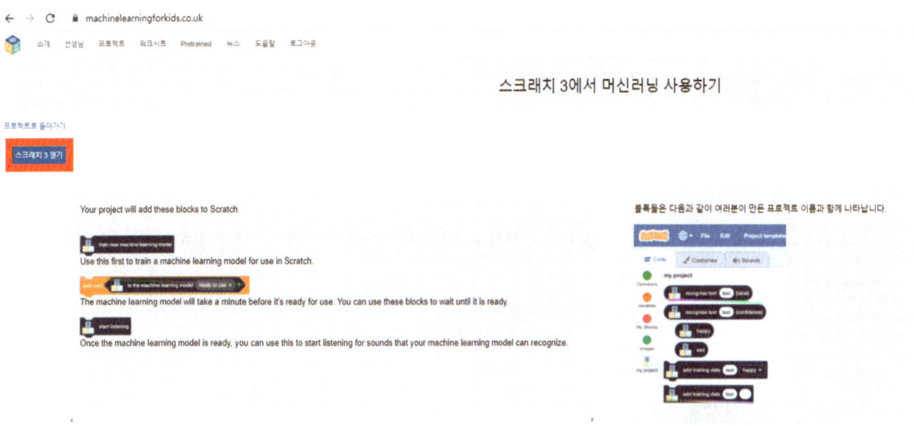

그림 9.31 스크래치3 열기

06 블록중 **[robot]**를 클릭하면 **그림 9.32**와 같이 robot에 관련된 머신러닝 모델 학습 블록이 나온다.

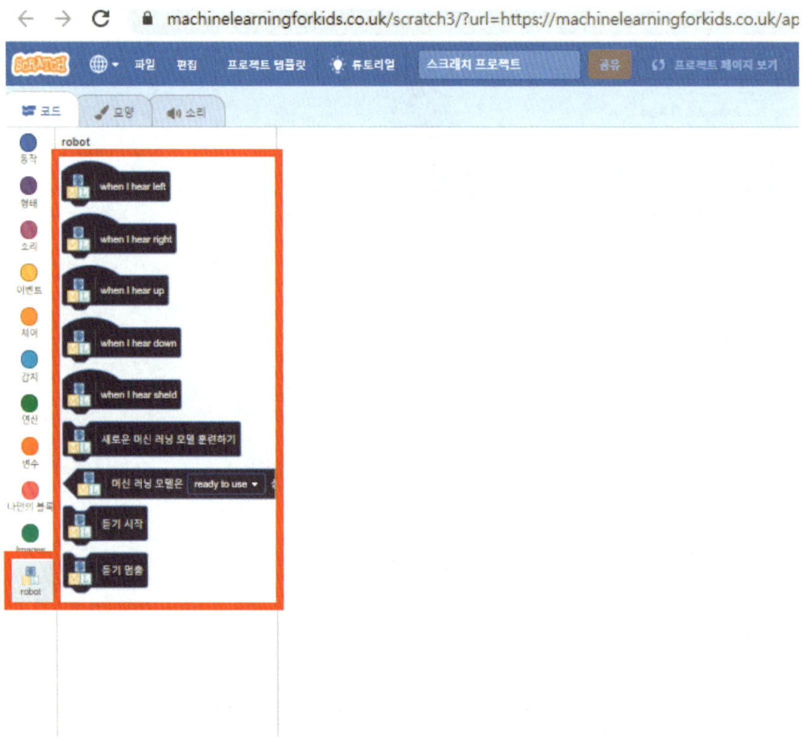

그림 9.32 robot에 관련된 머신러닝 모델 학습 블록

07 스프라이트 중에서 **그림 9.33**과 같이 필요한 스프라이트인 myrobt, alien, Ball, Wand, Apple을 읽어온다.

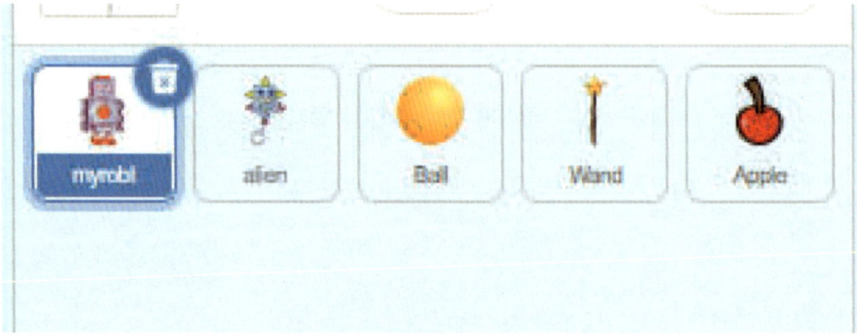

그림 9.33 필요한 스프라이트

08 **그림 9.34**는 myrobot 스프라이트의 코드이다.

프로그램 실행을 클릭 하였을 때 프로그램은 사용자의 소리를 들으려고 대기상태에 있게 된다. 사용자의 '왼쪽', '오른쪽' 등의 소리를 들으면 움직이게 된다.

빨강 박스로 표시된 부분은 프로그램 실행시 myrobot 스프라이트가 화면에 표시되고, 무한 반복을 실행한다. 즉 벽에 닿으면 x, y 좌표를 -202,-52로 이동하고 alien과 충돌시 '으악'이라는 글자를 표시하게 된다.

그림 9.34 myrobot 스프라이트의 코딩 내용

09 **그림 9.35**는 alien 스프라이트 코드이다.

빨강 박스 부분은 프로그램 실행시 alien 스프라이트를 화면에 표시하고, 충돌할 때마다 점수를 1 증가하기 위해 alien점수 = 0으로 초기화한다. alien 스프라이트를 무작위로 이동하게 하고 만약 myrobot와 충돌이 되면 신호보내기를 통해 파랑 박스 부분으로 가서 alien점수를 1 증가시키고 다시 원위치(x,y좌표=68, 27)로 돌아온다. 벽에 닿으면 다시 원위치(x,y좌표=68, 27)로 돌아온다. 만약 ball과 충돌할 경우 신호를 보내서 검정 박스 부분으로 이동하여 alien의 모습을 변환하고 '으악'이라는 문자 표시를 하고 다시 원위치(x,y좌표=68, 27)로 돌아온다.

그림 9.35 alien 스프라이트 블록

10 그림 9.36은 ball 스프라이트의 코드이다.

빨강 박스부분은 프로그램 실행시 ball을 숨기고 내점수=0으로 설정하며 myrobot에 ball을 붙어있게 한다. 파랑 박스 부분과 같이 스페이스 키를 누르면 ball이 발사하게 되는데 10만큼 이동을 계속한다. 만약 ball 스프라이트가 alien 스프라이트나 apple 스프라이트에 닿으면 ball_상대충돌 신호 보내기를 하여 검정 박스 부분과 같이 내점수를 1 증가시키고 ball은 myrobot으로 돌아오게 한다. 만약 벽에 닿으면 다시 myrobot으로 돌아오게 한다.

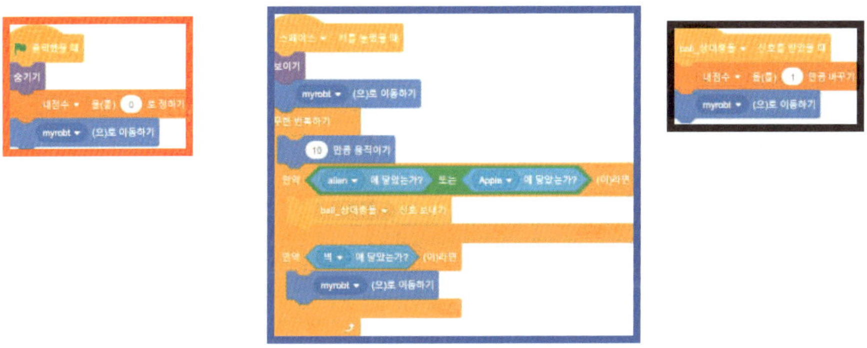

그림 9.36 ball 스프라이트 블록

11 **그림 9.37**은 방패(wand) 스프라이트 코드이다.

방패 wand 스프라이트는 myrobot 스프라이트를 앞에 위치하여 alien 충돌이나 apple 충돌을 막아주는 기능이다. 파랑 박스 부분은 방패라고 소리를 들으면 현재 myrobot 스프라이트의 x 좌표+ 50만큼으로 위치하게 된다. 파랑 박스 부분은 프로그램이 실행 시 내점수=0으로 설정하고 에너지=100을 설정한다. 에너지 변수는 방패를 많이 사용 시 에너지를 떨어지게 하기 위해 사용한 것이다. 방패는 항상 myrobot의 앞에 위치시키고 만약 alien과 충돌하면 alien 충돌 신호를 받았을 때로 검정 박스 부분과 같이 신호 보내기를 한다. 여기서는 충돌이 되었기 때문에 에너지 점수를 5 감소하고 내점수는 1 증가를 시킨다.

그림 9.37 방패(wand) 스프라이트 블록

12 **그림 9.38**은 apple 스프라이트의 코드이다.

apple 스프라이트는 myrobot과 충돌하기 위한 공격무기이다. 빨강 박스와 같이 alien 스프라이트에 숨겨있다가 위치를 바꾸어 가면 움직이게 된다. 만약 벽에 닿았으면 다시 alien 스프라이트로 돌아가고, myrobot 스프라이트에 닿으면 파랑 박스의 myrobot 충돌 신호를 보낸다. 여기서 alien점수를 1 증가시킨다. 빨강 박스에서 만약 Wand[방패]에 닿으면 alien으로 돌아간다. 만약 myrobot에서 발사한 ball과 충돌하면 ball 충돌 신호 보내기로 검정박스로 가서 충돌된 것을 표현하기 위해 잠깐 숨기고 alien으로 이동후 다시 표시한다.

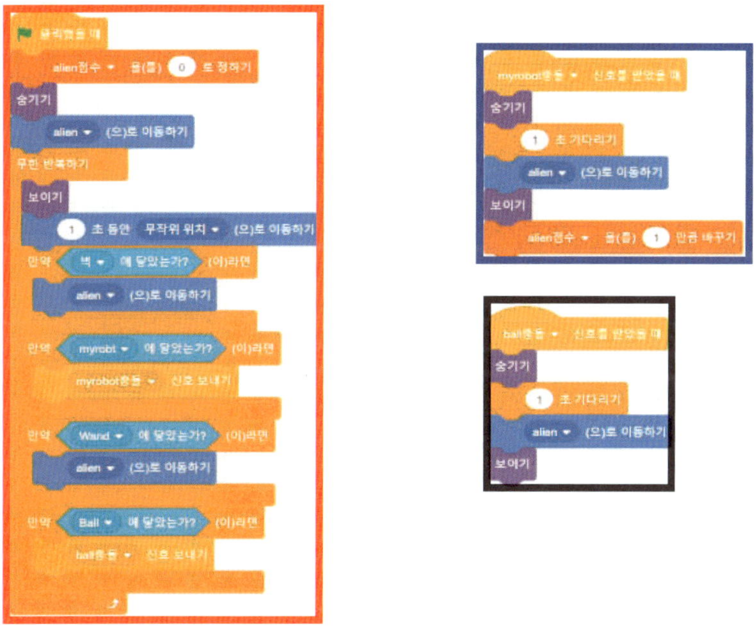

그림 9.38 apple 스프라이트의 코딩

참고문헌

A.I Duet. Retrieved from https://experiments.withgoogle.com/ai/ai-duet/view/

Elements of AI. Retrieved from https://www.elementsofai.com/

IBM Watson from https://www.ibm.com/watson

Machine Learning for Kids. Retrieved from https://machinelearningforkids.co.uk/

Scratch 3.0 form https://scratch.mit.edu/

CHAPTER

10

가상현실 속 물체 인식기

성영훈 / 진주교육대학교

학습목표

1. 물체 인식에 필요한 기능을 살펴보고 문제해결 방법을 생각해본다.
2. 앱인벤터에 대한 기본 사용방법을 알아본다.
3. 물체 인식을 위한 인공지능 학습모델을 생성한다.
4. 물체 인식을 위한 인공지능 프로그래밍과 테스트를 실시하고 개선사항에 대해 알아본다.

10.1 프로젝트 소개

(1) 제작 목적

2021년에도 전세계가 코로나19로 인해 힘든 상황을 겪고 있다. 이것은 사회적, 경제적으로 커다란 영향을 주고 있다. 특히 교육뿐만 아니라 우리의 일상에서 모든 것을 변화시키고 있다.

기존에는 직접 사람들과 만나서 대화나 모임을 통해 다양한 의사소통, 나눔과 공유가 가능하였으나 학교, 직장, 개인의 사적인 모임까지 이제는 온라인으로 진행되는 것이 일상화되어 버렸다.

이러한 변화된 상황 속에서 온라인 기반의 서비스가 급속히 발달되었으며 특히 생활과 관련된 부분에서 음식 배달과 같은 업종의 경우 기술과 융합되어 더 큰 호황을 누리고 있는 시점이 되었으며 점점 확대되고 있는 실정이다.

우리의 가정 속에서의 모습을 살펴보면 기존에는 가족간의 모임은 주말이나 휴일 등을 활용하여 친지를 방문하거나 왕래를 통해서 정을 나누어 왔다. 그러나 코로나19의 장기화로 인해 이제는 그러한 모습은 점점 사라지고 줌, SNS 등을 활용하여 비대면 화상회의 등을 통해 멀리 떨어진 가족 간에 안부를 묻고 얘기를 나누는 현실이 자연스럽게 되어버렸다.

이러한 상황을 고려하여 가상세계에서 시스템적인 요소들을 가미한 내용을 각색하여 학교현장에서 실질적으로 인공지능 프로그래밍 교육에 활용할 수 있도록 교수학습할 수 있는 내용으로 제시하였다.

(2) 이야기 살펴보기

2221년 세상밖에는 코로나라는 바이러스가 득실거리는 가상 상황이다. 여기 알파 지역에 디지털소스를 팔아서 생계를 이어가는 디지털 그룹이 있다. 올해 레벨2 가위와 레벨1 테이프는 디지털로 연결된 남매이다. 마더보드는 오늘도 전자마켓에서 팔기 위한 디지털소스를 선별하고 계신다. 아직도 부팅후 리소스가 모자라 멍하니 앉아 있는 가위에게 아침에 먹을 간단한 칩을 만들어주고 한가지 부탁을 한다.

"가위야, 온라인 학습 아카이빙 빠지지 않게 테이프 좀 잘 챙겨봐줘"

"마더, 오늘 늦게 오세요?"

"응, 오늘 마켓플레이스에서 해야할 일이 많아서 아무래도 늦을 것 같구나. 요즘 코로나 바이러스가 밖에 돌아다닌다고 하니까 모르는 물체가 게이트 밖에 오면 절대 문을 열어주면 안된다. 알겠지?"

"네, 마더 그럴께요. 그런데 빨리 오셔야해요."

마더보드는 레벨2 가위의 늘 꼼꼼한 설계버전을 아는지라 내심 미덥다.

"동생 일어나면 식탁위 전자칩 압축 풀어 놓았으니 잘 인스톨 시켜서 저장해~ 마더 먼저 다른 곳에 접속할께. 게이트 포털 닫아라"

"네, 엄마 잘 다녀오세요, 빨리 오셔야해요!"

가위는 세상 모르고 잠자기 모드의 테이프를 흔들어 깨운다.

"테이프, 일어나! 셋업해야 할 시간이야"

"으...음.. 레벨2 마더는?"

"엄마 먼저 마켓에 나가셨어. 오늘은 레벨2의 보살핌을 받아야해."

가위는 테이프이의 대답을 듣기도 전에 아침에 로드될 리소스를 챙긴다. 테이프는 내심 일어나기 싫었지만 레벨2의 프로그래밍 절차에 따라 방해할 것 같다는 생각에 겨우 커넥션 포트를 열었다. 인스톨될 디지털 자료를 풀고 셋업 파일을 실행한다...

"앗, 해석이 안되는데.왜 이렇지?"

테이프는 소리를 질렀다.

"으이구, 좀 조심 좀 하지. 테이프, 마더가 방금 오류 탐색으로 해 놓아서 정렬을 하고 해야지"

30여분의 시간이 금방 흐르고 테이프와 가위는 온라인으로 접속할 준비를 마쳤다. 전날에 설치해야 하는 백신 프로그램도 점검해보고 테스트도 해 보았다.

마더로부터 문자 메시지가 전송되었다.

'레벨2, 엊그제 마더보드에 설치해 놓은 인식기 잘 작동되는지 한 번 봐줄래?'

그렇다. 마더보드는 실물로 존재하는 바이러스의 공격을 막아내기 위해 대문에 잠금장치를 설치하셨다. 가위는 마더보드 포털 게이트웨이로 가서 버튼을 누른다. 인식기에서 가위의 얼굴을 인식한 것인지 녹색불이 켜지면서 문이 열린다. 다시 문을 닫고 버튼을 누르니 인식기는 게이트웨이를 잠그고 빨간색 불을 켜 문이 잘 잠겼다는 것을 알려준다.

'마더, 게이트웨이 인식기가 잘 작동합니다.' 마더보드에게 문자를 전송한다. 몇 분 지났는데 마더에게서 알겠다는 문자가 오지 않았다.

'아침이라 접속이 많아서 그런건가?'

거실에 테이프를 본다. 온라인 가상화된 보드 메모리에 있어야 하는데 아직도 로드가 되지 않고 있다.

"너, 딴 짓하지 말고 빨리 로드해. 마더한테 다 일러줄 거야~"

그렇게 오늘의 하루가 시작되었다.

(3) 요구 분석

기존의 집에 있는 인터폰은 초인종을 누르면 대문에 설치되어 있는 인터폰의 카메라로 주변의 환경을 보여준다. 집 안의 사람이 초인종을 누른 사람이 누구인지 살펴봐야하는 형태로 되어 있다

- 초인종 기능
- 카메라 표시와 대문밖 화면 표시 기능

그러나 이러한 단순한 기능으로는 가위네와 같이 보호자가 외출할 경우 확인과 안전과 관련된 기능을 보완해 줄 수 있는 것이 필요하다. 이야기 속에 나오는 가위와 테이프가 집에 설치되어 있는 얼굴 인식기를 상상하여 추가로 필요한 기능을 생각해서 그려보거나 적어보도록 한다.

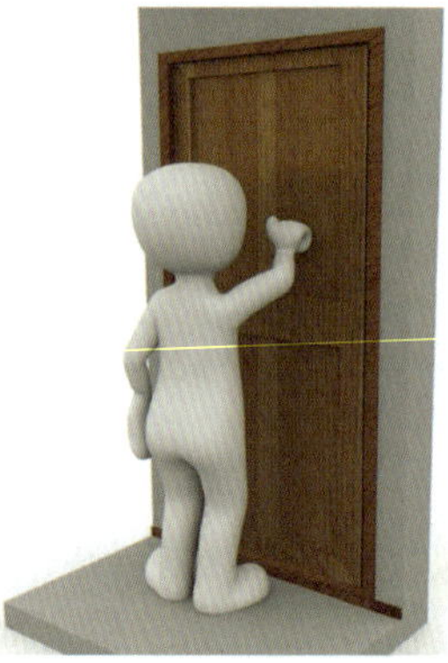

필요한 기능을 적어봅시다.

-
-
-

일반적으로 대문 인터폰에 추가로 포함될 기능을 생각해 보면 다음과 같다.

먼저 집에서 확인할 수 있는 기능을 생각해보면 다음과 같다.

- 카메라 켜기와 끄기
- 대문밖 화면 비추기
- 마이크 송신
- 이미지 인식기
- 문 열어주기
- 비상 호출

다음으로 대문 밖에서의 기능을 생각하면 다음과 같다.

- 호출 버튼[초인종]
- 스피커
- 카메라[대문밖 화면 비추기용]

이와 같이 실제 집 안에서 대문밖의 사람이 호출된 것에 대한 대응할 수 있도록 카메라, 마이크 송신, 이미지 인식, 문 열고 닫음 및 비상 호출 기능과 같은 다양한 기능들이 필요한 것을 알 수 있다.

그렇다면 실제 가위네 인공지능 인터폰을 제작하기 위해 필요한 절차는 무엇인지 적어보도록 한다.

필요한 절차를 적어봅시다.

▸

▸

▸

(4) 문제해결 방법 생각하기

먼저 필요한 기능을 생각하고 기능과 구현해야 할 절차를 연계하여 다음과 같은 형태로 구성한다.

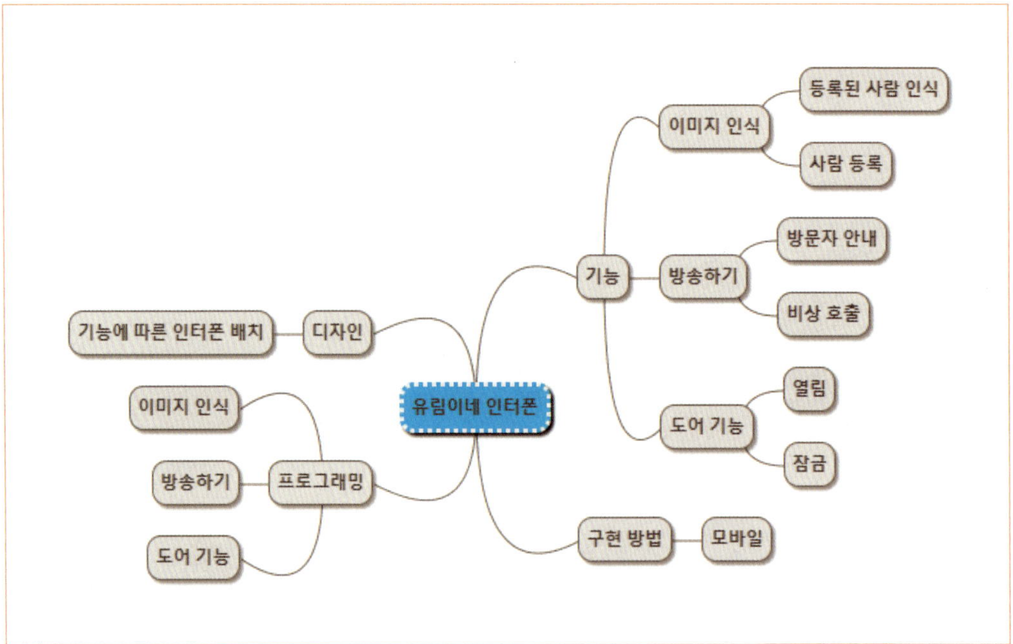

먼저 가위네 인터폰을 만들기 위해서 구현방법, 기능, 디자인과 프로그래밍 부분에 대해서 살펴보면 다음과 같다.

첫째, 구현방법은 대문에 스마트폰으로 적용 가능하도록하여 접근성과 편의성을 높인다.

둘째, 기능은 크게 이미지 인식, 방송하기 및 도어기능으로 구분하고 이미지 인식의 경우 인식할 사람을 등록 관리하는 기능, 등록된 사람 인식 기능을 구현하도록 한다. 방송하기의 경우 방문자가 초인종을 눌렀을 때 스피커를 통해 소리를 재생할 수 있도록하고 필요시 비상상황에 대응할 수 있는 사이렌소리 내기, 문자로 자동호출하기 등의 기능을 구현한다. 도어 기능의 경우 스마트폰을 모터와 연결하여 연결된 모터를 통해 대문이 열리고 닫힐 수 있도록 구현한다.

셋째, 실제 인터폰의 디자인과 프로그래밍을 위해서 디자인 측면에서는 구현에 필요한 물리적인 버튼과 표시 영역등을 스마프톤의 화면으로 디자인하고 프로그래밍 측면에서는 이미지 인식, 방송하기, 도어 기능에 대한 이벤트 처리에 대해 구현하도록 한다. 교재에서는 이미지 인식과 기타 기능에 대해서 다루도록 한다.

실제 모바일 프로그래밍을 위해서 앱인벤터2[https://appinventor.mit.edu/]를 사용하여 프로그래밍하도록 한다.

간단한 앱인벤터2 프로그래밍 사용방법에 대해서 살펴보면 다음과 같다. 앱인벤터 홈페이지에서 create apps 버튼을 클릭하여 앱인벤터 프로그래밍 페이지로 접속한 다음 Projects 메뉴에서 새로운 프로젝트를 만들면 다음과 같이 디자이너 화면이 나타난다.

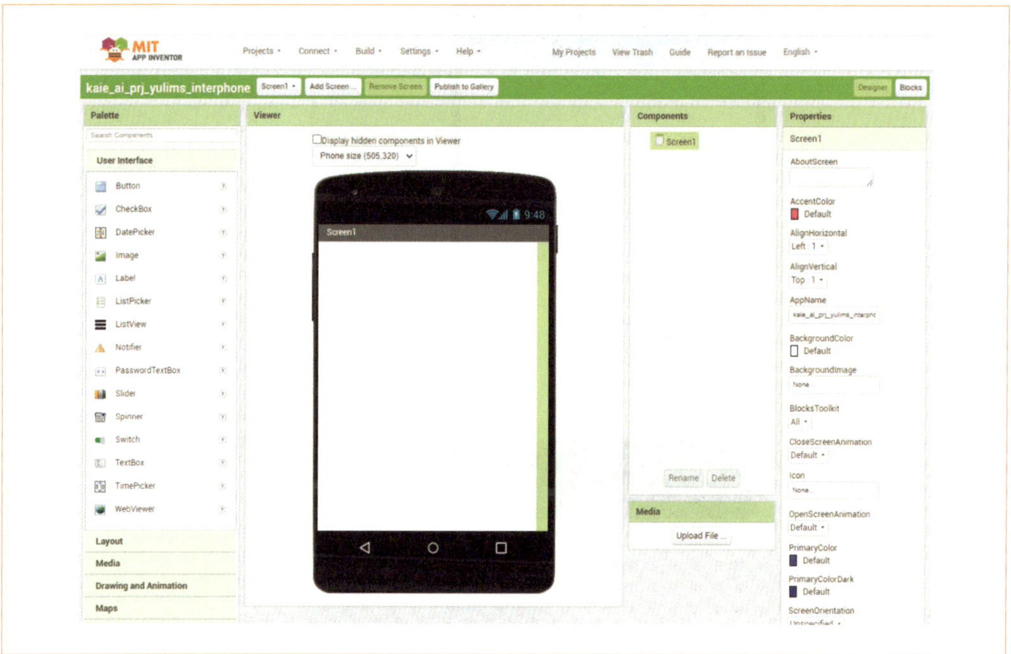

디자이너 화면은 스마트폰 또는 태블릿의 화면에 버튼과 같은 다양한 컴포넌트들을 배치하고 디자인 할 수 있는 공간이다. 일반적으로 Palette에 있는 User Interface, Layout, Media 등의 패널에서 제공되는 컴포넌트들을 화면 가운데의 Viwer에 드레그앤드롭하여 배치한다. Viewer에서 선택한 컴포넌트의 속성은 화면 오른쪽에 있는 Properties에서 변경할 수 있다.

User Interface에서 Button과 Notifier 컴포넌트를 끌어다 놓으면 다음과 같은 구성이 된다.

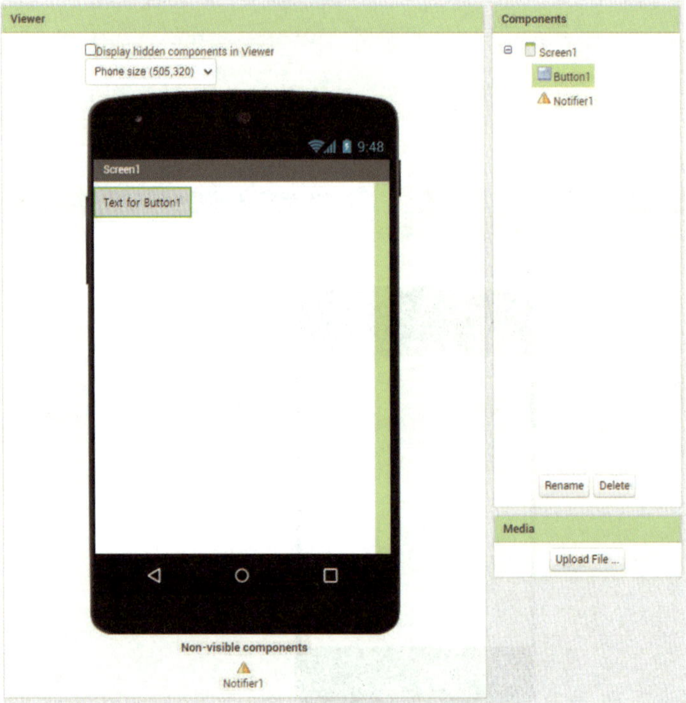

이제 화면에 배치한 버튼을 동작시켜주기 위해서 실제 이벤트를 처리하는 부분, 즉 프로그래밍하는 부분은 화면 오른쪽에 위치하고 있는 Blocks 버튼을 클릭하여 블록 프로그래밍 화면으로 전환한다.

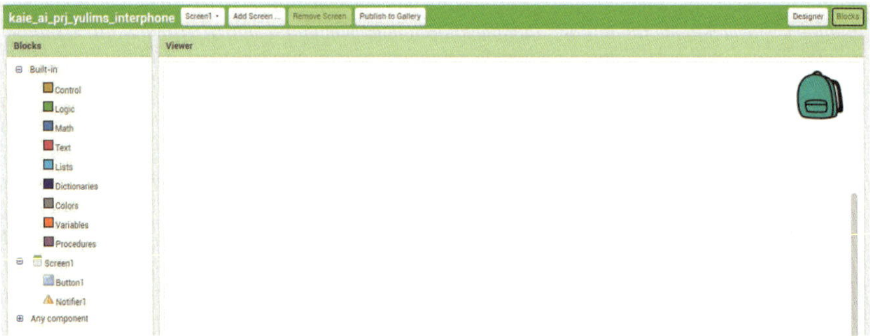

왼쪽에 Blocks 패널에는 기본적인 블록들이 포함되어 있는 Built-in 블록들과 사용자가 배치한 블록들이 Screen1 하위에 포함되어 있는 것을 볼 수 있다. 물론 Screen도 사용자가 추가할 수 있다.

그렇다면 간단하게 버튼을 클릭하면 알림창이 나타나는 프로그램을 작성해 보도록 한다. 간단한 프로그래밍 절차를 설명하면 버튼이 클릭되면 Notifier1의 메소드를 호출하여 실행하는 형태로 이루어진다. 왼쪽의 Button1을 클릭하여 버튼 클릭 이벤트 블록을 Viwer에 끌어다 놓는다.

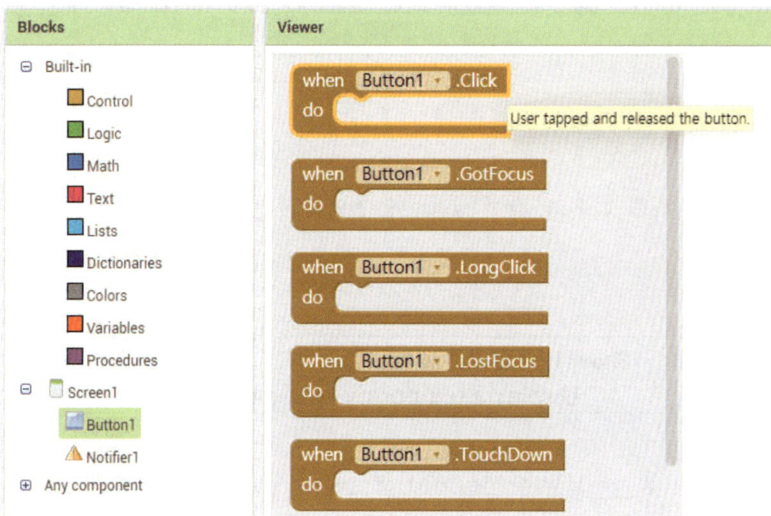

다음으로 Notificr1을 클릭하여 Notifier1 ShowAlert() 메소드를 호출하는 블록을 결합시킨다.

여기서 생각할 것은 Notifier1.ShowAlert() 블록에 있는 notice에 결합하기 위한 값은 어떻게 파악하는 것인가이다. 다음과 같이 해당 블록을 선택하고 마우스 오른쪽 버튼을 클릭하면 Help 메뉴가 보이고 해당 메뉴를 클릭한다.

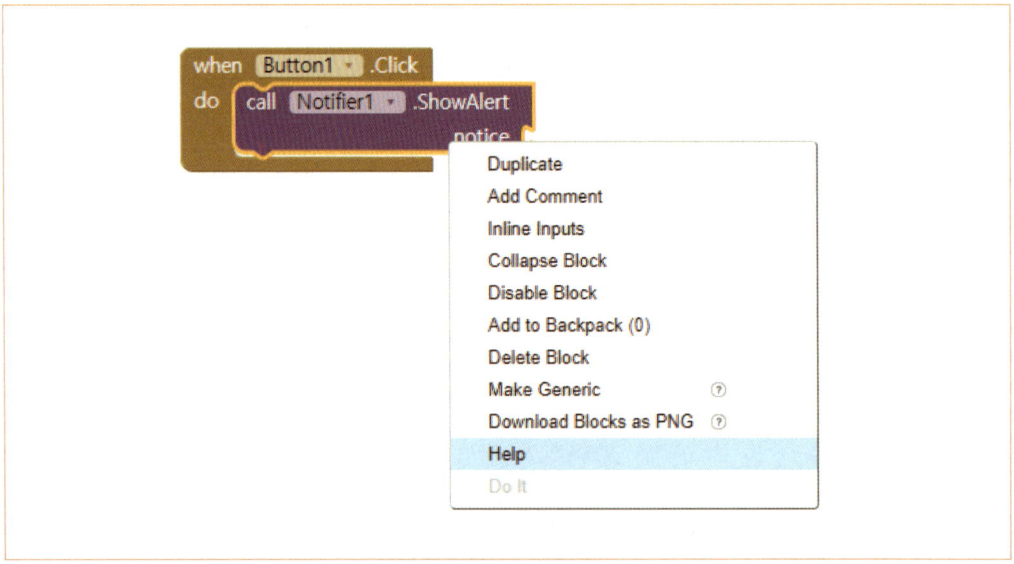

실제 도움말을 클릭하면 다음과 같이 notice에 전달되는 변수값의 형태는 텍스트 형태인 것을 알 수 있다.

ShowAlert(text *notice*)
Display a temporary notification.

따라서 다음과 같이 텍스트블록에 알림창에 표시할 공지사항을 작성하여 결합한다.

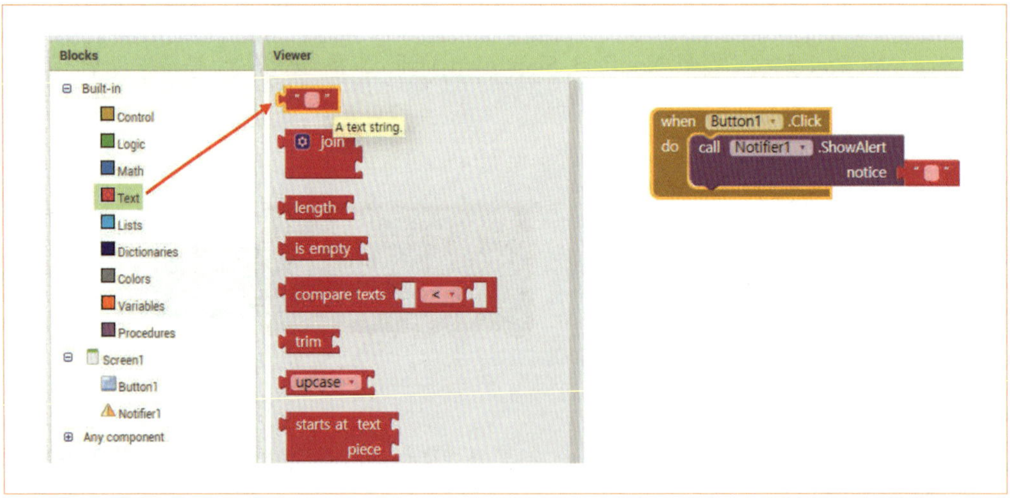

실행은 앱인벤터 상단의 Connect 메뉴에서 AI Companion, Emulator, USB 연결의 형태로 테스트할 수 있다. AI Companion의 방법으로 테스트하기 위해서는 스마트폰과 개발 PC가 같은 무선망을 사용해야한다. 실행한 결과는 다음이 버튼을 클릭하면 안내창이 나타난다.

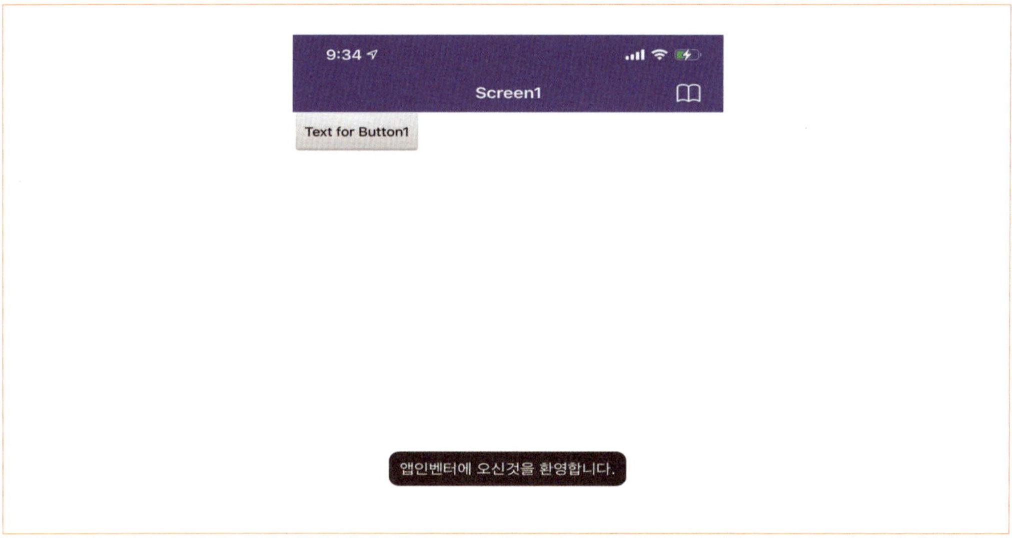

10.2 데이터 준비

가위네 인터폰에 구현된 이미지 인식 기능을 구현하기 위해서는 인식할 이미지를 분류할 수 있도록 다양한 이미지 데이터들이 필요하다. 이를 위한 데이터 준비과정을 생각해보면 다음과 같다.

이미지 데이터를 준비하기 위한 과정

- 인식하게 될 이미지들을 생각해보고 수집한다.
- 수집된 이미지들을 하나의 카테고리로 묶어 분류한다
- 카테고리로 분류된 이미지들을 인공지능을 통해 분류할 수 있도록 모델로 만들어 훈련한다.
- 인식하기 위한 이미지가 분류된 카테고리에 해당되는지 확인해 본다.

위와 같이 이미지 수집, 이미지 분류, 인공지능 모델의 이미지 인식 훈련, 특정 이미지 인식 확인의 과정을 통해서 인공지능 모듈이 이미지를 인식하는지에 대한 내용을 진행한다. 그렇다면 이미지 인식과 관련된 앱인벤터의 인공지능 모듈은 무엇인지 살펴보면 다음과 같다[1]. 먼저 인식하게 될 이미지들을 수집하기 위해서 교재에서는 물체 모양으로 인식하기로 정한다.

이미지 인식을 위한 트레이닝 페이지https://classifier.appinventor.mit.edu/ 접속한다.

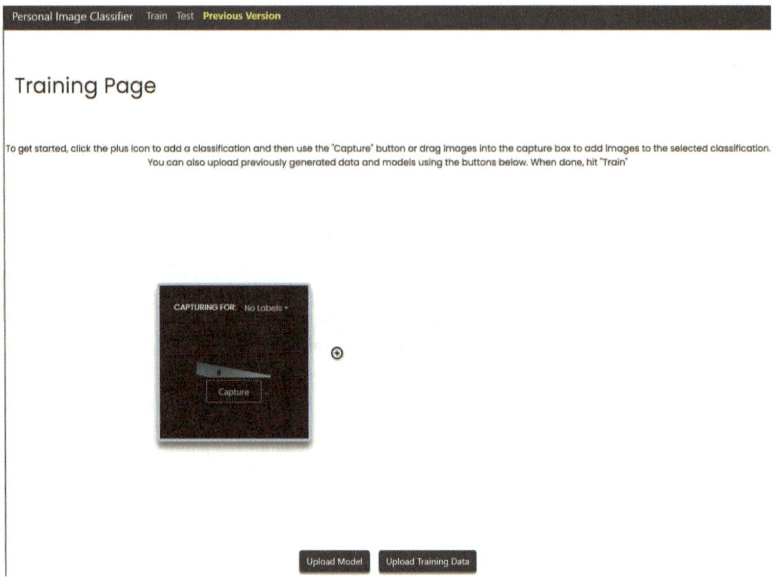

화면 가운데 + 버튼을 눌러서 인식되는 이미지가 분류될 카테고리를 설정한다.

가위, 드라이버, 가방, 테이프 인식시키기로 정의하고 각각의 카테고리 이름도 사물의 이름으로 정한다음 카메라로 각각의 물체를 인식한다.

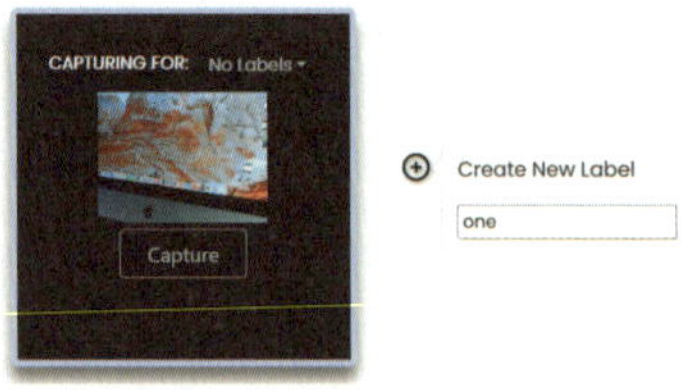

1) http://appinventor.mit.edu/explore/resources/ai/personal-image-classifier

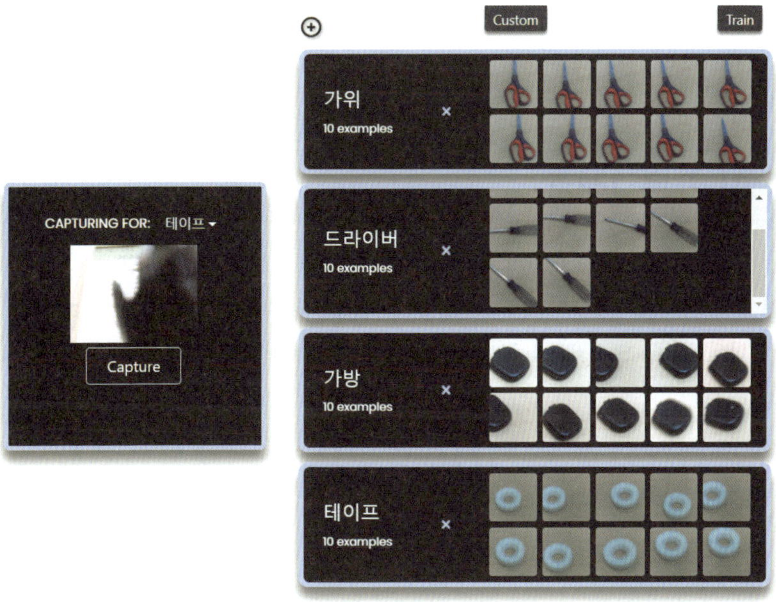

10.3 모델 학습

분류할 이미지 셋트를 수집하였다면 화면 오른쪽에 있는 Train 버튼을 클릭하여 인공지능 모델로 트레이닝 시킨다. 또한 다음 그림과 같이 물체를 바르게 인식하는지 테스트한다.

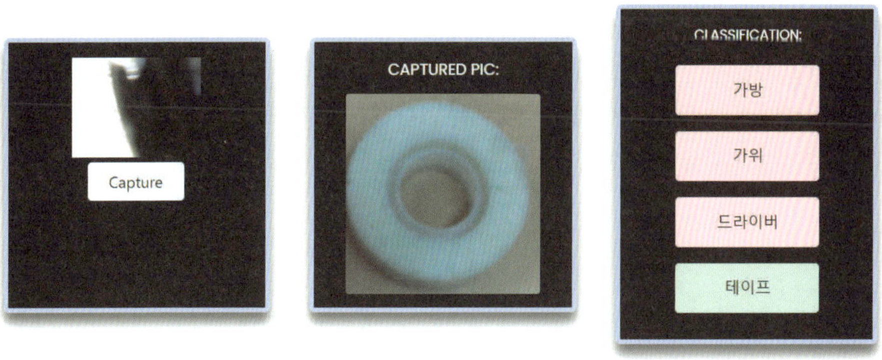

이제 만들어진 인공지능 인식모델을 컴퓨터에 다운로드하기 위해서 Export Model 버튼을 클릭한다.

10.4 AI 프로그래밍

앱인벤터2에서는 다양한 외부모듈을 연결할 수 있는 익스텐션[extensions]을 제공하고 있다. 리소스 사이트는 https://mit-cml.github.io/extensions/에 접속하여 PersonalIamgeClassifier.aix 파일을 다운로드 받는다.

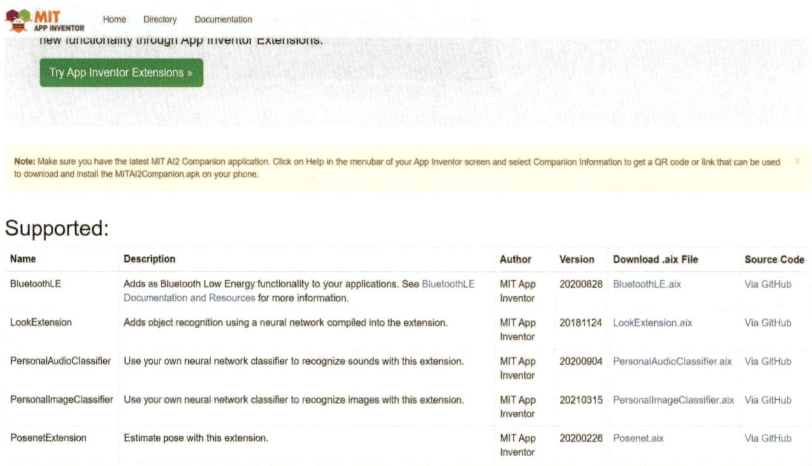

교재에서 얼굴 초상화 저작권 부분으로 인해 사물을 사용한 것으로 인식한 사물이 어떠한 물체인지 알기 위해서는 LookExtension 모듈을 사용하여 인식하는 것이 더 좋은 결과를 보일 것으로 예상한다. 실제 프로그램을 만들때에는 사람의 얼굴과 표정을 가지고 진행해보거나 사물의 풍경이나 느낌을 표현할 수 있는 분류를 사용하여 제작하는 것을 추천한다.

다음으로 앱인벤터에서 디자이너 화면 왼쪽 아래에 위치하고 있는 Extension에서 다운로드 받은 PersonalImageClassifier.aix 파일을 다음과 같이 로드한다.

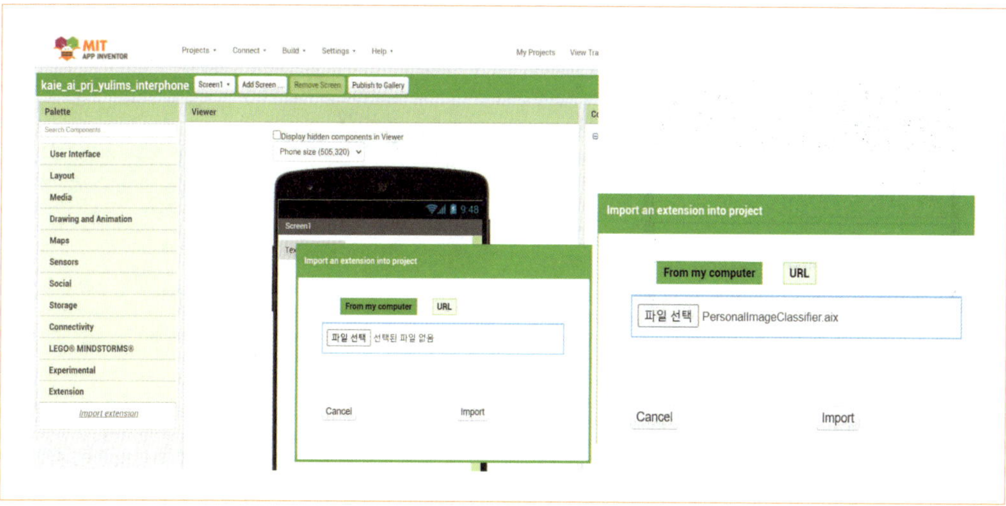

해당 익스텐션을 로드한 뒤 컴포넌트에서 PersonalImageClassifier1을 선택하고 이전에 만들어 놓은 모델 파일을 업로드한다.

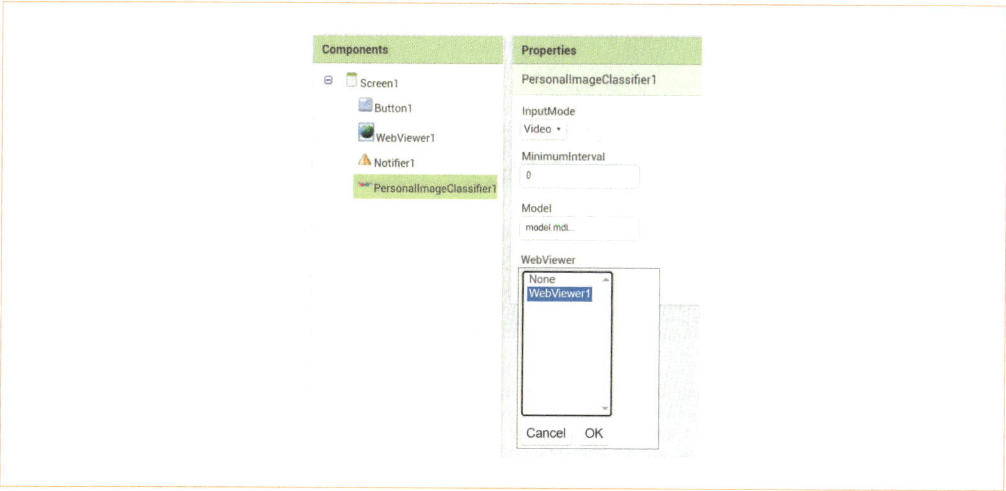

이제 실제 동작하는지 확인하기 위해서 다음과 같이 프로그래밍한다.

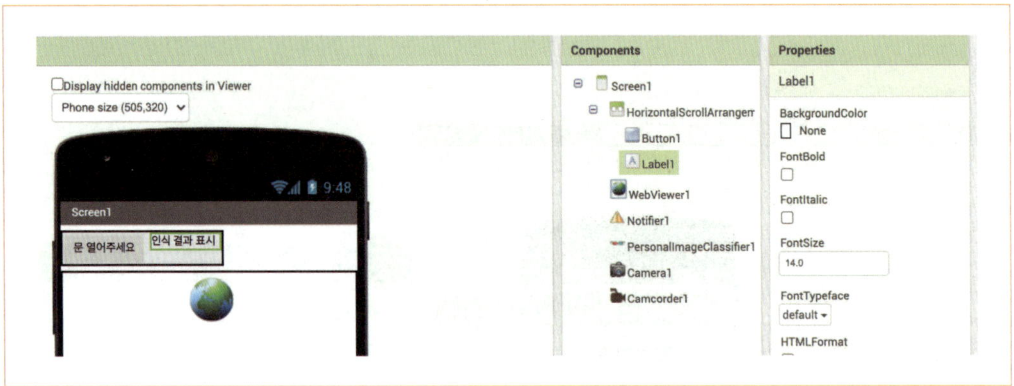

다음 블록과 같이 버튼을 클릭하면 이미지 인식 모듈에서 이미지 형태의 소스를 받아올 것이라 설정하고 카메라가 인식할 이미지를 클릭하며 PersonalImageClassifier1의 이미지인식데이터 메소드를 호출하여 카메라를 통해 찍은 이미지를 전송한다.

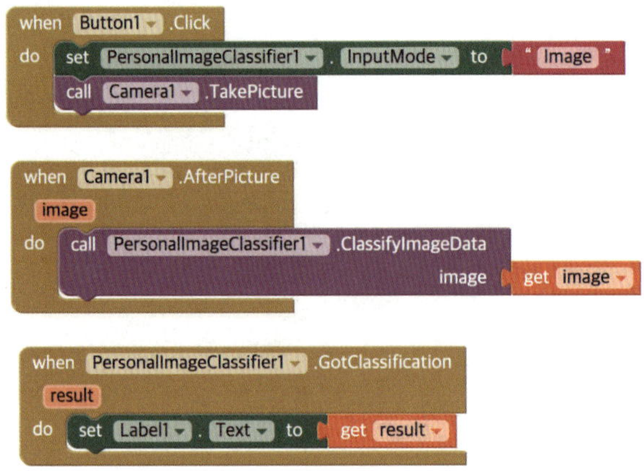

이미지를 PersonalImageClassifier1의 이미지 분류 블록GotClassification을 호출하면 분류된 이미지의 결과값을 Label1의 텍스트에 뿌려준다. 실제 실행한 화면을 살펴보면 다음과 같다.

Label1.Text에 표시된 값을 살펴보면 다음과 같다.

```
{"테이프":0.98835,"가위":0.00717,"가방":0.15547}
```

해석해보자면 이전에 이미지 분류에서 테이프일 확률이 98%라고 이해할 수 있다. 그렇다면 사용자에게 실제 표시될 수 있도록 보다 쉬운 방법으로 전달하는 방법은 무엇일까?

10.5 응용 심화문제

01 앱 디자인

인식기를 제작하기 위해 필요한 요소들을 배치한 것을 살펴보면 다음과 같다. 인공지능 모델을 인식하기 위해 카메라를 호출하는 '문 열어주세요' 버튼과 인공지능이 인식한 결과를 표시할 '인식처리 결과' 레이블 및 교재에서는 바이러스가 드라이버로 설정해 놓았으므로 바이러스로 인식될 경우 정해진 휴대폰 번호에 문자를 보낼 수 있는 기능과 관련된 '긴급발송' 버튼으로 구성한다. 또한 인공지능 인식을 위한 카메라 촬영 후 보여 질 WebViewer 컴포넌트와 사용자에게 알려줄 Camera, Camcorder, Texting 및 인공지능 익스텐션 PersonalImageClassifier를 구성한다.

02 앱 프로그래밍

인식기의 프로그래밍 부분은 크게 물체를 인식과 결과를 보여 주는 부분, 인식 결과 처리에 대한 사용자 표시 부분, 인공지능 모델에서 인식한 분류에 의해 선택된 결과값을 처리하는 이미지 인식 처리 및 인식처리 후 물체 이름에 따라 바이러스 여부인지 확인 후 처리하는 부분으로 나누게 된다.

첫째, 물체를 인식하고 결과처리를 보여 주는 부분에 대해 살펴보면 다음과 같다.

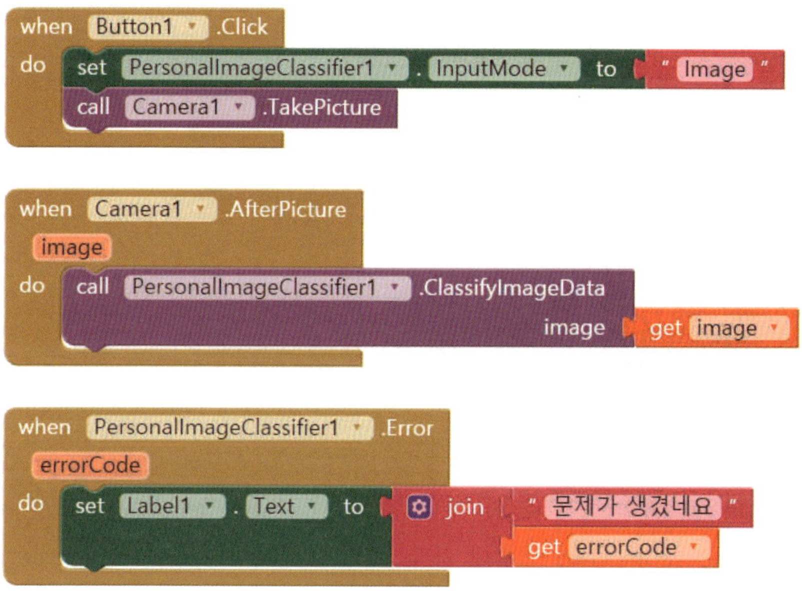

민지 Button1을 클릭하면 카메라가 이미지 인식 모드로 열리게되고 사진찍기 모드를 호출한다. Camera1.AfterPicture 블록에서는 찍은 사진을 가지고 PersonalImageClassifier1.ClassigyImageData에 찍은 이미지 데이터를 전송시킨다. 만약 PersonalImageClassifier1.Error를 통해 에러가 발생하면 Label1.Text에 문제가 생겼다고 알려주고 에러코드를 같이 출력하도록 한다.

둘째, 인공지능 모듈에서 이미지를 인식한 결과값을 처리하는 부분에 대해서 살펴보면 다음과 같다.

먼저 이미지가 인식되었을 경우 PersonalImageClassifier1.GotClassfication을 실행하고 결과값인 result를 전역변수인 get_result에 넣어준다. 바로 처리해도 되나 교재에서는 이해를 돕기 위해 순차적 설명을 위해 변수를 만들었다.

다음으로 크게 3가지 부분인 결과값에 나타난 이미지 분류명과 확률값 처리와 관련된 img_classify 프로시져, 인식된 분류명과 확률값을 표시할 레이블 안내창 및 바이러스 체크를 위한 virus_check 프로시저로 구성된다.

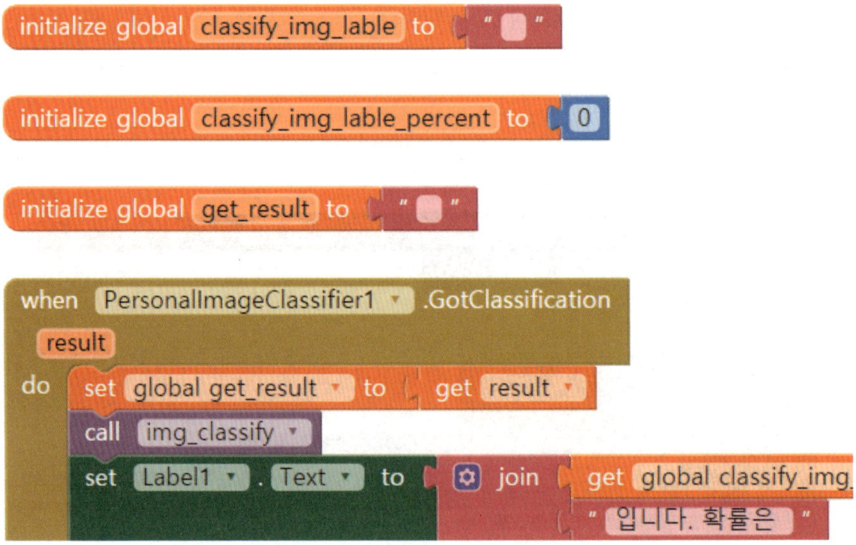

img_classify 프로시저는 3단계의 절차로 구성되어 있다.

get_result에 담겨 있는 결과값들의 목록에서 가장 높은 확률을 가지고 있는 분류명을 가져와 classify_img_labe 변수에 저장한다. 또한 classify_img_label_percent 변수에는 같은 목록에서 가장 높은 확률의 값을 가져와 저장한다. 다음으로 classify_img_label_percent에 해당 확률값을 퍼센트 단위로 변경하고 소수 2째자리까지 표시하도록 재변경한다.

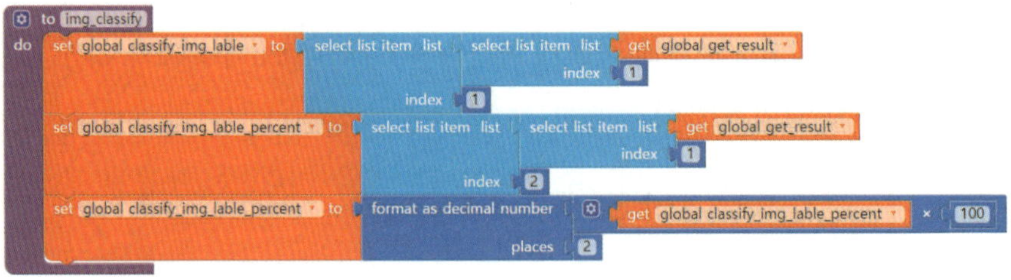

이를 통해 얻은 classify_img_label 변수값과 classify_img_lable_percent 변수값을 레이블에 표시한다.

마지막으로 virus_check 프로시져를 통해서 인식한 분류명이 '드라이버'인 경우 비상상황이 발생했음을 알려줄 수 있는 문자를 전송할 수 있는 버튼을 활성화하고 설정되어 있는 번호로 전송하며 만약 '드라이버'외의 분류명인 경우 '확인되었습니다. 게이트를 엽니다'라고 안내해 준다.

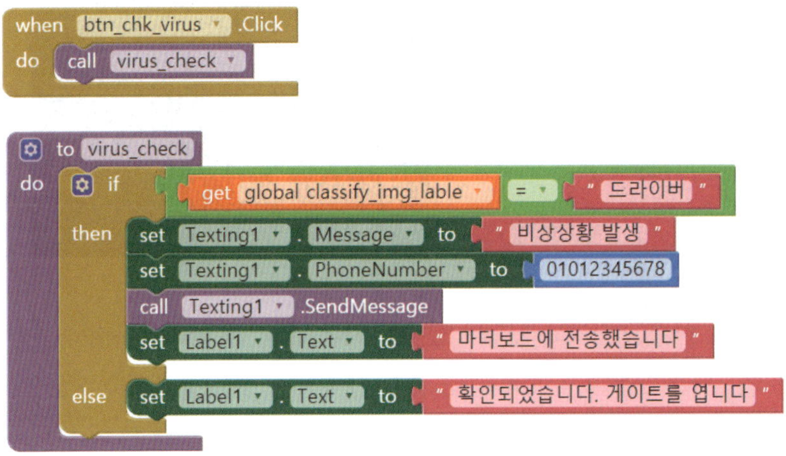

03 테스트 및 개선

스마트폰에서 실행하면 다음과 같은 결과를 보여준다. 드라이버를 인식시킨다. 만약 인식결과값은 드라이버이므로 문자전송 메시지 화면이 나타나 설정된 번로로 설정된 문자를 전송할 수 있다.

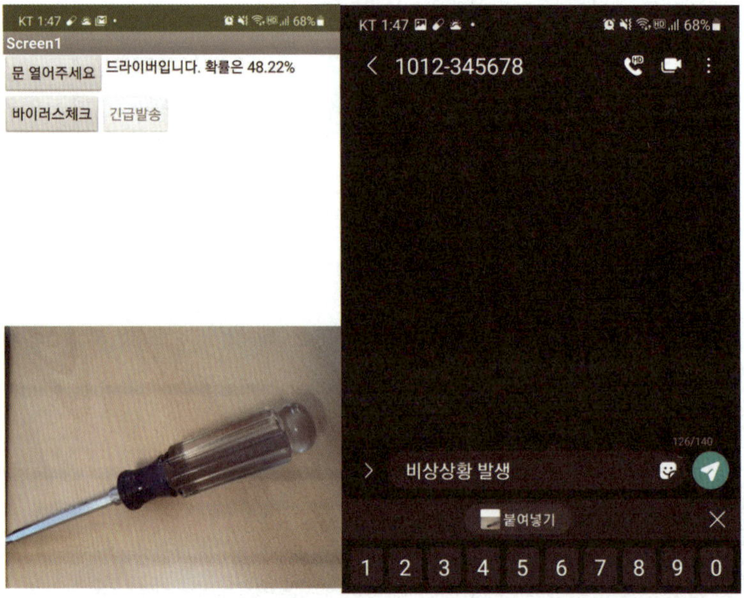

교재에서는 물체를 가지고 했으나 실제는 사람 얼굴, 풍경 등을 활용하여 다양한 감정이나 분위기를 분류하여 활용할 수 있는 내용으로 진행하면 더욱 도움이 된다.

참고문헌

앱인벤터2 http://appinventor.mit.edu/

앱인벤터 Personal Image Classifier

http://appinventor.mit.edu/explore/resources/ai/personal-image-classifier

Personal Image Classifier Training page https://classifier.appinventor.mit.edu/

앱인벤터 익스텐션 리소스 https://mit-cml.github.io/extensions/

CHAPTER

11

파이썬을 활용한 머신러닝 프로젝트

전우천 / 서울교육대학교

학습목표

본 장에서는 파이썬을 활용한 머신러닝 프로젝트에 대해서 학습한다. 이를 위해서 먼저 파이썬(Python)의 개요, 기본문법을 이해하고 머신러닝을 지원할 수 있는 다양한 라이브러리, 개발환경, 또한 파이썬기반 머신러닝 프레임워크를 이해한다. 이를 기반으로 간단한 머신러닝실습을 통하여 머신러닝 개발환경과 머신러닝에 대한 이해를 학습한다.

11.1 프로젝트 소개

파이썬 언어는 고급 프로그래밍 언어로서 배우기 쉬운 문법을 제공하고 또한 통계분석에 관한 다양한 라이브러리를 지원함으로써 인공지능분야에 다양하게 활용되고 있다. 또한 최근 머신러닝분야에서 활용빈도가 매우 높은 언어로서 각광을 받고 있다. 본 장에서는 파이썬 언어에 대한 역사, 배경, 기본문법을 배우고, 머신러닝을 지원하는 다양한 라이브러리에 대해서 학습하며 또한 파이썬 언어 기반의 여러 프레임워크에 대해서 알아본다. 또한 회기분석 예제를 통하여 실제로 파이썬 언어를 통한 머신러닝을 실습한다.

11.2 데이터 준비

(1) 파이썬 개요

1) 파이썬의 역사

파이썬 언어는 1991년 네덜란드 출신의 '귀도 반 로섬Guido van Rossum'에 의해서 처음으로 개발되었다. 파이썬 언어는 그가 1990년 혼자 재미 삼아 시작한 취미 프로그래밍 프로젝트로서 탄생하게 되었다.

이후 2000년에 Python 2.0, 2008년에 Python 3.0이 발표되었으며, 2021년 3월 현재 Python 3.9.2가 가장 최신 버전으로 발표되었다. 파이썬은 그리스 신화에 나오는 거대한 도마뱀을 일컬으며, 파이썬의 공식 사이트는 http://www.python.org이며 공개소프트웨어로서 누구나 무료로 자유롭게 설치 할 수 있으며, 또한 운영체제와 무관하게 설치할 수 있다.

2) 파이썬의 설치

A 파이썬 공식 웹사이트의 초기 화면

다음 **그림 11.1**은 파이썬 공식 웹사이트의 초기화면을 보여준다.

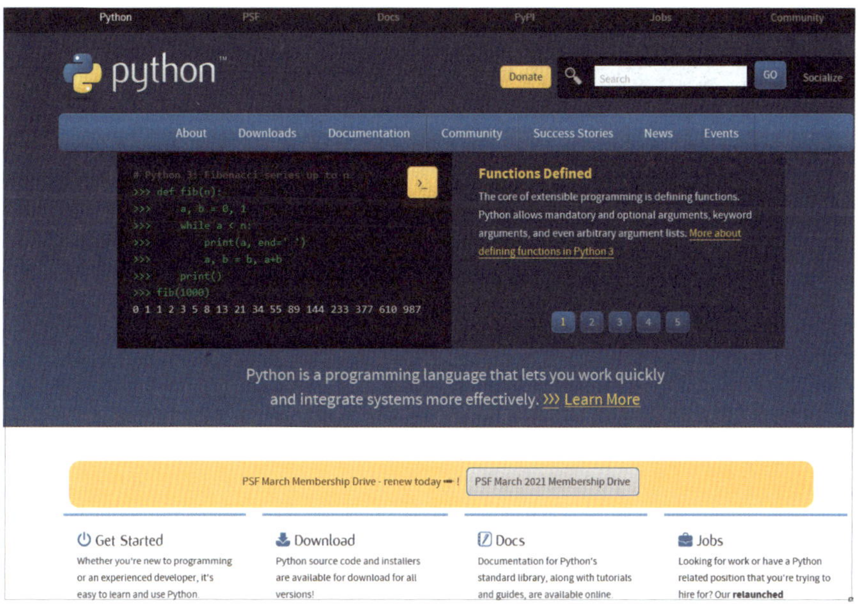

그림 11.1 파이썬 공식 사이트 초기화면

B 파이썬 다운로드

그림 11.1에서 'Downloads' 버튼 클릭후 **그림 11.2**가 나타나면 최신버전 3.9.2를 다운로드 받아서 설치한다.

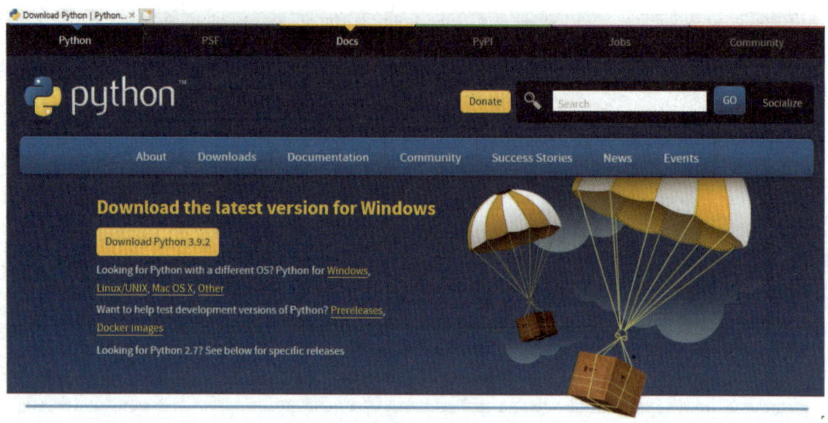

그림 11.2 파이썬 다운로드 화면

C 설치 완료

파이썬 설치를 완료한 후에 IDLE 메뉴를 '시작'메뉴에서 선택하여 실행을 하면 다음 **그림 11.3**과 같은 파이썬 실행화면이 시작되어 파이썬을 실행할 수 있는 대화모드로 시작할 수 있다.

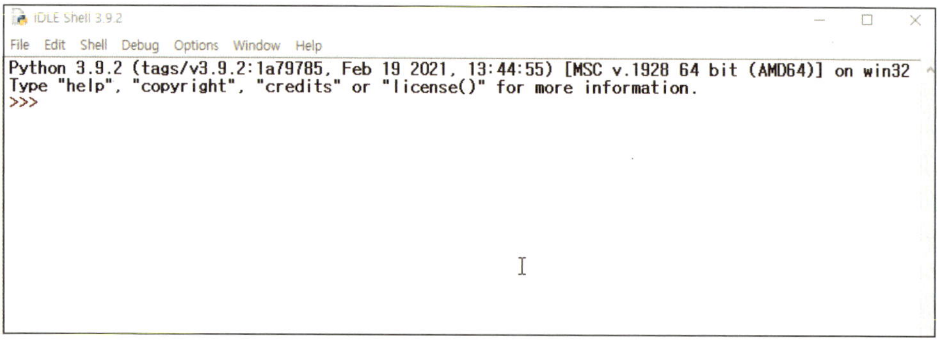

그림 11.3 파이썬 실행화면

(2) 파이썬 기본 문법

1) 파이썬 언어의 변수와 할당문

변수Variable는 프로그램 실행에 필요한 임시 메모리이며, 변수에 값Value을 할당할 수 있다. 한편 변수는 값을 참조하는 이름이라 할 수 있으며, 할당문Assignment Statement은 변수에 값을 부여하기 위해 사용된다.

> 할당문의 왼쪽 : 변수
> 할당문의 오른쪽 : 값
> A = 10 // A라는 변수에 10 이라는 값을 할당함
> b = 50 // b라는 변수에 50 이라는 값을 할당함
> A = b // 변수 b의 값을 변수 A에 할당함

그림 11.4는 변수 할당 예제를 보여준다.

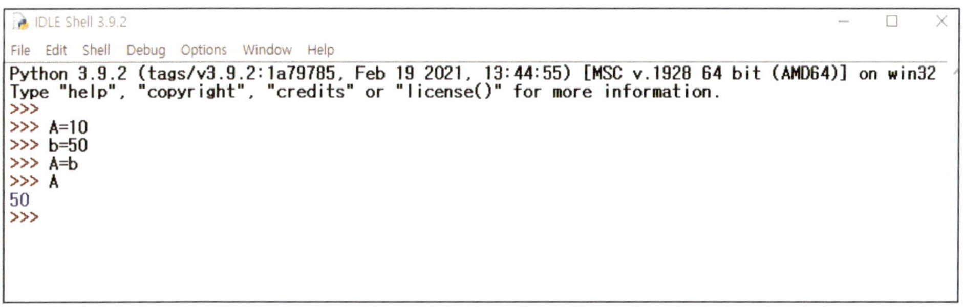

그림 11.4 변수와 할당문의 예

2) 파이썬 변수명의 규칙

파이썬 변수명의 규칙은 다음 **표 11.1**과 같다.

표 11.1 파이썬 변수명 규칙

번 호	규 칙
1	변수의 이름은 문자, 숫자 그리고 Underscore(_)로만 구성된다. (예) Money% : 구문 에러, %기호는 사용할 수 없다.
2	변수명은 문자 또는 Underscore로만 시작해야 한다. 즉 숫자로 시작 하면 안된다. (예) 6Flag, 8Hour : 숫자로 시작했기 때문에, 문법 에러이다.

번호	규칙
3	파이썬 지정단어 (Keyword, Reserved word)들은 변수명으로 사용할 수 없다.(파이썬 지정단어 : ['False', 'None', 'True', '__peg_parser__', 'and', 'as', 'assert', 'async', 'await', 'break', 'class', 'continue', 'def', 'del', 'elif', 'else', 'except', 'finally', 'for', 'from', 'global', 'if', 'import', 'in', 'is', 'lambda', 'nonlocal', 'not', 'or', 'pass', 'raise', 'return', 'try', 'while', 'with', 'yield'])
4	파이썬에서는 대문자와 소문자를 구분한다. (예) Hour 와 hour는 서로 다른 변수이다.

3) 파이썬 연산자 우선순위

파이썬 언어에서 자주 사용하는 연산자들의 우선순위는 다음 **표 11.2**와 같다. 즉, 하나 이상의 연산자가 수식에 나타날 때는 우선순위 규칙을 따른다. 다만, 괄호는 가장 높은 순위를 가져서, 괄호 안의 수식이 먼저 계산된다. 또한, 계산식에서 같은 연산자가 연속해서 나올 경우 계산순서는 **표 11.2**와 같은 결합법칙을 따른다.

표 11.2 파이썬 연산자 우선 순위

우선순위	연산자	결합법칙
1	**(제곱)	오른쪽 → 왼쪽
2	-(음수)	왼쪽 → 오른쪽
3	*(곱), /(나누기), //(몫), %(나머지)	왼쪽 → 오른쪽
4	+(덧셈), -(뺄셈)	왼쪽 → 오른쪽

다음 **그림 11.5**는 연산자와 결합법칙의 예를 보여준다.

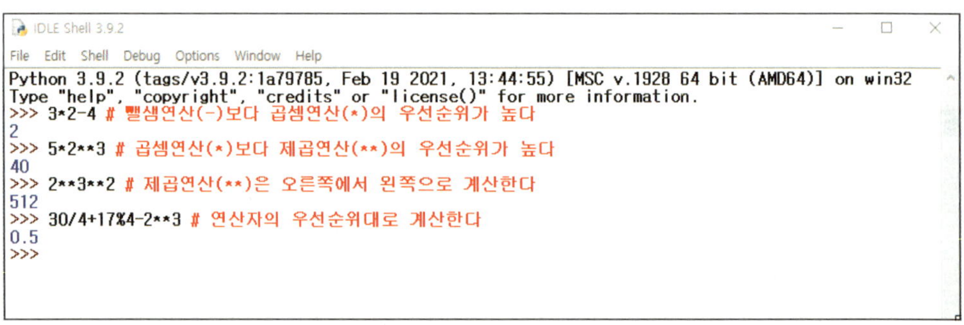

그림 11.5 파이썬 연산자와 결합법칙의 적용 예

4) 파이썬 자료형

숫자형

소숫점이 없는 정수형[int 형]과 소숫점이 있는 실수형[float 형]으로 구분된다.

문자형

문자[Character]들의 집합으로서, ' ' 또는 " " 로 묶어서 표현된다. + 연산자는 문자열끼리 결합을 위해서, len 연산자는 문자열의 길이를 반환하는 함수[공백 포함]로 사용된다. **그림 11.6**은 문자형의 예를 보여준다.

```
IDLE Shell 3.9.2
File  Edit  Shell  Debug  Options  Window  Help
Python 3.9.2 (tags/v3.9.2:1a79785, Feb 19 2021, 13:44:55) [MSC v.1928 64
bit (AMD64)] on win32
Type "help", "copyright", "credits" or "license()" for more information.
>>> A='서울교육대학교'
>>> B='과학영재교육원'
>>> C=A+' '+B
>>> C
'서울교육대학교 과학영재교육원'
>>> len(C)
15
>>>
                                                        Ln: 10  Col: 4
```

그림 11.6 문자형의 사용 예

5) 파이썬의 입력과 출력

파이썬의 입력은 input 함수를 이용할 수 있으며, **그림 11.7**과 같은 형식으로 입력을 받을 수 있다. 한편, 출력은 print 명령문을 이용할 수 있으며, **그림 11.8**과 같은 형식을 사용할 수 있다.

```
IDLE Shell 3.9.2
File  Edit  Shell  Debug  Options  Window  Help
Python 3.9.2 (tags/v3.9.2:1a79785, Feb 19 2021, 13:44:55) [MSC v.1928 64 bit (AM
D64)] on win32
Type "help", "copyright", "credits" or "license()" for more information.
>>> name=input()
서울교육대학교 과학영재교육원
>>> name
'서울교육대학교 과학영재교육원'
>>> name=input('영재분야를 입력하세요 ')
영재분야를 입력하세요 정보영재
>>> name
'정보영재'
>>>
```

그림 11.7 Input 명령문을 이용한 입력 예

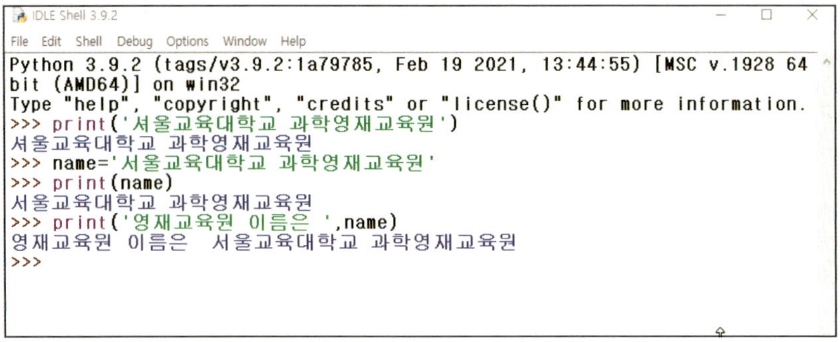

그림 11.8 Print 명령문을 이용한 출력 예

6) 비교 연산자와 논리 연산자

비교 연산자는 두 변수들의 값을 비교하기 위한 연산자로서 결과로 Boolean값 True 또는 False를 반환한다. 다음 **표 11.3**은 비교 연산자과 그 의미를 보여준다.

표 11.3 파이썬 비교 연산자

연산자	역 할
X==Y	X와 Y의 값이 같으면 True를 반환
X!=Y	X와 Y의 값이 다르면 True를 반환
X>Y	X가 Y보다 크면 True를 반환
X<Y	X가 Y보다 작으면 True를 반환
X>=Y	X가 Y보다 크거나 같으면 True를 반환
X<=Y	X가 Y보다 작거나 같으면 True를 반환

다음 **그림 11.9**는 비교 연산자의 사용 예를 보여준다.

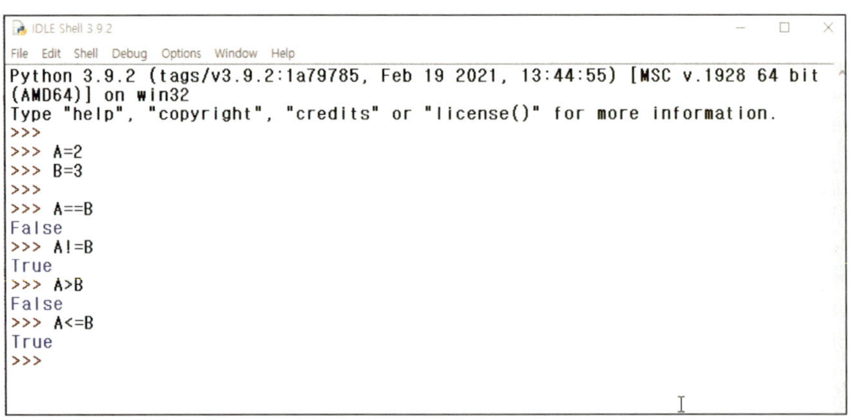

그림 11.9 파이썬 비교 연산자의 사용 예

한편, 파이썬에서 자주 사용하는 논리연산자는 AND, OR, NOT 등 3가지가 있다. 각 논리 연산자의 의미는 **표 11.4**에 보여준다.

표 11.4 파이썬 논리 연산자

연산자	의 미
X AND Y	X와 Y가 모두 True인 경우 True를 반환
X OR Y	X와 Y 중 하나라도 True인 경우 True를 반환
NOT X	X가 True인 경우 False를 반환하고, 반대로 False인 경우 True를 반환

다음 **그림 11.10**은 논리 연산자의 사용 예를 보여준다.

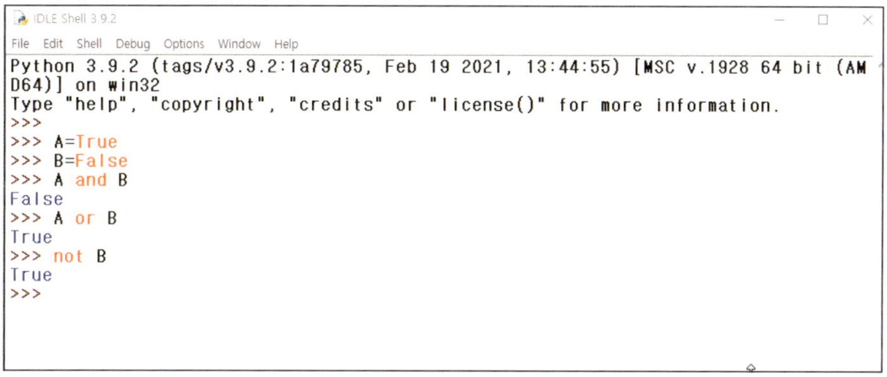

그림 11.10 파이썬 논리 연산자의 사용 예

7) 파이썬 조건문

파이썬 조건문을 조건에 따라 실행되는 명령을 다르게 할 수 있다. 조건문은 다음과 같은 형식이 있다.

IF 조건문

형식:

```
if 조건:
    True_Statements
Next_Statements
```

해설:

조건이 True이면 True_Statements를 실행하고 Next_Statement를 실행한다.
조건이 False이면 바로 Next_Statements를 실행한다.

그림 11.11은 놀이공원에서의 입장가능 연령을 IF 조건문을 통해서 보여준다.

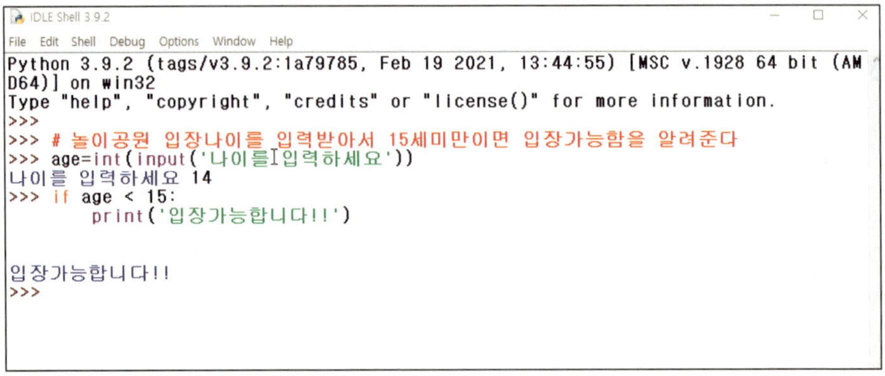

그림 11.11 파이썬 IF 조건문

-IF~ELSE 조건문

형식:

```
If 조건:
   True Statements
else:
   False Statements
Following Statements
```

해설:

조건이 True이면 True Statements 실행후 Following Statements 실행

조건이 False이면 False Statements 실행후 Following Statements 실행

그림 11.12는 놀이공원 입장가능나이를 IF~ELSE 조건문을 이용하여 보여준다.

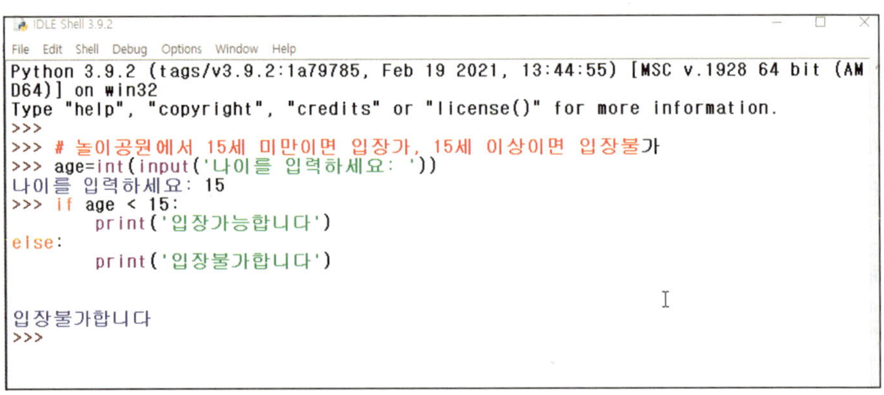

그림 11.12 파이썬 IF~ELSE 조건문 사용 예

중첩조건문

중첩조건문은 크게 다음과 같은 2가지 형식이 있다.

형식 1:

```
if 조건1:
      if 조건2:
  Statements 1
      else:
  Statements 2
else:
       Statements 3
Following Statements
```

해설:

- 조건1과 조건2가 모두 True이면 Statements 1 실행후 Following Statements 실행
- 조건1이 True이지만 조건2가 False이면 Statements 2 실행후 Following Statements 실행
- 조건1이 False이면 Statements 3 실행후 Following Statements 실행

형식 2:

```
If 조건1:
    Statements 1
else:
     if 조건2:
  Statements 2
     else:
  Statements 3
Following Statements
```

해설:

- 조건1이 True이면 Statements 1 실행후 Following Statements 실행
- 조건1이 False이고 조건2가 True이면 Statements 2 실행후 Following Statements 실행
- 조건1이 False이고 조건2가 False이면 Statements 3 실행후 Following Statements 실행

그림 11.13과 **그림 11.14**는 각각 한 사이트의 회원가입을 할 때 ID와 Password의 조건을 중첩조건문 형식 1과 형식 2을 통해서 보여준다.

```
IDLE Shell 3.9.2
File  Edit  Shell  Debug  Options  Window  Help
Python 3.9.2 (tags/v3.9.2:1a79785, Feb 19 2021, 13:44:55) [MSC v.1928 64 bit (AM
D64)] on win32
Type "help", "copyright", "credits" or "license()" for more information.
>>>
>>> # 회원가입 조건확인
>>> # ID와 Password가 각각 8자리이상이면 회원가입가능
>>> ID=input('ID를 입력하세요: ')
ID를 입력하세요: abcdefgh
>>> Password=input('Password를 입력하세요: ')
Password를 입력하세요: 1234
>>> if len(ID)>=8:
	if len(Password)>=8:
		print('회원가입성공')
	else:
		print('회원가입실패, 사유: Password가 8자리 미만')
else:
	print('회원가입실패, 사유: ID가 8자리 미만')


회원가입실패, 사유: Password가 8자리 미만
>>>
```

그림 11.13 파이썬 중첩 조건문 사용 예제 1

```
IDLE Shell 3.9.2
File Edit Shell Debug Options Window Help
Python 3.9.2 (tags/v3.9.2:1a79785, Feb 19 2021, 13:44:55) [MSC v.1928 64 bit (AM
D64)] on win32
Type "help", "copyright", "credits" or "license()" for more information.
>>>
>>> # 회원가입 조건확인
>>> # ID와 Password가 각각 8자리이상이면 회원가입가능
>>> ID=input('ID를 입력하세요: ')
ID를 입력하세요: abcdefgh
>>> Password=input('Password를 입력하세요: ')
Password를 입력하세요: 1234
>>> if len(ID)<8:
	print('회원가입실패, 사유: ID가 8자리 미만')
else:
	if len(Password)<8:
		print('회원가입실패, 사유: Password가 8자리 미만')
	else:
		print('회원가입성공')


회원가입실패, 사유: Password가 8자리 미만
>>>
```

그림 11.14 파이썬 중첩 조건문 사용 예제 2

8) 파이썬 반복문

파이썬 반복문은 특정한 명령문들의 반복을 통하여 원하는 작업을 수행할 수 있도록 도와주며, 전체적으로 반복문의 사용을 통해서 프로그래밍을 쉽게 할 수 있도록 도와주는 역할을 한다.

For 반복문

For 반복문은 반복의 횟수나 범위를 미리 알고 있을 경우 사용하며, 특히 반복의 시작 값과 종료 값 등으로 범위를 지정하고 범위 내에서 반복을 수행하게 된다.

형식:

```
for V in 범위함수:
    Statements
```

해설:

범위함수 내의 V 각각에 대해서 Statements를 반복적으로 수행

범위함수는 range$^{start,\ stop,\ step}$의 형식을 취한다. 즉 start에서 시작하여 stop이 될 때까지 수행하며 매번 수행할 때마다 step을 더하게 된다. 여기서 주의할 점은 start 값은 포함하지만 stop값은 포함되지 않는다. 즉 range (1, 7, 3)의 의미는 1, 4이다. 또한, range( ) 형식을 사용할 때는, 다음과 같은 사항을 주의해야 한다.

▶ start와 stop에는 정수형만 쓸 수 있으며, 또한 start와 step은 생략 될 수 있다. start가 생략되면 0을 의미하며, step이 생략되면 1을 의미한다. 예를 들어, range(5)의 의미는 0,

1, 2, 3, 4를 나타내며, range(2, 6)의 의미는 2, 3,, 4, 5를 의미한다. 또한, step은 0이 될 수 없으며, stop은 생략이 될 수 없다.

다음 **그림 11.15**는 For 반복문의 사용 예를 보여준다.

```
IDLE Shell 3.9.2
File  Edit  Shell  Debug  Options  Window  Help
Python 3.9.2 (tags/v3.9.2:1a79785, Feb 19 2021, 13:44:55) [MSC v.1928 6
4 bit (AMD64)] on win32
Type "help", "copyright", "credits" or "license()" for more information
.
>>>
>>> for x in range(1,10,3):
        print(x)


1
4
7
>>>
```

그림 11.15 For 반복의 사용 예

While 반복문

형식:

```
while 조건 :
    Statements
```

해설:

조건이 참[True]인 동안 계속해서 Statements를 수행하며, 조건이 거짓이 되면 반복문을 빠져나온다.

다음 **그림 11.16**은 While 반복문을 이용하여 '서울교육대학교 과학영재교육원'이라는 문자열을 6번 출력한다.

```
IDLE Shell 3.9.2
File  Edit  Shell  Debug  Options  Window  Help
Python 3.9.2 (tags/v3.9.2:1a79785, Feb 19 2021, 13:44:55) [MSC v.1928 64 bit (AM
D64)] on win32
Type "help", "copyright", "credits" or "license()" for more information.
>>>
>>> # '서울교육대학교 과학영재교육원'을 6번 출력
>>> count=0
>>> while count<=5:
        print('서울교육대학교 과학영재교육원')
        count=count+1


서울교육대학교 과학영재교육원
서울교육대학교 과학영재교육원
서울교육대학교 과학영재교육원
서울교육대학교 과학영재교육원
서울교육대학교 과학영재교육원
서울교육대학교 과학영재교육원
>>>
```

그림 11.16 While 반복문의 사용 예제

반복문의 Break

Break문은 반복을 강제로 중단시키는 역할을 할 수 있다. 즉, 사용자가 원하는 시점에서 강제적으로 반복문을 종료하고 빠져 나올 수 있다. 형식은 아래와 같이 사용할 수 있다. 즉 조건 1이 True인 동안 Statements를 반복하며, 반복문내에서 조건 2가 만족되면 전체 반복문을 빠져나올 수 있다.

형식:

```
while 조건 1:
        Statements
     조건 2:
        break
```

그림 11.17은 입력받은 숫자를 계속 출력을 하며, 0을 입력받으면 종료가 되는 파이썬 프로그램을 break를 통해서 구현한 사용 예를 보여준다.

```
IDLE Shell 3.9.2
File  Edit  Shell  Debug  Options  Window  Help
Python 3.9.2 (tags/v3.9.2:1a79785, Feb 19 2021, 13:44:55) [MSC v.1928 64 bit (AM
D64)] on win32
Type "help", "copyright", "credits" or "license()" for more information.
>>>
>>> while (True):
        n=int(input('숫자를 입력하세요, 단, 0을 입력하면 종료됩니다'))
        if n!=0:
                print('입력한 값: ',n)
        else:
                print('종료합니다')
                break


숫자를 입력하세요, 단, 0을 입력하면 종료됩니다 2
입력한 값:  2
숫자를 입력하세요, 단, 0을 입력하면 종료됩니다 8
입력한 값:  8
숫자를 입력하세요, 단, 0을 입력하면 종료됩니다 0
종료합니다
>>>
```

그림 11.17 break 문을 이용한 반복문 종료

9) 파이썬 함수

일반적으로 해결해야 하는 문제가 복잡해지면 그 문제를 해결하기 위해 작성해야 하는 프로그램도 자연히 커질 수 밖에 없다. 이 경우에 전체 프로그램을 작고 간단한 프로그램들로 나누어서 작업하면 문제 해결이 보다 쉽게 가능하다. 이런 작은 규모의 간단한 프로그램들을 '함수[Function]'라고 한다.

파이썬의 함수는 다음과 같은 형식으로 표현될 수 있다.

Return 있는 함수	Return이 없는 함수

형식:
def function-name(n1,n2,,,,):
    statements
    return Result
호출형식 :
Value = function-name(n1,n2,,,,,)
해설:
- 함수 이름은 function-name
- 괄호안의 인자(Parameter) n1.n2,,,를 입력값으로 받아 statements를 수행
- 결과값 Result를 반환한 후에 함수 종료
- 함수 이름이 function-name 이라는 함수를 호출
- 함수가 반환하는 값인 Result를 저장할 변수 Value를 지정하여 저장함
	형식 :
	def function-name(n1,n2,,,,):
	    statements
	호출형식 :
	function-name(n1,n2,,,,):
	해설:
	- 함수 이름이 function-name 이라는 함수를 정의함
	- 괄호 안의 인자(Parameters)인 n1, n2...을 입력값으로 받아 Statements을 수행함.
	- 함수를 종료함
	- 함수 이름이 function-name 이라는 함수를 호출 (반환값이 없으므로, 변수 선언 없이 호출)

함수 사용시 유의 사항은 다음과 같다.

① 함수 이름

함수가 수행하는 작업을 의미하는 이름을 정의하는 것이 좋다.

함수 이름은 변수명 규칙과 동일하다. 즉, 맨 처음 시작은 문자로 작성하며, 나머지는 문자, 숫자, _Under bar로 이루어진 이름을 사용한다. 또한, 지정단어에 있는 이름은 사용이 불가능하다.

② 인자Parameters

함수 내에서 인자는 여러 개 사용할 수 도 있고, 인자를 사용하지 않을 수도 있다. 만일 인자를 사용하지 않으면 빈 괄호를 ()의 형식으로 표기하면 된다.

③ return 문

return은 결과값을 반환하는 명령어이며, return 문을 수행하면 함수가 종료된다. return 뒤에는 값, 수식 또는 변수 등이 사용되며, return 문을 사용하지 않을 경우에는 return문 전부를 생략할 수 있다.

그림 11.18, 그림 11.19 및 **그림 11.20**은 각각 return이 있는 함수, 인자가 없는 함수 및 return이 없는 함수의 사용 예를 보여준다.

```
IDLE Shell 3.9.2
File Edit Shell Debug Options Window Help
Python 3.9.2 (tags/v3.9.2:1a79785, Feb 19 2021, 13:44:55) [MSC v.1928 64 bit (AMD64)] on win32
Type "help", "copyright", "credits" or "license()" for more information.
>>>
>>> # return이 있는 함수 예제
>>> # 숫자 3개의 평균값을 반환하는 함수
>>>
>>> def average(a,b,c):
        result=(a+b+c)/3
        return result

>>> mean_value=average(4,5,6)
>>> mean_value
5.0
>>>
```

그림 11.18 return이 있는 함수 예제

```
IDLE Shell 3.9.2
File Edit Shell Debug Options Window Help
Python 3.9.2 (tags/v3.9.2:1a79785, Feb 19 2021, 13:44:55) [MSC v.1928 64 bit (AMD64)] on win32
Type "help", "copyright", "credits" or "license()" for more information.
>>>
>>> # 인자(parameter)가 없는 함수 예제
>>> # 특정 문자열을 출력하는 함수
>>>
>>> def print_function():
        print('서울교육대학교')
        print('과학영재교육원')
        print('정보영재반')


>>> print_function()
서울교육대학교
과학영재교육원
정보영재반
>>>
```

그림 11.19 인자가 없는 함수 예제

```
IDLE Shell 3.9.2
File Edit Shell Debug Options Window Help
Python 3.9.2 (tags/v3.9.2:1a79785, Feb 19 2021, 13:44:55) [MSC v.1928 64 bit (AMD64)] on win32
Type "help", "copyright", "credits" or "license()" for more information.
>>>
>>> # return이 없는 함수 예제
>>> # 주어진 문자열을 n번 출력하는 함수
>>>
>>> def print_function(n):
        for i in range(n):
                print('서울교육대학교 과학영재교육원')


>>> print_function(4)
서울교육대학교 과학영재교육원
서울교육대학교 과학영재교육원
서울교육대학교 과학영재교육원
서울교육대학교 과학영재교육원
>>>
```

그림 11.20 return이 없는 함수 예제

(3) 파이썬기반 머신러닝 라이브러리

파이썬기반 머신러닝을 지원하기 위해서 많이 사용되는 라이브러리는 다음과 같다.

① NumPy

NumPy는 트라비스 올리펀트Travis Oliphant가 개발한 파이썬 언어 기반의 라이브러리로서, 다차원 배열과 배열을 대상으로 하는 수학 연산에 관한 다양한 함수들을 제공한다. 또한, 다차원으로 배열된 데이터 블록으로서 벡터와 행렬을 구현하며, 데이터 저장뿐만 아니라 빠른 행렬 연산에 매우 유용한 패키지라 할 수 있으며, 가장 기본적인 수학연산 라이브러리라고 할 수 있다.

② Pandas

Pandas는 데이터 조작 및 분석을 위해 파이썬 프로그래밍 언어로 작성된 라이브러리이다. 특히 숫자 테이블과 시계열을 조작하기 위한 데이터 구조와 연산을 제공한다. 또한, 데이터의 분할, 정제, 유실 데이터 처리, 추가, 병합, 변환을 지원하여서 사용자 의도에 따라 다양한 시각화가 가능하도록 지원한다.

③ Matplotlib

Matplotlib는 데이터를 차트나 Plot으로 그려주는 라이브러리 패키지로서 가장 많이 사용되며, 데이터 시각화Visualization 패키지로 알려져 있다. Matplotlib는 라인 플롯Line Plot, 바 차트Bar Chart, 파이 차트Pie Chart, 히스토그램Histogram, Scatter Plot 등을 비롯한 다양한 차트와 플롯을 지원한다.

④ Scipy

Scipy는 과학 컴퓨팅과 기술 컴퓨팅에 사용되는 파이썬 기반 오픈 소스 파이썬 라이브러리로서, 선형 대수, 희소행렬, 신호 및 이미지 처리, 최적화, Fast Fourier Transformation등 다양한 공학용 계산알고리즘을 제공하며 또한 Numpy의 기능을 보완해준다.

⑤ Scikit-Learn

Scikit-Learn은 ScikitsScipy Toolkit의 일부로 시작된 파이썬 기반 데이터 과학 연산을 위한 패키지로 개발되었다. Scikit-learn은 데이터 전처리, 지도 및 비지도 학습, 모델 선택, 검증 등에 필요한 다양한 기능을 제공한다.

(4) 파이썬기반 머신러닝 개발환경

파이썬 언어는 머신러닝을 비롯한 다양한 데이터 처리 및 통계처리를 지원할 수 있다. 하지만 다양한 데이터 작업을 비롯하여 시각화 작업을 하기 위해서는 앞서 설명한 파이썬 기반의 기본적인 라이브러리와 더불어 다양한 라이브러리 패키지를 필요로 한다. 하지만 이러한 라이브러리를 필요할 때 마다 일일이 설치하는 것은 시간과 노력을 필요로 하고 또한 성가신 일이기 때문에, 좀 더 쉽고 편안한 개발환경을 필요로 하여 기본적인 라이브러리 설치와 더불어 다양한 프로젝트 관리를 쉽게 제공하는 것이 사용자의 작업 효율을 높일 수 있다. 본 절에서는 이러한 파이썬 기반 머신러닝 개발환경을 쉽게하기 위해서 아나콘다Anaconda와 더불어 아나콘다 환경을 소개한다.

1) 아나콘다란?

아나콘다Anaconda는 사용자에게 패키지 관리와 디플로이Deploy를 쉽고 단순하게 제공할 목적으로 개발된 오픈 소스 배포판이다. 구체적으로 수학과 과학 분야에서 사용되는 여러 패키지들을 함께 묶어 놓은 파이썬 배포판으로서 SciPy, Numpy, Matplotlib, Pandas 등을 비롯한 많은 데이터 분석, 수학처리 및 시각화 라이브러리 패키지들을 포함하고 있다. 특히 아나콘다는 최근에 머신 러닝 분야에서 파이썬을 사용하기 위해 기본적으로 설치하는 사실상의 표준 배포판이 점차 되어가고 있다.

2) 아나콘다의 구성

아나콘다는 Anaconda Navigator, Anaconda Project, Data Science Library, 및 Conda 등 크게 4 부분으로 나눌 수 있다. 이 중에서 Anaconda Navigator는 사용자 인터페이스 클라이언트로서 하부 컴포넌트를 쉽게 사용하도록 지원하는 데스크탑 포털 기능을 담당한다. 또한, Data Science Library는 (a) Jupyter와 같은 IDE 개발도구, (b) Numpy, SciPy 같은 과학 분석용 라이브러리, (c) Matplotlib 같은 데이타 시각화 라이브러리, (d) TensorFlow 같은 머신 러닝 라이브러리 등을 포함하고 있다.

3) 아나콘다 설치

아나콘다는 아나콘다 사이트를 방문하여 'Products' 메뉴를 선택하거나 또는 아래와 같은 URL에서 직접 다운로드를 받을 수 있다.https://www.anaconda.com/distribution/#download-section

여기서 Windows, MacOS, Linux 등 3가지 선택 중에서 자신의 운영체제에 맞는 프로그램을 다운받아서 설치하면 되고, 보통 Python 3.x 버전을 선택하면 된다.

다음 **그림 11.21**은 아나콘다 설치 완료후에 Navigator의 초기화면을 보여준다.

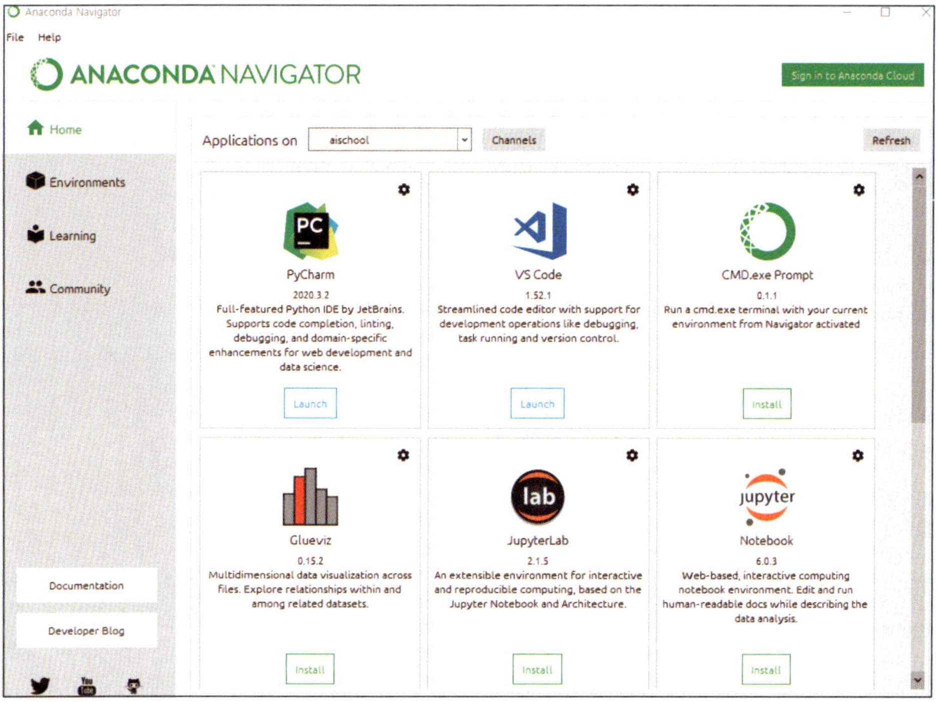

그림 11.21 아나콘다 Navigator 초기 화면

4) 아나콘다 기반 머신러닝 프레임워크

대표적인 머신러닝 프레임워크는 다음과 같다.

A 텐서플로우TensorFlow

텐서플로우는 구글이 2015년에 오픈소스로 개발하여 공개한 머신러닝 프레임워크이다. 구글의 거의 모든 인공지능 제품과 서비스에 사용되고 있으며 오픈소스의 개방성, 다양한 언어 지원, 폭넓은 사용자층에서 개발되는 다양한 자료와 범용성을 기반으로 가장 널리 사용되고 있다. 텐서플로우는 주로 이미지 인식, 기계 번역, 필기체 인식 등을 위한 다양한 신경망 학습에 사용될 수 있으며, 특히 대규모 예측 모형 구성에 뛰어나 거의 모든 딥러닝 프로젝트에서 다양하게 활용될 수 있는 장점이 있다. 하지만, 다른 프레임워크에 비해서 속도가 다소 느리고 머신러닝 초보자들이 배우기 다소 어려운 환경을 단점으로 들 수 있다.

B 케라스Keras

케라스는 파이썬기반 오픈소스 머신러닝 프레임워크이다. 파이썬은 텐서플로우 및 MXNet 등 다양한 환경에서 구동될 수 있다. 케라스는 빠른 개발에 중점을 두어서 전반적인 환경과 구성이 간단해서 초보자들도 쉽게 사용할 수 있는 장점이 있는 반면 오류가 발생하였을 경우 케라스 자체에서 발생했을 수도 있고 또한 사용한 백엔드텐서플로우 등에서 발생했을 수도 있어서 오류를 제거하기 쉽지 않은 단점도 가지고 있다.

C 파이토치PyTorch

파이토치는 Facebook의 인공지능 연구팀이 만든 파이썬 기반 오픈소스 머신러닝 프레임워크이다. 특히 딥러닝을 하는데 있어서 매우 최적화된 프레임워크로서, 사용하기가 쉬우며 또한 학습 속도도 텐서플로우보다 빠르다고 알려져 있다. 다만, 텐서플로우에 비해서 사용자층이 적어서 문제해결과 학습자료의 공유 등의 어려움이 있을 수 있다.

D 파이참PyCharm

파이참은 파이썬 프로그램을 쉽게 개발할 수 있도록 지원하는 통합개발환경IDE : Integrated Development Environment이다. 여기서 말하는 통합개발환경은 개발자가 프로그램을 개발하는 과정에 필요한 모든 작업을 하나의 소프트웨어에서 처리할 수 있도록 지원하는 환경을 제공한다. 따라서, 초보자들도 쉽게 사용할 수 있으며 개발할 수 있는 환경을 지원하나, 반면 프로젝트가 커질 경우 속도가 느려지는 단점도 있다.

11.3 모델 학습

본 절에서는 파이썬 언어를 이용하여 선형회기Linear Regression 머신러닝에 적용하여 학습결과를 얻는 과정을 소개한다.

선형 회귀는 종속 변수 X와 한 개 이상의 독립 변수 또는 설명 변수 Y와의 선형 상관 관계를 모델링하는 기법이다. 한 개의 설명 변수에 기초한 경우를 단순 선형 회귀Simple Linear Regression, 두 개 이상의 설명 변수에 기초한 경우에는 다중 선형 회귀Multiple Linear Regression라고 한다.

다음 **그림 11.22**는 단순선형회기함수를 보여준다. 그림에서 빨간 점은 샘플sample을 타내며, x 좌표 값은 샘플의 특성값, y 좌표 값은 타겟혹은 라벨 값을 각각 의미한다. 선형회기란 한마디로 샘플의 특성값을 이용하여 특성과 타겟과의 관계를 가장 잘 설명하는 직선을 찾는 작업이라고 할 수 있다. 하지만 주어진 샘플 데이터에 완벽하게 일치하는 선형 함수를 찾아내는 것은 매우 힘들고, 최대한 잘 들어맞는 일차 함수 식을 찾아내는 것이 단순 선형 회귀의 목적이라고 볼 수 있다.

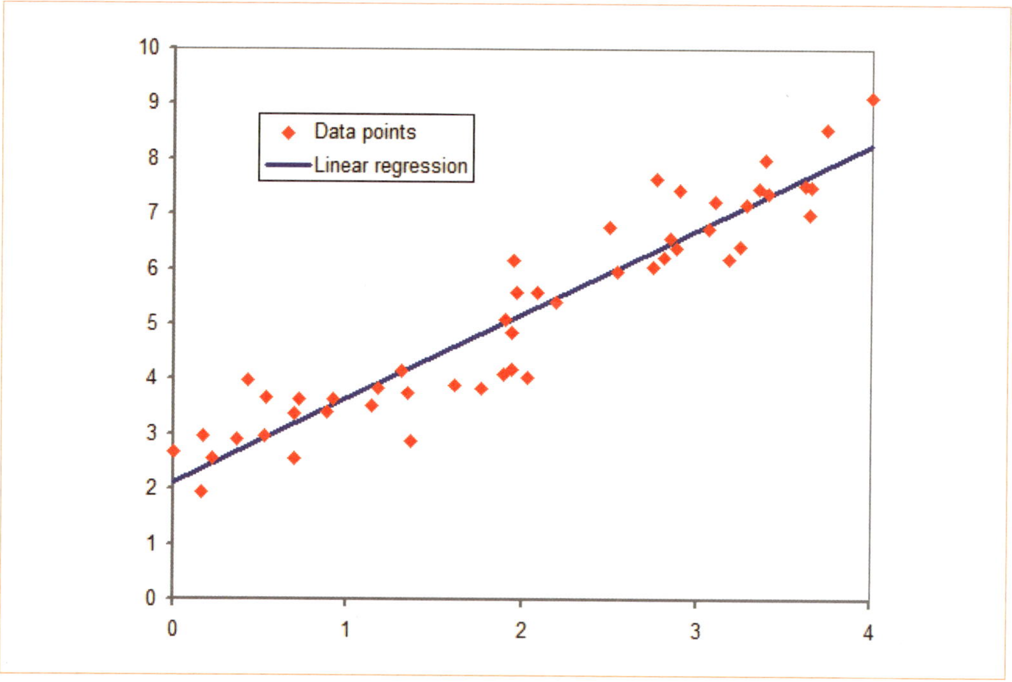

출처 : https://upload.wikimedia.org/wikipedia/commons/b/be/Normdist_regression.png

그림 11.22 선형회기 함수의 예

단순회기분석에서 예측함수로는 y=Wx+b의 형태를 사용하며, x는 특성, y는 예측 값을 나타낸다. 한편, W를 가중치Weight, b는 Offset으로 부르기도 한다. 선형 회귀의 목적은 여러 샘플의 특성 값과 예측 값을 분석하여 가장 적절한 W와 b를 구하는 것이다.

선형회귀분석에서는 비용 함수로서 평균 제곱 오차Mean Square Error를 사용한다. 비용 함수는 샘플 특성 데이터와 타겟과의 유사도를 의미하며 비용함수값이 최소가 되도록 파라미터를 학습시킨다.

11.4 AI 프로그래밍

본 절에서는 편의상 파이썬기반의 선형회기분석을 아나콘다기반의 파이참PyCharm 프레임워크를 사용하여 구현한다.

선형회기분석이 필요한 예로서 다음과 같은 상황을 가정한다. 즉, 화장품 가게에서 손님이 방문했을 때, 손님들이 사는 화장품의 개수를 손님 수, 화장품 개수의 쌍으로 표현을 하면 (1, 7), (2, 11), (3, 15), (4, 19), (5, 23), (6, 27) 라고 한다. 이때 상점 주인은 손님별로 사가는 화장품의 개수를 일반화하여 알기를 원한다. 이 경우 선형회기분석을 다음과 같이 적용할 수 있다.

전체 환경설정은 다음과 같다. 먼저 행렬계산을 위해서 numpy 라이브러리를 이용하며, 또한 아래와 같이 샘플 값은 [1, 2, 3, 4, 5, 6, 7, 8], 타겟 값은 [9, 15, 21, 27, 33, 39, 45, 51]로 정의한다.

```
import numpy as np
x_train = np.array([1., 2., 3., 4., 5., 6., 7., 8.])
y_train = np.array([9., 15., 21., 27., 33., 39., 45., 51.])
```

W와 b의 초기값은 아래와 같이 각각 0.0으로 세팅이 되지만, 위의 샘플과 타겟으로 학습 후에는 W=6, b=3이 되어야 한다.

```
W = 0.0
b = 0.0
```

한편, 초기의 가중치와 Offset은 대부분 랜덤으로 초기화 하지만, 여기서는 편의상 0 값으로 초기화한다.

또한, epoch은 전체 데이터 세트에 대해 한 번 학습을 하는 사이클을 의미한다. 여기서 주의할 점은 횟수를 너무 크게 하면 소위 오버피팅Overfitting이 발생할 수 있어서 적절한 값으로 세팅해야 한다. 또한, learning rate는 경사하강법Gradient descent을 사용할 때 파라미터 업데이트의 가중치를 의미한다. learning rate 또한 학습속도와 예측 정확도에 영향을 미치므로 신중하게 설정해야 한다.

```
n_data = len(x_train)
epochs = 1000
learning_rate = 0.01
```

학습은 아래와 같은 반복과정을 거치면서 진행된다. 다음에서 hypothesis는 예측 함수, cost는 비용함수 즉 평균 제곱 오차를 각각 의미한다.

```
for i in range(epochs):
    hypothesis = x_train * W + b
    cost = np.sum((hypothesis - y_train) ** 2) / n_data
```

경사하강법은 아래와 같이 진행한다. 여기서, gradient_w는 목적 함수인 평균 제곱 오차를 W에 대해 편미분해 계산한 값이며, 또한 gradient_b는 b에 대한 편미분 계산값을 의미한다.

```
gradient_w = np.sum((W * x_train - y_train + b) * 2 * x_train) / n_data
gradient_b = np.sum((W * x_train - y_train + b) * 2) / n_data

W -= learning_rate * gradient_w
b -= learning_rate * gradient_b
```

파이썬 전체 코드는 다음과 같다.

```
import numpy as np

# 선형회기분석 데이터
x_train = np.array([1., 2., 3., 4., 5., 6., 7., 8.])
y_train = np.array([9., 15., 21., 27., 33., 39., 45., 51.])

# 기울기 및 절편 초기값 설정
W = 0.0
b = 0.0

n_data = len(x_train)

# 에포크 및 학습률 초기값 설정
epochs = 1000
learning_rate = 0.01

for i in range(epochs):
    hypothesis = x_train * W + b
    cost = np.sum((hypothesis - y_train) ** 2) / n_data
    gradient_w = np.sum((W * x_train - y_train + b) * 2 * x_train) / n_data
    gradient_b = np.sum((W * x_train - y_train + b) * 2) / n_data
```

```
    W = W - learning_rate * gradient_w
    b = b - learning_rate * gradient_b

    if i % 200 == 0:
        print('Epoch ({:10d}/{:10d}) cost : {:10f}, W : {:10f}, b:{:10f}'.format(i,
epochs, cost, W, b))

print('W : {:10f}'.format(W))
print('b : {:10f}'.format(b))
print('result : ')
print(x_train * W + b)
```

한편, 결과값은 다음과 같다. 먼저 epoch=1,000인 경우의 결과는 다음과 같다.

```
Epoch (         0/      1000) cost : 1089.000000, W :   3.330000, b :  0.600000
Epoch (       200/      1000) cost :    0.145924, W :   6.149125, b :  2.161575
Epoch (       400/      1000) cost :    0.029458, W :   6.067002, b :  2.623296
Epoch (       600/      1000) cost :    0.005947, W :   6.030104, b :  2.830747
Epoch (       800/      1000) cost :    0.001200, W :   6.013526, b :  2.923955
W :   6.006101
b :   2.965696
result :
[ 8.97179736 14.97789878 20.9840002  26.99010162 32.99620304 39.00230446
 45.00840588 51.0145073 ]

Process finished with exit code 0
```

또한, epoch=2,000인 경우 결과값은 다음과 같다.

```
Epoch (         0/      2000) cost : 1089.000000, W :   3.330000, b :  0.600000
Epoch (       200/      2000) cost :    0.145924, W :   6.149125, b :  2.161575
Epoch (       400/      2000) cost :    0.029458, W :   6.067002, b :  2.623296
Epoch (       600/      2000) cost :    0.005947, W :   6.030104, b :  2.830747
Epoch (       800/      2000) cost :    0.001200, W :   6.013526, b :  2.923955
Epoch (      1000/      2000) cost :    0.000242, W :   6.006077, b :  2.965833
Epoch (      1200/      2000) cost :    0.000049, W :   6.002730, b :  2.984649
```

```
Epoch (      1400/      2000) cost :  0.000010, W :  6.001227, b :  2.993103
Epoch (      1600/      2000) cost :  0.000002, W :  6.000551, b :  2.996901
Epoch (      1800/      2000) cost :  0.000000, W :  6.000248, b :  2.998608
W :  6.000112
b :  2.999372
result :
[ 8.99948362 14.99959533 20.99970705 26.99981876 32.99993048 39.00004219
 45.00015391 51.00026562]
```

한편, epoch=3,000인 경우 결과값은 다음과 같다.

```
Epoch (         0/      3000) cost :1089.000000, W :  3.330000, b :  0.600000
Epoch (       200/      3000) cost :  0.145924, W :  6.149125, b :  2.161575
Epoch (       400/      3000) cost :  0.029458, W :  6.067002, b :  2.623296
Epoch (       600/      3000) cost :  0.005947, W :  6.030104, b :  2.830747
Epoch (       800/      3000) cost :  0.001200, W :  6.013526, b :  2.923955
Epoch (      1000/      3000) cost :  0.000242, W :  6.006077, b :  2.965833
Epoch (      1200/      3000) cost :  0.000049, W :  6.002730, b :  2.984649
Epoch (      1400/      3000) cost :  0.000010, W :  6.001227, b :  2.993103
Epoch (      1600/      3000) cost :  0.000002, W :  6.000551, b :  2.996901
Epoch (      1800/      3000) cost :  0.000000, W :  6.000248, b :  2.998608
Epoch (      2000/      3000) cost :  0.000000, W :  6.000111, b :  2.999374
Epoch (      2200/      3000) cost :  0.000000, W :  6.000050, b :  2.999719
Epoch (      2400/      3000) cost :  0.000000, W :  6.000022, b :  2.999874
Epoch (      2600/      3000) cost :  0.000000, W :  6.000010, b :  2.999943
Epoch (      2800/      3000) cost :  0.000000, W :  6.000005, b :  2.999975
W :  6.000002
b :  2.999988
result :
[ 8.99999055 14.99999259 20.99999464 26.99999668 32.99999873 39.00000077
 45.00000282 51.00000486]

Process finished with exit code 0
```

마지막으로, epoch=4,000인 경우 결과값은 다음과 같다.

```
Epoch (      0/    4000) cost : 1089.000000, W :  3.330000, b :  0.600000
Epoch (    200/    4000) cost :   0.145924, W :  6.149125, b :  2.161575
Epoch (    400/    4000) cost :   0.029458, W :  6.067002, b :  2.623296
Epoch (    600/    4000) cost :   0.005947, W :  6.030104, b :  2.830747
Epoch (    800/    4000) cost :   0.001200, W :  6.013526, b :  2.923955
Epoch (   1000/    4000) cost :   0.000242, W :  6.006077, b :  2.965833
Epoch (   1200/    4000) cost :   0.000049, W :  6.002730, b :  2.984649
Epoch (   1400/    4000) cost :   0.000010, W :  6.001227, b :  2.993103
Epoch (   1600/    4000) cost :   0.000002, W :  6.000551, b :  2.996901
Epoch (   1800/    4000) cost :   0.000000, W :  6.000248, b :  2.998608
Epoch (   2000/    4000) cost :   0.000000, W :  6.000111, b :  2.999374
Epoch (   2200/    4000) cost :   0.000000, W :  6.000050, b :  2.999719
Epoch (   2400/    4000) cost :   0.000000, W :  6.000022, b :  2.999874
Epoch (   2600/    4000) cost :   0.000000, W :  6.000010, b :  2.999943
Epoch (   2800/    4000) cost :   0.000000, W :  6.000005, b :  2.999975
Epoch (   3000/    4000) cost :   0.000000, W :  6.000002, b :  2.999989
Epoch (   3200/    4000) cost :   0.000000, W :  6.000001, b :  2.999995
Epoch (   3400/    4000) cost :   0.000000, W :  6.000000, b :  2.999998
Epoch (   3600/    4000) cost :   0.000000, W :  6.000000, b :  2.999999
Epoch (   3800/    4000) cost :   0.000000, W :  6.000000, b :  3.000000
W :  6.000000
b :  3.000000
result :
[ 8.99999983 14.99999986 20.9999999  26.99999994 32.99999998 39.00000001
 45.00000005 51.00000009]

Process finished with exit code 0
```

위의 결과값을 바탕으로 W와 b의 값을 요약하면 다음 **표 11.5**와 같다. epoch값이 증가함에 따라, W값과 b값이 예측값인 6와 3에 각각 수렴함을 알 수 있다.

표 11.5 선형 회기 분석값 요약

epoch 횟수	W 값	b 값
1,000	6.006101	2.965696
2,000	6.000112	2.999372
3,000	6.000002	2.999988
4,000	6.000000	3.000000

11.5 응용 심화문제

01 세 개의 자연수 N1, N2, N3를 각각 입력받아, 크기순으로 중간에 해당하는 수를 구하시오. 편의상 세 개의 수는 각각 서로 다르다고 가정한다.

02 본문에 소개된 선형회귀 분석모형과 파이썬 언어 코드를 이용하여, 다음 샘플값에 대해서 W와 b를 예측하시오. 단, epoch 값을 1,000회, 2,000회, 3,000회 등 3차례 증가시켜서 값을 비교하시오.

```
-샘플 값 : [1, 2, 3, 4, 5, 6, 7, 8]
-타겟 값 : [9, 13, 17, 21, 25, 29, 33, 37]
```

03 한 대학교의 남학생의 키와 몸무게가 다음과 같을 때, 본문에 소개된 선형회귀 분석모형을 이용하여 키가 175cm인 학생의 몸무게를 예측하시오.

키(cm)	몸무게(kg)
165	57.3
168	59.2
172	63.8
178	67.4
180	68.7
183	71.9
186	77.2

참고문헌

한혁수, 창의적 프로그래밍을 위한 파이썬, 생능출판사, 2016.

천인국 외 2인, 따라하며 배우는 파이썬과 데이터과학, 생능출판사, 2020.

조준모, 빅데이터분석 및 인공지능, 인피니티북스, 2021.

박해선, 파이썬 라이브러리를 활용한 머신러닝, 한빛미디어, 2017.